Christoph Hübe
Bernd Sutter

Datenbank-Integration
von Ingenieuranwendungen

Modelle, Werkzeuge, Kontrolle

Datenbanksysteme

herausgegeben von
Theo Härder und Andreas Reuter

Die Reihe bietet Praktikern, Studenten und Wissenschaftlern wegweisende Lehrbücher und einschlägige Monographien zu einem der zukunftsträchtigsten Gebiete der Informatik.

Gehören bereits seit etlichen Jahren die klassischen Datenbanksysteme zum Kernbereich der EDV-Anwendung, so ist die derzeitige Entwicklung durch neue technologische Konzepte gekennzeichnet, die für die Praxis von hoher Relevanz sind.

Ziel der Reihe ist es, den Leser über die Grundlagen und Anwendungsmöglichkeiten maßgeblicher Entwicklungen zu informieren. Themen sind daher z. B. erweiterbare Datenbanksysteme, Wissens- und Objektdatenbanksysteme, Multimedia- und CAx-Datenbanken u. v. a. m.

Die ersten Bände der Reihe:

Hochleistungs-Transaktionssysteme
Konzepte und Entwicklungen moderner Datenbankarchitekturen
von Erhard Rahm

Datenbank-Integration von Ingenieuranwendungen
Modelle, Werkzeuge, Kontrolle
von Christoph Hübel und Bernd Sutter

Das Benchmark-Handbuch
von Jim Gray

vieweg

Christoph Hübel
Bernd Sutter

Datenbank-Integration von Ingenieuranwendungen

Modelle, Werkzeuge, Kontrolle

Der Verlag Vieweg ist ein Unternehmen der Verlagsgruppe Bertelsmann International.

Gedruckt auf säurefreiem Papier

ISBN 978-3-528-05348-2   ISBN 978-3-322-85476-6 (eBook)
DOI 10.1007/978-3-322-85476-6

Vorwort

Die gegenwärtig vorherrschende Rechnerunterstützung in den technischen Anwendungen der verschiedenen Ingenieurdisziplinen ist bislang weitgehend durch isolierte Systemlösungen geprägt, so daß die datenseitige Verknüpfung zwischen den CAD-Systemkomponenten (Computer Aided Design, CAD) meist nur über standardisierte Austauschformate möglich ist. Um in diesen ingenieurwissenschaftlich geprägten Anwendungsbereichen eine möglichst ganzheitliche Modellierung der relevanten Objekte und ein höheres Maß an Datenintegration zu erreichen, ist der Einsatz von Datenbanktechnologien unumgänglich. Eine zentrale Herausforderung der gegenwärtigen Datenbankforschung und -entwicklung besteht daher in der *Erarbeitung und der Nutzbarmachung von Datenbankkonzepten für den ingenieurwissenschaftlichen Anwendungsbereich.*

Dieses Buch leistet hierzu einen Beitrag, in dem es die Anforderungen auf Datenbankseite, aber auch auf der Seite der ingenieurwissenschaftlichen Anwendungen aufzeigt, die zu erfüllen sind, um die gewünschte Durchgängigkeit bzgl. der Rechnerunterstützung zu erzielen. Der Leser gewinnt fundierte Einblicke in den gesamten Problembereich sowie in den Aufbau durchgängiger Ingenieursysteme und lernt die wesentlichen Konzepte und Ideen eines datenorientierten Integrationsansatzes für technische Entwurfsanwendungen kennen. Der Aufbau des Buches ist an den zentralen Merkmalen des zugrundeliegenden Integrationsansatzes ausgerichtet:

- Angepaßte **Datenbanktechnologie** - geeignete **Datenverarbeitungsmodelle**

  Die wesentlichen Problembereiche beim Einsatz konventioneller Datenbanktechnologie in Ingenieuranwendungen liegen bei der Modellierung der meist komplex-strukturierten technischen Objekte, deren adäquaten und effizienten Verarbeitung, der zunehmend verteilten Ablaufumgebung sowie bei den wachsenden Anforderungen im Bereich der Ablaufsteuerung und -kontrolle. Ausgehend von einer Analyse der Modellierungs- und insbesondere der Verarbeitungsproblematik wird ein **Verarbeitungsmodell** für eine arbeitsplatzorientierte Ablaufumgebung vorgestellt. Es wird eine spezielle Architektur für ein **Workstation/Server-Datenbanksystem** eingeführt und als geeignete Grundlage für die Handhabung, die Organisation und die Modellierung der im Verlauf des gesamten Entwurfsvorgangs anfallenden Informationsstrukturen motiviert.

- Entwicklung von besser angepaßten **Modellierungswerkzeugen**

  Ein wesentlicher Grund für den geringen Integrationsgrad ist - vor allem im Bereich der mechanischen Konstruktion - in der äußerst eingeschränkten Funktionalität der eingesetzten Modellierungswerkzeuge zu sehen. Mit den heute kommerziell verfügbaren geometrie-orientierten Modellierungswerkzeugen erstellt der Konstrukteur in erster Linie die Geometrie eines Bauteils, so daß eine signifikante Diskrepanz besteht zwischen dem durch das Modellierungswerkzeug erzeugten rechnerinternen Modell eines Entwurfsobjektes, dem Produktdatenmodell, und den technischen Basisobjekten, an denen sich die konkrete Entwurfsvorgehensweise eines Konstrukteurs orientiert. Hier ist die *Entwicklung von besser angepaßten Modellierungswerkzeugen* notwendig, die durch die Bereitstellung von geeigneten Objekten und Operationen an ihrer Benutzerschnittstelle den Aufbau eines umfassenderen Produktdatenmodells ermöglichen. Es wird ein **technischer Modellierungsansatz** vorgestellt, der technische Objekte verbunden mit entsprechenden Operationen anbietet, die sich in höherem Maße an der Entwurfsvorgehensweise eines Konstrukteurs orientieren, so daß mehr Entwurfssemantik in ein entsprechend erweitertes Produktdatenmodell abgebildet werden kann.

- Umfassende und durchgängige **Entwurfsmodellierung**

Rechnergestützte Integration in technischen Entwurfsanwendungen bedeutet eine für den Entwerfer durchgängige Unterstützung während des gesamten Entwurfsablaufs. Um dieses Ziel zu erreichen, ist neben der Erstellung eines geeigneten Produktdatenmodells die rechnerseitige Verwaltung von weiteren im Entwurfsvorgang relevanten Aspekten notwendig. Hierzu wird in diesem Buch ein **Entwurfsumgebungsmodell** vorgestellt, in dem die zentralen Elemente der Entwurfsumgebung berücksichtigt und deren wechselseitigen Beziehungen reflektiert werden. Zu den darin erfaßten Aspekten gehören z.B. die *Entwurfsobjekte*, die *Entwurfswerkzeuge* oder die *Entwerfer*. Daneben werden auch der dynamische *Entwurfsprozeß* sowie die Wechselwirkungen zwischen den Entwerfern aufgrund ihrer i.allg. *kooperativen* Entwurfsvorgehensweise im Entwurfsumgebungsmodell reflektiert.

Zur Abbildung des Entwurfsumgebungsmodells, aber auch zur Unterstützung des technischen Modellierungsansatzes wird schließlich, basierend auf den zuvor eingeführten Konzepten für Workstation/Server-Datenbanksysteme, eine Architektur für DB-integrierte Ingenieursysteme vorgeschlagen.

Otterbach, im Mai 1993   Wiesbaden, im Mai 1993

Christoph Hübel   Bernd Sutter

Inhaltsverzeichnis

1 Einleitung

Eine durchgängige, rechnerseitige Unterstützung der Arbeit von Ingenieuren in den technischen Anwendungsbereichen, wie etwa dem Maschinenbau, der Architektur, dem Bauwesen, der Anlagenplanung, der Elektronik oder dem noch wesentlich jüngeren Bereich des VLSI-Chip-Entwurfs (Very Large Scale Integration, VLSI), ist eine der großen Herausforderungen an die Informatik der Gegenwart. Die Vorgehensweise bei dem Entwurf und der Fertigung eines Produktes wurde dabei in den letzten Jahrzehnten zunehmend durch den Einsatz von Rechnern beeinflußt und verändert. Dies wird im folgenden exemplarisch für den Bereich des Maschinenbaus belegt.

Zunehmende Verfeinerung des Produktmodells und der Entwurfsmethoden

Bis ins vergangene Jahrhundert war in den Industriebetrieben kaum eine Aufgabentrennung in der Produktionstätigkeit (etwa in Planung, Konstruktion und Fertigung) zu erkennen. Ein Meister fertigte ein Produkt nach den Vorstellungen, die i.allg nur "in seinem Kopf" existierten /Eh91/. Eine Trennung in Konstruktion und Fertigung entwickelte sich um die Jahrhundertwende durch die Einführung der **Werkstattzcichnung,** die die Schnittstelle dieser beiden Aufgabenbereiche bildete. Damit wurde ein wesentlicher Schritt vollzogen. Erstmals wurde ein *explizites Modell des zu entwerfenden Produktes*, ein **Produktmodell**, erstellt. Die Ausgestaltung des Produktmodells wurde in der Folgezeit immer mehr verfeinert. Damit geht auch eine immer detailliertere Arbeitsteilung innerhalb der Produktentwicklung einher, die mit dem Begriff **Taylorismus** bezeichnet wird.

Bild 1.1 zeigt die zunehmende Komplexität bei der Modellbildung eines zu erstellenden Produktes. War zunächst die Werkstattzeichnung eine ausreichende Modellbildung zur Produkterstellung (Bild 1.1a), so wurde durch die fortschreitende Arbeitsteilung sowie durch die wachsende Vielfalt und Komplexität der Produktionsaufträge eine wesentlich verfeinerte Modellbildung notwendig (Bild 1.1b). Dabei entwickelte sich eine Aufteilung in ein Modell zur Erfassung der betriebswirtschaftlichen Vorgänge, also der Produktionsplanung und der Produktionssteuerung (im folgenden PPS-Modell genannt), und ein Modell zur Beschreibung aller relevanten produkt- und produktionsbezogenen Informationen, die in einer Reihe von sehr spezialisierten Teilmodellen (z.B. technische Zeichnungen, Stücklisten, Arbeitspläne, NC-Programme usw.) repräsentiert werden.

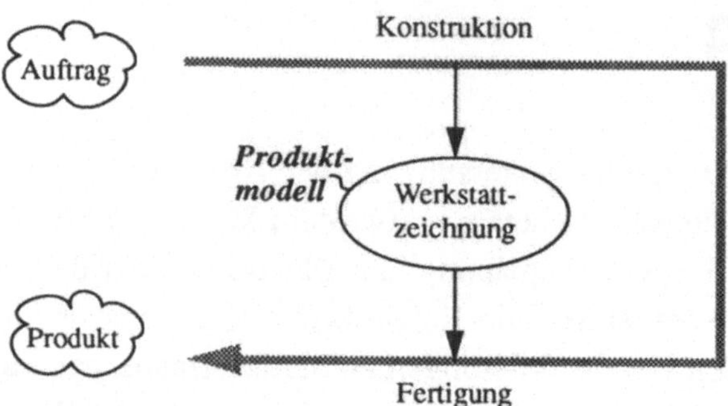

a) einfache Werkstattzeichnung

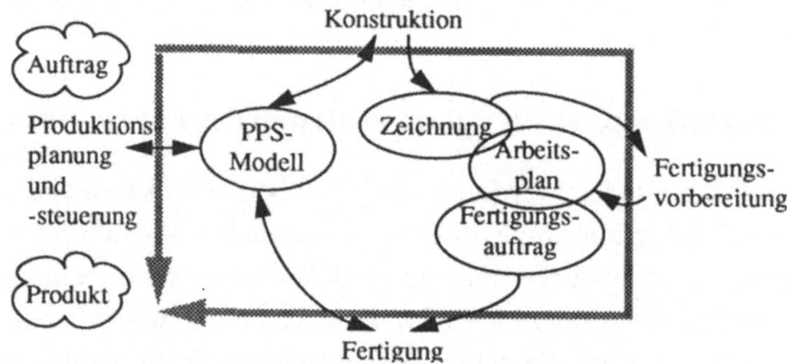

b) unterteiltes Produktmodell und übergreifendes PPS-Modell

Bild 1.1: Zunehmende Komplexität der Modellbildung zur Erfassung des Produktionsvorgangs

Mit der Verfeinerung des Produktmodells wurden auch die Modelle zur Gestaltung des Entwurfs- bzw. Fertigungsablaufs konkretisiert und etwa in Form von **Entwurfsmethodiken** festgehalten. Damit wurde für einen weiteren Teilaspekt, der in einer mechanischen Entwurfsumgebung von Bedeutung ist, nämlich den Entwurfsablauf, ein Modell aufgebaut.

Rechnerunterstützung des Konstruktions- und Fertigungsvorganges

Der Einsatz und die Verbreitung elektronischer Rechenanlagen in den verschiedenen innerbetrieblichen Aufgabenbereichen entwickelte sich recht unterschiedlich. Zunächst wurden in administrativen und betriebswirtschaftlichen Bereichen **Rechner zur Unterstützung** bei der Bearbeitung der anfallenden Aufgaben eingesetzt, was einen signifikanten Rationalisierungseffekt in den verschiedenen dispositiven Aufgabenbereichen (Materialwirtschaft, Produktionsplanung, Produktionssteuerung usw.) bedeutete. Eine wesentliche Anforderung an die Rechnerunterstützung bestand in der effizienten Verwaltung der in diesem Bereich anfallenden Informationsmengen.

Die Entwicklung von Datenbankmanagementsystemen (DBS), die sich zur gleichen Zeit vollzog, hatte zum Ziel, allgemein nutzbare Datenverwaltungsfunktionen zusammenzufassen und besonders effizient in einem eigenen System anzubieten /Da82, LS87/. Dazu stellt ein DBS Funktionen zur Datenbeschreibung (d.h. zur Modellierung der Informationsstrukturen eines Anwendungsbereichs), zur Datenhandhabung und zur Datensicherung (hierzu zählt vor allem das Transaktionskonzept und damit verbunden die Maßnahmen zur Synchronisation sowie zur Restauration im Fehlerfall) zur Verfügung. Die Funktionalität von DBS wurde in erheblichem Maße von den Anforderungen aus den oben erwähnten betrieblichen Planungsbereichen mitbestimmt, so daß die in der Folge entwickelten bekannten Datenmodelle (hierarchisches Modell /IBM81/, Netzwerkmodell /Co78/ und Relationenmodell /Co70/) und die kommerziell verfügbaren DBS eine geeignete Grundlage für diese Planungsbereiche bildeten und deren Einsatz zu einem beachtlichen Integrationsgrad der betriebswirtschaftlich-administrativen Informationsstrukturen führte.

Die Rechnerunterstützung in den übrigen Arbeitsbereichen, vor allem der Konstruktion und der Fertigung, war zunächst weit weniger ausgeprägt. Im Konstruktionsbereich blieb die Rechnerunterstützung lange Zeit auf die Durchführung von Auswahl- oder Berechnungsaufgaben beschränkt (z.B. Dimensionierung eines Bauteils aufgrund der von außen einwirkenden Kräfte, Auswahl eines technischen Elements aus einem Normteilkatalog, Festigkeits- und Nachrechnungsverfahren), wobei der Rechnereinsatz jedoch Berechnungsverfahren ermöglichte, die wegen ihrer Komplexität zuvor nicht durchgeführt werden konnten. Mit der Einführung von **CAD-Systemen** /Ro89/, die sich in großem Stil erst in der letzten Dekade vollzog, wurde die rechnerinterne Modelldarstellung des zu erstellenden Produktes wesentlich verfeinert, was insbesondere für dessen geometrische Repräsentation gilt. In der Folge konnte dieses rechnerinterne Modell in sehr speziellen Systemansätzen als Basis für Berechnungs- und Auslegungsprogramme, zur Erstellung von technischen Zeichnungen oder als Grundlage für die Aufgaben der Fertigungsvorbereitung genutzt werden /Kr90, SK84/. Diese speziellen Lösungsansätze werden vielfach als **Insellösungen** bezeichnet, da die Kopplung mit weiteren System-

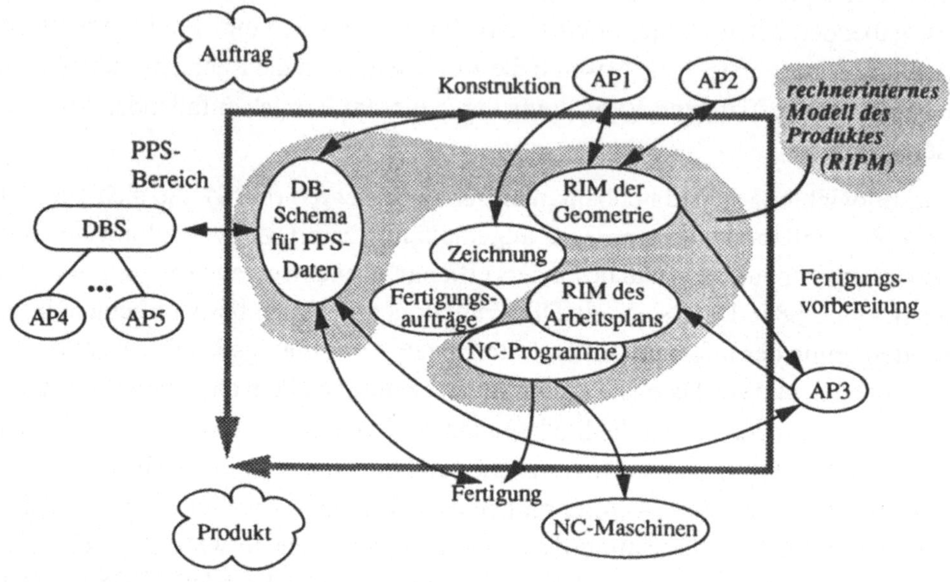

RIM   rechnerinternes Modell   APi   Anwendungsprogramm
PPS   Produktionsplanung und Produktionssteuerung

Bild 1.1:   Einfluß der Rechnerunterstützung auf den Konstruktions- bzw. Ferti-
            gungsvorgang und die Modellbildung

lösungen i.allg nicht möglich ist. Auch im Fertigungsbereich wurden durch den Rechnereinsatz zunächst Teilbereiche unterstützt, wobei die rechnergestützte
Maschinensteuerung (NC-, CNC- oder DNC-Maschinen) oder die flexiblen Ferti-
gungssysteme (FFS) wohl die bekanntesten Formen der Rechnerunterstützung bilden /Scho88/. In Bild 1.1 sind die Konsequenzen der Rechnerunterstützung auf den
Konstruktions- und Fertigungsvorgang dargestellt. Zur Verwaltung der Daten in
der Produktionsplanung und Steuerung werden kommerzielle DBS eingesetzt. Die
vorherrschenden Informationsstrukturen werden über ein Datenbank-Schema modelliert und DB-seitig erfaßt. Eine Reihe von speziellen Applikationsprogrammen
erlaubt dann den Zugriff auf die Daten. Das Produktmodell eines Entwurfsobjektes
hat sich dahingehend verändert, daß Teilaspekte in einem **rechnerinternen Produktmodell (RIPM)** repräsentiert werden, die aber zunächst untereinander nicht
in Beziehung stehen. Daneben existieren weiterhin noch Produktinformationen außerhalb des rechnerinternen Produktmodells, so z.B. die technische Zeichnung, die
typischerweise in Form einer Blaupause vorliegt.

Eine logische Konsequenz des weiterführenden Rechnereinsatzes sind die Bemühungen um eine stärkere Kopplung bis hin zur Integration der rechnerunterstützten Teilfunktionen zu einem **rechnerintegrierten Gesamtsystem** /Fe89, Ha73, HGP86, MR85, Se86/. Ein derartiges Gesamtsystem soll dann nicht nur ein weitgehend aufeinander abgestimmtes Arbeiten mit der jeweiligen Entwurfswerkzeugen und einen reibungslosen Informationsfluß zwischen den einzelnen Entwurfsschritten ermöglichen, sondern vielmehr sollen auch die Zusammenhänge innerhalb des Entwicklungs- und Fertigungsablaufs systemseitig erfaßt, verwaltet und kontrolliert werden.

Durchgängige Entwurfsunterstützung durch die Entwurfsumgebungsmodellierung in einem integrierten Ingenieursystem

Eine **ingenieurwissenschaftliche Entwurfsumgebung** bildet einen Rahmen für den gesamten Entwurfsprozeß, durch den aus einer vorgegebenen Zielstellung ein Modell des Entwurfsobjektes (das RIPM) erstellt wird. Zu ihr zählen neben den Entwurfsobjekten alle weiteren Entwurfsaspekten, die für den Entwurfsvorgang von Interesse sind. Hierzu gehören u.a. die Entwurfsmethodik /Mu88/, die Entwurfswerkzeuge, die Entwerfer bzw. die innerbetriebliche Organisationsstrukturen oder auch der dynamische Entwurfsprozeß. Die systemseitige Unterstützung einer derartigen ingenieurwissenschaftlichen Entwurfsumgebung in einem **integrierten Ingenieursystemen** macht die Einführung eines **rechnerinternen Entwurfsumgebungsmodells** erforderlich, dem das RIPM als Teilmodell zuzurechnen ist. Der Aufbau heutiger RIPM orientiert sich jedoch meist an dem konventionellen Produktmodell, also beispielsweise an einer technischen Zeichnung, und nicht am Original, also am technischen Produkt selbst. Da der weitergehende Rechnereinsatz aber eine wesentlich genauere und formalere Beschreibung der Informationsstrukturen eines technischen Produktes erforderlich macht, führt dies zu einer immer größeren Diskrepanz zwischen dem jeweils existierenden RIPM und dem eigentlich in einer rechnerintegrierten Entwurfsumgebung geforderten Modell der Entwurfsobjekte. D.h., die existierenden RIPM halten der zunehmenden integrierten Betrachtungsweise, die in einem rechnerinternen Entwurfsumgebungsmodell gefordert wird, i.allg. nicht stand.

Die Aufgabe von verbesserten CAD-Systemen (auch als Modellierungswerkzeuge bezeichnet) im Rahmen eines integrierten Ingenieursystems liegt dann primär in dem Aufbau eines geeigneten, mit mehr technischer Semantik ausgestatteten RIPM, das Grundlage für die durchgängige Entwurfsunterstützung ist. Neben den in einem integrierten Ingenieursystem eingebetteten Modellierungswerkzeugen kommt denjenigen Systemkomponenten eine zentrale Bedeutung zu, die die Organisation, Erfassung und Handhabung dieser Produktdaten übernehmen und damit die eigentliche Integration erst möglich machen.

Notwendigkeit verbesserter Modellierungswerkzeuge

Unabdingbare Voraussetzung zum Erfolg von integrierten Ingenieursystemen (vor allem im mechanischen CAD-Bereich) ist daher die Entwicklung und der Einsatz von **verbesserten CAD-Modellierungswerkzeugen**: diese müssen in der Lage sein, mehr Semantik der Entwurfsobjekte zu erfassen, die i.allg implizit durch den Entwurfsvorgang gegeben ist, und diese Zusammenhänge in dem rechnerinternen Produktmodell abzulegen. Das systemseitige Wissen um diese Zusammenhänge und deren Abbildung im RIPM bildet die Basis für die durchgängige Unterstützung des Entwurfsvorgangs sowie der nachgeschalteten Entwicklungsphasen.

Hier stellt das **technische Modellieren** einen vielversprechenden Modellierungsansatz dar /PS91, Se85/. Sind dem CAD-System Objekte und Operationen mit einer stärker anwendungsorientierten Semantik bekannt, so können die Zusammenhänge zwischen den Operationen und Objekten sowie die Beziehungsstrukturen zwischen den Objekten ebenfalls explizit im System erfaßt und verwaltet werden. Diese technische Entwurfssemantik baut auf physikalische, funktionale und technische Gegebenheiten auf, die ein technisches Objekt bei seiner Gestaltung im Konstruktionsablauf bestimmen. Sie wird im folgenden mit Hilfe von **technisch-funktionalen Abhängigkeiten** beschrieben.

Datenbanksysteme als Integrationsvehikel

Grundlage für die angestrebte Integration ist eine einheitliche Modellierung aller anfallender Informationsstrukturen, also sowohl der Entwurfsdaten als auch der übrigen Entwurfsumgebungsinformationen. Damit wird einem DBS die Rolle eines Integrationsvehikels in integrierten Ingenieursystemen zugeschrieben. Zur Verwaltung der Daten in den bisher realisierten DB-orientierten technischen Anwendungsbereichen wird häufig auf kommerzielle DBS zurückgegriffen. Dem prinzipiellen Nutzen und den erwarteten Vorteilen stehen allerdings einige gravierende Nachteile gegenüber /Ea81, HR85, Lo85, Si80/, die teilweise bereits durch praktische Erfahrungen beim prototypischen Einsatz von DBS in Ingenieuranwendungen /GS82, BMW82, Fi83, Hü86/ bestätigt und konkretisiert werden konnten.

Einen dominierenden Anteil an dieser Situation besitzt die sogenannte **Modellie-rungsproblematik**. Im Gegensatz zu den Objekten in betriebswirtschaftlichen Anwendungen handelt es sich bei den Größen aus ingenieurwissenschaftlichen Anwendungen meist um sehr komplex-strukturierte Objekte. So kann ein technisches Produkt aus kaufmännischer Sicht relativ einfach beschrieben werden, beispielsweise durch eine Reihe elementarer Eigenschaften wie Artikelnummer, Herstellungskosten und Verkaufspreis sowie eventuell durch die Beziehungen zu den benötigten Rohmaterialien. Aus konstruktions- und fertigungstechnischer Sicht dagegen ist die Beschreibung des gleichen Produkts wesentlich komplexer. Man denke nur an die erforderliche Teilegeometrie, die sich je nach gewählter Repräsentationsmethode z.B. aus einer Vielzahl von Flächen, Kanten und Punkten oder aus einer Reihe zusammengesetzter Grundkörper ergibt. Eine andere Art der Objektkomplexität kommt zum Vorschein, wenn man speziell den Bereich von Konstruktion und Entwicklung betrachtet: in diesen Entwurfsanwendungen gewinnt die Repräsentation von Objektzuständen an Bedeutung, durch die zum einen die "Entwurfsgeschichte" (Versionen bzw. Alternativen eines Entwurfsobjektes), zum anderen die jeweils erreichten "Qualitätsstufen" (Vorentwurf, endgültig validierter Entwurf usw.) dargestellt werden. Die Abbildung solch komplexer Ingenieurobjekte auf die konventionellen Datenmodelle verfügbarer Datenbanksysteme erweist sich als sehr schwierig, mühsam und schwerfällig. So ist eine ganzheitliche Beschreibung der Ingenieurobjekte auf Datenmodellebene nicht möglich; vielmehr müssen diese komponentenweise auf die elementaren Datenbausteine konventioneller Datenmodelle abgebildet werden, was i.allg. nur unter erheblichem Bedeutungsverlust möglich ist.

Aus dieser Modellierungsproblematik heraus ergeben sich weitere Problemfelder für den DBS-Einsatz in Ingenieuranwendungen. Da dem DBS der objektbezogene Zusammenhang zwischen den elementaren Datenbausteinen nur unzureichend bekannt gemacht werden kann, ist es nicht möglich, die Verarbeitung komplexer Ingenieurobjekte ausreichend zu unterstützen. Insbesondere führt die ausschließliche Unterstützung der satzbezogenen Verarbeitung durch konventionelle DBS zu einer **Verarbeitungsproblematik** /HHLM87, Hä87b, HP89, KW88/, d.h zu einer extrem ineffizienten DB-Verarbeitung. Zwar erlauben herkömmliche (relationale) DBS die Selektion von homogenen Satzmengen als "Verarbeitungsgegenstände", allerdings geschieht die Bereitstellung dieser qualifizierten Sätze in der Regel satzweise mit Hilfe eines Cursor-Mechanismus. DB-Sätze werden demnach einzeln in das Anwendungsprogramm geholt und unmittelbar nach ihrer Änderung in die Datenbasis zurückgeschrieben. Eine anwendungsnahe Nutzung von Lokalität bzgl.

der Datenreferenzen auf größeren Verarbeitungseinheiten wird durch diese satzbezogene Verarbeitungslogik an der DBS-Schnittstelle verhindert. In Anbetracht
der für Ingenieuranwendungen typischen Komplexität der Verarbeitungsalgorith-
men (10^5-10^7 Datenreferenzen für eine durchschnittliche Operationsfolge /Hä87b,
Hü86/) und den vorherrschenden komplexen und heterogen-strukturierten Verarbeitungsgegenständen kann daher das allgemein beobachtete schlechte Antwortzeitverhalten DB-gestützter Ingenieursysteme nicht verwundern.

In einem engen Zusammenhang mit der Verarbeitungsproblematik steht die **Verteilproblematik**. Vor dem Hintergrund einer starken Verbreitung von Arbeitsplatzrechnern gewinnt die Aufgabe der Datenanbindung und des Datentransportes
zusätzlich an Bedeutung; unterstellt man zunächst eine zentrale Datenverwaltung,
so ist eine satzbezogene Verarbeitung an der DBS-Programmierschnittstelle äußerst problemträchtig, da jeder einzelne DB-Zugriff einen rechnerübergreifenden
Kommunikationsvorgang erforderlich machen würde. Eine prinzipielle Lösung
geht von einer verteilten Datenhaltung aus, wodurch die jeweils benötigten Daten
lokal, d.h. am Ort der Verarbeitung, verfügbar gemacht werden können. Allerdings
ist es auch hier so, daß die Konzepte in kommerziell verfügbaren verteilten DBS
(Distributed Database System, DDBS) von einer sehr statischen Datenverteilung
ausgehen und eine flexible, evtl. durch den Benutzer bzw. das Anwendungsprogramm steuerbare Verteilung nicht unterstützen. Auf der anderen Seite bieten diese
Systeme ein hohes Maß an Ortstransparenz, d.h. eine Unabhängigkeit der Anwendungsprogramme von allen Aspekten der Datenverteilung. Diese im allgemeinen
zwar wünschenswerte Eigenschaft ist nicht generell notwendig, verursacht aber
stets einen erhöhten Verwaltungsaufwand, der für die meisten der oftmals dialogorientierten Ingenieuranwendungen unzumutbar sein dürfte.

Vor der praktischen Nutzung der Datenbanktechnologie im Bereich der technischen, oder allgemeiner der nicht-konventionellen Anwendungen, müssen die bestehenden Datenbankkonzepte angepaßt, erweitert bzw. durch adäquatere Konzepte ersetzt werden. Innerhalb der letzten Dekade war es daher das Ziel weltweiter
Forschungsaktivitäten, Datenbanktechnologie für nicht konventionelle Anwendungen zu erarbeiten und allgemein nutzbar zu machen /Ba86, Ca86, CD87, Da86,
DGL86, Hä88, PP87, PSSWD87, RS87/. Die Ansätze, die in den verschiedenen
Projekten verfolgt werden, befassen sich u.a. mit neuen Wegen bei der Datenmodellierung, der Erweiterung des klassischen Transaktionsbegriffs, verbesserten Ar-
chitekturansätzen und vor allem aber auch mit leistungssteigernden Abbildungs-
und Verarbeitungskonzepten.

In zahlreichen Projekten wird die *prototypische* Implementierung eines DBS für nicht-konventionelle Anwendungen, eines sog. *Nicht-Standard-Datenbanksystems (NDBS)*, angestrebt; teilweise befinden sich NDBS-Prototypen bereits im experimentellen Einsatz. Aus Sicht des praktischen Einsatzes solcher NDBS-Neuentwicklungen ist das entscheidende und für die Akzeptanz ausschlaggebende Kriterium in der Leistungsfähigkeit, d.h. in der Effizienz der Datenversorgung der jeweiligen Anwendungsprogramme, zu sehen. Als Vergleichsmaß werden dabei die bestehenden individuellen Lösungen herangezogen, deren Datenversorgung in aller Regel auf Dateibasis mit einer hauptspeicherorientierten Verarbeitung erfolgt. Die Vorteile des DBS-Einsatzes werden allgemein gesehen und sollen im Ingenieurbereich auch umgesetzt werden, allerdings dürfen sich hieraus keine Nachteile, insbesondere keine Leistungseinbußen ergeben.

In dem vorliegenden Buch werden Voraussetzungen, Randbedingungen und Möglichkeiten einer datenorientierten Integration in technisch-wissenschaftlichen Entwurfsanwendungen untersucht und schließlich Lösungsvorschläge bis hin zu einer Systemarchitektur DB-gestützter integrierter Ingenieursysteme konkretisiert.

Im nächsten Kapitel wird zunächst die Entwurfsvorgehensweise in der mechanischen Konstruktion sowie beim VLSI-Chip-Entwurf genauer untersucht und die Formen der Rechnerunterstützung innerhalb des Entwurfsvorganges, wie sie in heutigen Ansätzen zu finden sind, näher bestimmt. Durch die Betrachtung von zwei Entwurfsbereichen sollen Unterschiede bzw. Gemeinsamkeiten zwischen verschiedenen Entwurfsbereichen deutlich gemacht und daraus schließlich Aussagen über die Allgemeingültigkeit des hier vorgestellten Ansatzes gefolgert werden. In Kapitel 3 wird eine Analyse der Verarbeitungsproblematik in DB-orientierten technischen Anwendungen an einer konkreten Fallstudie durchgeführt und im darauffolgenden Kapitel ein Workstation/Server-DBS zur Handhabung und Organisation komplex-strukturierter ingenieurwissenschaftlicher Verarbeitungsgegenstände vorgestellt. In Kapitel 5 steht die Entwicklung eines (technischen) Modellierungswerkzeugs zur Entwurfsunterstützung in der mechanischen Konstruktion und die Realisierung eines Prototypen im Mittelpunkt. In Kapitel 6 werden schließlich Ideen zum Aufbau einer datenintegrierten, durchgängigen Entwurfsumgebung in Form eines Modells für eine Entwurfsumgebung vorgestellt und die Systemarchitektur eines integrierten Ingenieursystems basierend auf dem eingeführten Workstation/Server-DBS-Ansatz motiviert. Dem Kapitel 6 folgt eine Zusammenfassung mit einigen Schlußbemerkungen zu dem vorgestellten Integrationsansatz.

2 Entwurfsmethodologie und Rechnerunterstützung in zwei ausgewählten Entwurfsbereichen

Das Kapitel beginnt mit einer Beschreibung der Entwurfsmethoden in der mechanischen Konstruktion sowie im VLSI-Bereich und versucht, die Gemeinsamkeiten der Methodiken herauszustellen. Im restlichen Teil wird untersucht, welche Formen einer zunehmenden Rechnerunterstützung im Entwurfsablauf sich entwickelt haben. Hier werden zunächst erweiterte Modellierungsansätze vorgestellt und anschließend auf Probleme der Verwaltung und Bereitstellung der Produktdaten eingegangen, bevor die Anforderungen an DBS zur Entwurfsunterstützung konkretisiert werden.

2.1 Entwurfsmethodologie am Beispiel von zwei Entwurfsbereichen

2.1.1 Entwurfsmethodologie im Bereich der mechanischen Konstruktion

In der Literatur im Bereich Maschinenbau haben die Begriffe Konstruktion und Entwurf unterschiedliche Bedeutung /VDI2221/. Mit Konstruktion wird die umfassendere Tätigkeit beschrieben. Im Rahmen dieses Buches wird jedoch auch der Begriff Entwurf im Sinne von Konstruktion verwendet, um so eine einheitliche Begriffswahl mit anderen Entwurfsbereichen zu gewährleisten.

Entwerfen wird als die Gesamtheit aller Tätigkeiten verstanden, die, ausgehend von einer Aufgabenstellung, die zur Fertigung eines Produktes notwendigen Informationen erarbeiten und in der Produktdokumentation ablegen /VDI2221/.

Die zahlreichen Entwurfsschritte innerhalb des Entwurfsablaufs und die jeweils denkbaren Wahlmöglichkeiten in einem Entwurfsschritt haben schon frühzeitig zu der Entwicklung und dem Einsatz von Entwurfsmethodiken geführt. Ziel einer jeden **Entwurfsmethodik** ist es, durch ein gegebenes, planmäßig und schrittweise vorgehendes Verfahren, die jeweils gültigen Lösungsmöglichkeiten schneller und besser zu finden, um so den Entwurfsprozeß erfolgreich zu beenden. In der Literatur werden eine Reihe von Entwurfsmethoden vorgestellt, die sich insbesondere in ihrer Aufteilung des gesamten Entwurfsablaufs in verschiedene **Entwurfsphasen** und in den zugrundeliegenden Methoden zur Lösungsfindung mit Hilfe einer allgemeingültigen Funktionsstruktur unterscheiden. Die Methode von Roth /RFS72/ basiert beispielsweise auf der Idee, allgemeine Funktionen durch die Verbindung von allgemeinen Größen (z.B. Stoff, Energie) mit allgemeinen Operationen (z.B. Leiten, Speichern, Wandeln) zu definieren. Eine Gegenüberstellung der sechs bekanntesten Entwurfsmethodiken ist in /Mu88/ zu finden. Im Rahmen dieser Ausführungen wird exemplarisch auf die Konstruktionsmethodik nach Pahl/Beitz näher eingegangen /PB86/, die in großem Umfang Eingang in die VDI-Richtlinie 2222 /VDI2222a/ gefunden hat. Im Anschluß daran werden dann die wesentlichen Konzepte nochmals zusammengefaßt.

Die Vorgehensweise innerhalb einer **Entwurfsphase** ist wieder durch eine Problemlösungsmethodik vorgegeben. Sie beginnt mit einer (intuitiven oder diskursiven) Lösungsfindung, für die im zweiten Schritt ein Festhalten, d.h. eine Darstellung der Lösung (Skizze, Zeichnung etc.) erfolgt. Daran schließt sich eine Bewertung des Ansatzes an (Berechnung, Simulation etc.). Der letzte Schritt umfaßt schließlich eine Entscheidung, ob die Lösung akzeptabel ist; wenn mehrere alternative Lösungen vorliegen, ist eine Auswahl zu treffen /GBR88/. Jede Entwurfsphase ist somit durch einen Synthese- und einen Analyseprozeß bestimmt. Im Syntheseprozeß werden bekannte Informationsstrukturen (z.B. elementare Funktionselemente) auf Grund ihrer Eigenschaften und eines gegebenen Ziels zu einer erweiterten Struktur zusammengesetzt. Für die gleiche Entwurfsaufgabe können mehrere Lösungen (Alternativen, Varianten) entwickelt werden, aus denen im nachfolgenden Analyseschritt eine Lösung ausgewählt wird, die den Ausgangspunkt für die nächste Entwurfsphase bietet.

Bild 2.1 gibt einen allgemeinen Überblick über einen in mehrere Entwurfsphasen untergliederten Entwurfsablauf. Er beginnt mit der **Aufgabenstellung** eines technischen Produktes, d.h., es wird eine Klärung und gleichzeitig eine Spezifikation der Aufgabenstellung für das technische Produkt erstellt. Die Anforderungsliste der Aufgabenstellung besteht im wesentlichen aus einer Festlegung der zu erfüllenden Funktion und der bei der Realisierung zu berücksichtigenden Randbedingungen und Restriktionen. Sie enthält sog. *Festforderungen*, die auf jeden Fall erfüllt sein müssen, *Mindestforderungen*, die einen Grenzwert angeben, der nach Möglichkeit unter- bzw. überschritten werden soll, und *Wunschforderungen*, deren

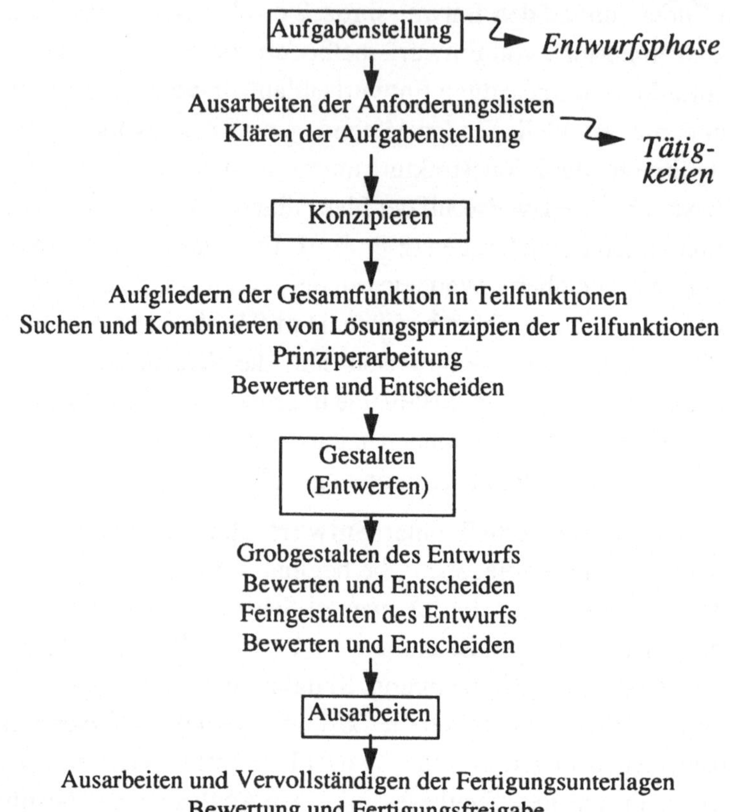

Bild 2.1:   Entwurfsmethodik für das Schaffen neuer Produkte (nach /PB86/)

Erfüllung optional ist und möglicherweise einen Mehraufwand verursacht. Die
nächste Phase, das **Konzipieren**, führt zu einer *Aufgliederung der Gesamtfunktion*
in Teilfunktionen, für die Funktionselemente (aus Basiselementen in Form von
Elementarfunktionen zusammengesetzt) zur Verfügung stehen, aus denen komplexere Strukturen aufgebaut werden können. Es können mehrere Funktionsstruk-
turalternativen bereitstehen, aus denen nach einer Bewertung die optimale ausgewählt wird und den weiteren Ablauf bestimmt. In einem weiteren Teilschritt, der
Prinziperarbeitung, wird eine weitere Konkretisierung der Funktionsstrukturen im
Hinblick auf eine Ermittlung der physikalischen Effekte und der erforderlichen
Funktionsträger durchgeführt. Die nachfolgende Bewertung wird hauptsächlich
auf Grund technischer und wirtschaftlicher Gesichtspunkte getroffen.

In der nächsten Entwurfsphase, der **Gestaltung**, wird das Entwurfsobjekt soweit in seiner Struktur gestaltet, daß anschließend die Fertigungsvorbereitung beginnen kann. Zunächst werden aus der Aufgabenbeschreibung die gestaltbestimmenden Anforderungen zusammen mit den definierten Randbedingungen abgeleitet und zur Erstellung einer ersten Baustruktur, dem sog. **Grobgestalten**, herangezogen.

Das Erstellen der Baugruppenstruktur erfolgt in einer **Top-Down-Vorgehensweise**. Ausgehend von der gesamten Maschine werden Baugruppen definiert, die selbst wieder aus Baugruppen bzw. auf der untersten Ebene aus Einzelteilen zusammengesetzt sind. In Bild 2.2 ist als Beispiel die Baugruppenstruktur eines Getriebes vereinfacht dargestellt. Das gesamte Getriebe setzt sich in dem Beispiel aus zwei Getriebestufen zusammen, die über eine Welle als Verbindungselement verknüpft sind. Im Baugruppenentwurf wird eine Art Schnittstelle für eine Baugruppe spezifiziert, indem etwa geometrische Abmaße oder Anschlußpunkte zu anderen Baugruppen festgelegt werden. Wie dann die interne Realisierung der Baugruppe aussieht (z.B. ob eine Getriebestufe als Stirnrad- oder Planetenradgetriebe realisiert wird), ist davon zunächst unabhängig. Es können mehrere Varianten für die Subbaugruppen entworfen werden, aus denen dann jeweils eine ausgewählt und damit die übergeordnete Baugruppe "konfiguriert" wird.

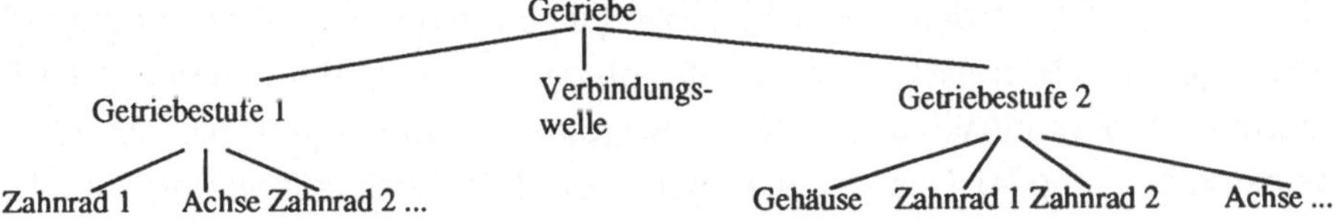

Bild 2.2:   Beispiel einer Baugruppenstruktur für ein Getriebe

In dem zweiten Schritt der Gestaltungsphase, der **Feingestaltung** der Einzelteile, werden direkt oder mit Hilfe von Auswahlalgorithmen weitere technische Elemente (i.allg aus Wiederholteil-, Normteil- oder Kaufteilkatalogen) ausgewählt und damit der Einzelteilentwurf detailliert. Nach der (möglicherweise iterativen) Durchführung der Gestaltungsphase wird der endgültige Entwurf für die nächste Phase freigegeben.

Die **Ausarbeitung** bildet die letzte Entwurfsphase, in der die Einzelteile des Produktes endgültig festgelegt und die Ergebnisse in Form von Zusammenbau-, Einzelteil- und Explosionszeichnungen, Stücklisten, Datenblättern sowie Betriebs und Montageanleitungen dargestellt werden.

Wenngleich die Vorgehensweise in der mechanischen Konstruktion hier nur sehr
kurz beschrieben wurde, können daraus die wichtigsten Elemente der Entwurfsmethodik, wie sie in der nachfolgenden Charakterisierung zusammengestellt sind,
motiviert und begründet werden. Selbstverständlich wird der Entwurfsvorgang
nicht durch eine Methodik allein bestimmt. Die VDI-Richtlinie 2221 enthält eine
Auflistung von etwa 70 verschiedenen Methoden. Diese lassen sich grob in zwei
Gruppen einteilen: Methoden, die in einem Entwurfsschritt Anwendung finden,
und sog. integrierte Methoden (oder Handlungsmodelle) zur Beschreibung der gesamten Entwurfsvorgehensweise.

Die erste Gruppe von Methoden bietet eine Unterstützung in sehr verschiedenen
Aufgabenbereichen, z.B. dem Entwickeln von Lösungsideen, zur Wirtschaftlich-
keitsberechnung oder für Bewertungs- und Entscheidungstechniken. Betrachtet
man die wichtige Gruppe der Methoden, die zur Lösungsfindung eingesetzt werden
(diese gelten für fast alle Entwurfsphasen), näher, so sind hier vor allem morpho-
logische Methoden, Konstruktionskataloge und Gestaltungsregeln bzw. -richtli-
nien sowie heuristische Methoden verbreitet. Konstruktionskataloge sind eine Art
Informationsspeicher, die durch ihre Vollständigkeit, klare Gliederung und die
Existenz von Zugriffsmerkmalen auf das methodische Entwerfen zugeschnitten
sind /VDI2222b/. Es werden Objektkataloge (sie enthalten wichtige Entwurfsob-
jekteigenschaften wie etwa Volumina oder physikalische und technologische Eigenschaften), Operationskataloge (z.B. Regeln zur Erzeugung verschiedener
Funktionsstrukturen oder Gestaltungsregeln) und Lösungskataloge (sie enthalten
eine möglichst umfassende Sammlung von Lösungen für eine bestimmte Aufgabe,
etwa die Aufgabe "Druck regeln") unterschieden. Der hohe Stellenwert, den heuristische Methoden im Entwurfsprozeß einnehmen, ist Ausdruck der Komplexität
und Vielfalt der existierenden Lösungsmöglichkeiten, so daß aus diesem Grund ex-
akte und formale Methoden oftmals nur schwer einzusetzen sind.

Zusammenfassend kann festgestellt werden, daß in jedem Entwurfsschritt eine
Reihe von Bedingungen und wechselseitigen Abhängigkeiten sowie eine vorgegebene Aufgabenbeschreibung aus dem gesamten Entwurfsprozeß zu berücksichtigen sind. Dies soll durch den Einsatz von Entwurfsmethodiken sichergestellt werden.

Für die in diesem Abschnitt vorgestellten Entwurfsmethodiken zur Gestaltung des
gesamten Entwurfsablaufs existieren bislang nur wenige Ansätze, die eine formale
Beschreibung dieser Methodiken versuchen. Ursache ist sicherlich die angespro-

chene Komplexität und Vielfalt des gesamten Entwurfsbereichs. Die wichtigsten Eigenschaften der Entwurfsmethodiken sind nachfolgend nochmals aufgelistet:

- Der *gesamte Entwurfsablauf* wird in eine *Folge von Entwurfsphasen* aufgeteilt, die selbst wieder in weitere Schritte unterteilt sind. Die Vorgehensweise ist nicht strikt sequentiell, vielmehr werden einzelne Phasen iterativ durchlaufen.

- Bereits in einer sehr frühen Phase (Funktionsfindung) wird eine *hierarchische Zerlegung* der Entwurfsaufgabe vorgenommen. Für die entstandenen Teilfunktionen wird ein eigener Entwurfsablauf gestartet, um dann die eigentliche Entwurfsaufgabe unter Verwendung der Teilentwürfe fertigzustellen.

- Die Entwurfsaufgabe in einer Phase ist durch die *Aufgabenbeschreibung* spezifiziert sowie durch die in den vorangegangenen Phasen realisierte Entwurfslösung bestimmt.

- Innerhalb einer Entwurfsphase werden mehrere *Lösungsvarianten* erarbeitet, aus denen dann eine Variante ausgewählt wird.

2.1.2 Entwurfsmethodologie im Bereich des VLSI-Entwurfs

In dem zweiten hier betrachteten Entwurfsbereich, dem VLSI-Chip-Entwurf, wurde mit wachsender Integrationsdichte und zunehmender Gatteranzahl eine Entwurfsmethodologie, die ein hierarchisches Entwurfskonzept unterstützt, notwendig /Ka85, SR89/. Orthogonal dazu wurde der gesamte Entwurf in Entwurfsphasen zerlegt, da das Layout eines Chips (als das Ergebnis des gesamten Entwurfsvorganges) nicht in einem Schritt hergestellt werden kann. In /Schü88/ wird eine Aufgliederung des Entwurfs in vier Entwurfsphasen vorgestellt, wie sie in dem PLAYOUT-System /Zi88/ realisiert ist. Die erste Entwurfsphase "Verhalten" besteht in der Ableitung einer *Verhaltensbeschreibung* des zu entwerfenden Chips, d.h., die Funktion des Entwurfsobjektes wird in Form von Wertetabellen, mathematischen Formeln etc. festgelegt. Zu einer Verhaltensbeschreibung können in der Phase "Struktur" mehrere (alternative) *Strukturbeschreibungen* erzeugt werden, z.B. kann die mathematische (funktionale) Beschreibung eines Volladdierers durch einen Carry-Look-Ahead- oder einen Ripple-Carry-Addierer realisiert werden. In der "Struktur"-Phase wird ein Entwurfsobjekt hauptsächlich durch Netz- und Komponentenlisten sowie zugehörige Schaltpläne beschrieben. Die sich anschließende "Topographie"-Phase erzeugt eine *Floorplan-Beschreibung* für das Entwurfsobjekt, d.h., jeder Komponente wird eine Teilfläche auf dem Chip zugeordnet. Unterschiedliche Plazierungsanordnungen der Komponenten können zu (in

Form und Größe) alternativen Floorplans für eine Strukturbeschreibung führen,
aus denen dann der optimale Floorplan (das ist meist der mit dem geringsten Flächenbedarf oder dem besten Zeitverhalten) ausgewählt wird. In der letzten Entwurfsphase, der "Zellsynthese", wird daraus schrittweise ein *Masken-Layout* für
das Entwurfsobjekt erstellt. Dazu werden die Layouts der Komponenten nach Vorgabe des Floorplans zusammengesetzt sowie verdrahtet und damit das gesamte Layout entwickelt. In Bild 2.3 sind die einzelnen Entwurfsphasen und die jeweiligen
Beschreibungsformen zusammenfassend dargestellt.

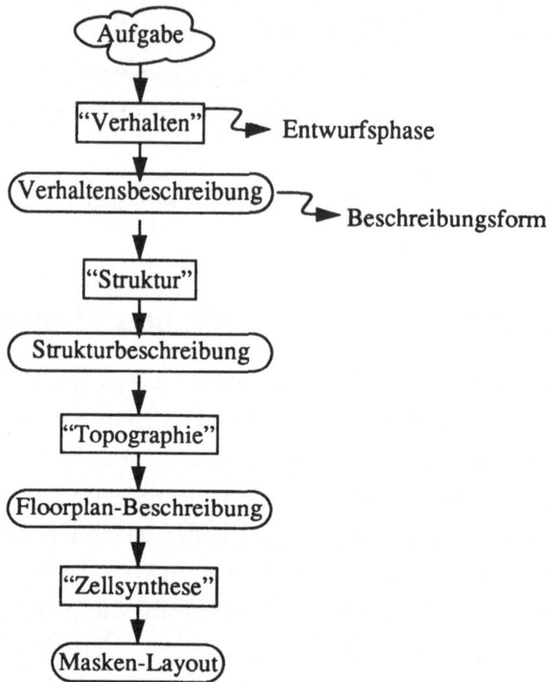

Bild 2.3:   Entwurfsphasen und Beschreibungsformen im VLSI-Entwurf

Der Chip-Entwurf läuft aus den genannten Gründen hierarchisch ab. Eine **hierarchische Aufgliederung** erfolgt bereits in der Phase "Verhalten", in der (meist top-
down) eine funktionale Hierarchie aufgebaut wird, die dann in eine hierarchische
Strukturbeschreibung überführt werden kann, die der gleichen Hierarchiebildung
unterliegt. Für die nachfolgenden Entwurfsphasen wird jedoch eine andere Hierarchiebildung benötigt. Ursache hierfür ist, daß in der funktionalen Hierarchiebildung sehr häufig große und kleine Komponenten (etwa der gesamte Speicherblock
und ein einzelnes Register) auf einer Ebene angeordnet sind, für die die Anzahl
der Subkomponenten (Zellen) höchst unterschiedlich ist. Die in den nachfolgenden

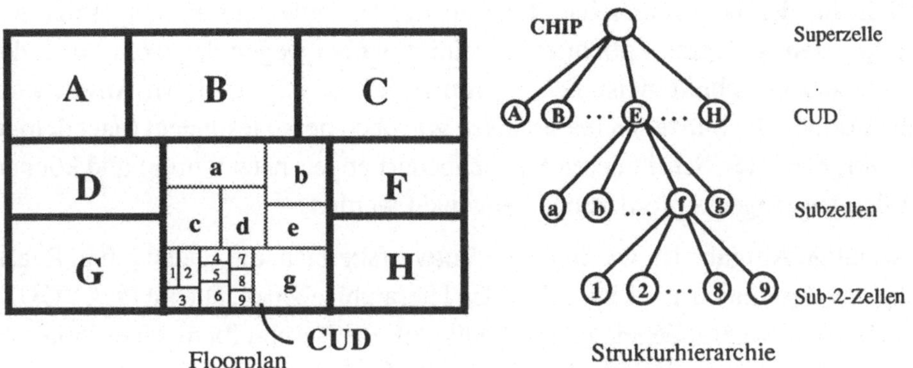

Bild 2.4: Floorplan mit drei Hierarchieebenen und zugehörige Strukturhierarchie der Zellen

Entwurfsphasen eingesetzten Algorithmen erfordern jedoch wegen ihrer Komplexität die Festlegung einer Obergrenze für die Anzahl der Zellen auf einer Ebene. Die Umsetzung der funktionalen Hierarchie in eine neue Hierarchie, die die geforderten Restriktionen erfüllt und in den weiteren Entwurfsphasen beibehalten wird, wird *Repartitionierung* genannt.

In Bild 2.4 ist für eine Floorplan-Beschreibung beispielhaft eine Zellaufteilung in drei Hierarchieebenen abgebildet. Um innerhalb des Hierachiegefüges eindeutige Bezeichnungen zu haben, wird die gerade bearbeitete Zelle *CUD* (cell under design) genannt (in Bild 2.4 wäre dies Zelle E), die darunterliegenden Zellen heißen *Subzellen* und deren Söhne Sub-2-Zellen. Die der CUD übergeordnete Zelle heißt *Superzelle*.

Die Vorgehensweise des weiteren Entwurfs kann nun in einem Bottom-up- oder einem Top-down-Ansatz erfolgen. Im *Bottom-up-Ansatz* wird das Zellen-Layout

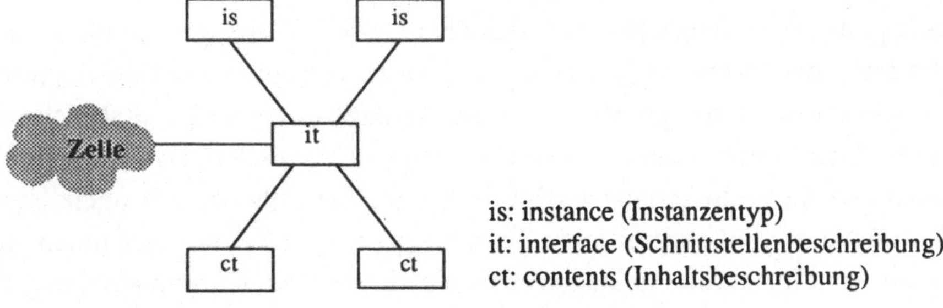

Bild 2.5: Allgemeine Struktur einer Zellenbeschreibung

der CUD aus den bereits erstellten Layouts der Subzellen zusammengesetzt und damit zu einem größeren Zellcluster vereinigt, wobei wegen der fixen Form der Subzellen ein Verschnitt meist nicht zu vermeiden ist. Im Top-down-Ansatz werden die Formen der Subzellen hierarchisch von oben herab festgelegt (nachdem in einem vorgelagerten Schritt deren Flächenbedarf abgeschätzt wurde) und können daher den jeweiligen Anforderungen angepaßt werden.

Eine wichtige Aufgabe ist, wie in jedem Entwurfsbereich, die Planung und Realisierung des Zusammenspiels zwischen den Hierarchieebenen. Die im PLAYOUT-Entwurfssystem zugrundegelegte Methodik teilt die Beschreibung einer Zelle zunächst in eine *Schnittstellenbeschreibung* (interface, it) und eine *Inhaltsbeschreibung* (contents, ct) auf (vgl. Bild 2.5). Die Schnittstellenbeschreibung ist also die Definitionsangabe einer Zelle, und die Inhaltsbeschreibung gibt die Realisierung einer Zelle (für die betrachtete Entwurfsphase) an. Zu einer Schnittstellenbeschreibung können mehrere alternative Inhaltsbeschreibungen angegeben werden. Schließlich können für eine Schnittstellenbeschreibung mehrere Instanzen (instance, is) definiert werden, die unterschiedliche Realisierungsformen für eine Schnittstelle repräsentieren und jeweils das Ergebnis einer durchgeführten **Konfiguration** sind. In Bild 2.6 wird diese Vorgehensweise verdeutlicht. Bild 2.6a zeigt zwei alternative Floorplan-Beschreibungen für die CUD A. In der ersten Alternative A1 setzt sich die CUD aus drei Subzellen zusammen, wobei die Subzellen mit der Nr. 1 und 3 vom Typ B sind, die Subzelle mit Nr. 2 vom Typ D ist. In der zweiten Alternative A2 wird die CUD aus vier Subzellen aufgebaut, je eine vom Typ B (Nr. 1), Typ D (Nr. 2), Typ F (Nr. 3) und Typ E (Nr. 4). Bild 2.6b zeigt, wie diese Struktur mit Hilfe der eingeführten Schnittstellen- bzw. Inhaltsbeschreibung sowie den Instanzen dargestellt wird. Für Zelle A (mit Schnittstelle it_A) gibt es zwei alternative Inhaltsbeschreibungen (ct_{A1} und ct_{A2}), die aus mehreren Instanzen der Subzellen (is_1, is_2, is_3 bzw. is_1, is_4, is_3, is_2) zusammengesetzt sind. Jede dieser Subinstanzen ist einer Schnittstellenbeschreibung der Subzellen B, D, E und F zugeordnet (it_B, it_D, it_E und it_F). Bislang ist noch nicht festgelegt, durch welche Inhaltsbeschreibung die Instanz is_{A1} realisiert ist. Dazu wird eine Konfiguration durchgeführt. Durch eine Konfiguration wird eine Instanz mit einer Inhaltsbeschreibung verknüpft. Des weiteren müssen in der Konfiguration die Konfigurationen für die Subinstanzen, die in die Inhaltsbeschreibung eingehen, ebenfalls festgehalten werden. Diese hierarchieübergreifende Beziehung zwischen Konfigurationen ist deswegen notwendig, da für eine Instanz selbst mehrere Konfigurationen (bei gleicher Inhaltsbeschreibung) möglich sind.

Die hier beschriebene Entwurfsmethodik spannt also einen **zweidimensionalen Entwurfsraum** (entsprechend den Entwurfsphasen und den Hierarchieebenen) auf, in dem der Entwurfsablauf stattfindet. Ein Entwurfsschritt, der i.allg durch ein oder mehrere Entwurfswerkzeuge abgewickelt wird, läuft in einer Entwurfsphase auf einer bestimmten Hierarchieebene ab und generiert ein Ergebnis in der nachgeschalteten Entwurfsphase oder in einer unter- bzw. übergeordneten Hierarchieebene. Die Ausführung eines Entwurfsschrittes muß natürlich im Kontext des ge-

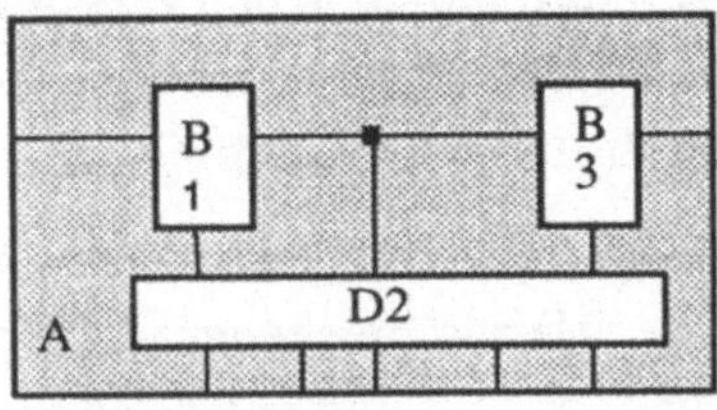

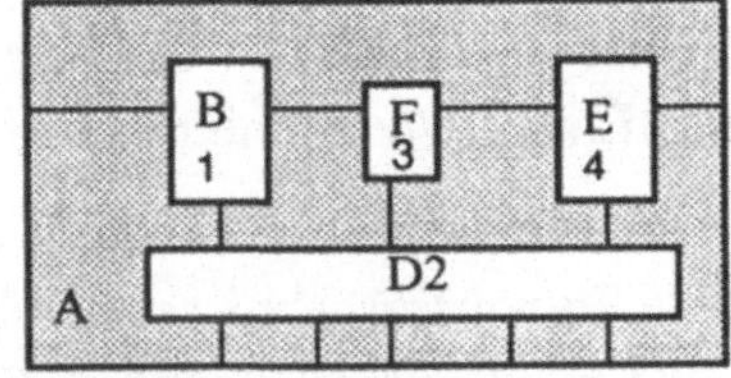

a: Zwei Alternativen für den Entwurf von A

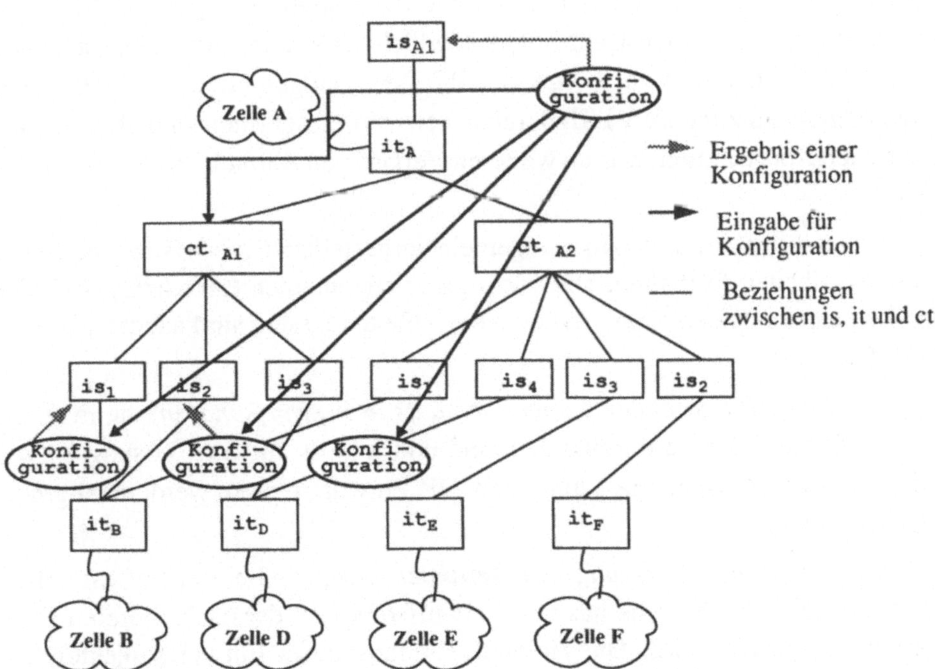

b: Schnittstellen- u. Inhaltsbeschreibung sowie Instanzen für den Floorplan-Entwurf von Zelle A und die Konfiguration von Instanz is_{A1}

Bild 2.6:   Beispiel einer Konfiguration einer Zelle

samten Entwurfsablaufs erfolgen, d.h., jeder Entwurfsschritt ist durch eine für ihn definierte Zielvorgabe, eine Reihe von zu beachtenden Umgebungsrestriktionen sowie das Ergebnis des bisherigen Entwurfsprozesses bestimmt.

2.1.3 Vergleich der beiden Entwurfsmethodologien

Durch die Betrachtung der beiden Entwurfsbereiche soll verdeutlicht werden, inwiefern gleiche oder ähnliche Methoden bzw. Entwurfsprinzipien in den verschiedenen Bereichen anzutreffen sind. Die Entwurfsprinzipien können dabei in den verschiedenen Entwurfsbereichen eine unterschiedlich starke Gewichtung haben.

Wenngleich im VLSI-Entwurf ebenfalls eine große Komplexität vorzufinden ist und alternative Entwurfsergebnisse sowohl entlang der Hierarchieebenen als auch beim Übergang in eine nachgeschaltete Entwurfsphase erstellt und bewertet werden müssen, ist in der mechanischen Konstruktion eine bei weitem größere Vielfalt und Heterogenität gegeben. Des weiteren sind die in der mechanischen Konstruktion vielfach anzutreffenden heuristischen Entwurfsmethoden ein Ausdruck, daß eine strikt formale Methodik aus unterschiedlichen Gründen nicht eingesetzt werden kann. Dies hat auch zur Folge, daß die Bemühungen um eine durchgängige Entwurfsunterstützung im VLSI-Bereich weiter fortgeschritten sind als in der mechanischen Konstruktion, was im weiteren Verlauf von Kapitel 2 noch verdeutlicht wird.

Trotzdem lassen sich aus den hier allgemein vorgestellten Entwurfsmethodologien Gemeinsamkeiten festhalten. Die wichtigsten allgemeinen **Entwurfsprinzipien**, die sich aus den beiden Entwurfsbereichen ableiten lassen, sind nachfolgend aufgeführt:

- *Unterteilung des gesamten Entwurfsablaufs in Entwurfsphasen*, die in festgelegter Reihenfolge zu durchlaufen sind und jeweils auf dem Lösungsentwurf der vorangegangenen Phase aufbauen. Die Entwurfsphasen werden i.allg iterativ durchlaufen.

- *Hierarchische Aufgliederung des Gesamtentwurfs*, wobei ein Entwurfsobjekt auf einer Hierarchieebene aus den Entwurfsobjekten der nächsttieferen Ebene zusammengesetzt wird. Die Hierarchiebildung eines Entwurfsobjektes kann abhängig von der Entwurfsphase unterschiedlich strukturiert sein.

- Durch die Entwurfsphasen und die Entwurfsobjekthierarchie wird ein zweidimensionaler *Entwurfsraum* aufgespannt, in dem der gesamte *Entwurfsprozeß* abläuft.

- Ein *Entwurfsschritt* (also die Erfüllung eines spezifischen Auftrages innerhalb des Entwurfsprozesses) ist durch die *Vorgabe einer Zielstellung sowie die Forderung nach der Einhaltung von festgelegten Umgebungsrestriktionen* bestimmt.

- Die Durchführung eines Entwurfsschrittes führt zu einer *Schnittstellenbeschreibung* und einer *Inhaltsbeschreibung*, die das "nach außen sichtbare" Entwurfsergebnis bzw. dessen interne Realisierung beschreiben.

- In einem Entwurfsschritt können mehrere *Alternativen* (oder *Versionen*) zur Erfüllung der Entwurfsaufgabe entworfen werden, aus denen nach bestimmten Kriterien die für einen weiteren Entwurfsschritt optimale Lösung ausgewählt wird.

- Durch den Vorgang einer *Konfiguration* können in einem Entwurfsschritt Instanzen gebildet werden, die einen Repräsentant für den bisherigen Lösungsentwurf bilden.

2.2 Formen des Rechnereinsatzes

In diesem Abschnitt sollen nun verschiedene Formen des Rechnereinsatzes während des Entwurfs vergleichend gegenübergestellt und hinsichtlich des erzielten Integrationsgrades bewertet werden. Dabei spielt die Frage nach der Modellierung und Verwaltung des rechnerinternen Produktmodells eine wichtige Rolle. Ausgehend von der Betrachtung eines CAD-Referenzmodells, in dem die wesentlichen Funktionsbereiche eines CAD-Systems identifiziert werden, sollen zunächst einige Ansätze der Rechnerunterstützung in Form von erweiterten Modellierungswerkzeugen insbesondere für den Bereich der mechanischen Konstruktion vorgestellt werden. Daran schließt sich eine Betrachtung und Wertung der Ansätze zur Verwaltung und Bereitstellung der Produktdaten durch Datenaustauschformate an. Der weitere Inhalt dieses Abschnitts beschäftigt sich dann mit Ansätzen einer durchgängigen Entwurfsunterstützung (Framework-Modelle), die über die Modellierung der Entwurfsobjekte hinausgehend weitere Teile des Entwurfsvorgang rechnerunterstützt abwickeln sollen.

2.2.1 Funktionsbereiche in rechnerunterstützten Modellierungssystemen

Hinsichtlich einer Einordnung der verschiedenen CAD-Systeme sind in den letzten Jahren Bemühungen mit dem Ziel angestrengt worden, allgemeine Modellstrukturen von CAD-Systemen herauszuarbeiten. Der Arbeitskreis "Referenzmodell für CAD-Systeme" der Fachgruppe "Computergestütztes Entwickeln und Konstruieren" der Gesellschaft für Informatik hat die Aufstellung eines Referenzmodells für CAD-Systeme betrieben /AFGH88, Ab89/. Die Zielstellung war geprägt durch die mögliche Einordnung existierender CAD-Systeme sowie die Erstellung einer Art Anforderungsprofil für künftige CAD-Systeme. Wichtig dabei ist durch die explizite Festlegung interner und externer Schnittstellen der CAD-Systeme deren Integration in eine übergeordnete Entwurfsumgebung zu gewährleisten.

Die Struktur des **CAD-Referenzmodells** ist durch zwei orthogonale Sichtweisen bestimmt, die systemtechnische und die anwendungsorientierte Sicht. Die *systemtechnische Sicht* des Referenzmodells ist durch ein abstraktes Modell vorgegeben, das sich aus einer Reihe von System-Subkomponenten zusammensetzt, die jeweils eine spezifische Funktionalität anbieten. Es werden Prozesse zur Systemanwendung (Bearbeitung der eigentlichen anwendungsorientierten CAD-Aufgaben), zur Systembereitstellung (sie verwalten die Systemanwendungsprozesse) und zur Systemanpassung (zur Adaption des CAD-Systems an konkrete Entwurfsumgebungen) unterschieden. Diese Modellarchitektur stellt somit die flexible und dynamische Systemkonfiguration entsprechend den jeweiligen Erfordernissen in den Vordergrund.

Die **anwendungsorientierte Sicht** im CAD-Referenzmodell ist durch die Identifikation mehrerer Funktionsbereiche bestimmt, die sich sowohl an dem konstruktiven Entwurfsablauf als auch an den funktionalen Schnittstellen in einem CAD-System orientieren. Es werden acht Funktionsbereiche herausgearbeitet:

1. Modellierung
2. Dokumentation und Bereitstellung von Konstruktionswissen
3. Analyse, Berechnung und Simulation
4. Beschreibung des Produktmodells
5. Anpassung der Benutzungsoberfläche an die Konstruktionsaufgaben
6. Anwendungsbezogene Konfiguration des CAD-Systems
7. Organisation des Konstruktionsablaufs

8. Integrationsaspekte für einen durchgängigen rechnergestützten Entwurfsablauf.

Diese Funktionsbereiche lassen sich drei Gruppen zuordnen. Die drei erstgenannten Funktionsbereiche umfassen die *Unterstützung des eigentlichen Entwurfsvorgangs*. Der Modellierer (1) bildet den Kern des Referenzmodells und hat zur Aufgabe, ein RIPM für die Entwurfsobjekte darzustellen, zu manipulieren und abzuspeichern. Dies umfaßt beispielsweise in der mechanischen Konstruktion die gestalts-, funktions- und technologieorientierten Daten ebenso wie die fertigungstechnologischen und administrativen Daten. Die Dokumentation und Bereitstellung von Konstruktionswissen (2) (z.B. allgemeine Normen und Vorschriften, produktspezifische Konstruktionsregeln usw.) ist im Referenzmodell ebenfalls berücksichtigt. Eine Reihe von Analyse-, Berechnungs- und Simulationsprogrammen (3) ist für eine Bewertung des durchgeführten Entwurfs hinsichtlich der Aufgabenstellung und der einzuhaltenden Entwurfsregeln (vgl. Punkt (2)) notwendig. Bezogen auf den mechanischen Entwurfsbereich werden durch diesen Funktionsbereich die Phasen der Grob- und Feingestaltung von Entwurfsobjekten unterstützt.

Die drei nächstgenannten Funktionsbereiche orientieren sich am *inneren Aufbau und der Architektur des Referenzmodells*. Zur Beschreibung und Verwaltung des Produktmodells (4) sind Funktionen zur Verfügung zu stellen, die den Zugriff und die Ableitung von Produktdaten ebenso unterstützen wie deren Transformation zur Nutzung in angrenzenden Entwurfsphasen. Die Bereiche Anpassung der Benutzungsoberfläche (5) und anwendungsbezogene Sytemkonfiguration (6) umfassen die von dem CAD-System bereitgestellten Möglichkeiten einer individuellen, problemorientierten Gestaltung der Entwerfer/System-Schnittstelle sowie der Systemfunktionalität selbst.

Schließlich werden im Referenzmodell noch Funktionsbereiche identifiziert, die die *Organisation des Konstruktionsablaufs (7) und die Systemintegration (8)* zur Aufgabe haben. Dabei werden die Datenintegration (sowohl innerhalb des CAD-Systems als auch nach außen zu anderen CAD-Systemen bzw. zu anschließenden Phasen) und die Prozeßintegration (u.a. auch zur Synchronisation parallel laufender Entwurfsaktivitäten, z.B. von im Hintergrund laufenden Berechnungsprogrammen) unterschieden.

Einordnung des CAD-Referenzmodells

Das CAD-Referenzmodell stellt über die vorgestellten Funktionsbereiche eine
Reihe von Bewertungskriterien auf, die zum einen

- eine *Einordnung der verschiedenen Systemansätze* und insbesondere auch der
  neueren erweiterten Modellierungswerkzeuge erlauben, und zum anderen

- eine *Einordnung bzw. Abgrenzung der Rolle von CAD-Systemen* in dem umfassenden Entwurfs- und Fertigungsprozeß aufzeigen.

Die Aufgabe von CAD-Systemen ist danach primär in der Unterstützung der Grob-
und Feingestaltungsphase eines Entwurfsobjektes zu sehen. Hierbei kommt der
Funktionalität des Modellierungskerns eine sehr wichtige Bedeutung zu, da er die
Grundlage für den Aufbau des rechnerinternen Produktmodells bildet und damit
wesentlich zur Gestaltung eines homogenen und vor allem anwendungsgerechten
(d.h. an dem Entwurfsvorgang orientierten) Produktmodells beiträgt. Des weiteren
werden in dem Referenzmodell auch Probleme der Organisation des Konstruktionsablaufs angesprochen. Damit wird ein weiterer Teilaspekt zur Erfassung der
Entwurfsumgebung angesprochen, was dann jedoch über die Aufgabe von CAD-
Systemen, wie sie im CAD-Referenzmodell definiert ist, hinausgeht. Im CAD-Referenzmodell wird das Produktmodell als Grundlage einer DB-Integration unterstellt, womit einer dafür verantwortlichen Datenverwaltungskomponente die Aufgabe eines "Integrationsvehikels" zukommt.

2.2.2 Erweiterte Modellierungswerkzeuge

In den heute kommerziell verfügbaren geometrie-orientierten Modellierungswerkzeugen zur Bauteilmodellierung erstellt der Konstrukteur in erster Linie die Geometrie eines Bauteils. Die Basisobjekte sind dabei zwei- oder dreidimensionale
geometrische Primitive (Linien, Kreisbogen, Ellipsen bzw. Quader, Zylinder
usw.), die über einen gegebenen Operationsvorrat zu einem Modell für das Bauteil
zusammengesetzt werden. Die Entwurfsvorgehensweise eines Konstrukteurs orientiert sich jedoch i.allg nicht an den erwähnten geometrischen Primitivobjekten,
sie ist vielmehr durch **technische Basisobjekte** bestimmt, durch deren Komposi-
tion ein Entwurfsobjekt erstellt wird. Im Entwurfsvorgang sind somit nicht nur die
geometrischen Eigenschaften des Entwurfsobjektes direkt erfaßt, sondern auch
seine physikalischen, funktionalen, technischen und fertigungstechnischen Eigenschaften. Diese Eigenschaften eines Objektes sowie seine Beziehungen zu anderen
Entwurfsobjekten werden in geometrie-orientierten Modellierungswerkzeugen

zunächst nicht erfaßt und müssen vom Konstrukteur in einem zweiten Schritt bereitgestellt werden. Ursache hierfür ist die bereits angesprochene Diskrepanz zwischen dem (rechner)internen Modell und den im Entwurfsvorgang vorherrschenden technischen Objekten, so daß eine Zuordnung der technischen (funktionalen bzw. physikalischen) Informationen zu den geometrischen Objekten i.allg nicht möglich ist. Im folgenden werden eine Reihe von fortgeschritteneren Modellierungsansätzen vorgestellt, die hier Abhilfe schaffen sollen.

2.2.2.1 Feature-Modellierung

Derzeit gibt es Bemühungen, ausgehend von dem geometrischen Modell der modellierten Objekte automatisch semantische Eigenschaften der repräsentierten technischen Objekte zu extrahieren (z.B. "rotationssymmetrisch", "konisch"). Diese Methoden sind bislang nur für einfache technische Objekte gelungen /SR88/ und darüber hinaus sehr mühsam. Ein weiterer Ansatz geht von der Idee aus, bereits während des Modellierungsvorgangs bestimmte "Teile" des Entwurfsobjektes explizit mit Informationen zu versehen und identifizierbar zu machen. In diesem Zusammenhang wird der Begriff Feature bzw. **Feature-Modellierung** benutzt /He84, KBL91, KVY88, MN90, Ru91/.

Eine einheitliche und allgemein akzeptierte Definition des Feature-Begriffs existiert bislang nicht. Die in /vR89/ angegebene Definition "A feature is a region of interest within a part, or more generally within a product" zeigt gerade durch ihre unspezifische Definition wie weit dieser Begriff gefaßt ist. In /SR88/ werden drei Feature-Typen für mechanische Entwurfsobjekte unterschieden:

- **Form-Features** sind geometrische Entities, die über geometrische Attribute (Länge, Höhe etc.) die Gestalt eines Entwurfsobjekts (bzw. eines Teils davon) festlegen. Weitere Attribute können administrative Daten oder Kommentare aufnehmen.

- **Precision-Features** geben die akzeptierbaren Abweichungen von der nominalen Geometrie an, d.h., sie ermöglichen Toleranzangaben, Angaben zur Oberflächengüte etc.

- **Material-Features** schließlich beschreiben Materialtypen, Härteeigenschaften, Hitzebehandlung etc.

In anderen Ansätzen werden solche Feature-Unterscheidungen nicht vorgenommen, sondern allgemein nur Form-Features eingeführt /Pr89/, die dann aber auch technische Eigenschaften beschreiben.

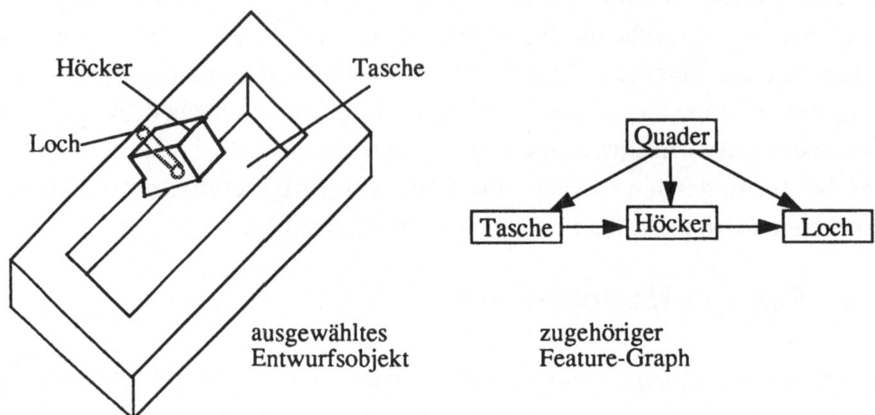

Bild 2.7:   Entwurfsobjekt mit Tasche, Höcker und Loch und zugehörigem
             Feature-Graph

In /WP88/ wird eine *implizite und explizite Feature-Repräsentation* eingeführt und
entsprechend für jedes Feature zwei Beschreibungen abgelegt. In einem "canonical
feature volume"-Modell (CFV) wird die implizite, deskriptive Beschreibung (z.B.
Radius und Tiefe einer Bohrung) festgehalten, während das "attached feature volume"-Modell (AFV) ein Feature über geschlossene Volumenkörper oder in einer
"Boundary Representation" (BREP) darstellt. Nachdem ein Feature definiert ist,
muß es positioniert und orientiert, d.h. an die bislang existierende geometrische
Struktur des Entwurfsobjektes angebunden werden. Zu diesem Zeitpunkt muß das
AFV-Modell berechnet und mit der existierenden geometrischen Struktur ver-
knüpft werden. Nach dieser Verknüpfungsoperation ist es möglich, daß die AFV-
und die CFV-Struktur semantisch nicht identisch sind, weil beispielsweise als Folge der Verknüpfung eine Schnittoperation ausgeführt wurde und damit etwas von
der AFV-Struktur weggenommen wurde. Werden eine Reihe von Features in das
Modell eingebracht, so entsteht ein sog. **Feature-Graph**, dessen Knoten mit AFV-
Strukturen korrespondieren und dessen Pfeile angrenzende Features verknüpfen.
Die gerichteten Pfeile weisen von einem bereits vorhandenen zu dem neu hinzu-
gefügten Feature. Im Gegensatz zu CSG-Modell-Strukturen hat der Feature-Graph
eine Netzstruktur und die Beziehungen bedeuten eine geometrische Adjazenz zwischen den Elementen. Durch die aufgebaute Beziehungsstruktur zwischen den
Knoten ist die Konstruktionshistorie ableitbar, womit nachträgliche Änderungs-
bzw. Löschoperationen auf dem Feature-Graph eindeutig durchgeführt werden
können. Bild 2.7 zeigt ein Entwurfsobjekt und den beschriebenen Feature-Gra-

phen. Das Entwurfsobjekt besteht zunächst aus einem Quader und einer daraus aus-
geschnittenen Tasche. In den nächsten Entwurfsschritten wird der Höcker und
schließlich das Loch generiert. In dem zugehörigen Feature-Graphen wird die Reihenfolge der Entwurfsoperationen durch die gerichteten Beziehungen zwischen
den Objekten festgehalten. So bedeutet die gerichtete Beziehung zwischen Höcker
und Loch, daß zunächst der Höcker und danach das Loch erstellt wurde.

2.2.2.2 Das DICAD-System

Das DICAD-System (Dialog Oriented Integrated CAD/CAM-System) wurde am
Institut für Rechneranwendung in Planung und Konstruktion der Universität Karlsruhe entwickelt /GAHPS89, GAPR88, Gr86/. Ausgehend von einer methodologi-
schen Betrachtungsweise des Konstruktionsprozesses ist das DICAD-System ein
Prototyp eines integrierten Modellierers für die Entwurfs- und Arbeitsplanungs-
phase. Im folgenden werden beginnend mit dem geometrischen Modellieren mehrere mit einer höheren Anwendungssemantik ausgezeichnete Modellierungsebenen eingeführt (wie sie im DICAD-System festgelegt sind) und jeweils die Folgerungen auf das integrierte Produktmodell aufgezeigt. Der zweite Teil beschäftigt
sich dann mit der Architektur des DICAD-Systems, das eine an technischen Objekten orientierte Systemschnittstelle zur Verfügung stellt.

Definition von Modellierungsebenen

Analog zu den im methodischen Konstruktionsablauf identifizierbaren Teilphasen
werden in /Se85/ Modellierungsverfahren in drei Modellierungsebenen eingeteilt:

Die **geometrische Modellierung** ist auf der untersten Ebene angeordnet und wird
in die *geometrisch-operationale* und die *geometrisch-assoziative* Modellierung unterteilt. Unter dem Begriff operationale Modellierung wird eine Vorgehensweise
verstanden, bei der die Durchführung einer Modellierungsoperation weitgehend
kontextunabhängig vom bisherigen Entwurfsvorgang erfolgt, während bei der assoziativen Modellierung die Operationsausführung durch Bezugnahme auf den
geometrischen Kontext stärker eingeschränkt ist. Die meisten konventionellen Modellierungsverfahren lassen sich der geometrisch-operationalen Modellierungsebene zuordnen. Bei den assoziativen Verfahren ist weiter zwischen einer *expliziten
und impliziten Assoziierung* zu unterscheiden. Explizites assoziatives Modellieren
bedeutet, daß der Anwender über Assoziationsattribute den geometrischen Kontext
explizit vorgibt. Hier sind zunächst eine Reihe von elementaren Assoziationsattri-

buten gegeben (Identitäts-, Gleichheits-, Parallel-, Koaxialitäts- und Winkligkeits-assoziation), die über Beziehungen in der Gestalt, Position, Orientierung und Dimensionierung zwischen den geometrischen Elementen definiert sind. Weitere geometrische Assoziationen lassen sich daraus zusammensetzen. Bei den impliziten Verfahren werden die durchgeführten Benutzeraktionen (z.B. den Cursor entlang einer Kante bewegen) hinsichtlich des damit verknüpften geometrischen Kontextes interpretiert und die geometrische Assoziation intern abgeleitet.

Die **technische Modellierung** deckt den gesamten Entwurfsbereich der Gestaltung ab. Im Unterschied zu den geometrischen Modellierungsverfahren werden auch technische und physikalische Eigenschaften der Objekte mitbetrachtet. Hinzu kommt gegenüber der geometrischen Modellierung, daß die Menge der verfügbaren Objekttypen nicht abgeschlossen ist, sondern über eine generative Modellierungskomponente erweiterbare Typenkataloge entstehen. Neben den technischen Basisoperationen (etwa zum Auswählen, Erzeugen, Positionieren oder Löschen eines Objektes) können technisch-assoziative Operationen über die Einführung sog. expliziter technischer Assoziationsattribute (z.B. paßgenau, bündig, planparallel, fluchtend etc.) unterschieden werden. Im Gegensatz zu den geometrischen Assoziationsattributen lassen sie sich nicht auf einige wenige Basisassoziationen zurückführen, so daß deren Realisierung eine hohe algorithmische Komplexität erreicht. Die *technischen Assoziationsattribute* versehen die Positionierungs- bzw. Orientierungsoperationen mit einer höheren Anwendungssemantik, indem der technische Kontext explizit angegeben und die Auswirkungen auf die geometrischen Strukturen systemseitig abgeleitet werden können. Eine Trennung in operationale und assoziative Modellierung ist wenig sinnvoll, da auf dieser Ebene eine Operation immer nur unter Berücksichtigung des technischen Kontextes sinnvoll ausgeführt werden kann. Die Einführung von technischen Elementen ermöglicht die Definition und Wartung von metrischen Integritätsbedingungen (z.B. $d_{max}<10$) bzw. von technisch-assoziativen Integritätsbedingungen (die passende Wahl der Toleranzfelder ist z.B. durch das technisch-assoziative Attribut "paßgenau" bestimmt).

Auf der Ebene der **funktionalen Modellierung** werden assoziative Verfahren zur Zusammensetzung einer Lösung aus vorhandenen Teillösungen bzw. zur Generierung neuer Lösungen eingesetzt. Funktionale Teillösungen realisieren eine logische Teilfunktion unter Beachtung eines physikalischen Wirkprinzips und werden zu komplexen Funktionsstrukturen kombiniert.

In Bild 2.8 sind die aufgeführten Modellierungsebenen und die Methoden zur Spezifikation einer Operation in einer Matrix eingetragen und zeigen damit eine Einteilung der verschiedenen Modellierungsverfahren /GR89/.

Spezifikationsmethode / Modellierungsebene	direkte Angabe der Operationen	direkte Angabe von assoziativen Operationen	indirekte Angabe von assoziativen Operationen
Funktionale Modellierung	Erzeugen, Anordnen etc. von funktionalen Elementen	Modellieren über funktionale Assoziationen	Für alle drei Ebenen gilt:
Technische Modellierung	Erzeugen, Positionieren, Orientieren von technischen Objekten (Einzelteile, Hauptelemente etc.)	Modellieren über technische Assoziationen (fluchtend, paßgenau, angeflanscht etc.)	Interpretation von im Ablauf einer Benutzeraktion implizit gegebenen Assoziationen
Geometrische Modellierung	Vereinigung, Durchschnitt, Differenz etc. auf CSG-Körpern	Modellieren über geometrische Assoziationen (rechtwinklig, koaxial, bündig etc.)	

Bild 2.8:   Modellierungsebenen und Spezifikationsmethoden (vgl. /Se85/)

Das DICAD-System - Architektur und Funktionsweise

In dem DICAD-System ist ein Ansatz für die Architektur und Funktionsweise eines zukünftigen CAD-Systems reflektiert, das in seiner Konzeption die oben eingeführten Modellierungsebenen berücksichtigt. Das "DICAD-Blech"-System ist eine Prototyp-Implementierung eines integrierten Modellierers für eine Blechteil-Anwendung. Hauptziel der Entwicklung war eine durchgängige Systemunterstützung vom Entwurf bis zur NC-Programmierung. Die Grundlage bildet dabei ein integriertes Produktmodell /GAHPS89/.

Die Grobarchitektur des DICAD-Systems ist in Bild 2.9 dargestellt. Sie läßt sich in vier Hauptkomponenten unterteilen. Die *Kommunikationskomponente* bildet die Schnittstelle zwischen dem Entwerfer und dem CAD-System. Ihre Funktionalität ist durch eine menüorientierte Benutzerschnittstelle und einen Kommandointerpreter bestimmt. Die *Steuerungskomponente* hat die Aufgabe, den Datenfluß zwischen der Kommunikationskomponente und den verschiedenen Moduln in der Methodenbankkomponente zu kontrollieren.

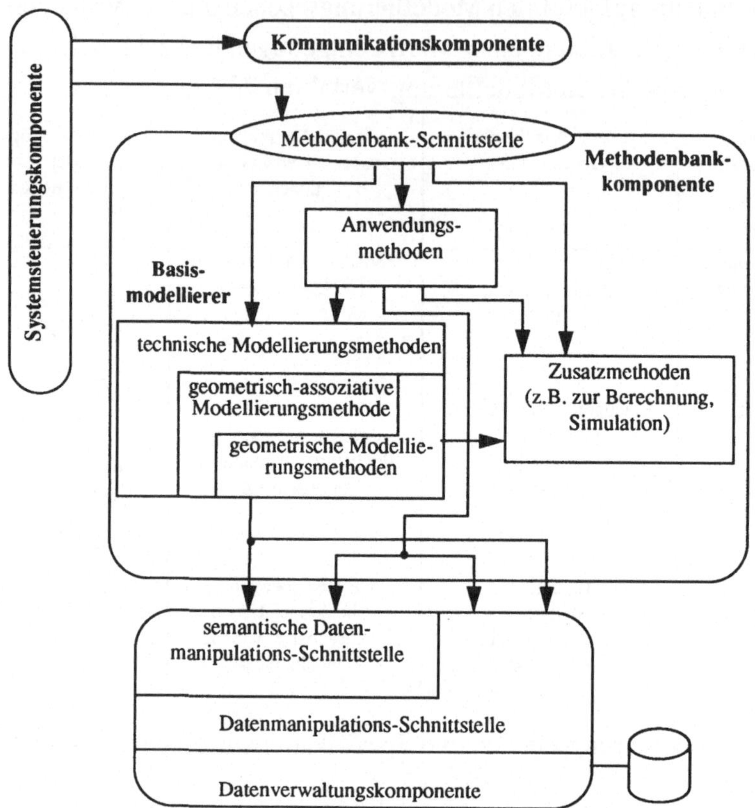

Bild 2.9:   Grobarchitektur des DICAD-Systems

Die *Methodenbank-Schnittstelle* ist die eigentliche Schnittstelle zu dem Modellierer. Nach der semantischen Überprüfung einer vom Benutzer aufgerufenen Operation wird eine Sequenz von Anwendungsmethoden, Operationen des Basismodellierers bzw. Zusatzmethoden aufgerufen. Die Anwendungsmethoden sind
selbst wieder komplexe Anwendungspakete, etwa zum Erstellen von Zeichnungen
oder zum Erkennen und Analysieren von Handskizzen. Die Zusatzmethoden liefern eine Bibliothek von geometrischen und nicht-geometrischen Test-, Berech-
nungs-, Überprüfungsroutinen usw.

Der *Basismodellierer* ist weiter in drei Komponenten unterteilt, die geometrische,
geometrisch-assoziative und technische Modellierungsmethoden realisieren und
diese jeweils auf die Methoden der nächsttieferen Ebenen abbilden. In /Se85/ wird
ein komplexes Methodenablaufsteuerungssystem vorgestellt, das auf der Grundlage von sog. Funktionsdefinitions- und Funktionssequenztabellen die zur Aus-

führung einer Methode notwendigen Funktionsmodule lädt, die Datenversorgung handhabt und schließlich deren Ausführung startet und den Ablauf steuert. Durch diese Systemlösung ist eine sehr flexible Adaption der Funktionalität des Basismodellierers an den zu unterstützenden Anwendungsbereich möglich.

Die Schnittstelle zur *Datenverwaltungskomponente* ist zweigeteilt. Die Datenmanipulationsschnittstelle bietet Operationen auf den primitiven Datenbankobjekten an, während die semantische Datenmanipulations-Schnittstelle Operationen auf komplexen Entwurfsobjektstrukturen bereitstellt, die dann auf die Objekte und Operationen der Datenmanipulations-Schnittstelle abgebildet werden.

2.2.2.3 Das MEMOS-System

Das MEMOS-System wurde am Frauenhofer-Institut für Produktionsanlagen und Konstruktionstechnik sowie am Institut für Maschinenwerkzeuge und Fertigungstechnik der Universität Berlin entwickelt /KBVY89, KJBM89/. Ein Hauptziel bei der Entwicklung des MEMOS-Systems war es, einen weiten Bereich der CAD/ CAM-Funktionalität aus den verschiedenen Entwurfsphasen anwendungsorientiert verfügbar zu machen. Als wichtigste Anforderungen zum Erreichen dieses Ziels gelten eine flexible Systemgestaltung (Aufteilung in separate Module) und eine beliebige Erweiterung des Anwendungsspektrums. Die Begriffe Modell und Methode haben im MEMOS-System eine eigenständige Bedeutung. **Modelle** sind die rechnerinterne Darstellung eines physischen Objektes. In dem System sind beliebig viele Modelltypen erlaubt, die über einen logischen Identifikator zugreifbar sind. **Methoden** sind unabhängige Problemlösungsmodule, die automatisch ausgeführt werden können und ebenfalls über einen logischen Identifikator bestimmt werden. Wenn eine Methode gestartet wird, so wird das angegebene Modell anhand seines logischen Identifikators dahingehend überprüft, ob der korrespondierende Modelltyp zur Methode paßt. Andernfalls wird möglicherweise eine interne Modellkonvertierung (z.B. über IGES-Prozessoren, vgl. Kapitel 2.2.3) angestoßen.

Der Kern des MEMOS-Systems ist die **Methoden- und Modellbank-Verwaltungskomponente** (vgl. Bild 2.10). Die Schnittstelle unterscheidet administrative und anwendungsorientierte Operationen, die die Verwaltung, die Organisation und den Gebrauch bzw. die Ausführung von Modellen und Methoden ermöglichen. Die dazu notwendige Information wird in der MEMOS-Informationsbank abgelegt (z.B. die Information zur Verwaltung der verschiedenen Modelltypen). Der Systembenutzer hat über spezielle, aufgabenorientierte Module Zugriff zu dem Sy-

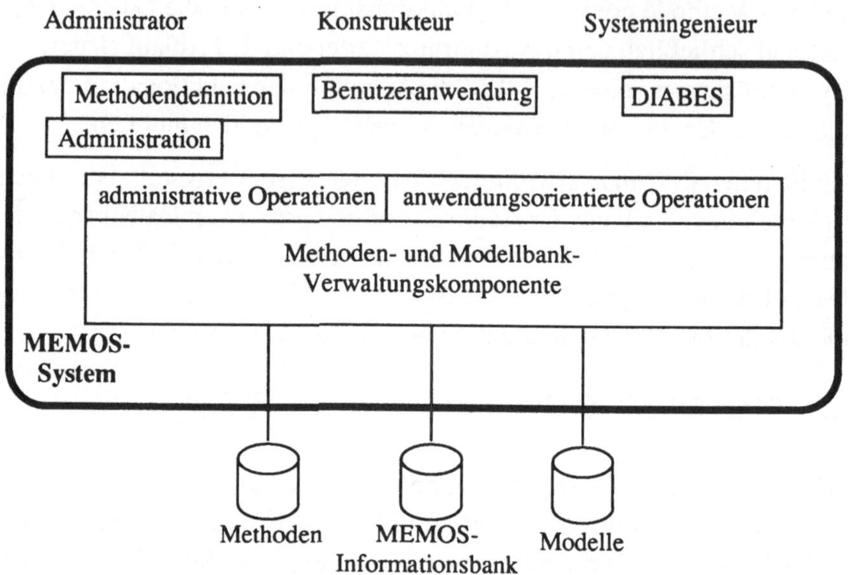

Bild 2.10: Architektur des MEMOS-Systems (nach /KJBM89/)

stem. Dies sind die Komponenten Benutzeranwendung, Administration und Me-
thodendefinition. Die Methodendefinition erlaubt die Neuimplementierung von
Methoden, aber auch die Einbindung existierender CAD/CAM-Software in das
MEMOS-System.

Die **DIABES-Komponente** unterstützt den Systemingenieur bei der Definition
von dedizierten Anwendungssystemen. Der Systemingenieur kann damit ein Modell für ein Anwendungssystem aufstellen, das vom MEMOS-System als spezieller Modelltyp verwaltet wird. Die Definition eines Anwendungssystems umfaßt
darüber hinaus die Festlegung von Dialogstrukturen und den Gebrauch der Mo-
dellierungsoperationen. Das so definierte System wird dann über einen Interpreter
ausgeführt, wobei die verschiedenen MEMOS-Management-Module genutzt werden.

2.2.2.4 Zusammenfassung und Einordnung

Einordnung des Feature-Modellierungs-Ansatzes

Die Feature-Modellierung basiert auf der Idee, weitere (technische, technologische
etc.) *Informationen an eine geometrische Basisstruktur eines Entwurfsobjektes zu
knüpfen* bzw. durch eine *Typisierung für komplexe geometrische Strukturen* Mu-

ster zu definieren, die dann wiederholt im Entwurfsvorgang eingesetzt werden können. Das bedeutet, daß die Geometrie eines Entwurfsobjektes weiterhin im Vordergrund steht. Die in den Entwurfsvorgang eingehenden technischen Objekte, aus
denen der Entwerfer das Entwurfsobjekt zusammenbaut, lassen sich nicht unbedingt mit einem Feature-Typ gleichsetzen. Zum einen werden in vielen Ansätzen
gestalterische, technologische, technische und verschiedene andere Features unterschieden, die dann zusammen ein technisches Objekt beschreiben, d.h., es wird
nur beschränkt eine integrierte Sichtweise auf das Entwurfsobjekt vermittelt. Zum
anderen kann ein Feature eine beliebige geometrische Struktur repräsentieren, die
nicht notwendiger Weise einem technischen Entwurfselement entsprechen muß.
Dies erklärt sich vor allem daraus, daß ein technisches Entwurfselement einer funktionalen Zielstellung genügen muß, während eine solche Vorgabe bei Features
i.allg nicht gegeben ist.

Einordnung des DICAD-Systems

Die in dem DICAD-System realisierten Überlegungen zur Gestaltung künftiger
CAD-Systeme basieren auf der Einführung von drei hierarchischen Modellierungsebenen. Jede Modellierungsebene ist durch eine Menge von Objekten und
darauf definierten Operationen sowie durch Assoziationsattribute, die den Freiheitsgrad der Operationen einschränken, festgelegt. Die auf der *funktionalen und
der technischen Modellierungsebene* angebotene Funktionalität bietet dem Entwerfer eine direkte Unterstützung mittels Objekte und Operationen, die er im Entwurfsprozeß unmittelbar einsetzen kann, während die *geometrische Modellierungsebene* i.allg eine andere Betrachtungsweise des Entwurfsobjektes anbietet.
Das Prototypsystem DICAD-Blech unterstützt in erster Linie die technische Modellierungsebene.

Gegenüber dem Feature-Ansatz werden im DICAD-System auf der technischen
Modellierungsebene Objekte und assoziative Operationen eingeführt, die eng an
die Elemente geknüpft sind, die in den Konstruktionsprozeß einfließen. Darüber
hinaus wird hier ein Ansatz zur Aufstellung eines integrierten Produktmodells verfolgt, der alle Eigenschaften der technischen Elemente in einem einheitlichen Modell beschreibt. Aus den hier angegebenen Literaturstellen ist nicht deutlich geworden, wie die Datenverwaltung konzipiert ist bzw. ob und wie die anfallenden
Entwurfsmetadaten (z.B. Information über Versionen, den Entwurfszustand etc.)
berücksichtigt werden. Des weiteren ist in dem DICAD-System keine explizite
Komponente zur Integritäts- und Konsistenzkontrolle vorgesehen, die etwa eine

Einbeziehung der für jedes technische Objekt inhärenten Aufgabenstellung und deren Erfüllung berücksichtigt.

Einordnung des MEMOS-Systems

Das MEMOS-System stellt eine Art Framework zur zentralen Verwaltung von CAD/CAM-Methoden und Modellen sowie zur Definition von individuellen Anwendungssystemen zur Verfügung. Eine wesentliche Eigenschaft ist die Einbindung beliebiger Methoden, die selbst möglicherweise ein eigenes Modell erfordern. Es sind daher explizit mehrere Modelltypen zugelassen, zwischen denen die Daten über Konverter transformiert werden. Dies hat i.allg eine erhebliche Datenredundanz zur Folge und birgt daher die Gefahr, daß ab einer gewissen Systemgröße die Konsistenz der internen Datenhaltung nicht mehr gewährleistet werden kann. Insgesamt stellt das MEMOS-System einen pragmatischen Ansatz zur Erstellung von adaptierbaren, integrativen Anwendungssystemlösungen dar, der nicht auf einer Datenintegration aufbaut, sondern eine systemkontrollierte Datenkonversion zwischen den Modellen verfolgt.

2.2.3 Verwaltung und Bereitstellung der Produktdaten

Bislang wurden in den vorgestellten Systemansätzen verschiedene Konzepte zur Verwaltung und Bereitstellung der Produktdaten aufgezeigt, die durch eine mehr (DICAD-System) oder weniger (MEMOS-System) integrierte Produktdatenmodellierung charakterisiert sind. In diesem Abschnitt sollen verschiedene Formen der Produktdatenverwaltung und -bereitstellung gegenübergestellt und eingeordnet werden. Generell ist unbestritten, daß eine Integration der Produktdaten erfolgen muß, wenn man dem Ziel einer durchgängigen Entwurfsunterstützung näher kommen will. Offen ist jedoch die Frage, wie die Integration erfolgt und was zu integrieren ist. Die in /Eb84, We88/ aufgeführten **Integrationsstufen** stellen ein geeignetes Maß zur Bewertung des Integrationsgrades von technischen Anwendungssystemen dar:

- Stufe 0: Die Anwendungssysteme sind **isoliert**. Es können keinerlei Daten ausgetauscht werden.

- Stufe 1: Unter Verwendung von Konverterprogrammen können die Daten zwischen jeweils zwei Systemen in beiden Richtungen **konvertiert** und weitergegeben werden. Zur Verknüpfung von N Systemen sind bis zu $N*(N-1)/2$ Konverter notwendig.

- Stufe 2: Bei der **sternförmigen Konversion** werden die Daten über einen Konverter in ein anwendungsneutrales Format transformiert (bzw. umgekehrt). Bei N Systemen sind jetzt noch N Konverter nötig. Hier gibt es eine Reihe von (zum großen Teil genormten) Austauschformaten, die in der Praxis weit verbreitet sind.

- Stufe 3: Diese Stufe setzt ein **(konventionelles) Datenbanksystem** an die Stelle des neutralen Dateiformats, womit die bekannten Vorteile von DBMS genutzt werden können, aber andererseits erhebliche Effizienzverluste in Kauf genommen werden müssen /HHLM87/.

- Stufe 4: Ein spezielles **Entwicklungsdatenbanksystem** soll den Erfordernissen eines technischen Anwendungsbereichs gerecht werden. So werden spezifische Daten-Freigabeverfahren angeboten, die Einbeziehung von Turnkey-Systemen ermöglicht oder den besonderen Bedingungen im CAM-Bereich (zeitkritische Aufgaben) Rechnung getragen.

Unabhängig von den eingeführten Integrationsstufen kann eine Reihe von Kriterien zur Einordnung der unterschiedlichen Ansätze zur Produktdatenverwaltung aufgestellt werden:

- **Datenkonsistenz:** Die Produktdaten sollen (zu ausgewählten Zeitpunkten) einen im Sinne der Anwendung konsistenten Zustand vorweisen.

- **Datenpersistenz:** Daten sollen persistent und dauerhaft sein; das bedeutet auch, daß Hardwarefehler oder Systemfehler nicht zu einem Datenverlust führen dürfen.

- **Datenisolation:** Werden die Produktdaten von mehreren Anwendern gleichzeitig benutzt, so sollen die Datenzugriffe der Anwendungen gegenseitig isoliert werden.

- **Datenredundanz und Datenverteilung:** Die technischen Anwendungsbereiche setzen sich i.allg aus mehreren dedizierten CAD-Systemen zusammen, so daß in den meisten Fällen eine Replikation der Daten vorzufinden ist, die kontrolliert werden muß. Dies kann mehrere Ursachen haben:

  - *Redundanz aufgrund einer Verteilung:* Jedes CAD-System hat seine eigene Datenhaltung. Werden die Produktdaten von mehreren CAD-Systemen verarbeitet, so bedeutet dies im allgemeinen Fall eine Datenreplikation.

  - *Redundanz aufgrund unterschiedlicher Datenrepräsentation und Datenstrukturen:* Werden die Produktdaten von den CAD-Systemen in verschiedenen Repräsentationsformen (z.B. Flächen- oder Körper-Darstellung) gebraucht oder basieren sie auf unterschiedlichen Datenstruktur-Definitionen, so führt auch dies zu einer redundanten Datenhaltung.

Mit der redundanten Produktdatenhaltung verknüpft ist das Problem eines angepaßten Änderungsdienstes. Wann (zu welchem Zeitpunkt: sofort, verzögert, nie?) müssen die geänderten Daten wo (in welchen Replikationen?) auf welche Weise (physische oder logische Sicht?) nachgeführt werden (vgl. auch /JWZ87/).

Die drei erstgenannten Kriterien werden in gleicher Weise an die Datenhaltung von kommerziellen DBS gestellt, während der letzte Punkt aus den spezifischen Bedürfnissen der technischen Anwendungsbereiche und den dort geforderten Datenverteilungsmechanismen resultiert /JRWZ87/. In /We88/ wird dem *Ubiquitätsprinzip*, wie es in bisherigen DB-Lösungen zu finden ist, daß also alle Daten potentiell überall zu jeder Zeit verfügbar sind, das *Need-to-Know-Prinzip* in technischen Anwendungsbereichen entgegengesetzt, das für ein System nur die für den nächsten Verarbeitungsschritt notwendigen Daten zugreifbar macht.

Die aufgeführten Integrationsstufen sowie die genannten Kriterien zur Bewertung der Qualität einer Produktdatenverwaltung bilden ein geeignetes Maß zur Einordnung bzw. gegenseitigen Abgrenzung der im folgenden aufgezählten Wege zum Austausch, zur Modellierung, zur Verwaltung und zur Bereitstellung von Produktdaten.

2.2.3.1 Datenaustauschformate

Die Spezifikation von Datenaustauschformaten hat in den letzten Jahren zu einer Vielzahl von Standards und Normen geführt, die z.B. in /Scho88/ beschrieben werden. Die wichtigsten Austauschformate werden im folgenden in einer kurzen Zusammenfassung aufgelistet und eingeordnet. In der Praxis sind in der mechanischen Konstruktion heute vor allem drei Standards im Einsatz: IGES, SET und VDAFS. Diese Standards sind vorwiegend *zum Austausch von geometrischen Daten* konzipiert.

IGES (Initial Graphics Exchange Specification, /IGES88/) ist wohl der verbreitetste Standard. Er wurde ursprünglich zur Übertragung von strukturierter Zeichnungsinformation entwickelt und kann heute zur Übertragung von 2D- und 3D-Objekten in verschiedenen Repräsentationsformen (Kantenmodell sowie Flächen- und Körpermodell für 3D-Objekte in Version 4.0), von Finite-Element-Modellen und von rationalen B-Splines-Flächen eingesetzt werden. Es werden vordefinierte

Elemente zur Übertragung von geometrischer und kommentierender (textueller) Information sowie der logischen Struktur des Produktmodells angeboten. Die europäischen Normen **SET** (Standard d'Echange et de Transfert, /SET84/) und **VDAFS** (Verband der Automobilindustrie Flächenschnittstelle, /VDAFS87/) wurden mit dem Ziel entwickelt, verschiedene Unzulänglichkeiten von IGES abzudecken. Dies ändert aber nichts an der Tatsache, daß auch sie primär zur Übertragung geometrischer Daten entwickelt wurden.

Mit den Schnittstellendefintionen **PDDI** (Product Definition Data Interface, /PDDI84/) im Bereich der mechanischen Konstruktion und **EDIF** (Electronic Design Interchange Format, /EDIF87/) im elektronischen Entwurfsbereich wird primär das Ziel angestrebt, einen Datenaustausch zwischen einem CAD-System und den nachgeschalteten Entwicklungsphasen sicherzustellen. Das Produktmodell der PDDI-Schnittstelle kennt geometrische Elemente und topologische Elemente (zur Beschreibung der Beziehungen zwischen den geometrischen Elementen) sowie Toleranzen-, Form-Feature- und Organisationselemente. Die PDDI-Schnittstelle ist weitgehend ein Forschungsprojekt geblieben.

Die hier erwähnten Austauschformate sind *Mittel zur Realisierung der Integrationsstufe 2*. Sie ermöglichen den Austausch von Produktdaten, sind aber i.allg nicht zur Erstellung einer Produktdatenbank (also zur Erstellung eines Datenmodells und zur Speicherung bzw. Verwaltung der Daten) geeignet. Der Schwerpunkt des Datenaustauschs liegt meist auf den geometrischen Daten. Zur Durchführung des Datenaustauschs werden Konverterprogramme eingesetzt (sog. Pre- und Post-Prozessoren, /GS91/), was mit einer Reihe von Problemen verbunden ist. Wird beispielsweise die Version eines CAD-Systems geändert, so resultiert daraus meist eine Änderung des Konverters. Ein generelles Problem bildet der Grad der Unterstützung eines Austauschformats durch das CAD-System bzw. den Konverter. Werden nicht alle in dem Austauschformat definierten Elemente von dem CAD-System unterstützt oder von dem Konverter entsprechend umgesetzt, so ist der Datenaustausch mit einem zum Teil erheblichen Informationsverlust verbunden. Eine Bewertung hinsichtlich der im letzten Abschnitt eingeführten Qualitätskriterien führt zu dem Ergebnis, daß Konsistenz, Persistenz und Isolation eigenverantwortlich von jedem CAD-System zu gewährleisten sind. Ebenso fehlt vom Ansatz her eine zentrale Kontrolle der Datenredundanz. Diese muß über andere Mechanismen gesichert werden.

2.2.3.2 Bestrebungen zur Erstellung eines Produktmodells

Die entwickelten Datenaustauschformate zeigen i.allg keine Ansätze zum Aufbau eines Informationsstrukturmodells (konzeptuelles Schema) der Datenstrukturen auf. Sie bieten vielmehr eine Menge von (meist geometrischen) Elementen an, für die eine direkte Abbildung auf ein Dateiformat definiert ist. Diese Elemente bilden dann die Grundstrukturen der Datenübertragung. Eine Ausnahme gibt es in der IGES-Norm, die in einer späteren Version (zumindest in der Spezifikation) ansatzweise ein konzeptuelles Schema für geometrische Objekte entwickelt hat /We88/. Diese Überlegungen wurden von Wilson aufgegriffen, der ein allgemeingültiges konzeptuelles Schema für geometrische Objekte aufstellte /WFOP85/. In dem Schema wird eine strikte Trennung von topologischer und geometrischer Information verfolgt. Die Topologie legt die Nachbarschaftsbeziehungen zwischen den topologischen Basiselementen fest und ist metrikfrei. Die metrische Information ist in den geometrischen Basiselementen enthalten, die an die topologische Struktur geknüpft werden.

Ziel der Entwicklung von **Produktmodellen** für Entwurfsobjekte ist es, alle "relevanten" Eigenschaften im gesamten Verlauf des Produktlebenszyklus zu berücksichtigen. Dies führt zu einer Unterteilung des Produktmodells in **Partialmodelle**, die jeweils semantisch zusammenhängende Produktmerkmale beschreiben /An89/. Das heißt, die Unterteilung erfolgt anhand einer Zuordnung der Attribute zu bestimmten Eigenschaftskriterien (z.B geometrische, technische, physikalische Eigenschaft). Eine (nicht unbedingt vollständige) Aufteilung eines Produktmodells in Partialmodelle ist in Bild 2.11 wiedergegeben. Funktions- und Prinzipmodell repräsentieren die Informationen, die in der Konstruktionsphase zur Funktions- und Prinziperarbeitung anfallen. Die weiteren Partialmodelle in Bild 2.11 sind in die gestaltsorientierten, technologischen und planungsorientierten Modellgruppen aufgeteilt. Die gestaltsorientierten Modelle repräsentieren die gesamte Erzeugnisstruktur eines Produktes (Baugruppenmodell), die Einzelteile und technischen Formelemente (Einzelteilmodell) sowie deren geometrische Abbildung (Geometriemodell). In ähnlicher Weise reflektieren die technologischen Modelle Toleranz- und Materialeigenschaften sowie Oberflächenangaben der Produkte. Die planungsorientierten Modelle werden in der Phase der Fertigungsvorbereitung eingesetzt.

Die Idee eines integrierten Produktmodells ist auch die Grundlage der Entwicklung der Schnittstelle **STEP** (Standard for the Exchange of Product Model Data,

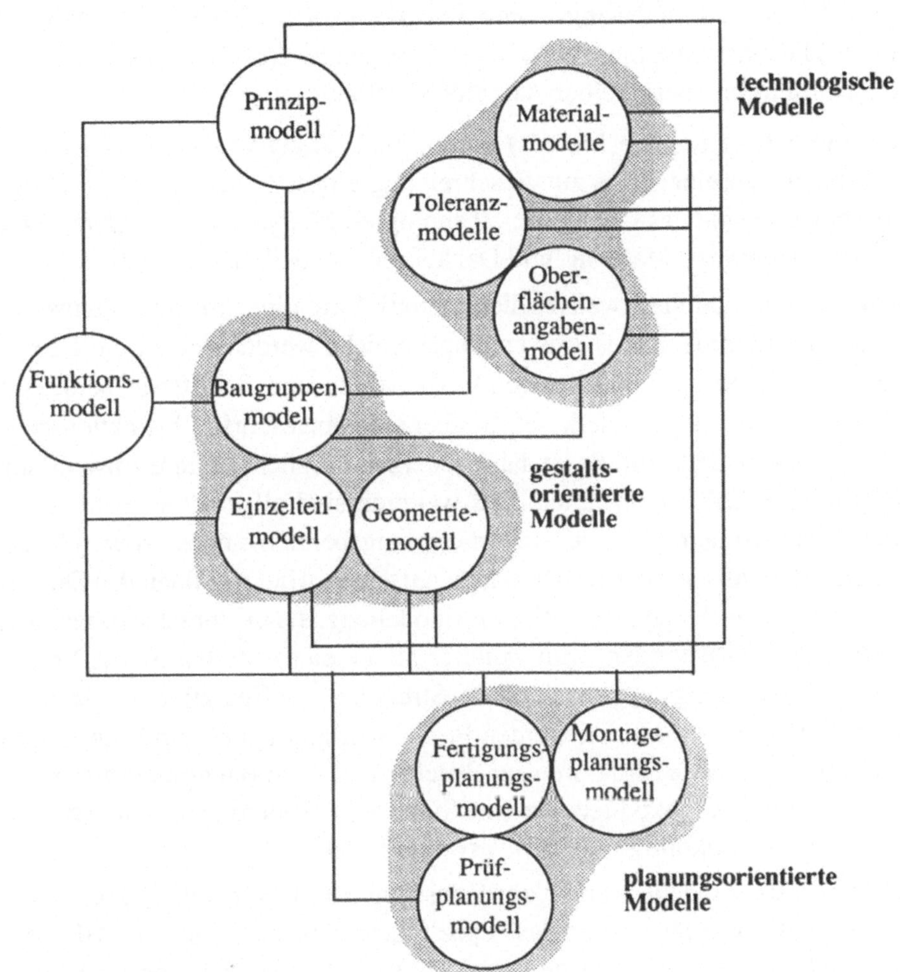

Bild 2.11: Partialmodelle und deren Beziehungen untereinander in einem integrierten Produktmodell (nach /An89/)

/STEP88/. Die STEP-Entwicklung soll eine Schnittstelle zum Produktdatenaustausch bereitstellen. Im Gegensatz zu den im letzten Abschnitt vorgestellten Austauschformaten kommt bei den STEP-Bemühungen der Aufstellung eines globalen
konzeptuellen Schemas des Produktmodells eine zentrale Bedeutung zu. Dazu
werden für die einzelnen zu berücksichtigenden Teilgebiete Partialmodelle spezifiziert, deren Integration zu einem Gesamtmodell, dem **"Integrated Product Information Model" (IPIM)**, erfolgt /STEP88/. Aufgrund der Wechselwirkungen
und Beziehungen zwischen den Partialmodellen, die bei dem Integrationsschritt zu

berücksichtigen sind, ist die angestrebte Integration eine schwierige Aufgabe. Der bisherige STEP-Spezifikationsvorschlag unterscheidet drei Modellklassen, die zusammen ein Produkt beschreiben /GAS89, GASS89/:

- **Basismodelle** (Resource Models) liefern unabhängig von speziellen Anwendungsbereichen eine Basis zur Beschreibung eines Produktes. Als wichtigste Basismodelle sind das Geometrie-, Topologie-, Shape-, Form-Feature-, Oberflächen-, Toleranz-, Material- und Darstellungsmodell zu erwähnen.

- **Anwendungsmodelle** erweitern die Produktinformation um anwendungsspezifische Anforderungen. Als Anwendungsbereiche werden derzeit die Bereiche Mechanik, Elektrotechnik/Elektronik, Bauwesen und Schiffsbau berücksichtigt. Die Anwendungsmodelle setzen über eine eingeführte Abstraktionsschale auf die Basismodelle auf. Es ist daher jederzeit möglich, weitere Anwendungsmodelle in STEP aufzunehmen. Des weiteren sind allgemeine Anwendungsmodelle spezifiziert, die in jedem Anwendungsbereich eingesetzt werden können und ebenfalls auf die Basismodelle aufsetzen. Hierzu zählen das Drafting-Modell und verschiedene Berechnungsmodelle (z.B. zur Berücksichtigung von Finite-Element-Methoden). Ein weiteres allgemeines Modell ist das Produktstruktur-Verwaltungsmodell (Product Structure Configuration Management, PSCM). Mit diesem Modell werden Produkt-, Baugruppen- und Einzelteilobjekte verwaltet sowie Strukturen zur Beschreibung von Baugruppenzusammensetzungen, von Objektversionen (im Sinne von Änderungen und Varianten) bzw. von Produktkonfigurationen verwaltet /KS90/.

- Weitere Partialmodelle werden zur Erfassung der Informationen im gesamten **"Lebenszyklus eines Produktes"** spezifiziert, d.h. insbesondere, daß sie zur Beschreibung der Daten in den dem Konstruktionsprozeß nachgeschalteten Entwicklungsphasen (z.B. Arbeitsplanungsmodell, Montagemodell oder Qualitätssicherungsmodell) benötigt werden.

Zur formalen Beschreibung der Partialmodelle wurde mit **EXPRESS** eine eigene Sprache entwickelt /Sche90a/, um so eine einheitliche Beschreibung der verschiedenen Partialmodelle zu erreichen und rechnerseitig die Modellintegrität einfacher prüfen zu können. EXPRESS ist eine Datenbeschreibungssprache, die vom Konzept und der Aufgabe her den Datendefinitionssprachen der verschiedenen Datenmodelle im Datenbankbereich gleichzusetzen ist. Das mit EXPRESS beschreibbare Datenmodell gehört zu den strukturell-objektorientierten Modellen /Di86/. Die in EXPRESS vorhandenen prozeduralen Sprachkonstrukte können nur eingeschränkt genutzt werden. Es ist nicht möglich, das aktive Verhalten der EXPRESS-Objekte damit zu beschreiben.

Bei einer Bewertung der STEP/EXPRESS-Aktivitäten ist zu berücksichtigen, daß die ursprüngliche Zielsetzung in der Spezifikation eines umfassenden Austauschformats bestand. Dies ist wohl auch die Hauptursache dafür, daß EXPRESS mehr oder weniger lediglich eine Beschreibungssprache ist, der sowohl die Möglichkeit zur Definition von Operationen auf EXPRESS-Objekten als auch eine Anfragesprache auf den modellierten Informationsstrukturen fehlt. Die prozeduralen Elemente in EXPRESS werden weitgehend dazu genutzt, abgeleitete Attribute zu berechnen bzw. Integritätsbedingungen zu spezifizieren.

Der in den STEP-Aktivitäten eingeschlagene Weg der expliziten Modellierung aller relevanter Produkteigenschaften in einem integrierten Produktmodell ist ein vielversprechender und notwendiger Ansatz zum Erreichen einer durchgängigen Entwurfsunterstützung. Die anfängliche Ausrichtung auf ein Austauschformat führt jedoch zu verschiedenen Problempunkten, wenn man die mit EXPRESS definierten Produktdaten über ein DBS verwalten möchte. So wird beispielsweise in EXPRESS implizit davon ausgegangen, daß in Form von Regeln spezifizierte Integritätsbedingungen zu jedem Zeitpunkt gültig sein müssen, da es keine Hinweise gibt, wann eine Regel zur Anwendung kommt. Dies führt im Zusammenhang mit dem von DBS i.allg angebotenen Transaktionskonzept zu dem Problem, daß bei Transaktionsende nicht genau zu bestimmen ist, welche Regeln überprüft werden müssen /MRSD91/. Diese und weitere Abbildungsprobleme von EXPRESS auf relationale bzw. objektorientierte Datenmodelle sind Gegenstand verschiedener Forschungsaktivitäten.

Die Bemühungen, die in der Sprache EXPRESS modellierten Informationsstrukturen nicht nur zu beschreiben (also ein Produktdatenmodell zu erstellen), sondern die Produktdaten auch zu verwalten und den Anwendungsprogrammen zugänglich zu machen, führen dann zu weiteren, über die reine Datenmodellierung hinausgehenden Problemen. So haben die Verarbeitungsproblematik (Wie können die Produktdaten von den CAD/CAM-Systemen effizient verarbeitet werden?) und die Verteilproblematik (Datenverteilung und Kontrolle der Redundanz) entscheidenden Einfluß auf den Erfolg eines datenintegrierten Gesamtkonzeptes. Daraus wird deutlich, daß die künftige STEP-Entwicklung weitere Problembereiche berücksichtigen muß, und dabei sicherlich eine Annäherung an die in dem VLSI-Entwurfsbereich entwickelten Framework-Modelle finden wird (vgl. Abschnitt 2.2.4).

Die STEP-Entwicklung leistet zunächst die Integrationsstufe 2. Durch die angesprochenen Erweiterungen hin zu einer integrierten Produktdatenverwaltung wird dann eine höhere Integrationsstufe erreicht. Durch die explizite Informationsstrukturmodellierung und das Konzept der Regeln werden in dem STEP-Ansatz auch Datenkonsistenzaspekte berücksichtigt.

2.2.4 Framework-Modelle - ein Ansatz zur durchgängigen Entwurfsunterstützung

Der Begriff **CAD-Framework** ist vor allem in dem VLSI-Entwurfsbereich geprägt worden. Die Ursache für die Entwicklung von CAD-Frameworks liegt darin begründet, daß speziell in diesem Entwurfsbereich aufgrund der immer größeren Integrationsdichte von integrierten Schaltungen die Datenmenge enorm anwuchs und die Anzahl der eingesetzten Software-Tools stetig zunahm. Die Aufgabe eines CAD-Frameworks ist nun, einen Software-Rahmen bereitzustellen, der allgemeingültige Funktionen anbietet (z.B. Datenmanagement, Benutzer-Schnittstelle), so daß die CAD-Werkzeuge, mit denen die eigentliche Entwurfsaufgabe durchgeführt wird, in ein CAD-Framework eingepaßt werden können und auf die angebotene Funktionalität aufsetzen können. In /HNSB90/ wird ein CAD-Framework als *die Zusammenfassung aller Funktionen betrachtet, die zur Unterstützung des CAD-Tool-Entwicklers, des CAD-Systemintegrierers und des Entwerfers (Endbenutzers) notwendig sind.*

In den letzten Jahren wurden eine Reihe von (zum Teil kommerziell verfügbaren) CAD-Frameworks entwickelt. An einigen ausgewählten Framework-Entwicklungen werden nachfolgend die wichtigsten Anforderungen und Eigenschaften von Frameworks vorgestellt. Zur Festlegung eines industriellen Standards für Frameworks wurde 1989 die "CAD Framework Initiative" (CFI) ins Leben gerufen, an der sich über 40 Firmen beteiligt haben. In /FAR90, FKKP90/ werden sieben Komponenten aufgeführt, die das Gerüst eines Frameworks bilden. Diese Komponenten sind im wesentlichen für das Datenmanagement und die Entwurfsdatenrepräsentation, das Entwurfsmethodologie-Management, eine einheitliche Benutzerschnittstelle sowie die Einbettung in die Systemumgebung und die Kommunikation zwischen den Entwurfswerkzeugen verantwortlich. Bei der Konzeption der Komponenten wird, soweit dies möglich ist, auf standardisierte Software-Pakete zurückgegriffen.

In Deutschland wird im GI-Arbeitskreis "Technische Informationssysteme" in der Fachgruppe 4.2.1 "Rechnerunterstütztes Entwerfen und Konstruieren (CAD)" der Gesellschaft für Informatik ebenfalls an der Erarbeitung von Konzepten für den Aufbau und Einsatz von technischen Informationssystemen im Entwurfsbereich gearbeitet /BHJRSW91/. Im Gegensatz zu den meisten anderen Framework-Ansätzen wird hier der Begriff *Entwurf* zunächst neutral und unabhängig von einem konkreten Anwendungsbereich betrachtet. Entsprechend dieser Allgemeinheit des Modellansatzes werden die anfallenden Informationsstrukturen mehrere branchenunabhängige Teilmodelle aufgeteilt: Entwurfsobjekt- und Entwurfsstrukturmodell beschreiben die Entwurfsobjekte und deren Metainformation, Entwurfswerkzeug- und Entwurfssubjektmodell sind für die Repräsentation der Software-Tools bzw. der am Entwurf beteiligten Ingenieure zuständig und das Entwurfsablaufmodell hat schließlich die Aufgabe, den gesamten Entwurfsablauf und die zu seiner Steuerung erforderlichen Informationen zu repräsentieren.

In ähnlicher Weise wird in /Sche80, Sche84, Sche90b/ ein *Modellierungsansatz für betriebswirtschaftliche Informationssysteme* vorgestellt. Es wird versucht, Abläufe und Aufgaben, die sich als Ereignisse bzw. Vorgänge bei der Abarbeitung von Aufträgen beschreiben lassen, in einem einheitlichen Modell zu erfassen. Auch hier wurden wieder Daten-, Funktions-, Ablaufsteuerungs- und Organisationsmodell unterschieden und die Beziehungen zwischen diesen Modellen festgelegt.

In /HNSB90/ ist eine umfassende Zusammenstellung über die Aufgaben und den Aufbau von CAD-Frameworks sowie eine Aufzählung verschiedener Realisierungskonzepte enthalten. Bild 2.12 zeigt die *Grobarchitektur eines CAD-Frameworks*, bestehend aus mehreren Schichten, die auf Primitiven des zugrundeliegenden Betriebssystems aufbauen. Hier sind vor allem die Ein/Ausgabe-, Prozeß-, Netzwerk- und Datei-Primitive von Interesse. Darauf baut die Daten- und Prozeßmanagement-Schnittstelle auf, so daß die darüberliegende Schicht unabhängig von der konkreten Betriebssystemumgebung realisiert werden kann. Diese Schicht enthält Komponenten zum Versions- und Datenmanagement bzw. zur Gestaltung von Benutzerschnittstellen. Darüber ist die Toolintegrations-Schnittstelle definiert. Der Grad der Toolintegration kann verschieden sein. So kann ein Tool direkt über die Toolintegrations-Schnittstelle an das Framework angeschlossen sein, oder aber ein Tool wird über eine spezielle sog. externe Tool-Schnittstelle angeschlossen, über die alle notwendigen Datentransformationen usw. realisiert werden, so daß das Tool quasi als "stand alone"-Tool ablaufen kann. Ein Lösungsweg zur Handhabung der bei der Anbindung auftretenden Probleme ist die Realisierung einer ei-

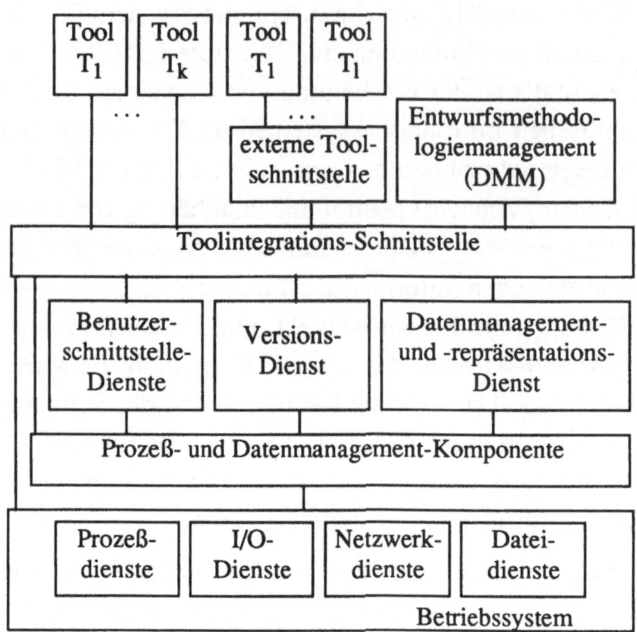

Bild 2.12: Allgemeine Architektur eines CAD-Frameworks (nach /HNSB90/)

genen Programmiersprache, mittels der an der externen Tool-Schnittstelle für jedes
Tool eine individuelle Adaption durchgeführt werden kann. Des weiteren ist auf
dieser Ebene eine Komponente Methodologiemanagement (design methodology
management, DMM) angeordnet.

Die **DMM** hat die Aufgabe, die Spezifikation einer Folge von Tool-Aufrufen intern
abzuleiten und durchzuführen. Die Ablauffolge kann dabei aus einer vorherigen
Benutzersitzung bestimmt worden sein, in deren Verlauf der Benutzer eine Reihe
von Tools nacheinander aufgerufen hat, um eine bestimmte Entwurfsaufgabe
durchzuführen. Diese Aufruffolge kann als Muster der DMM bekanntgemacht und
nachfolgend zur wiederholten Bearbeitung dieser Aufgabe herangezogen werden.
Ebenso kann der Entwurfsablauf explizit (prozedural oder deskriptiv) beschrieben
und der DMM übergeben werden. Somit muß die DMM auch die Beziehungen
zwischen dem Tool- und Datenmanagement regeln. Das bedeutet, daß der DMM
auch die Lösung der Probleme übertragen werden, die sich aus der hierarchischen
Entwurfsobjektzerlegung und der Versionierung bzw. Konfigurierung ergeben.

In den letzten Jahren wurden eine Anzahl von *CAD-Frameworks* entwickelt
/DD89, Pa90, WL88/, so z.B. das Cadence design framework /LWW90/ als das
erste kommerziell verfügbare System, das D-BUS-System /HR89/, das intern bei

der Digital Equipment Cooperation eingesetzt wird, das FACE-System (Flexible Architecture Compilation Environment) /Sm89/ oder aus europäischer Sicht das NELSIS CAD-Framework, das an der Universität Delft entwickelt wurde, sowie das NMP-CADLAB-Framework. Die beiden letztgenannten Systeme werden im nachfolgenden exemplarisch näher beschrieben. Aus der Vielfalt der verschiedenen Systemansätze sowie der z.T. sehr unterschiedlichen Funktionalität wird deutlich, daß es noch keine allgemein anerkannten Vorstellungen über CAD-Frameworks gibt. Dies ist sicherlich auch darin begründet, daß bislang noch kein genügendes theoretisches Fundament für CAD-Frameworks existiert. In /Si91/ ist der Versuch unternommen worden, ausgehend von einer konkreten Entwurfsumgebung eine Systematik für den Aufbau eines Frameworks aufzustellen.

Hauptziel im **NELSIS CAD-Framework** /BW90, WBD90, WSBD90/ ist die *Verwaltung von Information über Entwurfsobjekte und Entwurfsaktivitäten*. Die Informationsstrukturen der Entwurfsobjekte selbst werden vom Framework nicht verwaltet. Für die Metadaten wurde ein Datenschema entwickelt, das die strukturelle Organisation der Entwurfsumgebung beschreibt. Eine eigene Metadaten-Management-Komponente verwaltet die Metadaten und bietet an der Schnittstelle eine deskriptive Anfragesprache an. Darauf aufbauend, in der sog. Framework-Ebene, werden eine Reihe von Diensten angeboten, z.B. zur Unterstützung von Entwurfstransaktionen, ein Versionsmechanismus oder eine DMM-Komponente. Die jeweils notwendigen spezifischen Datenstrukturen der Dienste verwaltet die Metadatenkomponente. Ein weiterer wichtiger Dienst sind die Framework-Browser, die dem Entwerfer graphisch aufbereitet Information über die Entwurfsobjekte und den Entwurfszustand vermitteln. Dieser Browsing-Mechanismus ermöglicht die Auswahl eines Entwurfsobjektes bzw. eines Entwurfstools, so daß der Entwerfer in der Folge die Aktivierung eines Tools mit dem Entwurfsobjekt als Eingabe initiieren kann.

Das **NMP-CADLAB-Framework** /HS90, Ka90/ ist durch ein strukturell-objektorientiertes DBS, eine verteilte Datenhaltung in einem heterogenen Netzwerk und die Möglichkeit einer stufenweisen Integration von Entwurfswerkzeugen charakterisiert. Das konzeptionelle Modell dieses Frameworks sieht eine 4-Schichten-Architektur vor. Die oberste Schicht, die Anwendungsschicht, bildet die Schnittstelle für den Endanwender. Hier werden Standardwerkzeuge, aber auch kundenspezifische sowie allgemein verwendbare Werkzeuge angeboten. Die darunterliegende Schicht bietet Dienste zur Werkzeugintegration sowie für die Entwicklung neuer Anwendungen an. Sie basiert auf einer Schicht, die allgemeine Datenhaltungs-, Benutzerschnittstellen- und Kommunikationsdienste bereitstellt. Schließlich umfaßt diese Schicht auch Portabilitätsdienste zu normierten Betriebssystemschnittstellen. Die unterste Schicht wird vom Betriebssystem und der Hardware-Umgebung gebildet.

Im Gegensatz zum NELSIS-Projekt werden hier auch die Entwurfsdaten vom Framework verwaltet. Das Datenmodell sieht dazu einfache und komplexe Objekte vor. Komplexe Objekte werden weiter in strukturierte komplexe Objekte (aufgebaut aus einfachen Objekten) und in unstrukturierte komplexe Objekte (als Byte-Sequenzen) unterteilt.

Die Werkzeugintegration im NMP-CADLAB-Framework wird in drei Integrationsstufen unterschieden, die hauptsächlich vom Grad der Datenintegration, aber auch von der Integration der Benutzerschnittstelle abhängig ist. Bei der *Black-Box-Integration* arbeitet das Werkzeug weiterhin isoliert. Über die Datenhaltungskomponente werden die benötigten Daten in einer Datei (mit dem werkzeugspezifischen Format) bereitgestellt bzw. am Ende der Verarbeitung wieder in die zentrale Datenbasis übertragen. Die *Grey-Box-Integration* ermöglicht eine Verwaltung der Daten durch die Datenhaltungskomponente, meist in Form von unstrukturierten komplexen Objekten. Bei einer *White-Box-Integration* werden über werkzeugspezifische Zugriffsfunktionen alle benötigten Daten aus einer Datenbank geholt, die eine einheitliches konzeptuelles Schema des Entwurfsdaten bereitstellt.

Zusammenfassung

Die Entwicklung von Framework-Modellen hat das Ziel, nicht nur die Informationen der Entwurfsobjekte sondern darüber hinaus auch die Informationen der übrigen Aspekte einer Entwurfsumgebung zu erfassen. Ein Vergleich dieses Ansatzes mit den STEP-Bemühungen ist insofern schwierig, weil die STEP-Aktivitäten zunächst darauf abzielten, ein Produktmodell zu erstellen, und erst in der letzten Zeit Überlegungen angestrengt wurden, wie ein Systemmodell zur Verwaltung der Produktdaten auszusehen hat. Die meisten Framework-Entwicklungen sind aus dem Elektronik-Bereich zu vermelden. Dies hängt damit zusammen, daß zum einen die Rechnerunterstützung im Elektronik/VLSI-Bereich viel breiter fundiert ist als etwa in der mechanischen Konstruktion und daß zum anderen die Komplexität des Entwurfsablaufs eher formalisierbar und somit beschreibbar ist als in anderen Entwurfsbereichen.

Die von den Framework-Modellen angebotenen Dienstleistungen (Datenhaltung,
Tool-Integration, Versionsmanagement etc.) werden in Form von Service-Komponenten realisiert, von denen die meisten auf einer durchgängigen Datenhaltung
aufsetzen. Wesentlich ist die Frage, wie die Informationsstrukturen, die von den
Service-Komponenten selbst herrühren, ebenfalls in dem Modell zu repräsentieren
sind bzw. wie deren Integration mit den anderen Entwurfsdaten aussieht. Gleiches
gilt für die Koordination von (nebenläufig ausgeführten) Entwurfsaktivitäten. Die
meisten Framework-Modelle haben eine eigene Komponente zur Kontrolle des
Entwurfsprozesses. Wie aber eine Ankopplung dieser Komponente an das von den
meisten Datenhaltungskomponenten angebotene Transaktionskonzept /HR83/
oder dessen Erweiterungen (z.B. durch das Anbieten von speziellen Entwurfstransaktionen) möglich ist, ist bislang noch nicht hinreichend geklärt worden.

2.3 Datenbanksysteme zur Entwurfsunterstützung

In den letzten Jahren wurden in der Datenbank-Forschung intensive Bemühungen
angestrengt, die spezifischen Anforderungen aus den technischen Entwurfsbereichen zu analysieren /GE79, HR85, Lo85/. Dies führte zur Entwicklung einer Reihe
von sog. **Nonstandard-DBS (NDBS)**, die sowohl durch die angebotene Funktionalität als auch durch spezielle interne Realisierungsmechanismen diesen Anforderungen genügen sollen (vgl. z.B. /Da86, Hä88, LK84, LP83, KDG87, PA86, PS-
SWD87, SS86/). In /Si89/ ist eine Aufstellung über einige der gegenwärtig bekanntesten NDBS-Ansätze zu finden. /Di86/ führt eine Unterteilung der
verschiedenen Ansätze hinsichtlich des Grades der Objektorientierung ein:

- **Strukturell-objektorientiert** bedeutet, daß das Datenmodell die ganzheitliche
  Handhabung komplex-strukturierter Objekte erlaubt.

- **Operational-objektorientierte** Datenmodelle ermöglichen die Definition von
  typspezifischen Operationen auf einfachen Datenelementen (sog. ADTs, ab-
  strakte Datentypen).

- **Verhaltensmäßig-objektorientierte** Datenmodelle kombinieren die beiden
  obigen Ansätze, d.h., sie ermöglichen die Definition von ADTs auf komplex-
  strukturierten Objekten.

Speziell die verhaltenmäßig-objektorientierten Datenmodelle sind derzeit Gegenstand von häufig sehr kontrovers geführten Diskussionen über deren Basiskonzep-
te und Modellfunktionalität (vgl. etwa /ABDDMZ89, Ma89, MMM91/). Neben

der Entwicklung von semantisch höherwertigen Datenmodellen werden gegenwärtig weitere Problembereiche bearbeitet, für die neue Lösungskonzepte erarbeitet werden müssen, wenn Datenbanksysteme erfolgreich zur Unterstützung in technischen Entwurfsbereichen eingesetzt werden sollen.

Handhabung und Verarbeitung technischer Objekte

Zu den zentralen Fragen der Datenhaltung in Ingenieuranwendungen gehört die *Verwaltung und Handhabung technischer Objekte* /DKML85, Lo85, HR85/. In Abhängigkeit der jeweils zu unterstützenden ingenieurwissenschaftlichen Disziplin kann es sich bei solchen technischen Objekten u.a. um eine Getriebeeinheit, eine Elektronikbaugruppe, einen VLSI-Baustein oder ein Gebäude, eine Stahlgerüstkonstruktion oder aber auch um geographische bzw. geodätische Strukturen handeln. Neben der Verwaltung technischer Objekte als Primärinformation des Entwurfsprozesses besteht eine weitere wichtige Aufgabe der Datenhaltung im Verfügbarmachen sekundärer Informationsquellen, wie z.B. von Katalogen, Vorschriften, Normen, Bibliotheken etc. Die Operationen auf diesen Sekundärinformationen besitzen "lesenden" Charakter. Typische Beispiele sind das Blättern und Durchsuchen von Katalogen nach Elementen mit bestimmten vorgegebenen Eigenschaften.

Aus DB-Sicht stellt die *Datenversorgung der Entwurfswerkzeuge* und die Bereitstellung angemessener DB-Verarbeitungsoperationen zur Umsetzung der technischen Operationen eine besondere Herausforderung dar, da hier in aller Regel große Datenmengen sehr effizient äußerst komplexen Anwendungsalgorithmen verfügbar gemacht werden müssen. DB-gestützte Entwurfswerkzeuge dürfen in ihrer Leistungsfähigkeit aber den existierenden Werkzeugen, die ja meist auf einer relativ niederen Dateischnittstelle mit eigenen auf das jeweilige Werkzeug zugeschnittenen separaten Dateien aufbauen, nicht nachstehen, soll der DBS-Einsatz nicht zur völligen Inakzeptanz der gesamten Rechneranwendung durch die benutzenden Ingenieure führen /Fi89/. Man steht demnach vor dem Problem, die Vorteile des DBS-Einsatzes zu bieten, ohne die damit vermeintlich verbunden Nachteile einer Effizienzeinbuße in Kauf nehmen zu müssen.

Der Einsatz von Datenbanksystemen in technischen Anwendungen erfordert darüber hinaus sowohl die Bereitstellung von *Mechanismen zur Kontrolle der Datenverteilung und der Datenredundanz* in komplexen technischen Anwendungssystemen /CN89, Di87, JRR91, JWZ87/ als auch die Bereitstellung zusätzlicher Service-Leistungen oberhalb eines NDBS-Systems, die sich an den Bedürfnissen der technischen Anwendungen orientieren, so z.B. zur Verwaltung von Versionen eines Entwurfsobjektes /KS92/ oder zur Unterstützung eines kooperativen Entwurfsablaufs zwischen den Entwerfern /BK91, Di87, HKS92, TS89/. Ein NDBS muß somit (nicht zuletzt abhängig von der Funktionalität und unter Berücksichtigung von Effizienz-Aspekten) zur Verwaltung verschiedener *Entwurfsinformationen* herangezogen werden (vgl. auch /HHPZ88/):

- Verwaltung der **primären Entwurfsdaten der Entwurfsobjekte**.

- Verwaltung der **Entwurfsmetadaten der Entwurfsobjekte** (z.B. der Versionen, Konfigurationen etc.).

- Verwaltung der **übrigen Entwurfsumgebungsdaten** - Dies bedeutet, daß das DBS auch die Informationsstrukturen von anwendungsorientierten Service-Leistungen, die möglicherweise in einer auf dem DBS aufbauenden Zusatzebene bereitgestellt werden, verwaltet, und die Beziehungen zu den beiden anderen Informationsarten wartet. Ein denkbarer Realisierungsansatz hierzu wird in Kapitel 6 vorgestellt.

Ablaufkontrolle technischer Operationen

Eine weitere wichtige Anforderung an die Datenhaltung innerhalb einer Ingenieuranwendung liegt in der *Kontrolle und Steuerung von Abläufen* (technischer Operationen) auf den verwalteten technischen Objekten. Als die elementaren Einheiten solcher Abläufe können die oben angesprochenen technischen Operationen betrachtet werden. Die Ausführung solcher "Elementaroperationen" erfolgt in der Regel in einem bestimmten Kontext, also im Zusammenhang mit der Ausführung weiterer Operationen. Die durch eine solche Ausführungsfolge entstehenden Abläufe können wiederum als technische Operationen mit einer "höheren", stärker auf die Anwendung bezogenen Semantik aufgefaßt werden. Nebenläufig durchgeführte technische Operationen können sich wechselseitig beeinflussen, wenn sie auf gemeinsamen oder zumindest voneinander abhängigen technischen Objekten wirken, so daß aus Gründen einer eindeutigen Operationssemantik Mechanismen erforderlich sind, die entweder eine Beeinflussung völlig verhindern oder aber deren explizite Kontrolle ermöglichen. Im Bereich des ingenieurmäßigen Entwerfens nehmen die Entwurfsabläufe typischerweise eine größere Zeitspanne in Anspruch (Stunden, Tage, Wochen); gleichzeitig erfolgt nahezu jede größere Entwicklung arbeitsteilig im Rahmen einer Entwerfergruppe. Insgesamt erscheint daher eine Isolation der einzelnen Entwurfsabläufe, also das vollständige Verhindern von Wechselwirkungen, nicht sinnvoll; vielmehr muß die Kooperation der Entwerfer innerhalb ihrer Gruppe durch eine explizite Kontrolle der Wechselwirkungen zwischen den entsprechenden Entwurfsabläufen ermöglicht und systemseitig nachvollziehbar gemacht werden.

Aber auch im Zusammenhang mit Entwurfsabläufen sind oftmals *elementare Einzelschritte* erforderlich, bei denen Wechselwirkungen vermieden werden sollen. Dies gilt in der Regel für die Ausführung eines Entwurfswerkzeuges, das unter Umständen Zwischenergebnisse produziert, die erst schrittweise verfeinert werden sollen, bevor ein Austausch mit anderen Entwurfswerkzeugen und anderen Entwerfern möglich und sinnvoll erscheint. Obwohl diese Einzelschritte elementaren Charakter aufweisen, können auch sie über eine längere Zeitspanne andauern, so daß die Vorgänge innerhalb eines Einzelschrittes durch den Entwerfer nochmals strukturiert werden. Dies kann z.B. dadurch erfolgen, daß ein bestimmter Verarbeitungszustand eines Entwurfsobjektes "sicher" abgelegt wird, um die Verarbeitung durch das Entwurfswerkzeug zu unterbrechen oder aber, um die Fortsetzung der Verarbeitung mit gerade diesem Verarbeitungszustand zu einem späteren Zeitpunkt zu ermöglichen.

Aus den aufgezeigten Anforderungen bzgl. der Ablaufkontrolle in Ingenieurumgebungen ergeben sich neue Forderungen nach entsprechenden Konzepten im Bereich der Datenbanktechnologie. So muß das dort vorherrschende Transaktionsparadigma /Gr81, HR83b/, nach dem die Abläufe von Datenbankanwendungen generell die sog. ACID-Eigenschaften, also *A*tomizität, Konsistenz (*C*onsistency), *I*soliertheit und *D*auerhaftigkeit, erfüllen müssen, neu bedacht werden. Die Notwendigkeit des "Aufweichens" dieser Eigenschaften steht in der aktuellen Datenbankforschung außer Frage, wenngleich insgesamt noch unklar ist, wie denn die oben skizzierten Ablauf- und Kooperationsstrukturen am geeignetsten zu unterstützen sind /BKK85, Di87, KLMP84, KSUW85, NSZ90, Kä91/.

Erhaltung der Integrität technischer Objekte

Entsprechend der strukturellen Komplexität technischer Objekte ist eine extreme Vielfalt impliziter und expliziter Bedingungen zu beobachten, die aus Sicht der Ingenieuranwendungen an die Integrität der zugrundeliegenden technischen Objekte gestellt werden. Einige dieser Bedingungen gelten lokal für eine Repräsentationsform eines technischen Objektes, andere dagegen greifen über mehrere Repräsentationsformen hinweg und beschreiben so die Wechselwirkungen zwischen den unterschiedlichen Aspekten technischer Objekte. Bereits die auf eine Repräsentationsform bezogene Integritätsbedingungen sind in aller Regel nur aufwendig formulierbar und schwer exakt faßbar.

Für den gesamten Bereich der Entwurfsanwendungen spielen sicherlich *Integritätsbedingungen, die sich auf die Spezifikation der Entwurfsobjekte* beziehen, also das Ziel des konkreten Entwurfsprozesses festlegen, eine ganz besondere Rolle. In diesem Zusammenhang treten allgemeine, aber auch sehr spezielle Bedingungen auf, die sowohl auf Entwurfsobjekte als auch auf den Entwurfsvorgang wirken. Diese reichen von der allgemeinen Konstruktionslogik oder Konstruktionsmethode über die Anwendung spezieller Prüf-, Simulations- und Freigabeverfahren bis hin zu Aspekten der Fertigbarkeit in einer ganz speziellen betrieblichen Umgebung /GR89, DHMS90/.

Die explizite Beschreibung der angesprochenen Integritätsbedingungen und Abhängigkeiten bringt eine Reihe neuer Anforderungen an die Datenhaltung im Bereich der Ingenieuranwendungen mit sich; muß doch die Frage geklärt werden, *wie* eine Abbildung auf die Konzepte der Datenbanktechnologie erfolgen kann bzw. welche neuen Konzepte hierzu erforderlich sind. Neben der Frage einer formalen Beschreibung ist dabei auch zu klären, *wann* Integritätsüberprüfungen bzw. Auswertungen von Abhängigkeiten zu erfolgen haben und welche Auswirkungen eventuelle Verletzungen haben. Im Bereich der Datenbankforschung besteht insgesamt noch eine erhebliche Unklarheit darüber, welche Beschreibungsmittel und welche Überprüfungsmechanismen vorzusehen sind. Einvernehmen besteht darin, daß die allgemein angebotenen Ausdrucksmittel bei weitem nicht ausreichen, und daß die ausschließliche Bindung der Integrität an die Ablaufeinheit der Transaktion "aufgelöst" werden muß. Ebenso entspricht die strikt duale Betrachtungsweise, also die Unterteilung in konsistente und nicht konsistente Objektzustände, keineswegs den Anforderungen. Es erscheint vielmehr sinnvoll, auf einen quantifizierbaren Konsistenzbegriff überzugehen und die Transaktion als einen Übergang in einen Objektzustand anderer Qualität aufzufassen.

2.4 Resümee

In diesem Kapitel wurden

- der Ablauf von technischen Entwurfsanwendungen anhand von zwei verschiedenen Entwurfsbereichen näher betrachtet und

- verschiedene Formen der Rechnerunterstützung herausgearbeitet, die in den beiden Entwurfsbereichen anzutreffen sind.

Es wurden der Entwurfsbereich der mechanischen Konstruktion und des VLSI-Entwurfs vorgestellt und verschiedene Entwurfsprinzipien identifiziert, die in den beiden Entwurfsbereichen mehr oder minder stark ausgeprägt sind. Dabei ist deutlich geworden, daß der *Modellgedanke in technischen Entwurfsanwendungen* auf verschiedenen Ebenen vorzufinden ist. Zunächst ist das Modell des Entwurfsobjektes, das **Produktmodell**, und dessen Repräsentation von Bedeutung. Auch der *Entwurfsablauf selbst ist durch ein Modell bestimmt (Entwurfsmethodologie)*. Durch das (meist hierarchisch strukturierte) Entwurfsobjekt und die Entwurfsmethodik wird ein zweidimensionaler Entwurfsraum aufgespannt, in dem der dynamische Entwurfsprozeß abläuft. Neben den Entwurfsobjekten und den Entwurfsmethodiken sind im Entwurfsvorgang noch weitere Aspekte zu berücksichtigen (Entwurfswerkzeuge, Entwerfer etc.), die schließlich zu einem umfassenden *Modell der gesamten Entwurfsumgebung* führen.

Im zweiten Teil dieses Kapitels wurden Konzepte und Ansätze vorgestellt, deren *gemeinsame Zielstellung in einer verbesserten und durchgängigen Rechnerunterstützung in den Entwurfsbereichen* definiert ist:

- **Datenbanktechnologie zur integrierten Verwaltung und Bereitstellung der Produktdaten**

  Der Verwaltung und Bereitstellung der Produktdaten kommt in den betrieblichen Systemlösungen eine zentrale Rolle zu. Aus zum Teil unterschiedlichen Gründen haben die meisten Entwurfswerkzeuge ihre eigene Datenhaltung. Ein Austausch über die verschiedenen Datenaustauschformate ist meist mit einem Informationsverlust verbunden. Des weiteren bringt diese Vorgehenweise das Problem einer Kontrolle über die Datenverteilung und über die eingeführte Datenredundanz mit sich. Daher gehen beispielsweise in die oben angesprochenen STEP-Bemühungen mittlerweile nicht nur Überlegungen zur umfassenden Produktdatenbeschreibung zum Zweck des Datenaustauschs, sondern auch zur einheitlichen Datenverwaltung und -bereitstellung ein. In eine ähnliche Richtung zielen Entwicklungen im Bereich der DBS-Forschung, wo unter dem Begriff "Non-Standard-DBS" Konzepte entwickelt werden, die eine explizite, applikationsneutrale Modellierung komplex-strukturierter Objekte erlauben, und die deren Integration in heterogenen, verteilten Systemumgebungen unterstützen. Gelingt es, die vielfältigen Bestrebungen im STEP-Umfeld mit den Aktivitäten und Ergebnissen der Nonstandard-DBS-Entwicklung zu verknüpfen, so ist darin ein vielversprechender Ansatz zur Behebung der Probleme bei einer einheitlichen Produktdatenverwaltung in technischen Anwendungsbereichen zu sehen.

- **Funktionalität der Modellierungswerkzeuge und Modellierungsverfahren**

  Insbesondere in der mechanischen Konstruktion ist die Entwicklung neuer Modellierungsansätze essentiell für eine verbesserte Rechnerunterstützung. Die meisten dieser Ansätze zielen darauf ab, *mehr Semantik aus dem Entwurfsprozeß in das rechnerinterne Modell abzubilden*, etwa durch die Spezifikation von Form-Features oder über die Einführung von Objekten und Operationen in dem Modellierungssystem, die vom Entwerfer direkt im Entwurfsvorgang eingesetzt werden. Dieses Kriterium scheint im VLSI-Entwurf eine geringere Relevanz zu haben. Grund dafür ist, daß dieser Entwurfsbereich von Beginn an rechnerunterstützt abgelaufen ist und daher sehr frühzeitig eine Synergie von Entwurfsmethodologie und rechnergestützten Entwurfswerkzeugen eingetreten ist.

- **Modelle für eine durchgängige Entwurfsunterstützung**

  Die durchgängige Unterstützung des Entwurfsvorganges wird vor allem im VLSI-Bereich in Form von CAD-Framework-Modellen vorangetrieben. Ähnliche Bemühungen sind im Bereich der mechanischen Konstruktion bislang nur als systemspezifische Lösungspakete zu finden, die dann zwar entsprechend den jeweiligen Kundenwünschen adaptierbar sind, aber i.allg wieder ein nach außen abgeschlossenes Systempaket darstellen.

Die Breite des vorgestellten Spektrums einer Rechnerunterstützung ist Beweis für die Vielfalt und Komplexität in technischen Entwurfsanwendungen, die es in integrierter Weise zu unterstützen gilt. Entscheidend wird dabei sein, einen Lösungsansatz zu finden, in dem die verschiedenen angesprochenen Problembereiche in ihrem Zusammenhang gesehen und entsprechend berücksichtigt werden.

Im nächsten Kapitel wird ausgehend von einer konkreten technischen Anwendung eine Analyse der dort vorherrschenden Verarbeitungsproblematik durchgeführt. Daraus wird dann die Konzeption eines speziellen Workstation/Server-Datenbanksystems abgeleitet, das eine geeignete Grundlage für die Verwaltung und Bereitstellung der Produktdaten bildet.

3 Analyse der Verarbeitungsproblematik DB-gestützter Ingenieuranwendungen

Die Entwicklung angepaßter Verarbeitungskonzepte zur Handhabung der komplexen Informationsstrukturen in Ingenieuranwendungen setzt die Evaluierung der vorherrschenden Verarbeitungscharakteristiken voraus, also die Art, die Häufigkeit, die Verteilung und die Reihenfolge typischer Datenzugriffe. Daneben bildet die Kenntnis der Verarbeitungsobjekte, d.h. deren zugrundeliegenden Informations- und Datenstrukturen sowie deren Größen und Mengengerüste, eine weitere Entwicklungs- und Entscheidungsgrundlage. Die Akquisition dieses Wissens sowie die Interpretation durch die Analyse von Prototypsystemen bestimmt den Gegenstand dieses Kapitels.

Im folgenden Abschnitt soll zunächst ein Prototypsystem einer DB-gestützten Ingenieuranwendung aus dem Bereich der 3D-Konstruktion vorgestellt werden. Anhand dieses Prototyps können zum einen die Eigenschaften technischer Objekte verdeutlicht werden, und zum anderen kann eine präzise Vorstellung von der Art der Operationen auf den Entwurfsdaten beispielhaft vermittelt werden. Das beschriebene Prototypsystem bildet die Diskussionsgrundlage für die sich anschließende Analyse der DB-Verarbeitungsproblematik.

3.1 Prototyp eines DB-gestützten Ingenieursystems - eine Fallstudie

Durch die Prototyprealisierung eines DB-gestützten Ingenieursystems werden sowohl Erfahrungen bei der konkreten Gestaltung und Abbildung praxistauglicher Systemschnittstellen als auch ein vertieftes Verständnis für die generelle Problematik technischer DB-Anwendungen erworben. Darüber hinaus wird eine fundierte qualitative und auch quantitative Bewertung bestehender DBS-Schnittstellen ermöglicht. Insbesondere können Hinweise auf die Gestaltung von Verarbeitungsmodellen und DBS-Schnittstellen gewonnen werden, die den Anforderungen technischer Anwendungen gerecht werden.

Das im folgenden beschriebene KUNICAD-System /HHLM87/ gehört zu einer ganzen Reihe von Prototypsystemen, die an der Universität Kaiserslautern entwickelt und realisiert wurden /Mi88/. Bei KUNICAD handelt es sich um ein DB-gestütztes geometrisches Modellierungssystem für Werkstücke auf der Basis eines 3D-Geometriemodells. Es gehört damit neben dem in /Fi83/ beschriebenen System zu den ersten DB-gestützten geometrischen Modellierungssystemen, die es erlaubten, praktische Erfahrungen zu sammeln. Die Verarbeitung solcher 3D-Objekte spielt u.a. für die Ingenieurdisziplinen Maschinen-/Anlagenbau, Architektur oder Bauingenieurwesen, die sich allgemein mit dem Entwurf volumenbehafteter Gebilde befassen, eine zentrale Rolle. Die geometrische Modellierung bildet für diese Bereiche das "Herzstück" eines jeden CAD-Systems. Das KUNICAD-System ist nicht für einen industriell-praktischen Einsatz ausgelegt, da aus Gründen der Aufwandsbeschränkung eine Reihe von Vereinfachungen bei der Modellierung in Kauf genommen wurden. So wurde keineswegs der volle Funktionsumfang eines geometrischen Modellierungssystems angestrebt, sondern lediglich ein rudimentäres Operationsspektrum realisiert. Besonderes Gewicht wurde dagegen auf die Bereitstellung tauglicher Datenverwaltungsfunktionen gelegt. Insbesondere bestand die folgende detaillierte Zielsetzung:

- Explizite und möglichst vollständige Beschreibung aller benötigten Konstruktionsdaten durch ein DB-Schema,

- Entwurf und Implementierung einer anwendungsunterstützenden DB-Schnittstelle,

- allgemeine Leistungsbewertung und Analyse des durch die DB-Verarbeitung verursachten Mehraufwandes.

Neben der Frage der Realisierung unterstützender Maßnahmen für die geometrische Modellierung auf der Seite der Datenhaltung, bietet das KUNICAD-System zahlreiche Ideen und Konzepte auf der Anwendungsebene, die heute den Entwicklungsstand moderner CAD-Systeme prägen. Dies kann sicherlich als Hinweis auf die praktische Tauglichkeit der realisierten Konzepte gewertet werden. Hier seien beispielhaft die im weiteren noch genauer beschriebene Typisierung und Instanziierung sowie die Erzeugung von parametrisierten Bauteilen genannt, die allesamt auf die Entwicklung von Teilefamilien und auf die Vermeidung redundanter Konstruktionstätigkeiten abzielen.

3.1.1 Das KUNICAD-System

Die Kernprobleme beim Entwurf eines 3D-Modellierers liegen in der Repräsentation der körperlichen Werkstücke und in der Ausführung der zu ihrer Erzeugung
benötigten Operationen.

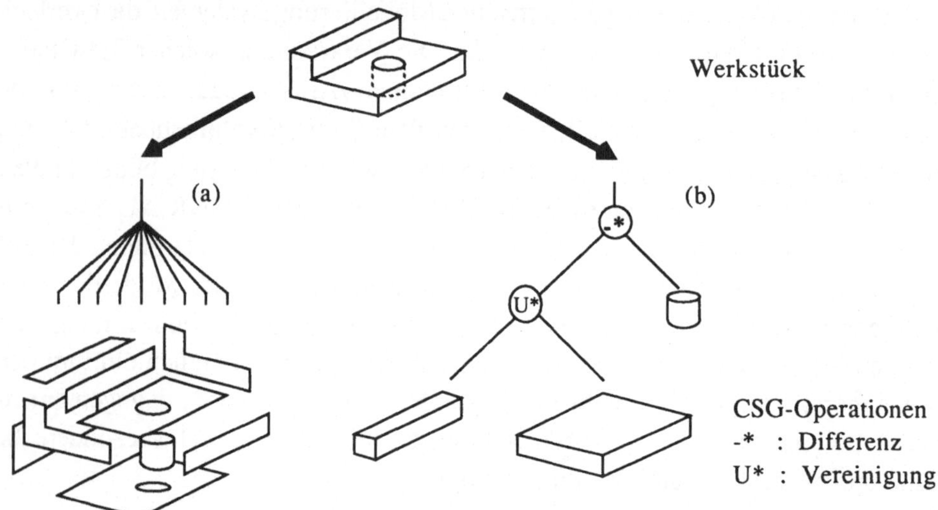

Bild 3.1:   Konstruktionsprinzip bei verschiedenen Modellierungsverfahren,
             (a) flächenorientierte Verfahren (b) körperorientierte Verfahren

Das KUNICAD-System verfolgt den "dual-representation"-Ansatz, nach dem die
erzeugten Bauteile intern in zwei unterschiedlichen Repräsentationsformen organisiert sind. Die flächenorientierte "Boundary Representation" (BREP) wird durch
ein volumenorientiertes Modellierungsverfahren, angelehnt an die "Constructive
Solid Geometry" (CSG), ergänzt. Aus Sicht eines Benutzers dominiert die CSG-
artige Modellierung, da an der Bedienoberfläche ausschließlich körperorieniterte
Operationen bereitgestellt werden, die sich unmittelbar auf das interne Volumen-
modell auswirken. Hiervon ausgehend kann dann die BREP-Struktur bei Bedarf,
d.h. im Falle einer graphischen Ausgabe, automatisch abgeleitet bzw. Änderungen
nachgefahren werden. Die flächenorientierte Modellierung ist damit nicht unmittelbar an der Bedienoberfläche sichtbar, sondern wird ausschließlich für die interne
Geometriedatenverarbeitung genutzt (Bild 3.1 illustriert das flächen- und das vo-
lumenorienierte Modellierungsverfahren).

Die Systemarchitektur

Der Aufbau des KUNICAD-Systems orientiert sich an der Grobarchitektur eines Ingenieursystems, wie sie in vielen existierenden Systemen anzutreffen ist /Eb84, Fi83/, bestehend aus einer Graphik-und Dialogkomponente sowie einer Anwendungs- und einer Datenhaltungskomponente (Bild 3.2). Die Graphik- und Dialogschnittstelle realisiert unter Ausnutzung einer am GKS-Standard /GKS82/ orientierten Graphikschnittstelle eine benutzerfreundliche **Bedienoberfläche**. Die Dialogsteuerung übernimmt die Vorverarbeitung der Ein- und Ausgabe und trägt zur Entkopplung der implementierten Bedienoberfläche von der darunterliegenden **Anwendungsmodellschnittstelle** bei. So spielt es auf der Ebene des Anwendungsmodells keine Rolle, ob die Bedienoberfläche menü- oder kommandogesteuert arbeitet bzw., ob eine Auswahl durch eine "Pick"-Eingabe möglich ist oder nicht.

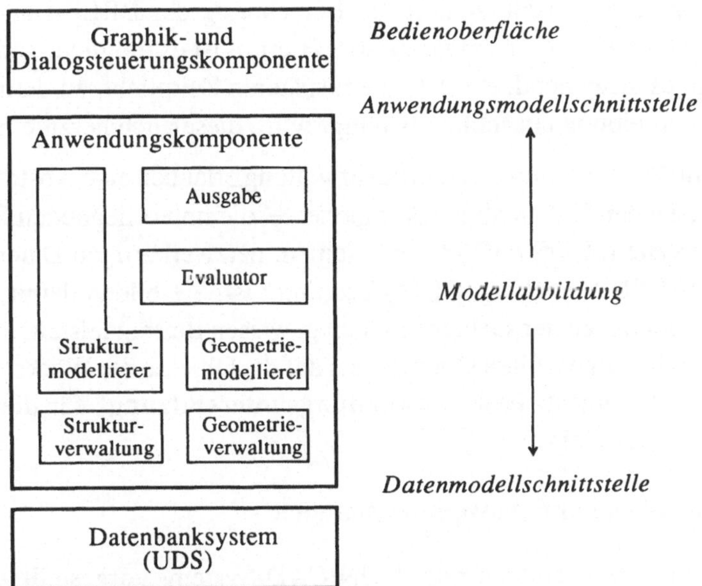

Bild 3.2:   Grobarchitektur des KUNICAD-Systems

Die Moduln der Anwendungskomponente dienen der Modellabbildung, d.h. der Projektion der Anwendungsmodellobjekte (also der Werkstücke) auf die Datenstrukturen und die damit assoziierten Operationen der im System darunterliegenden Schnittstellen. Der Modul Strukturmodellierer verwaltet und aktualisiert die organisatorischen, vor allem aber auch die strukturellen Konstruktionsdaten (insbesondere die CSG-artige rechnerinterne Darstellung der Werkstücke). Hierzu verwendet er Funktionen des Moduls Strukturverwaltung. Der Ausgabemodul übernimmt vorwiegend die Transformation der gespeicherten 3D-Information in eine 2D-Darstellung /Ha85/, die dann unmittelbar über die Graphikschnittstelle sichtbar gemacht werden kann. In dem Modul Geometriemodellierer wird die eigentliche Verarbeitung der Geometriedaten durchgeführt. Geometrische Körperbeschreibungen können durch reguläre Mengenoperationen zu komplexeren Körperbeschreibungen aggregiert werden. Dabei werden die Mengen der durch die Operandenkörper bestimmten Punkte so miteinander verknüpft, daß die daraus resultierende Punktmenge wiederum einen Körper beschreibt. Das Modul Geometrieverwaltung stellt die hierzu erforderlichen Grundfunktionen bereit. Der Evaluator schließlich repräsentiert das Bindeglied zwischen der strukturellen (CSG) und der geometrischen (BREP) Interndarstellung eines Werkstücks und ist damit für die Konsistenzerhaltung zwischen Geometrie- und Strukturdaten verantwortlich. Dieser Programmbaustein steuert die Berechnung der BREP-Darstellung eines Körpers aus seiner CSG-Repräsentation. Hiermit ist es möglich, vom Aufbau des CSG-Baumes ausgehend, erst zu einem späteren Zeitpunkt, zu dem eine geometrische Beschreibung tatsächlich benötigt wird, diese auch herzuleiten.

Die Moduln Struktur- und Geometrieverwaltung erlauben eine Abstraktion von der darunterliegenden Datenhaltungskomponente, die im vorliegenden Fall durch das Datenbanksystem UDS /UDS84/ mit seinem netzwerkartigen Datenmodell nach dem CODASYL-Vorschlag /CO78/ bestimmt ist. Sie bilden damit die Basis der Modellabbildung, zu der sie bereits einen gewissen Beitrag leisten; durch die Ausrichtung der bereitgestellten Operationen auf die Objekte der Werkstückgeometrie wird eine Art "Objekt- **bzw. Anwendungsunterstützung**" für die höheren Systemschichten erreicht.

Bedienoberfläche und Anwendungsmodell

Nachdem nun die Architektur des KUNICAD-Systems vorgestellt wurde, soll im weiteren das zugrundeliegende Anwendungsmodell und damit die Objekte und Operationen der Bedienoberfläche näher erläutert werden. Der Gegenstand des Anwendungsmodells ist im wesentlichen bestimmt durch geometrische, konstruktive und organisatorische Werkstückinformationen. Die Sicht des Benutzers/Anwenders auf die Konstruktionsdaten ist wie oben bereits angesprochen dem körperorientierten Modellierungskonzept (CSG-Modell) sehr stark angelehnt. Aus Aufwandsgründen war dabei eine Beschränkung auf polyederförmige Körper notwendig.

Das Anwendungsmodell unterscheidet drei **Körperarten**: Basiskörper, Bauteilkörper und Baugruppenkörper (vgl. Bild 3.3). Die Basiskörper entsprechen den
Grundbausteinen des CSG-Modells, d.h., sie stellen die Primitive dar, aus denen
komplexere Körper konstruiert werden können. In unserem Modell sind dies u.a.
Quader und zylinderförmige n + 2-flächige Polyeder, die im weiteren auch als
"Polyzyl" bezeichnet werden. Die möglichen Körperaggregationen werden durch
die binären Modelloperatoren Vereinigung, Durchschnitt und Differenz sowie
durch die unären Operatoren Translation, Rotation und Skalierung bestimmt. Zusätzlich unterstützt unser Modell noch einen Operator Zusammensetzung. Dies ist
ein Spezialfall der Vereinigung, bei dem sich die Operanden nicht überlappen dürfen. Unter einem Bauteilkörper versteht man eine Verknüpfung aus Basis- bzw.
wiederum Bauteilkörpern mittels der Vereinigung, dem Durchschnitt und der Differenz. Hingegen sind Baugruppenkörper definiert als reine Zusammensetzung
von Basis-, Bauteil- bzw. Baugruppenkörpern. Sie lassen sich in ihre Bestandteile
zerlegen und beschreiben damit überwiegend den Aufbau, also die Komponenten-
struktur eines Körpers.

Das Anwendungsmodell klassifiziert nicht nur Körperarten, sondern unterscheidet
auch zwischen der Repräsentation eines einzelnen Körpers als Ausprägung und der
einer **Körperklasse** als Typ. Von allen drei Körperarten können sowohl Ausprägungen als auch Typen existieren. Mit Hilfe eines Instanziierungsoperators lassen
sich Ausprägungen als Elemente einer durch einen Typ bestimmten Körperklasse

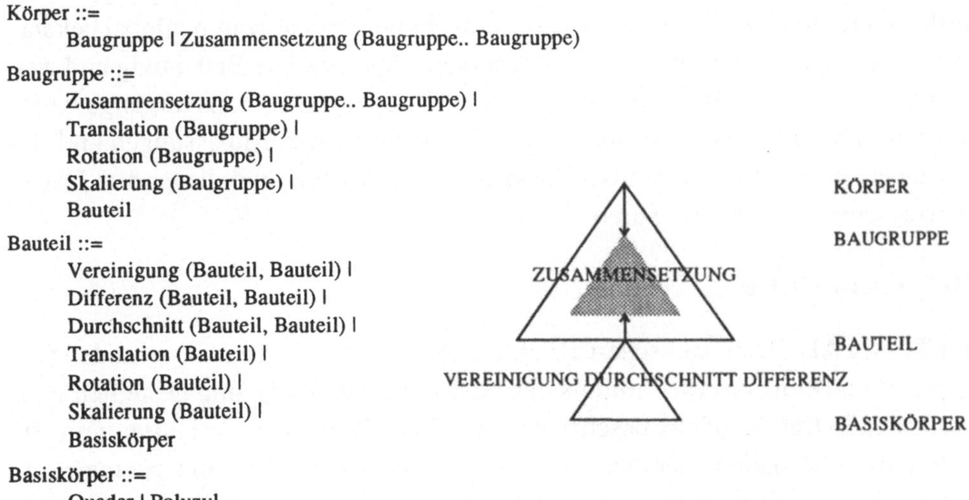


```
Körper ::=
      Baugruppe | Zusammensetzung (Baugruppe.. Baugruppe)
Baugruppe ::=
      Zusammensetzung (Baugruppe.. Baugruppe) |
      Translation (Baugruppe) |
      Rotation (Baugruppe) |
      Skalierung (Baugruppe) |
      Bauteil
Bauteil ::=
      Vereinigung (Bauteil, Bauteil) |
      Differenz (Bauteil, Bauteil) |
      Durchschnitt (Bauteil, Bauteil) |
      Translation (Bauteil) |
      Rotation (Bauteil) |
      Skalierung (Bauteil) |
      Basiskörper
Basiskörper ::=
      Quader | Polyzyl
```

Bild 3.3:   Struktur der im KUNICAD-System modellierten Körper

generieren. Umgekehrt ist auch eine Typisierung von Körperausprägungen möglich. Dabei wird die Strukturbeschreibung der Ausprägung zur Definition der Körperklasse verwendet. Die Typisierung stellt damit das Hilfsmittel zur Einführung neuer, komplexer Typen dar. Der weiteren Flexibilisierung des Konstruktionsprozesses dient die **Parametrisierung**. Sowohl für Typen als auch für Ausprägungen können dabei Parameter definiert werden. Die Parameter einer Körperausprägung können als Platzhalter mit einer zunächst festen Wertebindung verstanden werden. Erst bei einer späteren Typisierung geht diese Wertebindung verloren, und es entstehen formale Parameter wie sie beispielsweise auch aus dem Bereich der Programmiersprachen bekannt sind. Ihrem Wesen nach sind Typisierung und Parametrisierung mit dem im vorangegangenen Kapitel erwähnten Konzept der Form-Features vergleichbar.

Ein weiteres wichtiges Konzept des Anwendungsmodells ist die **Konstruktionsumgebung**. Sie kann als Ablaufeinheit aufgefaßt werden und bietet somit den organisatorischen Rahmen, in dem Körperausprägungen und -typen isoliert von den Vorgängen in anderen Ablaufeinheiten entwickelt werden können. Als zugehörige Operatoren sind definiert: Beginnen, Beenden, Öffnen und Schließen. Das Öffnen und Schließen einer Konstruktionsumgebung bestimmt Bearbeitungsphasen, innerhalb derer ein vom Benutzer veranlaßtes Zurücksetzen möglich ist. Dagegen wird bei Systemzusammenbruch ein "Überleben" der zuletzt erfolgreich durchgeführten Modelloperation garantiert. Bei Beendigung der Konstruktion wird vom System eine Globalisierung durchgeführt. Dabei werden lokale Körpertypen, die bislang nur innerhalb der Konstruktionsumgebung sichtbar waren, global bekannt gemacht. Dagegen verlieren lokale Körperausprägungen ihre Bedeutung und werden gelöscht. Eine DB-seitige Nachbildung dieser Konstruktionsvorgänge wurde allerdings bislang nicht realisiert, da hierzu entsprechende Anpassungen und Änderungen innerhalb des Transaktionskonzeptes des zugrundeliegenden Datenbanksystems erforderlich wären.

Datenbankschema

Im KUNICAD-Datenbankschema werden alle durch das Anwendungsmodell festgelegten Informationsarten mittels des vom DBS zur Verfügung gestellten netzwerkartigen Datenmodells beschrieben /UDS84/. Es werden drei Arten von Anwendungsinformation, nämlich organisatorische, strukturelle und geometrische Information unterschieden. In Bild 3.4 ist das Diagramm des vollständigen Netzwerk-Schemas enthalten. Die Pfeile repräsentieren (1:n)-Beziehungen, also die

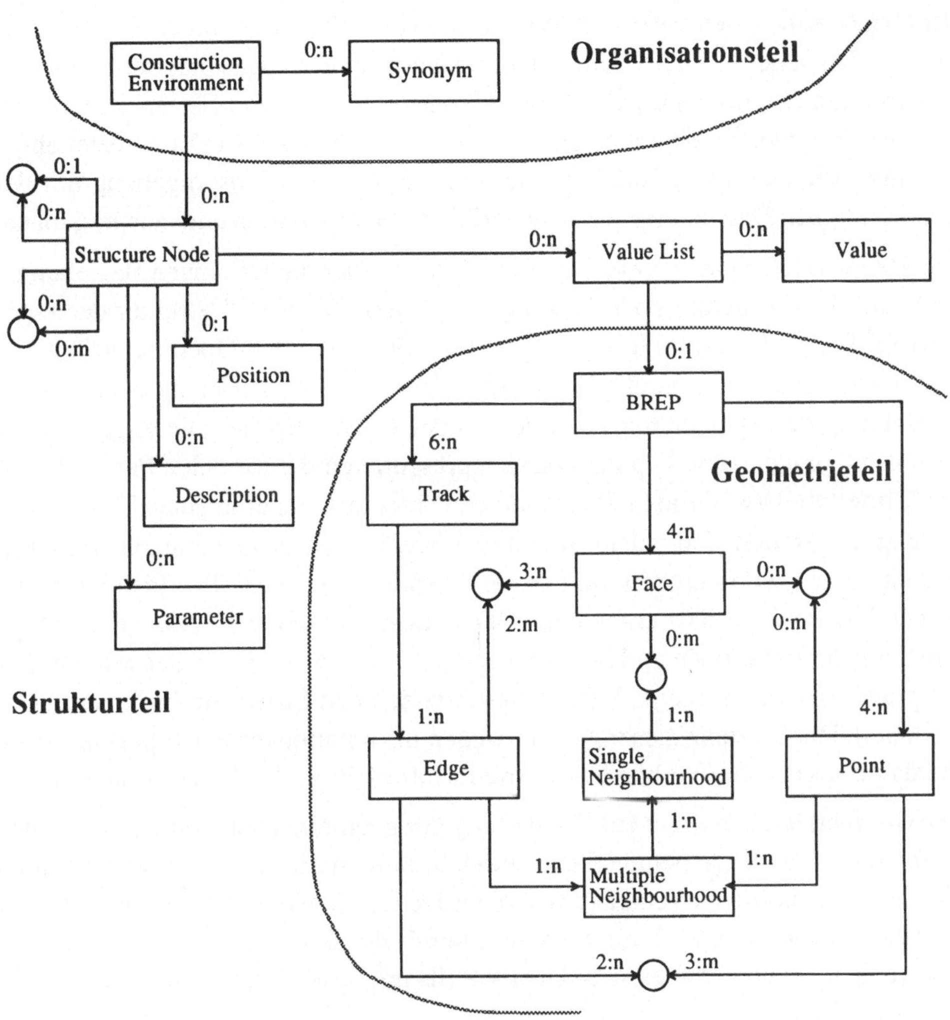

Bild 3.4:   DB-Schema der Werkstücke im KUNICAD-System

Set-Typen nach dem CODASYL-Modell. Die kleinen Kringel stehen stellvertretend für die sog. Relation-Satztypen, die zur Modellierung der (m:n)-Beziehungen benötigt werden. Die Namen dieser Satztypen wurden aus Gründen der Übersichtlichkeit ebenso weggelassen wie die der Beziehungstypen. Die zu den Beziehungstypen gehörenden Zahlenwerte stellen die Kardinalitätsrestriktionen der Beziehungen dar. Die Zeichenfolge (6:n) beispielsweise drückt eine (1:(6:n))-Beziehung aus. Einem Satz sind demnach über die so charakterisierte Beziehung mindestens sechs, eventuell aber auch mehr Sätze eines anderen Satztyps zugeordnet.

Der **Organisationsteil** beschreibt den Zustand der einzelnen Konstruktionsumge-
bungen. Für jede definierte Umgebung existiert eine Satzausprägung vom Typ
Construction-Environment, dem eine Menge von Synonym-Sätzen zugeordnet
sind, die Variablen- und Parameterinformationen enthalten. Der (1:n)-Beziehungs-
typ zum Structure_node-Satztyp verknüpft die Konstruktionsumgebung mit der
rechnerinternen Darstellung der in ihr definierten Körpertypen und -ausprägungen.

Der **Strukturteil** realisiert ein Netz von Knoten (über die reflexiven Beziehungstypen auf dem Structure-node-Satztyp), durch das die "CSG"-Struktur der zugehörigen Typ- oder Ausprägungskörper festgelegt ist. Das Operatorattribut bestimmt, ob der Körper durch Vereinigung, Durchschnitt, Differenz oder Zusammensetzung der assoziierten Argumentkörper entstanden ist. Die zugeordneten
Satzausprägungen vom Typ Parameter repräsentieren die formalen Parameter eines Körpertyps bzw. die aktuellen Parameter einer Instanziierung oder Zusammensetzung. Zusätzlich sind jedem Structure_node-Satz Satzausprägungen vom Typ
Description für erläuternden Text sowie Ausprägungen vom Typ Position zugeordnet. Der Position-Satz enthält eine 3D-Transformationsmatrix, in die alle Verschiebungen, Rotationen und Skalierungen des Körpers eingearbeitet werden. Die
Ausprägungen des Satztyps Value_list verbinden den Strukturteil mit dem Geometrieteil. Die Existenz dieser geometrischen Information eines Körpers ist optional, da sie aus der stets vorhandenen Strukturinformation abgeleitet werden kann.

Der **Geometrieteil** benutzt zur Darstellung der geometrischen und topologischen
Körperdaten das Begrenzungsflächenmodell, in dem die Körpergeometrie durch
die Körpermantelflächen charakterisiert wird. Die Flächen selbst sind durch die begrenzenden Kanten und diese wiederum durch ihre Randpunkte bestimmt. Ver-
knüpfungsmäßig handelt es sich dabei jeweils um (m:n)-Beziehungen.

Der BREP-Satztyp enthält als beschreibendes Attribut u.a. die sog. Körperhülle.
Sie besteht aus den Endpunkten der Raumdiagonalen eines gedachten, den eigentlichen Körper umhüllenden Quaders. Diese Information wird dazu benötigt, möglichst einfach Körperüberlappungen zu erkennen. Der Track-Satz dient der Partitionierung der Kantenmenge eines Körpers. Einer Ausprägung sind alle jeweils auf
einer Geraden liegenden Kanten zugeordnet. Die Attribute des Face-Satztyps bestehen u.a. aus der Flächenhülle in Form eines umhüllenden Quaders, einer Ebenengleichung und einem Statusattribut. Die Ebenengleichung definiert zusätzlich
zur assoziierten Ebene noch die Ausrichtung des Körperinneren relativ zur Fläche.
Der Point-Satztyp besitzt die Punktkoordinaten, die die eigentliche geometrische
Information beinhalten sowie ein Statusattribut. Die Bedeutung des Edge-Satztyps

beruht allein auf den mit ihm assoziierten Satztypen, also in der Tatsache, daß durch eine Edge-Record-Ausprägung jeweils Point- und Face-Records in Zusammenhang gebracht werden. Der MNDHD-Satztyp (multiple neighbourhood) und der SNBHD-Satztyp (single neighbourhood) werden aufgrund des eingesetzten Verfahrens zur BREP-Verarbeitung benötigt. Der verwendete Algorithmus basiert auf den in /Ma84, RV84/ beschriebenen Verfahren und ist in /HHLM87/ ausführlich beschrieben. Ebenfalls eine besondere Bedeutung besitzt der (m:n)-Beziehungstyp zwischen dem Face- und dem Point-Satz. Er wird nur temporär zur Repräsentation von sog. Durchdringungspunkten während der Verknüpfungsphase zweier Begrenzungsflächendarstellungen benutzt. Durchdringungspunkte sind dabei Punkte, die auf einer Kante des einen und auf einer Fläche des anderen Verknüpfungskörpers liegen.

Das dargestellte DB-Schema enthält eine Reihe von Redundanzen, durch die zum einen das hier gewählte Verknüpfungsverfahren unterstützt und zum anderen eine Verbesserung des Zugriffsverhaltens erreicht werden soll. Neben der inhaltlichen Redundanz von Geometrie- und Strukturteil existiert innerhalb des Geometrieteils Redundanz auf unterschiedlichen Ebenen. Die Hüllenattribute sowie die Track- und Ebenengleichungen des BREP-, Face- und Track-Satztyps sind jeweils aggregierbar. Zusätzlich zu dieser "Attributredundanz" gibt es noch eine "strukturelle Redundanz". Diese tritt beispielsweise zum Vorschein durch die Beziehungen der Edge- und Point-Sätze zu den Umgebungsrepräsentationen und damit auch zu denjenigen Face-Sätzen, mit denen sie direkt über die Face-Edge-Beziehung bzw. indirekt über die Edge-Point-Beziehung bereits assoziiert sind. Die Erhaltung der Konsistenz zwischen diesen teilweise redundanten Informationen liegt vollständig in der Verantwortung derjenigen Algorithmen, die auf diesen Schemaausschnitten operieren. Eine explizite Formulierung von Integritätsbedingungen würde einerseits über die Möglichkeiten des zugrundeliegenden Datenbanksystems hinausgehen und wäre andererseits unnötig, sobald die Korrektheit der Algorithmen einmal validiert ist (vgl. /Fi83/), da diese Algorithmen den einzigen Zugang zu den Geometriedaten darstellen.

Die Modellabbildung

Nachdem das KUNICAD-Anwendungsmodell und das zugehörige DB-Schema dargestellt wurden, drängt sich nun die Frage auf, wie die deutlich zu Tage getretene Diskrepanz der Objektdarstellungen und der Operationen überbrückt werden kann. Die Operationen auf Werkstücken, Baugruppen oder Bauteilen sind abzubilden auf die Operationen der Datenmodellschnittstelle, die auf den dort bekannten Objekten, also auf Record- und Set-Strukturen, wirken. Betrachtet man hierzu die Moduln der Modellabbildungskomponente (vgl. Bild 3.2) etwas genauer, so erkennt man in ihnen unmittelbar die Dualität der internen Werkstückrepräsentation (CSG vs. BREP Darstellung).

Eine zentrale Rolle bei der Realisierung des BREP-Modells einerseits und des CSG-Modells andererseits spielen die Moduln Geometrie- und Strukturmodellierer. In ihnen sind die wesentlichen Anwendungsalgorithmen implementiert. Das Anwendungsmodell wird in großen Teilen unmittelbar durch den Strukturmodellierer unterstützt. Dies gilt allerdings nicht für die Aspekte, die mit der graphischen Wiedergabe der Körpergeometrie in Zusammenhang stehen. Hier geschieht die Modellabbildung über die Moduln Ausgabe und Evaluator unter Benutzung des Moduls Geometriemodellierer. Sowohl auf seiten der CSG- als auch auf seiten der BREP-Modellierung existieren Moduln (Struktur- und Geometrieverwaltung), die Funktionen zur Bewältigung anwendungsbezogener Teilaufgaben bereitstellen. Daher soll die von diesen Funktionen gebildete Schnittstelle im folgenden als **anwendungsunterstützende** Schnittstelle (**AUSS**) bezeichnet werden. Die von beiden Verwaltungsmoduln erfüllten Teilaufgaben umfassen sowohl Aspekte der Datenhaltung als auch der Verarbeitung. Es werden also nicht nur Funktionen wie z.B. Lesen, Einspeichern, Löschen oder Ändern angeboten, sondern es werden darüber hinaus Routinen bereitgestellt, die eine komplexere Verarbeitung durchführen. Betrachtet man die gesamte Schnittstelle von Struktur- und Geometrieverwaltung, so kann man weiterhin feststellen, daß der Gegenstand der Verarbeitung (im folgenden auch als **Verarbeitungseinheit** bezeichnet) von genau einem Satz eines Satztyps aus dem DB-Schema bis hin zu einer strukturierten Satzmenge unterschiedlicher Satztypen reicht.

Die AUSS-Funktionalität wird durch drei unterschiedlich mächtige Operationsklassen erreicht. Im Gegensatz zu den **satzbezogenen Operationen** manipulieren die **strukturbezogenen Operationen** immer eine strukturierte Menge heterogener Sätze. Als **objektbezogene Operationen** kann schließlich die Verarbeitung einer ebenfalls strukturierten Menge von heterogenen Sätzen durch eine "semantisch höhere" Aktivität mit einem stärkeren Anwendungsbezug bezeichnet werden.

Zur Identifikation und zur Handhabung der jeweiligen Verarbeitungseinheiten wird in KUNICAD ein "explizites" Cursor-Konzept eingesetzt. Im Gegensatz zum impliziten Cursor-Konzept in konventionellen netzwerkartigen Datenbanksystemen /CO78/, bei denen es für jeden Satz- und Beziehungstyp lediglich einen Cursor gibt, der dann auch noch mehr oder weniger implizit durch die meisten DB-Operationen verändert wird, erlaubt das hier realisierte Konzept explizit definier- und manipulierbarer Cursor eine klarere und einfachere Programmierung. Ein expliziter Cursor wird programmtechnisch durch eine eigene Datenstruktur repräsentiert, in der neben der notwendigen Verwaltungsinformation eine Reihe von systemweit eindeutigen Datenbankschlüsseln (DB-Key, /CO78/) zusammengefaßt sind, durch die auf aktuell benötigte Satzausprägungen verwiesen wird. Die Typen dieser Sätze ergeben sich aus den konstituierenden Satztypen der entsprechenden Verarbeitungseinheiten. Die Cursor-Struktur ist derart organisiert, daß mit Hilfe der jeweils referenzierten Sätze und unter Ausnutzen der DB-internen Beziehungsausprägungen dann der tatsächliche Verarbeitunggegenstand ermittelt bzw. durchlaufen werden kann. Die Moduln Geometrie- bzw. Strukturmodellierer besitzen keinen direkten Zugriff auf diese Cursor-Datenstruktur. Sie können nicht zwischen einem Cursor und der damit verbundenen Verarbeitungseinheit unterscheiden. Der Cursor stellt somit einen Repräsentant der zugehörigen Verarbeitungseinheit dar. Explizite Cursor können in beliebiger Anzahl und von beliebiger Struktur generiert werden. Die unmittelbar verfügbaren Cursor-Operationen sind die Aktivierung und die Deaktivierung sowie die Zuweisung. Alle anderen Cursor-Zugriffe bzw. Cursor-Modifikationen erfolgen innerhalb der Moduln Struktur- und Geometrieverwaltung durch einen Zugriff auf die jeweilige Cursor-Datenstruktur.

3.1.2 Bewertung des KUNICAD-Systems

Das KUNICAD-System wurde als ein DB-gestütztes, volumenorientiertes Modellierungssystem für polyederartige Bauteile vorgestellt; dabei wurden die folgenden wichtigen Systemeigenschaften aufgezeigt:

- adäquates Anwendungsmodell zur Unterstützung des volumenorientierten geometrischen Entwurfs,

- zusätzliche interne, automatisch aktualisierte Strukturen nach dem Begrenzungsflächenmodell zur effizienten graphischen Repräsentation der Bauteile,

- Bereitstellung einer anwendungsunterstützenden Schnittstelle zur Vereinfachung der Abbildung von Anwendungsobjekten auf DB-Strukturen und -Operationen.

Das realisierte Anwendungsmodell bietet insbesondere die folgenden allgemeinen entwurfsunterstützenden Konzepte:

- Die **Konstruktionsumgebung** stellt dem Entwurfsingenieur einen organisatorischen Rahmen zur Verfügung, in dem Werkstücke nach bestimmten Regeln und isoliert entwickelt werden können.

- Die **Typisierung/Instanziierung** ermöglicht das Arbeiten mit Ausprägungen und Typen und stellt damit die Grundlage für die Einführung von Katalogen und für die Mehrfachverwendung bereits entwickelter Teile dar. Das Konzept der **Parametrisierung** von Typen und Ausprägungen bietet eine zusätzliche Flexibilisierung und erhöht damit die Modellierungsmächtigkeit des Systems.

- Die explizite Unterscheidung zwischen **Basis-, Bauteil- und Baugruppenkörper** liefert eine weiter verfeinerte Konstruktionssemantik.

Das KUNICAD-System stellt insgesamt zwar kein allgemeines Referenzmodell für DB-gestützte Ingenieuranwendungen dar, es kann allerdings dennoch als ein Entwurfswerkzeug mit charakteristischen Eigenschaften verstanden werden. Eine eingehende Systemanalyse erlaubt somit, neben dem vertieften Verständnis für die spezielle Anwendungsproblematik, die Ableitung relevanter und durchaus allgemeingültiger Aussagen über die Aspekte der Modellabbildung und der DB-Verarbeitung in Ingenieuranwendungen. Die im Rahmen der hier zugrundegelegten Thematik speziell interessierende Fragestellung betrifft insbesondere den erreichten Grad an **Natürlichkeit, Einfachheit** und **Effizienz** bei der Abbildung einer Anwendungsmodellschnittstelle mit ihren aufwendigen Operationen auf komplexen Ingenieurobjekten auf eine konventionelle DBS-Schnittstelle. Hierbei ist neben einer Aufwandsabschätzung und Leistungsanalyse eine Untersuchung der durch die einzelnen Ebenen der Modellabbildung erreichten Komplexitätsreduktion, also der Verfeinerung bzgl. der Operationen und der Objekte interessant. In /Hü92/ werden daher die Aufrufhäufigkeiten an den verschiedenen Systemebenen untersucht, wobei die den einzelnen Operationen zugrundeliegenden Datenstrukturen sowie die dabei vorherrschende Zugriffsart (lesend, ändernd, erzeugend, löschend) Aufschluß über typische Zugriffsmuster geben. Insgesamt können durch eine solche Systemanalyse vorhandene Schwachstellen aufgezeigt und wichtige Hinweise auf adäquatere DBS-Schnittstellenkonzepte und Verarbeitungsmodelle abgeleitet werden.

Brauchbarkeit der anwendungsunterstützenden Schnittstelle

Unmittelbar auf dem netzwerkartigen Datenbanksystem UDS aufbauend realisieren die Moduln Struktur- und Geometrieverwaltung die anwendungsunterstützende Schnittstelle AUSS als einen ersten auf eine spezielle Anwendungsklasse bezogenen Schritt von einem Datenmodell zu einem Anwendungsmodell. Die hier entwickelte AUSS läßt sich einerseits nach den zu verarbeitenden Objekten, den Verarbeitungseinheiten, und andererseits nach den darauf wirkenden Operationen charakterisieren. Die bereitgestellten Objekte sind teilweise von weitaus komplexerer Struktur als herkömmliche, flache DB-Tupel.

Die satz- bzw. strukturbezogenen Operationen besitzen überwiegend schreibenden und lesenden Charakter, sind also bzgl. ihrer Funktion weitestgehend anwendungsneutral. Im Gegensatz hierzu weisen die objektbezogenen AUSS-Operationen eine starke Anwendungsorientierung auf, da sie jeweils spezielle von der Anwendung benötigte Funktionen realisieren. Sind die satz- und strukturbezogenen Operationen demnach mehr von strukturellen Aspekten der Anwendungsobjekte bestimmt, so werden die objektbezogenen Operationen vom Aspekt der Funktion bzw. des Objektverhaltens geprägt.

Der erreichte Grad an Objektbezug oder auch "Objektorientierung" läßt sich vorteilhaft zur Ableitung und Darstellung der Anwendungsobjekte an der Anwendungsmodellschnittstelle ausnutzen. Betrachtet man allerdings den Implementierungsaufwand, der zur Realisierung dieser anwendungsunterstützenden Datenhaltungsschnittstelle notwendig ist, so stellt man eine deutliche Unangemessenheit der eingesetzten DBS-Konzepte und der Implementierungssprachen (bzw. der DB-seitigen Einbettungsaspekte) fest, was letztendlich in der mangelnden Unterstützung der strukur- und der objektbezogenen Operationen zum Ausdruck kommt. Diese Gründe führten dazu, daß u.a. ein explizites Cursor-Konzept zur objektbezogenen Verarbeitung implementiert werden mußte. Der hierdurch erreichte "zeiger-ähnliche" Direktzugriff innerhalb einer Verarbeitungseinheit stellt eine wesentliche Unterstützung bei ihrer programm-technischen Verarbeitung dar.

Analyse geometrischer Basisoperationen

Aufgrund der vielfältigeren Strukturen, des insgesamt größeren Datenvolumens und des wesentlich größeren algorithmischen Aufwandes bestimmt die Verarbeitung der BREP-Darstellung eines Werkstücks die offensichtliche Aufwandsquelle bei der Abwicklung der Anwendungsmodelloperationen. Die BREP-Verarbeitung wird durch den Evaluator gesteuert, der sich hierbei einer Reihe von Basisoperationen bedient. In /Hü92/ werden daher die beiden Basisoperationen

- Generieren einer BREP-Darstellung und

- Verknüpfen zweier BREP-Darstellungen durch eine reguläre Mengenoperation eingehend untersucht. Die wesentlichen Ergebnisse der duchgeführten Untersuchungen werden im folgenden zusammenfassend dargestellt.

Sowohl bei der Generierung als auch bei der Verknüpfung von BREP-Darstellungen treten extreme Leistungsschwächen zu Tage. So liegen die gemessenen Ausführungszeiten (bei "leerer" Anlage auf einem Siemens-Rechner mit etwa 0,2 MIPS unter BS2000) weit jenseits der Toleranzgrenze; sie bewegen sich zwischen ca. einer und siebzehn Minuten in den betrachteten Generierungsfällen und zwischen fünf und elf Minuten bei der BREP-Verknüpfung: Dies ist indiskutabel, da berücksichtigt werden muß, daß für ein sinnvolles interaktives Arbeiten mit dem System, Antwortzeiten im Sekundenbereich erforderlich sind und die untersuchten Operationen in einem realistischen Anwendungsfall in einer erheblich größeren Anzahl auftreten würden.

Analyse der BREP-Erzeugung

Die angesprochenen Analysen beruhen sowohl auf Zeit- als auch auf Häufigkeitsmessungen, die für Aufrufe an den Schnittstellen der drei relevanten Systemebenen - Anwendungsschnittstelle, anwendungsunterstützende Schnittstelle und Datenmodellschnittstelle - durchgeführt wurden. Insbesondere die Analyse der Aufrufhäufigkeiten gibt Aufschluß über die Art der Abbildung durch die einzelnen Systemebenen und erlaubt damit Rückschlüsse auf die Eignung der realisierten Schnittstellen. Durch die eingehende Betrachtung der durch die einzelnen Operationen angesprochenen Daten können nicht nur die unterstellten Verarbeitungseinheiten nachgewiesen, sondern vielmehr auch typische Zugriffsfolgen und Verarbeitungsmuster aufgezeigt werden.

Bild 3.5 gibt Auskunft über konkrete Werte. Es werden die Aufrufhäufigkeiten bei der Generierung eines Polyzyl mit 5, 25 und 50 Seitenflächen gegenübergestellt. Der Aufwand an der AUSS nimmt proportional mit dem Lastfaktor (Anzahl der Flächen) zu, was als Indiz für einen "natürlichen" Anwendungsbezug dieser Schnittstelle gewertet werden kann. Die Anzahl der Aufrufe an der Datenmodellschnittstelle wächst dagegen stark überproportional. Durch eine genauere Untersuchung besonders aufwendiger AUSS-Operationen lassen sich Schwachstellen aufspüren und die folgenden Optimierungsmöglichkeiten aufdecken /Hü86/ (vgl. Bild 3.5 (a) - (c)):

(a)   Die AUSS-Operationen werden **direkt** in Operationen der DBS-Schnittstelle umgesetzt. Durch häufiges Rereferenzieren innerhalb der Verar-

POLYZYL (n)	5	25	50
Anwendermodell	1	1	1
AUSS	64	304	604
Datenmodell (a)	1958	15078	41828
(b)	ca. 1850	ca. 10800	ca. 25600
(c)	ca. 1450	ca. 7400	ca. 14800

Bild 3.5:   Aufrufhäufigkeit beim Aufbau einer Polyzyl-BREP-Darstellung

beitungseinheit, die von einer AUSS-Operation betroffen ist, entsteht eine hohe Zugriffslokalität, die allerdings nicht explizit und nur äußerst unzureichend DBS-seitig ausgenutzt werden kann.

(b) Innerhalb bestimmter AUSS-Operationen wird eine adäquate Hauptspeicherstruktur für die interne Verarbeitung aufgebaut. Hierdurch wird eine **indirekte** Abbildung einer AUSS-Operation in eine Folge von DBS-Operationen möglich. Der Aufbau von Hauptspeicherstrukturen entspricht einer Pufferung von Verarbeitungseinheiten und unterstützt die Nutzung der Zugriffslokalität sehr "nahe" an ihrem "Entstehungsort".

(c) Unter Voraussetzung einer Kenntnis des Verarbeitungszusammenhangs kann der Generierungsalgorithmus verbessert und der Aufwand in verschiedenen AUSS-Operationen weiter reduziert werden. Die Verwaltung dieses Kontextwissens hat in der Modellabbildungsschicht zu erfolgen. Der erforderliche (eventuell erhebliche) Verwaltungsaufwand geht aus der Aufrufstatistik von Bild 3.5 allerdings nicht hervor.

Zur genaueren Untersuchung des trotz der Optimierung hohen Aufkommens an DB-Operationen wird zunächst eine Häufigkeitsverteilung auf dem Geometrieteil des DB-Schemas betrachtet. Bild 3.6 zeigt die entsprechende Verteilung für die drei Beispiele der Polyzyl-Generierung. Die aufgeführten Werte zeigen die jeweilige Verwendungshäufigkeit auf. Es sind stets drei Werte angegeben, wobei die oberste Zahl zum Generierungsbeispiel POLYZYL(5), die mittlere zu POLYZYL(25) und die unterste zu POLYZYL(50) gehört.

In Bild 3.6 sind Schemaausschnitte mit geringerer bzw. höherer Zugriffshäufigkeit zu erkennen. Für die scheinbare Nichtbenutzung bestimmter Satz- und Beziehungstypen gibt es zwei Gründe: Zum einen existieren tatsächlich Beziehungen, die nicht bei der Generierung, sondern erst bei der BREP-Verknüpfung benötigt werden; zum anderen werden manche Schemaobjekte nur implizit genutzt, was

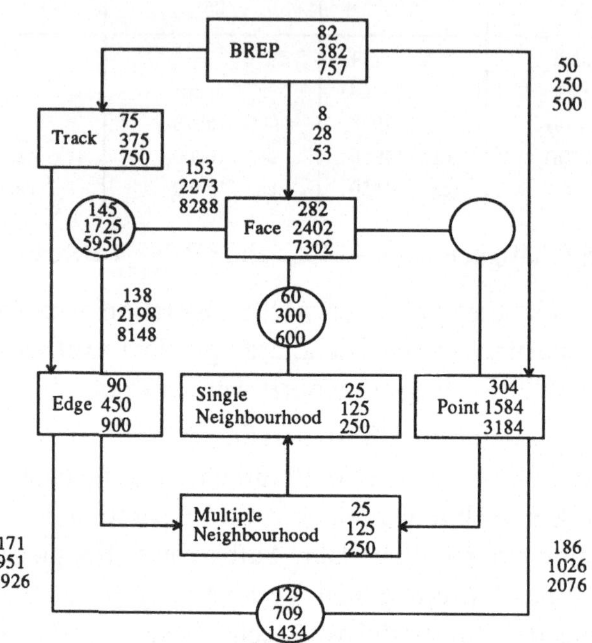

Bild 3.6:   Darstellung der DB-schemabezogenen Zugriffshäufigkeiten bei der
             Polyzyl-Generierung

letztlich auf die vielen implizit wirkenden DB-Operationen des Netzwerk-Daten-
modells (z.B. Einspeichern eines Records mit automatischem Beziehungsaufbau)
zurückzuführen ist. Bereiche mit hoher Zugriffshäufigkeit sind die Satztypen Face
und Point sowie die (n:m) Beziehungstypen zwischen Face- und Edge- bzw. zwischen Edge- und Point-Satztypen. Die starke Lastabhängigkeit dieser Zugriffshäufigkeiten zeigt einen engen verarbeitungsmäßigen Zusammenhang über diese
(n:m)-Beziehungen.

Eine Aufschlüsselung der Aufrufhäufigkeiten nach den verursachenden AUSS-
Operationen läßt die Hauptaufwandsquellen erkennen. Deren weiterführende Untersuchung macht deutlich, daß besonders intensiv auf den oben genannten (n:m)-
Beziehungen zwischen dem Edge- und Point-Record-Typ bzw. zwischen dem
Face- und Edge-Record-Typ operiert wird. Eine funktionsspezifische Analyse,
also die Aufschlüsselung der Aufrufhäufigkeiten nach den einzelnen Datenmodell-
operationen, läßt darüber hinaus noch die dominierenden Zugriffsrichtungen erkennen /Hü86/. Diese sind in Bild 3.7 zusammen mit den jeweils betroffenen Sche-

maausschnitten dargestellt und durch die eingetragenen dicken Pfeile gekennzeichnet.

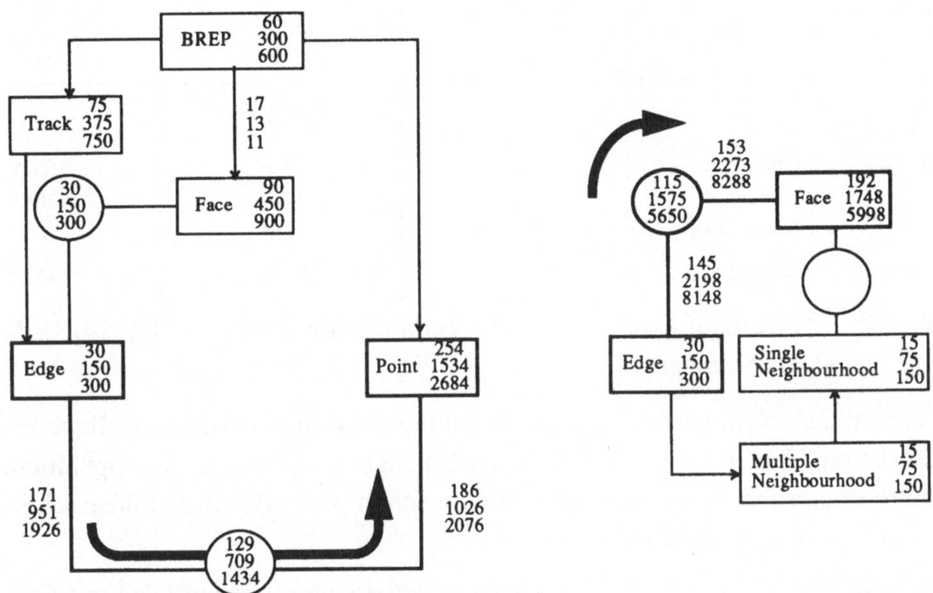

Bild 3.7:   Schemabezogene Zugriffshäufigkeiten mit den jeweils dominierenden Zugriffsrichtungen in zwei verschiednen AUSS-Operationen

Analyse der BREP-Verknüpfung

Entsprechende Untersuchungen bei der BREP-Verknüpfung zeigen im Vergleich
zur Generierung noch höhere Aufrufhäufigkeiten an der Datenmodellschnittstelle.
Bild 3.8 zeigt die Aufrufhäufigkeiten einer Verknüpfungsoperation in Abhängigkeit von der Flächenanzahl der zu verbindenden Grundkörper. Diese sind in allen
Fällen räumlich so angeordnet, daß ähnliche topologischen Effekte auftreten, was
eine wesentliche Voraussetzung für die Vergleichbarkeit darstellt. Neben den ab-
soluten Aufrufhäufigkeiten an der anwendungsunterstützenden Schnittstelle und
der Datenmodellschnittstelle sind die jeweiligen Anteile der unterschiedlichen
DB-spezifischen Funktionsgruppen aufgeführt. Auf der Ebene des Datenmodells
werden die Gruppen **Positionierung, Navigation** und **Modifikation** unterschieden. In der Gruppe **Positionierung** sind neben Operationen zur Handhabung der
DB-Schlüssel, die überwiegend zur Realisierung des expliziten Cursor-Mechanismus benötigt werden, Operationen zum werteabhängigen Direktzugriff zusam-

Seitenfläche / DB-Objekte	3 (132)	4 (175)	6 (261)
Anwendungsmodell-schnittstelle	1	1	1
AUSS	857	1243	1983
Datenmodell-schnittstelle			
davon zur Positionierung	8194	10564	16045
zur Navigation	7023	9018	13855
zur Modifikation	834	1076	1532
insgesamt	16051	20658	31432

Bild 3.8: Aufrufhäufigkeiten bei der Verknüpfung zweier Polyzyl-BREP-Darstellungen

mengefaßt. Die Gruppe **Navigation** steht für die jeweiligen Datenmodelloperationen, die ein Traversieren und Lesen des Datennetzes erlauben. Die Operationen zum Einfügen und Ändern von Satz- und Beziehungsausprägungen bilden schließlich die Gruppe **Modifikation.**

Setzt man die enorm hohe Anzahl an Datenmodelloperationen mit den von der jeweiligen Verknüpfungsoperation betroffenen DB-Objekten in Beziehung, so gewinnt man ein Maß für die Lokalität bzgl. der erforderlichen Datenreferenzen. Bild 3.8 enthält neben der Anzahl n der begrenzenden Seitenflächen eines Polyzyl-Basiskörpers die genaue Anzahl der zur Repräsentation benötigten DB-Objekte (Record- und Relation-Record-Ausprägungen). Berücksichtigt man nun, daß bei der Verknüpfung zweier Basiskörper zunächst eine Struktur aufgebaut wird, die etwa aus der Summe der DB-Objekte der beiden Argumentkörper besteht, so kann hier insgesamt von einer vierfachen Anzahl involvierter DB-Objekte ausgegangen werden. Dies ist nur eine grobe Abschätzung und legt lediglich die Größenordnung der tatsächlich benötigten Elemente fest; die genaue Anzahl hängt zusätzlich noch von der topologischen Struktur des Ergebniskörpers ab. Ein Lokalitätsmaß ergibt sich als Quotient zwischen der Anzahl der ausgeführten DB-Operationen und der Anzahl der involvierten DB-Objekte. Ebenso kann eine Rereferenzierungshäufigkeit ermittelt werden. Hierzu bestimmt man die Anzahl der Erstreferenzen und setzt sie in Relation zu den DB-Operationen insgesamt. Für die oben aufgeführten Fälle ergibt sich ein durchschnittlicher Lokalitätsfaktor von 30 bzw. eine **Rereferenzierungshäufigkeit** von **97%**, was als ein wichtiger Hinweis auf Optimierungsmöglichkeiten durch geeignete Pufferungskonzepte gewertet werden kann.

Die aufgeführten Werte machen einen enorm hohen Anteil der Positionieroperationen deutlich. Eine Ursache hierfür muß in der Realisierung des expliziten Cursor-Mechanismus gesehen werden. Viele AUSS-Operationen werden über explizite Cursor mit den jeweiligen Argumenten versorgt. Hierbei erfolgen DB-Zugriffe
über die in der Cursor-Datenstruktur abgelegten DB-Schlüssel. Die weitere Verarbeitung erfordert dann eine Modifikation bzw. Aktualisierung des Cursors, wozu
in der Regel über einen eigenen DB-Zugriff ein aktueller DB-Schlüssel beschafft
werden muß. Das Gros aller Positionieroperationen (ca. 92%) entfällt auf diese beiden Datenmodell-Operationen (Zugriff über einen gegebenen DB-Schlüssel, Beschaffen des DB-Schlüssels eines aktuell bearbeiteten Satzes). An dieser Stelle er-
hebt sich die Frage, ob der hierdurch verursachte Aufwand überwiegend dem expliziten Cursor-Konzept zuzuschreiben ist und durch eine andere Realisierung
hätte vermieden werden können, oder ob vielmehr eine "übergeordnete" Verarbeitungsstrategie vorliegt, die auch ohne Cursor-Konzept vergleichbare DB-Zugriffe
erforderlich machen würde. Eine genauere Betrachtung des BREP-Verknüpfung-
sverfahrens liefert deutliche Hinweise darauf, daß die Ursache des hohen Positio-
nieraufwandes vor allem in der Verarbeitungsstrategie zu sehen ist und weniger in
der konkreten Umsetzung über den Cursor-Mechanismus: So sind die wesentlichen Phasen des Verknüpfungsverfahrens derart aufgebaut, daß bestimmte geometrische Elemente des einen Argumentkörpers sukzessiv mit geometrischen Elementen des anderen verarbeitet werden. Als Beispiel sei hier die Phase der Kör-
perklassifikation genannt, in der jede Kante des einen Körpers mit den Flächen des
anderen Körpers "geschnitten" wird. Hieraus ergibt sich ein ständiger Wechsel
zwischen der Kante-Punkt-Struktur des einen und der Flächen-Kante-Punkt-Struk-
tur des anderen Körpers. Die Umsetzung einer solchen Verarbeitungsstrategie erfordert in jedem Fall das explizite Festhalten bzw. Wiederherstellen von Verarbei-
tungskontexten. Im vorliegenden Fall wird dies gerade durch den Cursor-Mechanismus erreicht.

In Bild 3.8 ist weiterhin ein hoher Anteil an Navigationsoperationen zu erkennen,
was allerdings unmittelbar auf die vorherrschenden Datenstrukturen zurückzuführen ist. So sind beispielsweise bei der Verarbeitung einer Fläche die zugehörenden
Kanten und Punkte über die entsprechenden Navigationsoperationen aufzusuchen.

Eine Zuordnung der DB-Operationen zu denjenigen Objekten des DB-Schemas,
auf die sie sich beziehen, läßt ähnlich wie bereits im Fall der Polyzyl-Erzeugung
Schemaausschnitte mit hohen Zugriffshäufigkeiten erkennen. Hierbei handelt es
sich wiederum um die Face-, Edge- und Point-Record-Typen, die jeweiligen Re-

lation-Record-Typen sowie die damit assoziierten Beziehungstypen, was den starken verarbeitungsmäßigen Zusammenhang über die (n:m)-Beziehungen hinweg nochmals unterstreicht. Eine Aufschlüsselung nach der Funktionalität der verwendeten DB-Operationen erlaubt darüber hinaus eine Unterscheidung nach Zugriffsrichtungen. So dient ein Großteil der verwendeten DB-Operationen dem hierarchischen Zugriff von einem Face-Record zu den zugehörigen Edge-Records bzw. von einem Edge-Record zu den mit ihm verbundenen Point-Records. Allerdings ist auch hier, die umgekehrte Zugriffsrichtung nicht zu vernachlässigen, so daß ähnlich wie dies bereits für die Polyzyl-Erzeugung gezeigt wurde auch an dieser Stelle keine eindeutigen Zugriffsrichtungen abgeleitet werden können

Die konkreten Ergebnisse und deren ausführliche Diskussion können in /Hü92/ nachgelesen werden. Insgesamt ergeben sich aus der Entwicklung sowie aus der statischen und dynamischen Analyse des KUNICAD-Systems die im folgenden zusammengefaßten Erkenntnisse:

* Die der Verarbeitung insgesamt zugrundeliegende Datenstruktur ist **netzartig und komplex strukturiert.** Die Verarbeitungsgegenstände sind damit von wesentlich komplexerer Natur als dies beispielsweise bei konventionellen DBS-Anwendungen der Fall ist.

* Bereits bei den elementaren Operationen der Anwendungsmodellschnittstelle treten extrem **hohe Aufrufhäufigkeiten** an der Datenmodellschnittstelle auf, was im Hinblick auf das relativ geringe Datenvolumen als ein Hinweis für die algorithmisch anspruchsvolle Verarbeitung zu werten ist.

* Es gibt einen hohen Anteil an sich wiederholenden Zugriffen, also eine **hohe Lokalität** bzgl. der Datenreferenzen (durchschnittlich 97% Rereferenzierungen bei den untersuchten Anwendungsfällen).

* Ebenso ist ein **hoher Anteil an Positionieroperationen** zu verzeichnen, der sich zu einem großen Teil aus dem notwendigen Wechsel zwischen den Datenstrukturen der einzelnen Verknüpfungsargumente ergibt.

* Schließlich gibt es ein **hierarchisches Grundmuster des Datenzugriffs,** wobei innerhalb des insgesamt verarbeiteten Datennetzes wechselnde Hierarchie- und Zugriffsrichtungen auftreten.

Der hohe Anteil an rereferenzierenden DBS-Aufrufen läßt sich neben der algorithmischen Komplexität der durchgeführten Anwendungsmodelloperationen auf deren Verarbeitungscharakteristik zurückführen. So sind die hier betrachteten Operationen stets auf ein bzw. einige wenige Objekte des Anwendungsmodells bezogen; sie bilden damit einen krassen Gegensatz zu den typischen Operationen in konventionellen DBS-Anwendungen, die oftmals zwar von geringer algorithmischer Komplexität sind, allerdings auf einer u. U. sehr großen Menge einfachstrukturierter Anwendungsmodellobjekte arbeiten.

Berücksichtigt man weiterhin, daß die resultierenden Antwortzeiten unerträgliche Ausmaße annehmen, so belegen die oben aufgeführten Punkte eindrucksvoll die Unangemessenheit der zugrundeliegenden DB-Schnittstelle bzw. der damit verbundenen Datenmodellierungs- und -verarbeitungskonzepte. So kann im vorliegenden Fall der Gegenstand einer Verknüpfungsoperation, also die BREP-Datenstruktur, nur durch ihre Komponenten und keineswegs **ganzheitlich** beschrieben werden. Dem eingesetzten DBS ist damit der verarbeitungsmäßige Zusammenhang einer BREP-Darstellung nicht bekannt und kann daher auch nicht zur Effizienzsteigerung von Zugriffs- und Verwaltungsfunktionen eingesetzt werden. Das hohe Maß an referentieller Lokalität kann somit nur unzureichend durch die Anwendung selbst ausgenutzt werden. Darüber hinaus muß das implizite Cursor-Konzept der zugrundeliegenden CODASYL-DBS-Schnittstelle für die hier vorherrschende Verarbeitungsart als denkbar ungeeignet bezeichnet werden. Die Programmierung macht oftmals ein umständliches Festhalten bestimmter Cursor-Zustände erforderlich; ein Wechsel des Verarbeitungskontextes bedingt zusätzliche Maßnahmen außerhalb des DBS, wie sie im KUNICAD-System beispielsweise in der expliziten Cursor-Datenstruktur anzutreffen sind.

Die dargestellten Problempunkte markieren gleichzeitig die Ansätze zur Verbesserung des insgesamt nicht zu tolerierenden Leistungsverhaltens. So kann in der expliziten Beschreibung der jeweils benötigten komplex-strukturierten Verarbeitungseinheiten die Grundvoraussetzung für eine effizientere Datenversorgung der DB-Anwendungsprogramme gesehen werden, da nur hierdurch allgemeine Mechanismen zur Nutzung der deutlich zu Tage getretenen Lokalität bei den Datenreferenzen realisiert und eingesetzt werden können. Daneben scheinen explizit definierbare Cursor erforderlich, um einen einfacheren und in einem gewissen Sinne "natürlicheren" Zugriff innerhalb der angesprochenen Verarbeitungseinheiten zu gewährleisten.

3.2 Verallgemeinernde Betrachtung der Verarbeitungsproblematik - Analyse, Bewertung und Konsequenzen

Das im vorangehenden Abschnitt vorgestellte KUNICAD-System ist eine Fallstudie basierend auf der konkreten Umgebung eines konventionellen DBS. Die Beobachtungen und die abgeleiteten Aussagen sind daher zunächst relativ speziell. In diesem Abschnitt soll nun der Versuch unternommen werden, durch eine verallgemeinernde Betrachtungsweise die Beobachtungen am KUNICAD-System bzgl. des zugrundeliegenden Datenmodells, der DB-sprachlichen Einbettung und bzgl. der Datenanbindung soweit zu relativieren, daß die **allgemeingültigen Problempunkte der DB-Verarbeitung** in Anwendungen aus den Ingenieurbereichen erkannt und aufgezeigt werden können.

KUNICAD setzt auf einem Datenbanksystem mit netzwerkartigem Datenmodell auf, so daß die Frage zu klären ist, wie die geschilderten Beobachtungen und Analysen vom zugrundeliegenden Datenmodell bzw. der damit eng zusammenhängenden DBS-Schnittstelle beeinflußt sind. Zur Klärung dieser wichtigen Frage soll nun die Datenverarbeitung nach dem CODASYL-Modell der nach dem Relationenmodell gegenübergestellt werden.

Einige charakteristische Eigenschaften der Datenverarbeitung nach dem CODASYL-Modell wurden bereits bei der Beschreibung der Datenhaltungskomponente des KUNICAD-Systems angesprochen. Die Operationen nach dem CODASYL-Modell sind überwiegend satzorientiert, was sowohl auf die Aufsuchoperationen als auch auf die Datenbereitstellungoperationen zutrifft. Der Aufsuchvorgang und die Datenbereitstellung erfolgt über direkte bzw. navigierende Zugriffsoperationen. Die meisten Operationen sind dabei hochgradig positionsabhängig, d.h., ihre konkrete Wirkung hängt von der aktuellen Belegung implizit verwalteter Cursor ab /CO78/. So markiert beispielsweise ein bestimmter Cursor diejenige Record-Ausprägung, auf die sich die aktuell ausgeführte DB-Operationen bezieht.

Im Gegensatz zu dieser eher prozeduralen Art der Verarbeitung wird im Relationenmodell eine deskriptive und mengenorientierte Verarbeitung angestrebt. Die wohl am weitesten verbreitete und bzgl. einer Standardisierung am fortgeschrittensten relationale Sprachschnittstelle ist durch die SQL-Sprachdefinition bestimmt /CB74, IBM81/. Im folgenden soll daher unter einer relationalen DBS-

Schnittstelle stets eine SQL-Schnittstelle verstanden werden. SQL verfolgt einen abbildungsorientierten Sprachansatz, was in den drei wichtigsten Sprachklauseln (Select-, From- und Where-Klausel) zum Ausdruck kommt. So werden bei einer Anfrage in der From-Klausel die Ausgangsrelationen, also der Definitionsbereich einer Abbildung festgelegt; entsprechend werden in der Select-Klausel die für diese Anfrage relevanten Attribute einer Zielrelation, also der jeweilige Bildbereich, spezifiziert. In der Where-Klausel sind darüber hinaus Qualifikationsbedingungen formuliert, die die Abbildung vom Definitionsbereich in den Bildbereich weiter einschränken. Ähnliche Klauseln regeln das Einfügen und Ändern von Tupeln. Der mengenorientierte Charakter von SQL trifft allerdings nur auf Aufsuchvorgänge sowie relativ einfache Änderungs-, Lösch- und Einfügeoperationen zu. Die Bereitstellung von Daten zum Zweck ihrer Verarbeitung durch ein Anwendungsprogramm erfolgt sequentiell, in der Regel ähnlich wie im Netzwerkmodell durch einen Cursor-Mechanismus. Hierbei handelt es sich i.allg um dynamisch definierbare Cursor, die über eine Aktivierungsoperation an das Resultat einer SQL-Anfrage "gebunden" werden können. Die Verarbeitung über einen solchen Cursor kann dann elementweise abgewickelt werden. Ein sich wiederholender Zugriff auf ein und dasselbe Tupel ist damit in der Regel nicht möglich.

Bild 3.9 illustriert die vereinfachten BREP-Schemata nach dem Netzwerk- und dem Relationenmodell. Im Vergleich mit dem in KUNICAD eingesetzten BREP-Schema wurde hier auf die Umgebungsinformation verzichtet; dafür mußten allerdings die (n:m)-Beziehungen zwischen Face und Edge bzw. zwischen Edge und Point mit Attributen versehen werden, die zum einen die Richtung einer Kante in Bezug auf eine bestimmte Fläche und zum anderen die Rolle eines Punktes in Bezug auf eine bestimmte Kante festlegen (Anfangs- und Endpunkt). Die Set-Beziehungen im Netzwerk-Schema sind durch Primär-/Fremdschlüsselbeziehungen im Relationen-Schema ersetzt. Die (n:m)-Beziehungen machen dort wie im Netzwerk-Schema die Einführung von speziellen Beziehungsrelationen erforderlich. Darüber hinaus wurden explizite Identifikatorattribute eingeführt, da sich die Tupel im Relationenmodell ausschließlich über ihre Attributwerte identifizieren. Die Identifikatorattribute müssen außerhalb des Datenbanksystems explizit durch die Anwendungsprogramme organisiert und verwaltet werden, was bei einer großen Anzahl von Tupeln einen nicht unerheblichen Aufwand mit sich bringt.

An der anwendungsunterstützenden Schnittstelle (AUSS) des KUNICAD-Systems konnten drei verschiedene Operationstypen aufgezeigt werden: die satz-, struktur- und objektbezogenen Operationen. Ein Vergleich zwischen der Verar-

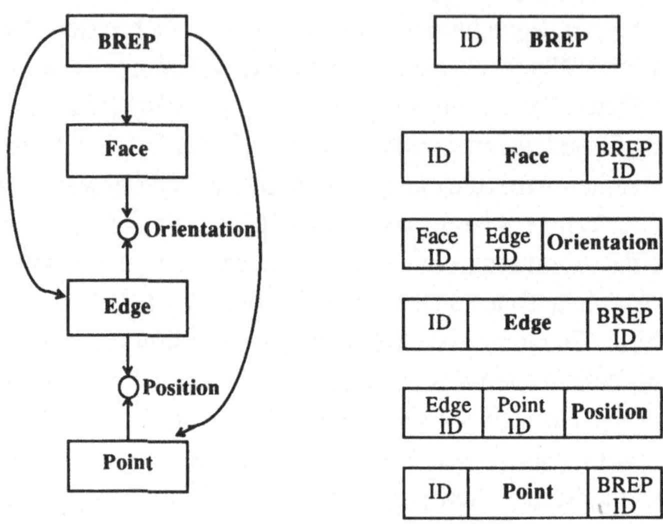

Bild 3.9:   Vereinfachtes Netzwerk- und Relationen-Schema einer BREP-
             Darstellung

beitungscharakteristik in Netzwerk- bzw. in relationalen DBS soll daher zunächst
anhand dieser Operationstypen durchgeführt werden. Dabei interessiert vor allem
die Art der möglichen Abbildung der verschiedenen AUSS-Operationen auf die
jeweils betrachtete DBS-Schnittstelle.

Die satzbezogenen AUSS-Operationen greifen in KUNICAD auf genau eine Record-Ausprägung zu und dienen in der Regel zur Beschaffung bzw. zur Manipulation der Attributwerte. Die Identifikation der betroffenen Record-Ausprägung erfolgt über einen expliziten Cursor. Je nach AUSS-Operation erfolgt der Zugriff unmittelbar auf die identifizierte Record-Ausprägung bzw. durch eine Navigations-
operation auf Folgeausprägungen, die über eine spezifizierte Set-Beziehung miteinander verbunden sind. Tupelbezogene AUSS-Operationen können damit insgesamt sehr direkt und äußerst einfach auf Operationen einer CODASYL-DBS-
Schnittstelle abgebildet werden. Dies gilt im wesentlichen auch für die Abbildung
auf eine relationale DBS-Schnittstelle, wobei hier eine direkte Tupelauswahl durch
eine identifizierende Qualifikationsbedingung erreicht wird. Nach dem Aufsuchvorgang muß allerdings die eigentliche Datenbereitstellung dann über eine Cursor-
Operation durchgeführt werden, bevor das Anwendungsprogramm auf die ausgewählten Tupelattribute zugreifen kann. Die erforderliche Trennung zwischen Aufsuchvorgang und Bereitstellung wirkt im Kontext der satzbezogenen AUSS-Operationen, in denen jeweils nur ein einziges Tupel betroffen ist, etwas "unnatürlich"

und "schwerfällig", könnte doch die Auswahl und die Bereitstellung in einer einzigen Operation erfolgen.

Die strukturbezogenen AUSS-Operationen manipulieren bzw. selektieren stets eine strukturierte Menge heterogener Sätze. Bei der Realisierung im KUNICAD-System wird ausgehend von einem identifizierten Ankersatz die jeweilige Struktur durchlaufen und als Hauptspeicherdatenstruktur aufgebaut. Umgekehrt werden bei ändernden Operationen eine angegebene Hauptspeicherdatenstruktur durchlaufen und die Änderungen in den Datenbestand des DBS aufgenommen. Eine generelle, sich dabei ergebende Schwierigkeit besteht darin, Änderungen in komplexen Datenstrukturen als solche zu erkennen und in dem DB-Datenbestand nachzuvollziehen. Die strukturbezogenen AUSS-Operationen des KUNICAD-Systems sehen daher in vielen Fällen ein Löschen mit anschließendem Neueinspeichern der betroffenen Strukturen vor. Vor allem das Traversieren komplexer DB-Strukturen wird durch eine CODASYL-DBS-Schnittstelle unmittelbar unterstützt. Das Aufsuchen der einzelnen Elemente erfolgt prozedural, d.h. satzweise durch explizite Steuerung des Anwendungsprogramms. Jeder Datenbanksatz kann unmittelbar nach dem Aufsuchen und in seiner ihm eigenen Form (in einer Subschema-Definition vorgegeben) verarbeitet werden. Bei Verwendung, einer relationalen Schnittstelle erfolgt das Aufsuchen mittels einer deskriptiven, formal-sprachlichen Anfragebeschreibung. Das Traversieren einer komplexen DB-Struktur kann auf unterschiedliche Art und Weise erfolgen. So ist denkbar, daß die erforderlichen Sätze sukzessive über relationale Anfragen aufgesucht und bereitgestellt werden, was allerdings den mengenorientierten Charakter der zugrundeliegenden Anfragesprache in keiner Weise ausnutzt und eher einer Simulation der CODASYL-Operationen mit relationalen Mitteln entspricht. Eine den sprachlichen Möglichkeiten angepaßte Lösung sieht einen mengenorientierten Aufsuchvorgang vor, wodurch mit einer einzigen Anfrage ein möglichst großer Teil der angesprochenen Datenstruktur ausgewählt wird.

Objektbezogene AUSS-Operationen verarbeiten in der Regel ebenfalls eine strukturierte Menge heterogener Sätze. Im Unterschied zu den strukturbezogenen Operationen weisen sie jedoch einen noch stärkeren Anwendungsbezug auf, indem sie spezielle Funktionen auf den jeweils betroffenen Verarbeitungseinheiten realisieren. Ihre Datenanbindung erfolgt dabei satz- oder strukturbezogen, so daß sich bzgl. der Abbildung der objektbezogenen AUSS-Operationen auf CODASYL- bzw. auf relationale DBS-Schnittstellen keine wesentlichen neuen Aspekte ergeben. Allerdings kann der satzbezogene Datenzugriff in einem größeren durch eine objektbezogene AUSS-Operation vorgegebenen Kontext erfolgen, womit (wenigstens im Prinzip) eine bessere Nutzung der mengenorientierten Anfragefähigkeiten relationaler DBS-Schnittstellen möglich ist. So können innerhalb von objektbezogenen AUSS-Operationen mengenorientierte Auswahlvorgänge durchgeführt und die sich qualifizierenden Tupel sukzessive verarbeitet werden. Für die AUSS-Operationen des KUNICAD-Systems allerdings wäre dies wegen der Heterogenität der Verarbeitungseinheiten nur in wenigen Ausnahmefällen möglich.

Bringt man die dargestellten Sachverhalte auf einen Nenner, so können die Probleme bei der Verarbeitung komplex-strukturierter Datenbankobjekte kurz und prägnant, vom konkreten Datenmodell weitestgehend unabhängig, folgendermaßen zusammengefaßt werden:

- Die Beschreibung und Bereitstellung der für viele Ingenieuranwendungen typischen Verarbeitungseinheiten unter Beibehalten ihrer internen Struktur ist nicht in adäquater Weise möglich,

- dementsprechend existieren keine bzw. nur unzureichende Operationen zum Zugriff und zur Handhabung der gewünschten Verarbeitungseinheiten.

Beide Punkte führen zu einer unangemessenen Programmierung und tragen entscheidend zur Ineffizienz der DB-Verarbeitung im Bereich der Ingenieuranwendungen bei. Besser geeignete Verarbeitungskonzepte müssen daher zumindest in den beiden oben genannten Punkten eine durchgreifende Verbesserung bieten.

3.3 DB-Verarbeitung in einer verteilten Systemumgebung

Nachdem im vorangegangenen Abschnitt die Verarbeitungsproblematik DB-gestützter Ingenieuranwendungen von einem etwas allgemeineren Hintergrund betrachtet wurde, geht es nun um die Aspekte der DB-Verarbeitung in einer verteilten Systemumgebung. Insbesondere werden die Wechselwirkungen einer verteilten Systemumgebung mit den oben aufgeführten Problempunkten diskutiert.

Wie bereits in der Einleitung zu diesem Buch angesprochen, ist der Rechnereinsatz im ingenieurwissenschaftlichen Umfeld durch eine zunehmende Verbreitung von Arbeitsplatzrechnern (Workstations) bestimmt /BD87, EPT87/. Die derzeitige Entwicklung ist durch eine massive Vernetzung und durch den Anschluß zentraler Dienste über Mainframe-Rechner geprägt. Die Gründe liegen überwiegend in den

Leistungsmerkmalen moderner Workstations und in der Erkenntnis, daß eine verteilte Systemlösung dem Anforderungsprofil typischer Ingenieuranwendungen eher entspricht. Die enorme Leistungssteigerung bei gleichzeitigem Preisverfall sowie das immer reichhaltigere Angebot bzgl. der Endgerätefunktionalität solcher Workstations bildet die entscheidende Grundlage für die praktische Realisierbarkeit spezieller Ingenieuranwendungen. Die typischen Leistungskennwerte können heute auf ca. 10 MIPS Rechnerleistung, einige 10 MBytes Hauptspeicherkapzität und ca. 10 MBytes/sec Übertragungsgeschwindigkeit des angeschlossenen Kommunikationsnetzes geschätzt werden. Daneben kann man von einer lokal verfügbaren Plattenspeicherkapazität von einigen hundert MBytes ausgehen.

Das Anforderungsprofil von Ingenieuranwendungen kann typischerweise wie folgt charakterisiert werden:

- **datenintensiv:** das Ansprechen eines einzigen Anwendungsobjektes bewirkt aufgrund des Datenvolumens und der strukturellen Komplexität in der Regel eine enorme Anzahl von Datenreferenzen.

- **ein-/ausgabeintensiv:** die Anwendungsobjekte und die Ergebnisse von Anwendungsoperationen können in vielen Fällen nur in graphische Darstellung von einem Anwender verstanden und angemessen interpretiert werden.

- **dialogorientiert:** der Ingenieur als Systemanwender arbeitet in hohem Maße interaktiv mit dem Anwendungssystem, was das Antwortzeitverhalten zu einem der wichtigsten Akzeptanzpunkte werden läßt.

- **rechenintensiv:** die Algorithmen der Anwendungsoperationen sind meist komplexer Natur und erfordern eine hohe Verarbeitungskapazität.

Durch den Einsatz von Workstations am Arbeitsplatz kann der einzelne Benutzer mit ungewohnt hoher Rechnerleistung und hoher Speicherkapazität versorgt werden, bei einer gleichzeitigen Verbesserung der Verfügbarkeit (auftretende Fehler können oftmals lokal begrenzt werden). Als Konsequenz werden zunehmend auch komplexe Anwendungsalgorithmen direkt auf Workstation-Seite ausgeführt, womit eine weitgehend lokale und daher effiziente Verarbeitung unterstützt wird /Lo87/. Insgesamt ergeben sich aus dieser Entwicklung eine Reihe neuer Möglichkeiten; es entstehen aber auch spezielle Anforderungen, und dies vor allem an integrierte Anwendungssysteme /HM88/.

Dies gilt in besonderem Maße für datenbank-gestützte Anwendungssysteme, die ja, quasi "per Definition", eine integrierte Sichtweise auf gemeinsame Datenbestände ermöglichen. Für diese meist datenintensiven Anwendungen ist eine besonders sorgfältige Strukturierung und Verteilung der Software-Komponenten erforderlich, wenn die **Workstation/Mainframe-Schnittstelle** nicht zu einem Engpaß werden soll, der die Akzeptanz des gesamten Anwendungssystems in Frage stellt /DGKOW86, Re87/.

Die zentrale Problemstellung ist hierbei in der rechnerübergreifenden Datenversorgung der Anwendungsalgorithmen zu sehen. Erfolgt deren Abwicklung sinnvollerweise auf Workstation-Seite (weitestgehende Entlastung zentraler Mainframe-Rechner von Aufgaben, die nur einem einzelnen Benutzer zugute kommen), so sollte das DBS als eine allgemeine Dienstleistungskomponente betrachtet und auf einem zentralen Rechner ausgeführt werden. Geht man zunächst davon aus, daß die Schnittstelle zwischen den Software-Komponenten auf Workstation- und Mainframe-Seite durch die jeweilige Schnittstelle des zugrundeliegenden DBS bestimmt ist und berücksichtigt man, daß, wie im vorangegangenen Abschnitt bereits diskutiert, die Programmschnittstellen konventioneller DBS als "Ein-Tupel-Schnittstellen" ausgelegt sind, so wird unmittelbar deutlich, wo im Detail die Probleme liegen. Macht doch jede einzelne DB-Operation zumindest einen rechnerübergreifenden Kommunikationsvorgang erforderlich und trägt somit zu weiteren, signifikanten Leistungseinbußen bei.

Praktisch jeder der oben aufgeführten Kritikpunkte (Verarbeitungseinheiten schlecht beschreib- und abgrenzbar, keine Lokalitätsnutzung und ungeeignete DB-Operationen) führt in der hier unterstellten workstation-basierten Systemumgebung zu einer im Verhältnis zu einer zentralisierter Systemlösung zusätzlichen Verschlechterung des Anwortzeitverhaltens. Will man nicht den Vorteil gänzlich verlieren, den man durch den Einsatz der Workstations und der damit verbundenen unabhängigen und auch effizienten Ausführung der Anwendungsprogramme gerade zu gewinnen suchte, so müssen neue und besser angepaßte Konzepte zur rechnerübergreifenden Datenanbindung zum Tragen kommen. Als allgemeine Anforderungen an solche Konzepte und als Kriterium zur Gestaltung der Mainframe/-Workstation-Schnittstelle können die folgenden Punkte genannt werden:

- **geringe Kommunikationshäufigkeit:**
  Die Anzahl der rechnerübergreifenden Aufrufe sollte auf ein Minimum beschränkt werden.

- **geringes Kommunikationsvolumen:**
  Es sollten nur die tatsächlich benötigten Daten zur Workstation bzw. zurück zum Mainframe übertragen werden.

- **ausgeglichene Arbeitsverteilung**:
  Die Arbeitsverteilung zwischen Workstation und Mainframe sollte möglichst ökonomisch erfolgen, d.h., es sollte möglichst wenig Arbeit auf der jeweils anderen Seite wiederholt werden müssen.

- **Workstation-Autonomie**:
  Es sollte ein möglichst hohes Maß an Unabhängigkeit zwischen Workstation und Mainframe, aber auch zwischen verschiedenen Workstations erreicht werden.

Außer dem Aspekt einer effizienten Datenversorgung sind diese Punkte von dem Aspekt der **Systemerweiterbakeit** bestimmt. Um den strategischen Vorteil einer Workstation-Umgebung, nämlich der Adaptierbarkeit des gesamten Systemausbaus an das jeweils erforderliche Maß an Rechnerleistung, tatsächlich zu erhalten, muß die Softwarestruktur ebenfalls eine Skalierung des Gesamtsystems erlauben.

Verteilte Datenbanksysteme

Insbesondere die Forderung nach einer hohen Workstation-Autonomie legt die Trennung zwischen einer workstation-seitigen und einer mainframe-seitigen Datenhaltungskomponente nahe, wobei das Zusammenspiel der beiden Komponenten wesentlich durch die übrigen oben aufgeführten Kriterien bestimmt wird. Ein erster naheliegender Ansatz zu einer konkreten Systemgestaltung besteht im Einsatz eines verteilten DBS /Da83, BEEK84, Re88/ (distributed DBS, DDBS) bzw. in der Verwendung von Konzepten aus dem Bereich der DDBS, was bei einer geeigneten Datenverteilung eine hohe Workstation-Autonomie verspricht.

Ein DDBS stellt ein auf mehrere Rechner verteiltes System gleichgearteter DDBS-Komponenten dar, das über Datenbankverwaltungsfunktionen Zugriff auf ebenfalls verteilte Datenbestände erlaubt. Als ein besonderes Merkmal von DDBS gilt die **Ortstransparenz**, die sie den Anwendungsprogrammen bzw. den Benutzern bieten. Ein DDBS vermittelt somit die Sicht eines zentralen DBS (Single-System-Image) und übernimmt die Aufgabe, Datenzugriffe an die entsprechende Komponente auf dem jeweils zuständigen Rechner weiterzuleiten. Die Information über die Art der Verteilung und den Speicherungsort der einzelnen Daten ist dabei in speziellen Beschreibungsdaten abgelegt. Das von DDBS garantierte Single-System-Image erfordert spezielle Lösungen für die wichtigsten Aspekte im Bereich zentraler DBS. So müssen insbesondere die typischen Ablaufeigenschaften wie Atomizität, Konsistenz, Isolation und Dauerhaftigkeit auch im verteilten Fall gewahrt bleiben. Die Vorteile, die man von DDBS allgemein erwartet, liegen neben der Ortstransparenz und dem Single-System-Image u.a. in:

- der **lokalen Autonomie** der einzelnen Komponenten eines DDBS (lokale Zugriffe, d.h. Zugriffe, die sich ausschließlich auf lokal vorhandene Daten beziehen, sind ungeachtet der aktuellen Funktionsfähigkeit weiterer DDBS-Komponenten abzuwickeln),

- der **Flexibilität** und der **Erweiterbarkeit** des Gesamtsystems (der Anschluß eines weiteren Rechners mit einer gleichartigen DDBS-Komponente ist relativ einfach möglich - zumindest wenn man eine entsprechende logische Unterteilbarkeit des Datenbestandes unterstellt),

- der **Zuverlässigkeit** und der **Verfügbarkeit** (durch Verteilung und durch redundantes Ablegen des Datenbestandes auf mehreren Rechnern ergibt sich prinzipiell die Möglichkeit, ein fehlertolerantes Verhalten eines DDBS zu erreichen. Im Idealfall sollte der Ausfall einer Komponente nur die Verfügbarkeit der ausschließlich durch diese Komponente verwalteten Daten beeinflussen).

Bei der Art der Datenverteilung in DDBS läßt sich eine **Partitionierung** und eine **Replikation** der Daten unterscheiden. Welche Datenbestände partitioniert und welche repliziert zu verteilen sind, hängt in einem hohen Maß von der Art und der Häufigkeit der zu erwartenden Zugriffe ab. Im Falle einer hohen Änderungshäufigkeit verbietet sich eine Replikation von Daten bereits aufgrund des häufigen und aufwendigen Änderungsdienstes auf den Replikaten. Ebenso macht eine Partitionierung von Daten, auf die häufig kombiniert zugegriffen wird, nur in seltenen Fällen Sinn. Eine möglichst geeignete Datenverteilung ist entscheidend für das Leistungsverhalten des Gesamtsystems; ihre Wahl setzt allerdings ein hohes Maß an Vorausschau und Planbarkeit bzgl. der Datenzugriffe voraus. Daher fällt die Verteilung des aktuellen Datenbestandes in das Aufgabengebiet eines DB-Administrators, der eine Verteilung unter Berücksichtigung der organisatorischen Randbedingungen zu optimieren sucht. Insgesamt ist eine Veränderung der Verteilung aufwendig, so daß daher eine Anpassung an wechselnde Anforderungen i allg. nur in größeren Zeitabständen erfolgen wird.

Die Einheiten der Verteilung werden oftmals als Fragmente bezeichnet. In relationalen DDBS wird dabei zwischen einer horizontalen und einer vertikalen Fragmentierung einer Relation unterschieden. Die horizontale Fragmentierung entspricht der Bildung disjunkter Tupelmengen die in ihrer Gesamtheit die fragmentierte Ausgangsrelation ergeben. Die vertikale Fragmentierung dagegen sieht die Bildung disjunkter Projektionen auf einer Ausgangsrelation vor.

Die heute kommerziell verfügbaren DDBS zeichnen sich meist durch eine Homogenität ihrer Komponenten aus, die sich einerseits aus der Gleichartigkeit ihrer

Funktionalität und des jeweils zugrundeliegenden Datenmodells ergibt. Das Zusammenwirken dieser Komponenten ist wesentlich durch die Aspekte der Handhabung und Verwaltung der dezentral abgelegten Daten bestimmt. So werden aufgrund der Datenverteilung DB-Anfragen zerlegt, auf die entsprechenden DDBS-Komponenten verteilt und dezentral abgewickelt; daneben werden notwendig werdende Aktualisierungsoperationen auf den eventuell vorhandenen Replikaten an die jeweils dafür zuständigen DDBS-Komponenten delegiert. Die Aspekte des Verteilungsvorgangs, also die Frage wie die eigentliche Datenverteilung entsteht, spielt dagegen eine untergeordnete Rolle. Die Ursachen hierfür liegen in dem Anwendungsumfeld und in den Anforderungen, aus denen sich ursprünglich die Notwendigkeit einer verteilten Datenhaltung ergab. Typische Beispiele kommen aus dem Bereich der Kontenführungs- und Buchungssysteme, wo bereits aus organisatorischen Gründen eine Präferenz für eine bestimmte Datenverteilung vorgegeben ist. Z.B. können Kundenkonten einer Bank bestimmten Filialen zugeordnet werden; es empfiehlt sich daher, die entsprechenden Daten der jeweils lokalen DDBS-Komponente zuzuordnen. Es ist klar, daß unter solchen Randbedingungen eine Verteilung der Daten nur sehr selten geändert werden muß und daß die operationale Unterstützung dieses Vorganges durch ein DDBS nicht in dem Maß erforderlich ist, wie dies für den Zugriff auf verteilte Daten der Fall ist.

Bild 3.10 zeigt die Grobarchitektur einer auf einem DDBS basierenden Ingenieuranwendung. Durch Einsatz der workstation-lokalen DDBS-Komponente sind die Datenverwaltungsfunktionen aus Sicht der Ingenieuranwendung lokal verfügbar und die Aspekte der Datenverteilung vollständig aus den Anwendungsprogrammen herausgelöst.Vergleicht man nun aber die oben vorgestellte Funktionalität und die angebotenen Konzepte mit den Anforderungen aufgrund der Workstation/Mainframe-Umgebung sowie aufgrund des unterstellten Anwendungsumfeldes, so tritt eine deutliche Diskrepanz zu Tage, die wesentlich durch die Homogenität der DDBS-Komponenten bedingt ist. So befindet sich auf Workstation- und auf Mainframe-Seite jeweils ein "vollständiges" lokales Datenbanksystem gleichartiger Funktionalität, das die unterschiedlichen Anforderungen und Randbedingungen nicht explizit berücksichtigt. Sind auf der Seite der Mainframe-DB-Komponente die klassischen DBS-Eigenschaften gefordert, wie z.B. die zentrale und algorithmen-neutrale Beschreibung aller relevanten Datenstrukturen, die Unabhängigkeit vom real verfügbaren Hauptspeicherbereich, die Kontrolle des Mehrbenutzerbetriebs, die Durchführung automatischer Sicherungs- und Restaurationsmaßnahmen sowie die Maßnahmen zur Zugriffskontrolle, so treten auf Workstation-Seite, gerade für den Bereich interaktiver Ingenieuranwendungen, Leistungs-

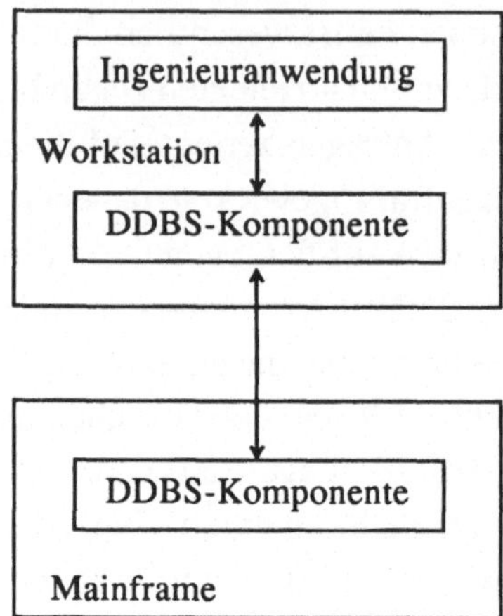

Bild 3.10: Grobarchitektur einer DDBS-basierten Ingenieuranwendung in einer
            Workstation / Mainframe-Systemumgebung

und Verarbeitungsaspekte in den Vordergrund: die effiziente Datenanbindung mit
adäquaten Zugriffsoperationen bilden sicherlich die entscheidenden Kriterien bei
der Unterstützung lokaler Anwendungsalgorithmen. Etwas vereinfachend, dennoch treffend, können die Anforderungen auf Seite der Mainframe-DDBS-Kom-
ponente durch den Aspekte der **Datenbeschaffung** und auf Seite der Workstation-
DDBS-Komponente durch den Aspekt der **Datenverarbeitung** umrissen werden.

Neben diesen verschiedenen Anforderungsprofilen auf Workstation/Mainframe-
Seite tritt in einem weiteren Punkt eine Diskrepanz zwischen den oben vorgestellten DDBS-Konzepten und den speziellen Bedürfnissen verteilter Ingenieursysteme auf. So ist die Datenverteilung in dem hier zugrundeliegenden Ingenieursze-
narium sehr dynamisch, die Granulate der Verteilung sehr vielfältig. Beides wird
im wesentlichen durch die Datenanforderungen der einzelnen Ingenieuranwendungen bestimmt und geht über die Möglichkeiten konventioneller DDBS hinaus.

3.4 Resümee

Bevor im folgenden Kapitel ein Verarbeitungsmodell vorgestellt wird, das verspricht, eine Reihe der geschilderten Problempunkte zu lösen, sollen hier zunächst
die durchgeführten Untersuchungen zusammengefaßt werden.

Zur qualitativen und quantitativen Bewertung der Datenverarbeitungsproblematik wurde der Bauteil-Modellierer KUNICAD als ein Prototyp eines DB-gestützten Ingenieursystems ausführlich vorgestellt. Neben einer Systembeschreibung wurde dabei besonderes Gewicht auf die Analyse der Systemdynamik, des Aufrufverhaltens und der operationalen Abbildung auf DB-Funktionen gelegt. Die Beobachtungen belegen eine extrem hohe Aufrufhäufigkeit an der zugrundeliegenden DBS-Schnittstelle verbunden mit einer inhärenten Leistungsschwäche (unakzeptables Antwortzeitverhalten). Die Analyse des Referenzierungsverhaltens ließ darüber hinaus eine extrem hohe Rereferenzierungshäufigkeit erkennen. Grob 85% aller Datenreferenzen wurden in den betrachteten Fällen durch sich wiederholende Zugriffe ausgelöst. Als eine wesentliche Ursache des schlechten Antwortzeitverhaltens konnte die mangelnde Ausnutzung dieser Datenlokalität sowie die unangemessene Anbindung der DB-Daten an die Anwendungsprogramme aufgezeigt werden. So trägt insbesondere die sehr große Pfadlänge der DBS-internen Programmdurchläufe, die bei jedem einzelnen Datenzugriff abgearbeitet werden müssen, zum unbefriedigenden Leistungsverhalten bei. Durch eine vergleichende Darstellung der DB-Verarbeitungskonzepte nach den zwei bedeutendsten konventionellen Datenmodellen (CODASYL- und Relationenmodell) konnten die Probleme der DB-Verarbeitung für Ingenieuranwendungen verallgemeinert aufgezeigt und entsprechende Anforderungen an besser geeignete Verarbeitungskonzepte abgeleitet werden. Als die wesentlichen Forderungen konnten dabei genannt werden:

- die **Beschreibbarkeit** und die **Abgrenzbarkeit** der zu verarbeitenden Datenstrukturen als wichtige Grundlage für

- die DB-seitige **Nutzung der Lokalität** bzgl. der Datenreferenzen sowie

- die **Bereitstellung geeigneter Zugriffsoperationen** (zeigerähnlicher Zugriff mit der Möglichkeit eines einfachen wiederholenden Zugriffs).

In einem abschließenden Abschnitt wurden dann die zu erwartenden Auswirkungen einer verteilten Systemumgebung auf die zuvor geschilderte Verarbeitungsproblematik diskutiert. Dabei wurde deutlich, daß in einer verteilten Umgebung die Leistungsprobleme aufgrund der rechnerübergreifenden Datenversorgung noch gravierender als im zentralen Fall zu Tage treten und daher den Einsatz angemessener Verarbeitungskonzepte noch dringlicher erscheinen lassen. Die Zielsetzung eines erforderlichen Verarbeitungskonzeptes kann aus Sicht einer verteilten Systemumgebung durch die folgenden Punkte charakterisiert werden:

- Reduktion der Kommunikationshäufigkeit und der Kommunikationskosten,

- Unabhängigkeit der einzelnen Komponenten innerhalb des verteilten Systems,

- möglichst ausgeglichene Auslastung der Systemkomponenten, also keine einseitige Belastung einer einzelnen, eventuell zentralen Systemkomponente.

Es wurden die grundlegenden Konzepte aus dem Bereich verteilter Datenbanksysteme vorgestellt und ihre mangelnde Tauglichkeit für das hier betrachtete Anwendungsumfeld diskutiert. Insbesondere die wenig flexible Datenverteilung und die Homogenität der einzelnen DDBS-Komponenten (bzgl. ihrer Funktionalität) machen eine Anpassung an die vorherrschenden Anforderungen sehr schwierig.

4 Ein Workstation/Server-Datenbanksystem zur Handhabung komplex-strukturierter Verarbeitungsgegenstände

Bereits in der Einleitung wurde auf die signifikante Bedeutung einer adäquaten Datenbankunterstützung für die Integration in technischen Entwurfsanwendungen hingewiesen. Als allgemein diskutierte Problempunkte wurden dabei die Modellierungs-, die Verarbeitungs- und die Verteilungsproblematik genannt. Eine zentrale Bedeutung für die Diskussion dieser Problempunkte fällt dem Begriff des Verarbeitungsmodells zu. Unter dem Begriff des **DB-Verarbeitungsmodells** wird die der Anwendungsprogrammierung zugrundeliegende Vorstellung über die Art und Weise der Datenanbindung und des Datenzugriffs subsumiert. Das Verarbeitungsmodell legt damit fest

- **was**, d.h. welche Strukturen und Datengranulate,
- **wie**, also mit welchen Operationen,
- **wann**, also zu welchem Zeitpunkt und
- **wo**, d.h. in welcher Umgebung (im Anwendungsprogramm, innerhalb des DBS, auf Workstation- oder auf Mainframe-Seite etc.)

generiert, gelesen, geändert bzw. gelöscht werden kann. Alle bisher aufgezeigten Problempunkte betreffen damit das Verarbeitungsmodell konventioneller DBS.

Die dort umgesetzten Verarbeitungskonzepte sind aus den Anforderungen konventioneller Anwendungsbereiche entstanden und sind für das Umfeld der Ingenieuranwendungen sowie für andere nicht-konventionelle Anwendungsgebiete wenig brauchbar. Ausgehend von der durchgeführten Analyse der Verarbeitungsproblematik soll daher ein angepaßteres und besser geeignetes Verarbeitungsmodell vorgeschlagen werden, das die in obiger "Mängelliste" aufgeführten Schwachstellen weitgehend vermeidet. Es stellt damit ein Verarbeitungsmodell für DB-gestützte Ingenieuranwendungen dar, das zudem den besonderen Gegebenheiten einer workstation-orientierten Ablaufumgebung Rechnung trägt. Die wesentlichen Merkmale des Vorschlags resultieren unmittelbar aus der Behebung der in Kapitel 3 dargelegten Problempunkte:

- Ausgehend von der **Abgrenzbarkeit bzw. der Beschreibbarkeit der jeweils vorherrschenden Verarbeitungsgegenstände** kann eine Nutzung der Lokalität bzgl. der Datenreferenzen möglichst nahe der Anwendung durch Pufferung des gesamten Verarbeitungsgegenstandes erreicht werden. Hinter diesem Vorgehen verbirgt sich die Idee bzw. die Überzeugung, daß ein Zugriff auf eine Komponente eines anwendungsnah gepufferten Verarbeitungsgegenstandes erheblich weniger Aufwand bereitet, als dies für den Zugriff auf ein Datum innerhalb der Datenbank erforderlich wäre - insbesondere auch dann, wenn sich dieses Datum innerhalb des DB-Systempuffers, also innerhalb des Hauptspeichers befindet.

- Für den **Zugriff auf gepufferte Verarbeitungsgegenstände** werden Operationen bereitgestellt, die sowohl einen zeiger-ähnlichen Direktzugriff als auch eine kontextabhängige Navigation über den Komponenten eines Verarbeitungsgegenstandes erlauben. Die angebotenen Operationen dienen der lokalen Verarbeitung, d.h., die Zugriffe erfolgen lediglich auf den anwendungsnahen Pufferungsbereich. Sie sollen sehr direkt und möglichst effizient realisiert sein und gleichzeitig ein hohes Maß an struktureller Integrität des gepufferten Verarbeitungsgegenstandes garantieren.

- Eine Reduktion der Kommunikationskosten zwischen Workstation und Mainframe wird durch eine **geeignete Datenverteilung und Schnittstellengestaltung** ermöglicht, wobei ihr Zusammenwirken durch entsprechende Systemkomponenten geregelt wird.

Eine Diskussion der grundlegenden Ideen und eine Darstellung der vorgeschlagenen Konzepte ist in den folgenden Abschnitten enthalten. Aufgrund der zentralen Rolle der Verarbeitungsgegenstände, als die eigentlichen *Objekte* der Verarbeitung, soll jedoch zunächst eine präzisere Vorstellung eines Verarbeitungsgegenstandes vermittelt werden. Diese Vorstellung ist auf informationeller Ebene präzisiert und hängt nicht von einem realen Datenmodell ab. Sie ist damit unabhängig davon, wie eine konkreten Datenbasis beschrieben ist und welche operationalen Möglichkeiten existieren, aus ihr einen gewünschten Verarbeitungsgegenstand zu "beschaffen". Entsprechend den in Kapitel 2 bzw. 3 aufgezeigten und für technische DB-Anwendungen typischen Datenstrukturen wollen wir im folgenden unter einem Verarbeitungsgegenstand eine komplexe Datenstruktur verstehen, die sich im wesentlichen aus einer Menge einfach-strukturierter, typisierter Datenelemente zusammensetzt. Die Datenelemente selbst sind eindeutig identifizierbar und durch eine Reihe von Attributen näher bestimmt. Neben den Datenelementen existieren

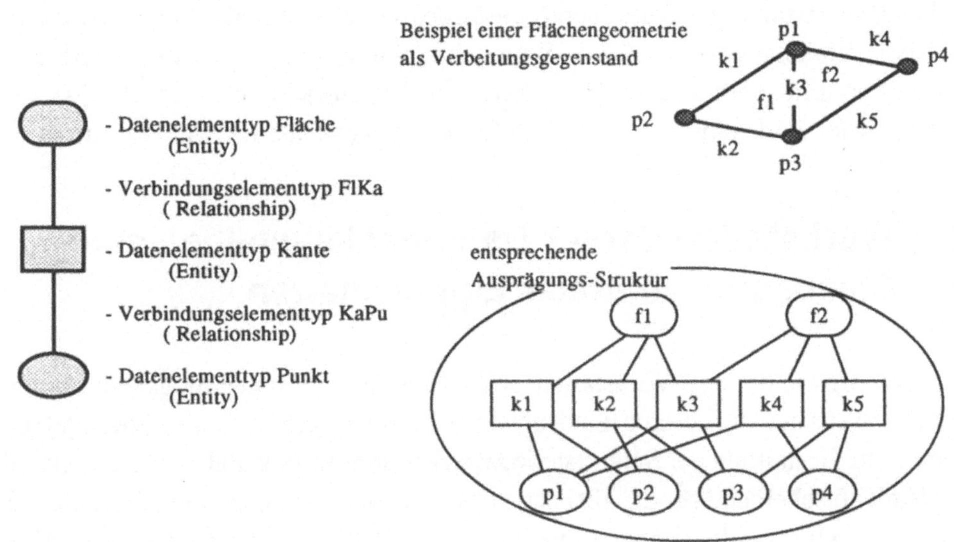

Bild 4.1: Veranschaulichung der Typ- und Ausprägungsstruktur eines Verarbeitungsgegenstandes.

Verbindungselemente (ebenfalls typisiert), durch die Datenelemente netzartig miteinander verbunden sind. Die Typisierung der Daten- und Verbindungselemente erlaubt die Typisierung der Verarbeitungsgegenstände. Insgesamt entspricht die damit unterstellte Sichtweise bis auf einige wenige Abweichungen dem bekannten Entity/Relationship-Informationsmodell /Ch76/. Die graphische Darstellung in Bild 4.1 kann daher auch als eine Art Entity/Relationship-Diagramm aufgefaßt werden. Einschränkungen ergeben sich in erster Linie bei den Verbindungselementen, die im Gegensatz zum ER-Modell ausschließlich strukturelle Information tragen und keinerlei zusätzliche Attributierung erlauben. Erweiterungen sind dagegen auf der Ebene der Verarbeitungsgegenstände zu erkennen, die als komplex-strukturierte Entity-Netzwerke im ER-Modell überhaupt nicht erfaßt und beschrieben werden können. Bild 4.1 veranschaulicht Typ und konkrete Ausprägung eines Verarbeitungsgegenstandes. Die möglichen Strukturen der Verarbeitungsgegenstände können im konkreten Fall sehr viel komplexer sein, als dies in Bild 4.1 dargestellt ist. So sind mehrere Verbindungselementtypen zwischen Datenelementtypen oder auch reflexive Verbindungen und damit rekursiv aufgebaute Verarbeitungsgegenstände denkbar.

In den nachfolgenden Abschnitten dieses Kapitels werden aufbauend auf dieser relativ abstrakten Vorstellung eines Verarbeitungsgegenstandes zunächst die Aspekte der Datenverteilung diskutiert und eine Grobarchitektur für die Datenverwaltung in einer Workstation-/Mainframe-Systemumgebung vorgestellt. Besondere Bedeutung kommt dem Zusammenwirken und den entstehenden Abhängigkeiten zwischen der workstation- und der mainframe-seitigen Datenverwaltung zu.

4.1 Workstation/Server-Datenbanksysteme - eine Diskussion zentraler Eigenschaften

Die Versorgung der auf Workstation-Seite ablaufenden Anwendungsalgorithmen mit Daten aus einem gemeinsamen, anwendungsübergreifenden Datenbestand bestimmt die Gestaltung der Schnittstelle zwischen Mainframe und Workstation und ist damit entscheidend für die Effizienz des Gesamtsystems. Wie in Abschnitt 3.3 bereits diskutiert, stellen konventionelle verteilte DBS keine befriedigende Lösung dar, da sie zu wenig an die Bedürfnisse und an die konkreten Anforderungen aus dem Bereich der Ingenieuranwendungen angepaßt sind. Aufgrund der aufgezeigten Diskrepanz bzgl. der angebotenen und der benötigten Leistungsmerkmale liegt es nahe, den sehr allgemeinen Ansatz der verteilten Datenhaltung soweit abzuwandeln und an die speziellen Bedürfnisse im Bereich der workstation-basierten Ingenieuranwendungen anzupassen, daß man zu besser geeigneten Lösungen gelangt.

In diesem Zusammenhang werden Bezeichnungen wie z.B. "Datenbank-Kooperation zwischen Server und Workstation", "Förderative Datenbank-Server", "Datenbanksysteme in Workstation/Server-Umgebung" oder kurz der Begriff des **Workstation/Server-Datenbanksystems** (WSDBS) verwendet /BDD85, DO87, HS89b, KG89, Re87, RK86, SZR86, KWDKL89/. Allerdings sind die Inhalte dieser Begriffe keineswegs eindeutig geklärt. /KR90/ zeigt mögliche Entwicklungen im Bereich verteilter und kooperierender DBS auf und verdeutlicht einige Anforderungen an WSDBS anhand einer konkret durchgeführte Prototypentwicklung. Dennoch lassen sich derzeit Fragen der Funktionalität, der Architektur und deren Abbildung noch nicht eindeutig und allgemein anerkannt beantworten. So soll die hier vorliegende Arbeit auch zur Klärung des WSDBS-Verständnisses dienen und einen Beitrag zur Einordnung und zur Lösung der anstehenden Probleme leisten.

Unter einem WSDBS soll im folgenden ein spezielles verteiltes DBS verstanden werden, das sich aus zweierlei Komponententypen zusammensetzt (vgl. Bild 4.2). Eine Art dieser DBS-Komponenten tritt dabei in der Regel nur einmal oder zumindest in einer geringen Anzahl auf und wird auf einem Mainframe-Rechner ausge-

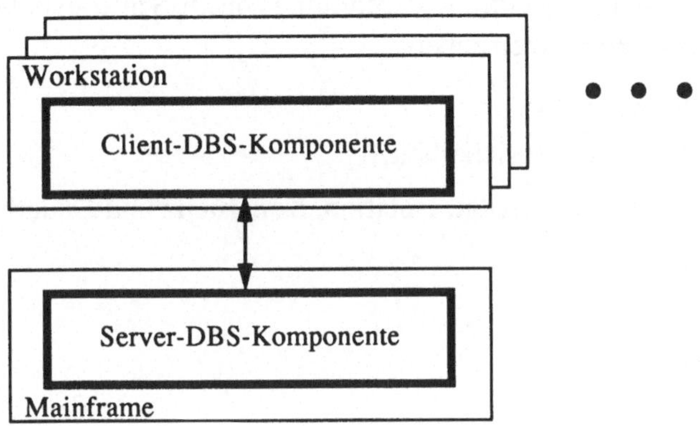

Bild 4.2:   Grobarchitektur eines Workstation/Server-Datenbanksystems

führt. Diese Komponente wird aufgrund ihrer Funktionalität als **DB-Server** oder als **Server-DBS** bezeichnet. Sie stellt all diejenigen Dienste bereit, die üblicherweise von Datenbanksystemen erwartet werden (d.h., sie bietet u.a. Datenunabhängigkeit, Datensicherheit, Kontrolle des Mehrbenutzerbetriebs, Ablaufkontrolle etc.). Eine zweite Art von DBS-Komponenten, die bei einem WSDBS mitwirken, nehmen diese zentral angebotenen Dienste in Anspruch. Eine solche Komponente kann daher auch als **Client-DBS** bezeichnet werden. Da ein solches Client-DBS bei der unterstellten workstation-orientierten Hardware-Umgebung stets auf der Workstation-Seite ausgeführt wird, erscheint der Begriff des WSDBS durchaus gerechtfertigt, wenngleich man ihn aus terminologischer Sicht als unglücklich gewählt bezeichnen muß; werden doch Hardware-Aspekte (Workstation) mit funktionalen bzw. software-technischen Aspekte (Server) in Bezug gesetzt.

Die generelle Vorstellung, die sich mit dem Einsatz von WSDBS verbindet, ist sicherlich durch den Aspekt der flexiblen und dynamischen Datenverteilung bestimmt. D.h., die von einem workstation-seitigen Anwendungsprogramm benötigten Daten werden über das Client-DBS vom DB-Server beschafft, durch einen Verteilungsvorgang auf die Workstation-Seite verlagert und dort schließlich lokal durch das Anwendungsprogramm verarbeitet. Die bereitgestellten Daten können, je nach Dauer des Verarbeitungsschrittes der Anwendung, für eine größere Zeitspanne auf Workstation-Seite verbleiben und dort ausschließlich durch das Client-DBS verwaltet werden.

Die Gesichtspunkte, unter denen eine genauere Vorstellung von WSDBS gewonnen werden kann, ergeben sich aus den zentralen Konzepten der Datenbanktechnologie, die u.a. zum Erfolg und zur Verbreitung von DBS in konventionellen Anwendungsbereichen beigetragen haben:

- Datenunabhängigkeit,

- Datenschutz und Datensicherheit,

- Ablaufkontrolle (Atomizität, Isolation, Konsistenz und Dauerhaftigkeit),

- Erweiterbarkeit,

- Effizienz,

- Ortstransparenz,

- Autonomie.

Hierbei ist stets die Frage zu beantworten, welchen Stellenwert jedes dieser Konzepte für WSDBS insgesamt (speziell im Bereich der Ingenieuranwendungen), vor allem aber auch für deren workstation- und mainframe-seitigen Komponenten besitzt. Hierbei dürfte klar sein, daß die einzelnen Punkte keineswegs unabhängig voneinander betrachtet werden können, sondern daß vielmehr ihre Wechselwirkung in die Diskussion einbezogen werden muß. Eine detaillierte Darstellung der einzelnen Aspekte ist /Hü92/ zu entnehmen. Die Erörterung dieser Kriterien bildet eine Entscheidungsgrundlage für die Aufgabenverteilung und für die konkrete Gestaltung der Client- und Server-Komponenten eines WSDBS. Im folgenden sollen daher diejenigen Eigenschaften, von denen der größte Einfluß auf die WSDBS-Gestaltung ausgeht, etwas ausführlicher angesprochen werden.

4.1.1 Datenunabhängigkeit

Der für den Bereich der Datenbanktechnologie zentrale Begriff der **Datenunabhängigkeit** ist eng verbunden mit der Existenz und der Ausgestaltung unterschiedlicher Beschreibungsebenen, an denen jeweils die Struktur und die Organisation der Daten durch entsprechende Schemata festgelegt werden könne. Der bekannte ANSI-SPARC-Ansatz /ANSI75/ beispielsweise sieht für DBS eine Dreiteilung in eine interne, eine konventionelle und eine externe Datenbeschreibungsebene vor.

Auch im WSDBS-Kontext steht außer Frage, daß insgesamt ein hohes Maß an Unabhängigkeit der Anwendungsprogramme von den durch den DB-Server verwalteten Daten erreicht werden sollte. Allerdings muß geklärt werden, ob das Argument der Datenunabhängigkeit auf Mainframe- und auf Workstation-Seite den gleichen Stellenwert besitzt oder, ob vielmehr lokal jeweils nur Teilaspekte der Datenunabhängigkeit erfüllt sein müssen. Gerade im Hinblick auf eine redundanzfreie Arbeitsaufteilung zwischen Client- und Server-DBS erscheint es unsinnig, in beiden Komponenten jeweils die gleichen Maßnahmen zur Erlangung von Datenunabhängigkeit vorzusehen, vielmehr sollten sich Client- und Server-DBS darin ergänzen.

Die Aspekte der Datenunabhängigkeit innerhalb des DB-Servers bestimmen wesentlich die Art der Schnittstelle zwischen dem DB-Server und den Client-DBS auf Workstation-Seite. So können die vom DB-Server angebotenen Operationen und die bereitgestellten Datenstrukturen mehr oder weniger von den internen Details der Speichermedien, der Zuordnung von Seiten und Blöcken, der Speicherungs- und Zugriffsstrukturen oder von logischen Zugriffspfaden beeinflußt sein. Die Wahl einer tiefen Systemebene verspricht hierbei vordergründig Vorteile bei der Arbeitsteilung zwischen Workstation und Mainframe /DO87/. Die meist aufwendigen Ableitungs- und Abstraktionsschritte, die beim Übergang der Datenstrukturen nach dem internen Schema zu den Datenstrukturen und der Sichtweise des externen Schemas durchzuführen sind, können lokal auf den jeweiligen Workstations ausgeführt werden, was insgesamt zu einer Entlastung eines zentralen DB-Servers beitragen würde. Auf der anderen Seite entstehen starke Wechselwirkungen bei den Metadaten, bei denjenigen Daten also, die die genaue Gestalt der externen, konzeptionellen und internen Schemata festlegen. Um die angesprochenen Abbildungsschritte auf Workstation-Seite zu bewerkstelligen, müssen diese Metadaten dort ebenfalls verfügbar gemacht werden, was entweder durch zusätzliche aktuelle Aufrufe an den DB-Server oder durch eine entsprechend verteilte Metadatenverwaltung erfolgen kann. Beides führt zu einem erheblichen Mehraufwand.

Weitere Wechselwirkungen zwischen Client- und Server-DBS ergeben sich aufgrund der Tatsache, daß bei einer DB-Server-Schnittstelle, die starke Abhängigkeiten zu internen Strukturen aufweist, zwangsläufig ein "Datenvolumen" auf die Workstation-Seite zu übertragen ist, das "zu groß" ist, im Verhältnis zu den tatsächlich von den Anwendungsprogrammen benötigten Informationen. Die Ursache hierfür liegt auf der Hand: müssen auf Workstation-Seite doch noch eine Vielzahl von Ableitungsschritten (Selektion von Datenelementen, Projektion von Attributen, Aggregation von Attributwerten, Transformation von Darstellungen etc.) durchgeführt werden, die insgesamt zur Verdichtung und zur Reduktion des Datenvolumens beitragen. Das Ausmaß dieser Datenverdichtung auf Workstation-Seite wird um so größer sein, je tiefer die Ebene ist, auf der Client- und Server-DBS Daten austauschen. Neben dem Mehraufwand bzgl. des Datentransportes entstehen mit zunehmender Wahrscheinlichkeit auch größere Abhängigkeiten zwischen mehreren Client-DBS, aufgrund der sich überlappenden Datenmengen (vgl. mit dem Abschnitt über Autonomie). Dies gilt insbesondere für systemnahe Datenstrukturen wie Zugriffspfade, Adressierungstabellen etc. Auf Workstation-Seite müssen diese Daten als Replikate, als mehrfache Kopien der durch den DB-Server zentral verwalteten Originale aufgefaßt werden, so daß bei lokalen Änderungen der von den jeweiligen Anwendungsprogrammen benötigten Informationen das Problem einer globalen Invalidierung zu lösen ist und ggf. die Durchführung von Aktualisierungs-operationen erforderlich wird.

Aufgrund der aufgeführten Problempunkte liegt es daher nahe, die Schnittstelle zwischen DB-Server und Client-DBS möglichst so zugestalten, daß sich die jeweils auszutauschenden Datenstrukturen am externen Datenschema orientieren. Nur so ist zu gewährleisten, daß ausschließlich diejenigen Daten (und auch Metadaten), von Server- zur Client-Seite übertragen werden, die auf Workstation-Seite auch tatsächlich erforderlich sind. Der DB-Server leistet damit ein hohes Maß der geforderten Datenunabhängigkeit, da der Datenaustausch weitestgehend unabhängig von internen Strukturen und Schemata erfolgen kann. Entsprechend sind auf der Seite des Client-DBS zunächst keine zusätzliche Maßnahmen erforderlich, die die Unabhängigkeit der Anwendungsprogramme von Änderungen der internen und weitestgehend auch der konzeptionellen Datenbeschreibungsebene bewirken. Allerdings werden durch das Client-DBS die vom Server bereitgestellten Daten ggf. für eine größere Zeitspanne lokal verwaltet und im Hauptspeicher bzw. auf vorhandenem Plattenspeicher organisiert. Obwohl diese Daten elementweise der externen und damit der anwendungsbezogenen Schemadarstellung genügen, ist ihre konkrete Organisationsform als eine Menge komplexer und heterogen-strukturierter Elemente von der Anwendung unabhängig. Der hierdurch gegebene Optimierungsspielraum - es können spezifische Adressierungs- und Zugriffsstrukturen verwendet werden - kann nur dann sinnvoll genutzt werden, wenn nun auch auf Client-Seite ein hohes Maß an Unabhängigkeit der Anwendung von der jeweils eingesetzten Form der Datenorganisation erreicht wird. Dieser Aspekt der Datenunabhängigkeit hängt wesentlich von der Art der Datenanbindung ab, d.h., von der Frage, wie der Zugriff der Anwendungsprogramme auf die Daten des externen Schemas erfolgen kann. An dieser Stelle sei daher auf die Diskussion in den Abschnittet 4.2.4 und 4.4.2 verwiesen.

4.1.2 Ablaufkontrolle

Vor allem die Erhaltung der Datenqualität macht Transaktionen als DB-seitig kontrollierte Ablaufeinheiten erforderlich. Das klassische Transaktionsparadigma garantiert dabei die ACID-Eigenschaften, nach denen eine Transaktion stets **atomar** und **isoliert** abgewickelt wird, die **Konsistenz** des verwalteten Datenbestandes erhält und bzgl. ihrer Auswirkungen als **dauerhaft** bezeichnet werden kann. Es besitzt damit fundamentale Bedeutung für nahezu alle Aspekte der DB-Verarbeitung. Die Einhaltung dieser Ablaufeigenschaften führt vor dem Hintergrund einer verteilten Systemarchitektur zu ganz speziellen Realisierungsanforderungen. So sind Transaktionen auf mehrere Rechner verteilt, so daß ihre ACID-Eigenschaft über entsprechende, oftmals aufwendige Protokolle (z.B. 2-Phasen-Commit-Protokoll /Gr78/) gewährleistet werden muß. In jeder Systemkomponente, die von der Abwicklung einer verteilten Transaktion betroffen ist, müssen Maßnahmen zur Synchronisation paralleler Abläufe und zur Protokollierung durchgeführter Änderungen zum Zwecke des Rücksetzens bzw. der Wiederherstellung eines definierten Anfangszustandes ergriffen werden. Insbesondere die Sicherung der Konsistenz bereitet im verteilten Fall erhebliche Probleme, da nur ein Teil der einzuhaltenden Integritätsbedingungen lokal, also innerhalb einer Systemkomponente geprüft werden kann.

Im Gegensatz zum symmetrischen Fall, wie er bei verteilten DBS anzutreffen ist, können im Fall der WSDBS die angesprochenen Maßnahmen in den verschiedenen Systemkomponenten sehr unterschiedlich ausgelegt sein. Dabei ist zu erwarten, daß aufgrund der fest vorgegebenen Auftragsbeziehung zwischen Client- und Server-DBS die gewünschten Eigenschaften in einfacher, angepaßter und damit insgesamt effizienter Weise zu realisieren sind. Auf Workstation-Seite beispielsweise kann man von einem Einbenutzerbetrieb ausgehen, so daß dort zunächst auf Maßnahmen zur Synchronisation verzichtet werden kann. Auf Server-Seite dagegen bildet gerade die Synchronisation der Datenzugriffe eine wesentliche Voraussetzung für die Erhaltung der Ablaufintegrität.

Wie bereits erörtert, bildet das Transaktionsparadigma keine unmittelbare Grundlage für die Gestaltung und die Organisation technischer Abläufe. Dies gilt vor allem auch für Entwurfsanwendungen, in denen Entwurfsaufgaben oftmals kooperativ und durch schrittweise Verfeinerung gelöst werden, so daß die ACID-Eigenschaften konventioneller Transaktionen als zu restriktiv und zu starr gelten. Insbesondere zur Unterstützung der Gruppenarbeit sind flexiblere Mechanismen erforderlich, die eine graduelle Abstufung vor allem der Isolations- und Konsistenzeigenschaft erlauben /Di87, NZ90, Sk90, Va90/. Allerdings setzen sich komplexe technische und auch kooperative Abläufe stets aus einfacheren Ablaufeinheiten zusammen, die den oben angeführten ACID-Eigenschaften weitgehend genügen.

Diese **elementaren Ablaufeinheiten** stellen Operationssequenzen dar, die isoliert voneinander ablaufen, ein gewisses Maß an Konsistenz erreichen und eingeschränkt dauerhafte Auswirkungen besitzen. Sie sind aus Sicht einer technischen Anwendung elementar, da sie die kleinste explizit von Anwendungsseite definierte Ablaufeinheit darstellen, die die genannten Eigenschaften erfüllen. Aus Systemsicht allerdings können durchaus kleinere Einheiten existieren, die einzelne Transaktionseigenschaften erfüllen und zur praktischen Umsetzung bestimmter Anwendungsoperationen verwendet werden. Obwohl elementar können Ablaufeinheiten, im Gegensatz zu herkömmlichen Transaktionen, auch eine längere Zeitspanne (Stunden, Tage) in Anspruch nehmen, was eine interne Strukturierung nahe legt. Im einzelnen verbinden wir mit elementaren Ablaufeinheiten die im folgenden näher erläuterten und motivierten Eigenschaften:

- **Interne Strukturierung elementarer Ablaufeinheiten:**

  Gerade im Bereich der Entwurfsanwendungen ist die Notwendigkeit der Strukturierung einzelner Entwicklungsschritte offensichtlich. Weder im Fall eines Systemfehlers, noch im Fall einer vom Benutzer zu verantwortenden Fehlentwicklung ist für die i.allg. lang andauernden elementaren Ablaufeinheiten ein "Zurücksetzen" auf den Anfangszustand des jeweiligen Entwicklungsschrittes gewünscht. Vielmehr sind hier weitergehende Möglichkeiten der Strukturierung innerhalb einer Ablaufeinheit erforderlich, wobei sich unterschiedliche Sichtweisen bei Benutzer- bzw. Systemfehlern ergeben. Der Benutzer ist zunächst daran interessiert, Zwischenzustände als Sicherungspunkte des von ihm durchgeführten Entwicklungsschrittes zu benennen, um sich im weiteren Verlauf darauf beziehen zu können. Er möchte in der Lage sein, zu einem späteren Zeitpunkt, nämlich beim Erkennen einer Fehlentscheidung, einen benannten Zwischenzustand wiederherzustellen. Dies gilt auch, wenn die Benutzung des WSDBS durch entsprechende Anwendungsprogramme erfolgt, d.h., wenn das Schreiben der Sicherungspunkte nicht unmittelbar durch den Benutzer, sondern vielmehr durch ein Anwendungsprogramm veranlaßt wird. Ebenso besteht aus Systemsicht ein Interesse daran, "interne" Wiederanlaufpunkte anzulegen und zu verwalten, um im Falle eines Systemfehlers möglichst schnell einen "akzeptablen" Verarbeitungszustand wiederherzustellen.

  Sicherungspunkte und Wiederanlaufpunkte unterscheiden sich in verschiedener Hinsicht /HHMM88/:

- Sicherungspunkte werden explizit durch den Benutzer bzw. durch das Anwendungsprogramm gesetzt und organisiert. Sie sind während des gesamten Entwurfablaufes sichtbar.

- Wiederanlaufpunkte dienen zur Minimierung des Datenverlustes bei einem Systemfehler und werden systemseitig verwaltet. In einem Entwicklungsschritt ist stets nur ein aktueller Wiederanlaufpunkt erforderlich. D.h., nach dem Schreiben eines Wiederanlaufpunktes kann ggf. der vorhergehende gelöscht werden. Wiederanlaufpunkte stellen damit eine Möglichkeit zur Gewährleistung des oben angesprochenen Aspektes der Datensicherheit dar.

Das Setzen eines Wiederanlaufpunktes ist systemseitig gesteuert. Allerdings sind nur solche Punkte von Bedeutung, die einen Zustand des Entwicklungsschrittes widerspiegeln, der vom Benutzer bzw. vom Anwendungsprogramm interpretiert und damit überhaupt erst zur Weiterarbeit genutzt werden kann. Dies bedeutet, daß beim Schreiben eines Wiederanlaufpunktes nicht nur der Zustand der Daten, sondern auch der erforderliche Verarbeitungskontext gesichert werden muß, was im allgemeinen Fall mit einem erheblichen Aufwand verbunden sein dürfte.

- **Isolation elementarer Ablaufeinheiten:**

Die Isolation der elementaren Ablaufeinheiten bleibt unabhängig von der Ablaufdauer bestehen, d.h., sie wird auch bei länger andauernden Abläufen gewährleistet. Es ist die Aufgabe übergeordneter Mechanismen, die meist störenden und den Ablauf behindernden Auswirkungen dieser strikten Isolation (lange Wartesituationen, Deadlocks etc.) möglichst zu lindern und einzuschränken bzw. gänzlich zu vermeiden. Als Beispiele solcher Mechanismen können insbesondere Versions- und Kooperationskonzepte aufgeführt werden, durch die zum einen eine Vermeidung der blockierenden Konfliktsituationen durch das Anlegen versionierter Daten angestrebt und zum anderen eine frühzeitige "Absprache" über erforderliche Zugriffsrechte erreicht wird /IC91/. Selbst wenn diese Mechanismen nicht greifen, wenn es also zu Wartesituationen oder gar zu Deadlocks kommt, ist es wie im Falle von Benutzer- bzw. Systemfehlern nicht sinnvoll, automatisch eine Auflösung (z.B. durch Rücksetzen einer der betroffenen Ablaufeinheiten) herbeizuführen, da hierdurch ein Großteil der in einer Ablaufeinheit bereits geleisteten Arbeit (Rechenleistung oder auch "Denkleistung" bzw. Kreativität eines Benutzers) ggf. unnötigerweise verloren ginge. Dagegen sind in diesem Fall konstruktive und flexiblere Lösungen wünschenswert, was beispielsweise dadurch geschehen kann, daß die Reaktion auf einen

Konflikt durch das jeweilige Anwendungsprogramm bzw. durch den Benutzer selbst, abhängig vom aktuellen Verarbeitungskontext, bestimmt wird. Geschieht dies auf Benutzerebene, so kann aufgrund von Absprachen zwischen den Konfliktparteien (also zwischen den mit den betroffenen Ablaufeinheiten assoziierten Benutzern) eine Auflösung des Konfliktes angestrebt werden, die einen möglichst geringen Grad an "Arbeitsverlusten" und sonstigen Behinderungen mit sich bringt; z.B. kann eine der betroffenen Parteien den Zugriffswunsch auf bestimmte Daten zurückziehen. Die wohl entscheidende Motivation für ein derartiges Vorgehen ist in der durchaus berechtigten Hoffnung zusehen, daß eine solche Konfliktsituation zwischen elementaren Ablaufeinheiten aufgrund der durchgeführten Maßnahmen zur Konfliktvermeidung sehr selten auftritt und daß eine konstruktive Lösung in den meisten Fällen möglich ist.

- **Konsistenz elementarer Ablaufeinheiten:**

  Die elementaren Ablaufeinheiten bilden die Bestandteile komplexerer Abläufe, so daß die durch sie erreichte Konsistenz bzgl. der jeweils betroffenen Daten nur graduell sein kann. Ein Mindestmaß an Konsistenz ist dabei sinnvollerweise durch das zugrundeliegende Datenmodell vorgegeben. So müssen nach Ausführung eines elementaren Ablaufs im Datenzustand sowohl die Beschreibungseinheiten des Datenmodells (Objekte, Beziehungen etc.) identifizierbar und vollständig bestimmt als auch die modellinhärenten Integritätsbedingungen (in relationalen Datenmodellen sind dies beispielsweise die relationalen Invarianten) erfüllt sein, damit diese Daten mit den Mitteln des benutzten Datenmodells erfaßt werden und als Gegenstand des Austausches und der Kooperation zwischen komplexen technischen Abläufen verwendet werden können.

- **Dauerhaftigkeit elementarer Ablaufeinheiten:**

  Die Auswirkungen elementarer Ablaufeinheiten besitzen einen eingeschränkten Grad an Dauerhaftigkeit. So ist aus Systemsicht der erreichte Datenzustand vor Verlust durch Hardware-, Software- bzw. Übertragungsfehler zu schützen; dagegen soll aus Anwendersicht ggf. ein Revidieren leicht möglich sein. Auch hier bieten Mechanismen zur Handhabung von Datenversionen eine durchaus geeignete und vielversprechende Grundlage, deren konkrete Anwendbarkeit Gegenstand aktueller Untersuchungen ist /Kä91, Kä92/.

Die ausführliche Diskussion der mit der Modellierung allgemeiner technischer Abläufe zusammenhängenden Fragestellung und die Erarbeitung entsprechender Problemlösungen bildet eine eigenständige Themenstellung. Diese Probleme müssen daher weiterführenden Arbeiten vorbehalten bleiben.

4.1.3 Effizienzaspekte

Die anwendungsneutrale Implementierung von DBS kann aufgrund der eingeführten Systemschnittstellen und der oftmals indirekten und interpretierenden Operationsumsetzung aus Sicht einer einzelnen Anwendung einen teilweise erheblichen Mehraufwand bei der Programmabarbeitung bewirken. Die Aspekte Datenunabhängigkeit und Flexibilität stehen im Widerspruch zu einer engen und möglichst direkten Datenanbindung und damit zu einer effizienten Datenverarbeitung. Das Ziel von Übersetzungsstrategien und Optimierungsmaßnahmen ist es daher, diese Diskrepanz auszugleichen und den Mehraufwand im Vergleich zu einer individuellen Programmlösung zu minimieren.

Diese prinzipielle Zielsetzung gilt natürlich auch für den Bereich der WSDBS, wobei es hier die Frage zu klären gilt, welche speziellen Effizienzanforderungen client- bzw. server-seitig zu beachten sind. Unabhängig von einer genauen Aufgabenverteilung zwischen Client- und Server-DBS muß - nicht zuletzt auch aufgrund der in Kapitel 3 beschriebenen Untersuchungen - mit einer extrem hohen Referenzhäufigkeit an der Anwendungsschnittstelle des Client-DBS gerechnet und gleichzeitig von einer hohen Zugriffslokalität ausgegangen werden. Die meist dialogorientierten Ingenieuranwendungen müssen hierbei ein akzeptables Antwortzeitverhalten gewährleisten. Daher erscheint es sinnvoll, wenn nicht sogar notwendig, zumindest auf Workstation-Seite eine sehr enge und direkte Datenanbindung der Anwendungsprogramme zu erreichen und, falls erforderlich, auf die Vorzüge der Flexibilität und der Datenunabhängigkeit zu verzichten. Dagegen besitzen Flexibilität und Datenunabhängigkeit bei der Datenbeschaffung und damit für die Schnittstelle der Server-DBS-Komponente ein wesentlich stärkeres Gewicht. So muß es doch gerade an der rechnerübergreifenden Schnittstelle zwischen Client- und Server-DBS möglich sein, sehr exakt und flexibel diejenigen Daten zu beschreiben, die in der jeweiligen Verarbeitungssituation auf Workstation-Seite erforderlich sind. Gleichzeitig besteht ein natürliches Interesse daran, daß diese Datenbeschreibung ein hohes Maß an Datenunabhängigkeit erreicht, um eine allzu häufige Anpassung der Anwendungsprogramme bei Datenstrukturerweiterungen bzw. bei Modifikationen in Speicherungs- und Zugriffsstrukturen zu vermeiden. Zudem ist bei der Datenbeschaffung eine wesentlich höhere Toleranzgrenze bzgl. der Effizienzanforderungen auf Seiten der Benutzer zu beobachten, als dies dann bei der eigentlichen Verarbeitung der Fall ist. Dennoch muß berücksichtigt werden, daß die Effizienz der Operationsabwicklung auch im Server-DBS einen wesentlichen Faktor darstellt:

müssen doch im Gegensatz zur Workstation-Seite in der Regel mehrere Anwendungen parallel "bedient" werden.

Zusammenfassend kann daher festgestellt werden, daß auf Client-DBS-Seite die
Effizienz der Datenanbindung, also des Zugriffs einer **einzelnen** Anwendung auf
die lokal erforderlichen Daten im Mittelpunkt steht, wohingegen auf Server-DBS-
Seite der Effizienzaspekt nicht in gleichem Maße dominiert und eher vor dem Hintergrund paralleler Datenanforderungen gesehen werden muß.

4.1.4 Ortstransparenz

Der Begriff der Ortstransparenz oder auch der Ortsunabhängigkeit wurde im Bereich der verteilten Datenbanksysteme geprägt. i.allg versteht man darunter die Unabhängigkeit eines Anwendungsprogramms von dem Speicherungsort der zu verarbeitenden Daten. Wie bereits am Ende von Kapitel 3 angedeutet, ist diese Eigenschaft wünschenswert, aber gleichzeitig mit einem deutlich erhöhten Verwaltungs-
und Zugriffsaufwand verbunden, so daß in dem hier betrachteten WSDBS-Umfeld,
insbesondere unter Berücksichtigung der speziellen Anforderungen und Randbedingungen aus dem Bereich der Ingenieuranwendungen, eine "Kosten-Nutzen-Be-
trachtung" neu durchzuführen ist.

Im Kontext konventioneller verteilter DBS ist der Nutzen und die Bedeutung der
Ortstransparenz unbestreitbar, wäre doch ansonsten die aktuelle Verteilung der Daten auf eine Vielzahl von Datenhaltungskomponenten in jedem einzelnen Anwendungsprogramm zu reflektieren. Jede Änderung der Datenverteilung hätte damit
eine Anpassung der entsprechenden Anwendungsprogramme zur Folge, d.h., ohne
die Eigenschaft der Ortstransparenz wären verteilte DBS aus der Sicht möglicher
Anwendungen weitgehend indiskutabel. Dementsprechend besitzen die damit verbundenen Kosten nur "sekundäre" Bedeutung; sie müssen mehr oder weniger
zwangsweise in Kauf genommen werden. Im Bereich der hier betrachteten Ingenieuranwendungen gilt dies nicht: die Zugriffskosten bilden das dominierende Be-
wertungskriterium, die Eigenschaft der Ortstransparenz ist dagegen weniger bedeutend. Die beschränkte Ortsabhängigkeit von Anwendungsprogrammen kann
durchaus in Kauf genommen werden. Dies gilt um so mehr, da ja in einem WSDBS
sich die zu verarbeitenden Daten entweder auf Server- oder auf Workstation-Seite
befinden, die Anzahl der möglichen "Orte", an denen Daten gehalten und verwaltet
werden, also sehr stark eingeschränkt ist. Hinzu kommt, daß in Ingenieuranwendungen häufig eine klare Trennung zwischen Datenbeschaffung bzw. Eingrenzung
eines Verarbeitungsgegenstandes und der Datenverarbeitung, also der Modifikati-

on bzw. der Weiterentwicklung eines Verarbeitungsgegenstandes, gewünscht ist, so daß die Verteilung der Daten auf Server und Workstation keineswegs ausschließlich eine physische Randbedingung darstellt, sondern vielmehr auch auf der logischer Ebene eine vernünftige und natürliche Sichtweise widerspiegelt.

Aber auch im Bereich der Ingenieuranwendungen kann die Datenverteilung weitergehende Bedeutung gewinnen. Dann nämlich, wenn nicht nur eine Verteilung zwischen Workstation- und Server-Seite erfolgt, sondern wenn sich der Server selbst als ein verteiltes DBS darstellt. In diesem Fall ist sicherlich auch aus Sicht der Ingenieuranwendungen Ortstransparenz gewünscht und gefordert. Allerdings ist von der Forderung nach Ortstransparenz lediglich der DB-Server betroffen; es sind daher keine Auswirkungen auf die Client/Server-Schnittstelle zu erwarten und es kommen keine neuen und speziellen Anforderungen hinzu, so daß zunächst sicherlich die Konzepte und die Mechanismen aus dem Bereich konventioneller verteilter DBS übernommen werden können.

4.1.5 Autonomie

Der Begriff der Autonomie beschreibt die Fähigkeit einzelner Systemkomponenten eines verteilten Systems, unabhängig von anderen Komponenten gewisse Funktionen zu erfüllen und Dienstleistungen zu erbringen. Er steht in einem engen Zusammenhang zu den oben diskutierten Aspekten der Datensicherheit und der Ablaufkontrolle. Es lassen sich Ablauf- und Fehlerautonomie unterscheiden: Versteht man unter **Ablaufautonomie** die Fähigkeit, lokal Dienste zu erbringen, so wird unter **Fehlerautonomie** die Möglichkeit verstanden, aufgetretene Fehlersituationen lokal zu begrenzen und die Auswirkungen auf weitere, nicht unmittelbar betroffene Systemkomponenten zu reduzieren.

Fehler- und Ablaufautonomie können aus Anwendungssicht nicht unabhängig voneinander betrachtet werden. So ist der Nutzen einer vollständigen Fehlerautonomie, zumindest aus Anwendersicht, relativ gering, wenn gleichzeitig keine Ablaufautonomie gegeben ist. Nutzt das "Überleben" einer Systemkomponente doch recht wenig, wenn zur Abwicklung der gewünschten Operationen der Zugriff auf ausgefallene oder fehlerbehaftete Komponenten erforderlich wäre. In diesem Sinn bildet umgekehrt die Fehlerautonomie eine wesentliche Voraussetzung für die Ablaufautonomie.

Die Maßnahmen zur Erlangung eines hohen Grades an **Fehlerautonomie** im Bereich der WSDBS sind eng mit den Aspekten der Datensicherheit verbunden, wie sie oben bereits diskutiert wurden. Sie schließen eine Fehlererkennung und eine Fehlerbehandlung ein. Eine Systemkomponente muß demnach in der Lage sein, den Ausfall oder auch die Fehlfunktion anderer Systemkomponenten zu erkennen und darauf entsprechend zu reagieren. Diese Maßnahmen zur Fehlerisolation besitzen zum großen Teil einen mehr technischer Charakter. Dagegen kann die **Ablaufautonomie** weitgehend von organisatorischen Maßnahmen unterstützt werden. Beispiele hierfür bilden die Einführung von Daten- und Programmreplikaten auf unterschiedlichen Rechnern oder auch des Herstellen eines großen lokalen Datenbestandes, der eine sinnvolle Weiterarbeit bei Ausfall anderer Systemkomponenten erlaubt. So können Funktionen lokal auf Workstation-Seite ausgeführt werden, solange diese ausschließlich auf dem lokalen Datenbestand arbeiten. Mit anderen Worten, je vollständiger der Verarbeitungsgegenstand bestimmt und durch das Server-DBS beschafft werden kann, desto höher ist der damit erreichte Grad an Ablaufautonomie auf Workstation-Seite bei Ausfall des DB-Servers. Die Ablaufautonomie bei Ausfall weiterer Client-DBS-Komponenten hängt wesentlich vom Maß der aktuell vorherrschenden Wechselwirkungen ab, die sich aufgrund überlappender Datenbestände, abhängiger Zugriffsbefugnisse und daraus resultierenden Wartebeziehungen ergeben. Je genauer also die einzelnen Verarbeitungsgegenstände auf Client-Seite bereitgestellt werden können, d.h., je weniger (aus Sicht der Anwendung) "unnötige" Daten bzw. Sekundärdaten (z.B. Zugriffspfadinformationen etc.) vom DB-Server zum Client-DBS übertragen werden, desto geringer wird die Wahrscheinlichkeit möglicher Wechselwirkungen zwischen verschiedenen Client-DBS-Komponenten sein. Die Autonomie zwischen verschiedenen Client-DBS kann darüber hinausgehend unterstützt werden, wenn man die auftretenden Beziehungen zwischen den von verschiedenen Anwendungen aktuell benötigten Verarbeitungsgegenständen durch "übergeordnete" organisatorische Mechanismen zu kontrollieren sucht. Als Beispiel soll an dieser Stelle der Hinweis auf Kommunikations- und Kooperationsmechanismen genügen, die auf eine Protokollierung und eine explizite Kontrolle der Datenabhängigkeiten zwischen verschieden Abläufen abzielen und vor allem im Bereich von Entwurfsanwendungen zur Unterstützung von Gruppenarbeit zunehmend an Bedeutung gewinnen.

Nachdem nun einige der zentralen und für WSDBS wichtigen Eigenschaften eingeführt und erläutert wurden und somit die Vorstellungen über eine mögliche Systemgestaltung konkreter gefaßt wurde, soll im folgenden Abschnitt nun ein Architekturvorschlag diskutiert werden, der ein WSDBS als eine Grundlage für die Datenhaltung in Ingenieuranwendungen vorsieht. Zunächst sei allerdings der Einfluß der oben beschriebenen Aspekte auf die einzelnen WSDBS-Komponenten bzw. auf

	Client	Client/Server- Schnittstelle	Server
Datenunabhängigkeit		x	x
Ablaufkontrolle	x	x	x
Effizienz	x	x	
Ortstransparenz			x
Autonomie	x	x	x

Bild 4.3: Dominierender Einfluß der Systemeigenschaften auf die Systemkomponenten

deren Schnittstellen grob zusammengefaßt. Bild 4.3 enthält hierzu eine Tabelle, in
der die unterschiedlichen Systemeigenschaften denjenigen Systemteilen zugeordnet sind, deren konkrete Ausgestaltung stark durch sie beeinflußt sind. Eine genauere Interpretation dieser Zusammenhänge mit ihren Konsequenzen für eine konkrete
WSDBS-Architektur erfolgt im folgenden Abschnitt.

4.2 Eine WSDBS-Architektur für die Datenhaltung in Ingenieuranwendungen

Zur Konkretisierung einer WSDBS-Architektur sind zunächst die Aspekte der
Schnittstelle zwischen Workstation und Mainframe bzw. zwischen Client- und
Server-DBS zu klären und die genaue **Aufgabenverteilung** zwischen den einzel-
nen Komponenten näher zu fassen.

Die Schnittstellengestaltung ist dabei neben den oben aufgezeigten Eigenschaften
durch die allgemeinen Aspekte, wie u.a. Kommunikationshäufigkeit und Kommunikationsvolumen, beeinflußt. Bei der Aufgabenverteilung und damit bei der konkreten Ausgestaltung von Server- und Client-DBS-Komponente sind in erster Linie
die Aspekte der Effizienz, der Autonomie, der Ablaufkontrolle und der Datenunabhängigkeit berücksichtigt. Die weiteren oben angesprochenen Eigenschaften werden dagegen im folgenden nur am Rande betrachtet.

4.2.1 Charakterisierung der Schnittstelle zwischen Client- und Server-DBS

Die Frage der Schnittstelle betrifft die **Art und die Struktur der jeweils zu übertragenden Daten** sowie die **Funktionalität der bereitgestellten Operationen**.
Neben den eigentlichen "Rohdaten", die zwischen Client- und Server-DBS ausgetauscht werden, sind noch die Metadaten (zur Festlegung der konkreten Gestalt der
Rohdaten) sowie die DB-Operationen selbst zu übertragen. Bei den DB-Operationen, sind aufgrund ihrer Funktion ebenfalls drei verschiedene Arten zu unterscheiden:

- Operationen zum **Datenaustausch**, also zur Datenversorgung bzw. Datenent-
  sorgung des Client-DBS durch den DB-Server,

- direkte **Manipulationsanweisungen**, die eine unmittelbare Modifikation im
  Datenbestand des DB- Servers bewirken und schließlich

- Operationen zur **Ablaufsteuerung** bzw. zur Ablaufkontrolle.

Operationen an der Schnittstelle eines DB-Servers

In Abschnitt 4.1 wird u.a. ein hohes Maß an Datenunabhängigkeit sowie eine hohe,
logische Ebene für die Funktionalität und die Datenstrukturen an der Client/Server-
Schnittstelle des WSDBS gefordert, so daß wir insbesondere für die Datenver- und
-entsorgung, aber auch für die Manipulationsanweisungen im folgenden eine deskriptive und mengenorientierte Operationssemantik unterstellen. Im Verhältnis zu
einer prozeduralen Operationssemantik wird hierdurch sowohl eine Reduktion des
Kommunikationsaufkommens als auch eine Minimierung der Kommunikationshäufigkeit erreicht. Letzteres ergibt sich unmittelbar aus dem mengenorientierten
Charakter deskriptiver DB-Operationen. Mit einer einzigen DB-Operation kann
z.B. ein Aufsuchvorgang angestoßen werden, ohne daß hierzu die Folge der Auf-
suchschritte spezifiziert und eigens übertragen werden müßte, wie dies bei proze-
duraler Operationssemantik der Fall wäre. Entsprechend kann das jeweilige Anfrageergebnis in seiner Gesamtheit, zumindest jedoch in großen Datengranulaten,
zum Client-DBS übertragen werden.

Die mit dem **Datenaustausch** verbundenen Operationen des DB-Servers werden
i.allg auch als **Checkout-** bzw. **Checkin**-Operationen bezeichnet /LP83, HL81/.
Dabei geht bei der Bereitstellung der Daten auch die Zugriffskontrolle an die anfor-
dernde Anwendung über. Insbesondere die Checkout-Operation ist daher mit den
jeweils erforderlichen und gewünschten Zugriffsrechten auf den zu beschaffenden

Daten zu parametrisieren. Als Zugriffsrechte werden sinnvollerweise zumindest lesende und schreibende Zugriffsrechte unterschieden. In einer etwas formalisierteren Darstellung ergibt sich die folgende Gestalt für die Checkout- bzw. Checkin-Operation:

CHECKOUT (Zugriffsrecht,
Beschreibung des gewünschten Verarbeitungsgegenstandes)
Resultat: komplex-strukturierte Menge heterogener Datenelemente

CHECKIN modifizierte komplex-strukturierte Menge heterogener Datenelemente,
Beschreibung des Verarbeitungskontextes)

Die deskriptive Beschreibung des gewünschten Verarbeitungsgegenstandes als Parameter der Checkout-Operation setzt das Vorhandensein geeigneter Beschreibungsmittel voraus. Auf Server-Seite muß daher ein Datenmodell realisiert sein, das eine klare Semantik festlegt, nach der aus einer Beschreibung eines Verarbeitungsgegenstandes die gewünschte Datenmenge beschafft werden kann. Als Beschreibungsmittel sind hier mächtige Datenmodelle erforderlich, die einen strukturellen Objektbezug ermöglichen /Mi88/ (strukturell-objektorientierte Datenmodelle /Di86/). Entsprechend muß für die Checkin-Operation eine **Einbringsemantik** festgelegt sein, die bestimmt, auf welche Art und Weise die auf Client-Seite durchgeführten Änderungen in dem gesamten, vom DB-Server verwalteten Datenbestand reflektiert werden. Da die Semantik, mit der Änderungen eingebracht werden, vom Kontext abhängt, in dem sie lokal auf Client-Seite ausgeführt wurden, wird bei der Checkin-Operation ein weiterer Parameter angegeben (Beschreibung des Verarbeitungskontextes), der diesen Kontext spezifiziert. Die eigentlichen Änderungen an dem Verarbeitungsgegenstand können, wie bereits das Ergebnis der Checkout-Operation, als eine komplex-strukturierte Menge heterogener Datenelemente übergeben werden. Allerdings erscheint hier eine kompaktere Darstellung möglich und auch sinnvoll: so muß der modifizierte Verarbeitungsgegenstand keinesfalls in seiner objektbezogenen Gesamtheit übertragen werden, sondern kann vielmehr in Form einer "Delta-Darstellung", die lediglich die Differenz zwischen modifiziertem und ursprünglichem Verarbeitungsgegenstand erfaßt, auf Client-Seite organisiert und zum DB-Server transferiert werden.

Mit Hilfe der Checkout- bzw. Checkin-Operation ist es möglich, die gewünschten Daten lokal auf Client-Seite zu verarbeiten, ggf. zu modifizieren und Änderungen verzögert in den Datenbestand des Server-DBS einzubringen. Dagegen erlauben

die oben angesprochenen **Manipulationsanweisungen** die unmittelbare Änderung des Server-Datenbestandes:

MODIFY   (Beschreibung der durchzuführenden Modifikation,
                Beschreibung des zu modifizierenden Verarbeitungsgegen-
                standes)

Neben der Art der durchzuführenden Änderung ist hierbei wiederum der Verarbeitungsgegenstand festzulegen, der der spezifizierten Modifikation unterzogen werden soll. Die Komplexität der zu beschreibenden Änderungen ist durch den DB-
Server, insbesondere durch das dort realisierte Datenmodell bestimmt.

Nach den Operationen zum Datenaustausch und zur Direktmanipulation bilden die
Operationen zur Ablaufsteuerung einen weiteren wichtigen Bestandteil der DB-
Server-Schnittstelle. Wie bereits im vorangegangenen Abschnitt diskutiert, besitzen technische Ablaufeinheiten eine vom konventionellen Transaktionsparadigma
abweichende Semantik. Die Operationen zur Steuerung elementarer technischer
Abläufe können allerdings dennoch als Transaktionsoperationen mit spezieller Semantik verstanden werden.

- **Begin of Elementary Technical Transaction** (BoETT) eröffnet eine elementare Ablaufeinheit, während deren Ausführung Anweisungen zum Datenaustausch bzw. zur Direktmanipulation abgewickelt werden können.

- **End of Elementary Technical Transaction** (EoETT) beendet eine solche Ablaufeinheit, wobei die Isolation aufgehoben, die Schemakonsistenz sichergestellt und die Dauerhaftigkeit systemseitig gewährleistet wird.

- **Abort Elementary Technical Transaction** (AoETT) schließlich bewirkt den
  Abbruch einer elementaren Ablaufeinheit.

Der "Inhalt" einer so gebildeten Ablaufeinheit stellt sich zunächst als eine beliebige
Sequenz von Datenaustausch- (Checkout/Checkin) bzw. Modifikationsoperationen (Modify) dar. Wie im Verlaufe dieses, vor allem aber auch des folgenden Abschnittes deutlich motiviert wird, sind aufgrund auftretender Abhängigkeiten einzelne Beschränkungen auf bestimmte Operationsfolgen erforderlich.

Die interne Strukturierung der elementaren Ablaufeinheiten durch den Benutzer
bzw. durch ein Anwendungsprogramm über das Setzen von Sicherungs- und Wiederanlaufpunkten erfordert sowohl auf Client- als auch auf Server-Seite entsprechende Maßnahmen. Selbst wenn auf Server-Seite noch keine Daten an die Siche-
rungs- bzw. Wiederanlaufpunkte zu binden sind (beispielsweise wenn die auf Client-Seite durchgeführten Änderungen erst am Ende einer Ablaufeinheit durch eine

Checkin-Operation in den Datenbestand des Servers eingebracht werden), sind zumindest Mechanismen vorzusehen, die eine Protokollierung der jeweils aktuellen Sperrinformationen erlauben, die ja server-seitig bereits innerhalb der Checkout-Operation aufgebaut werden mußte. An der Server-Schnittstelle sind demnach spezielle Operationen bereitzustellen:

- **SAVE**, zum Setzen eines Sicherungs-/Wiederanlaufpunktes und

- **RESTORE**, zum Herstellen des letzten Wiederanlaufpunktes bzw. eines benannten Sicherungspunktes.

Informationsaustausch zwischen Client- und Server-DBS

Wurden in der bisherigen Charakterisierung der Client/Server-Schnittstelle überwiegend die bereitgestellten Operationen diskutiert, so werden nun die Art und die Struktur der zwischen Client- und Server-DBS auszutauschenden Informationen näher untersucht:

(1) DB-Operationen

Die wohl einfachste Art und Weise, DB-Operationen zwischen Client- und Server-DBS zu übertragen, besteht im Transfer von Zeichenketten, die dann auf der Seite des DB-Servers entsprechend als Anweisungen interpretiert bzw. übersetzt werden können. Hierbei sind auf Client-Seite praktisch keinerlei Maßnahmen zur Operationsumsetzung vorzusehen. Ein Nachteil dieses Ansatzes kann darin gesehen werden, daß ggf. ein unnötiges Kommunikationsaufkommen entsteht, was vor allem bei fehlerhaften Anweisungen stört, die ja zunächst zum Server-DBS übertragen werden müssen, bevor ein möglicher syntaktischer oder semantischer Fehler überhaupt erkannt werden kann. Zu einer verbesserten Transfer-Darstellung von DB-Anweisungen gelangt man durch eine zumindest syntaktische Überprüfung und Voranalyse auf der Client-Seite. Hierzu ist dort allerdings ein entsprechender Parser erforderlich, der nicht nur die oben angesprochenen Operationstypen (Datenaustausch (CHECKOUT/CHECKIN), Direktmodifikation (MODIFY) und Ablaufsteuerung (BoETT, EoETT, AoETT)) erkennt, sondern auch die Analyse der anweisungsbezogenen Parameter erlaubt. Die darüber noch hinausgehende semantische Analyse von DB-Anweisungen erfordert zusätzlich den Zugriff auf DB-schemabezogene Metadaten. Um allerdings den Transfer der erforderlichen Metadaten bzw. deren dezentrale Verwaltung möglichst einzuschränken, wenn nicht zu vermeiden, ist die semantische Analyse von Anweisungen auf

Server-Seite vorzuziehen. Dies scheint durchaus gerechtfertigt, wenn man bedenkt, daß die Anweisungen in der Regel nicht bei jeder Aktivierung neu zu interpretieren oder zu übersetzen sind, sondern daß sie vielmehr durch eine möglichst vollständige Vorübersetzung in **Ausführungsmodule** transformiert werden, die dann durch den DB-Server verwaltet und bei einer entsprechenden Aktivierung ausgeführt werden können. Eine längerfristige Speicherung dieser Ausführungsmodule ist sinnvoll, da speziell in dem hier betrachteten Szenarium der Ingenieuranwendungen mit einer hohen Stabilität der einmal etablierten Anwendungsprogramme gerechnet werden kann. So ist beispielsweise die Struktur der durch einen geometrischen Modellierer zu verarbeitenden Daten, also das Schema für eine BREP-Darstellung keiner ständigen Änderung unterzogen. Dies gilt insbesondere, wenn die angesprochenen Ausführungsmoduln eine weitreichende Parametrisierung erlauben. Bei einer Anweisungsaktivierung durch Programme der eigentlichen Ingenieuranwendung muß dann lediglich eine Kennung des entsprechenden Ausführungsmoduls zusammen mit den aktuellen Parameterwerten übertragen werden.

(2) Die "Rohdaten"

Auf der Seite des Client-DBS müssen diejenigen Daten bereitgestellt werden, die aus Sicht der Anwendung den Gegenstand der Verarbeitung ausmachen. Diese "Rohdaten" müssen durch den DB-Server ermittelt und zum anfordernden Client-DBS übertragen werden. Die hier unterstellte hohe, logische Beschreibungsebene zur Bestimmung dieser Daten bietet neben dem aufgeführten Vorteil, daß sich die letztendlich zwischen Client und Server transferierten Daten auf das tatsächlich erforderliche Maß beschränken lassen, den weiteren Vorzug, daß die übertragenen und bereitgestellten Rohdaten bereits die aus Sicht der jeweiligen Ingenieuranwendung gewünschte Gestalt besitzen, so daß auf Workstation-Seite zunächst keine Formatanpassungen oder sonstige Transformationen notwendig sind.

Die Analyse DB-gestützter Ingenieuranwendungen ließ die strukturelle Vielfalt und Komplexität der typischen Ingenieurobjekte und Verarbeitungsgegenstände erkennen. Dieser strukturelle Objektbezug spiegelt sich zwangsläufig in den zwischen Server- und Client-DBS zu übertragenden Rohdaten wider. So muß man hier davon ausgehen, daß sehr komplexe, netzartigstrukturierte Mengen heterogener Datensätze zwischen Server und Client auszutauschen sind.

(3) Die Metadaten

Die Übertragung und Verarbeitung komplexer Datenstrukturen erfordert eine Absprache über deren konkrete Gestalt. Für DBS mit deskriptiver Anfragemöglichkeit ist diese i.allg. anweisungsspezifisch, da für jede DB-Operation die konkrete Struktur der Parameter, vor allem aber auch die der Operationsargumente neu festgelegt wird. Daher muß neben den eigentlichen Daten noch anweisungsbezogene Metainformation übertragen werden. Sollen die dem Client-DBS bereitgestellten Daten dort modifiziert werden, so sind neben der Struktur der ausgetauschten Daten auch die bestehenden Zusicherungen, also die jeweils einzuhaltenden Integritätsbedingungen als Metadaten mit zu übertragen, um evtl. auftretende Integritätsverletzungen möglichst frühzeitig auf der Seite des Client-DBS erkennen zu können. Klar dürfte dabei allerdings sein, daß in der Regel nur ein Teil der Integritätsbedingungen hierfür überhaupt in Frage kommt; nur diejenigen nämlich, die sich lokal auf Client-DBS-Seite, d.h. innerhalb des dort bereitgestellten Verarbeitungsgegenstandes, entscheiden lassen. Diejenigen Integritätsbedingungen, die das Umfeld dieser unmittelbar betroffenen Daten berühren, können zwangsläufig erst dann (systemseitig) validiert werden, wenn der lokal modifizierte Verarbeitungsgegenstand wieder in seine ursprüngliche Umgebung, also in den Datenbestand des DB-Servers, eingebracht werden soll.

Bei der Übertragung der Metadaten sind zwei Varianten denkbar: zum einen können die Metainformationen so eng mit den Daten verbunden sein, daß sie einen integralen Bestandteil bilden. Die zu übertragenden Datenstrukturen können in diesem Fall als "selbstbeschreibend" bezeichnet werden. Zum anderen kann der Teil der Metainformation, der anweisungsspezifisch, aber ausprägungsunabhängig ist, als "Typ-Information" separiert und eigenständig übertragen werden. Hierdurch kann der wiederholte Austausch ggf. gleicher Metadaten bei wiederholter Aktivierung von DB-Anweisungen weitestgehend vermieden werden.

Werden die DB-Anweisungen durch den DB-Server in Ausführungsmodule übersetzt, so kann die Typ-Information der Anweisungsparameter und -argumente bereits zu diesem Zeitpunkt erstellt und zum Client-DBS transferiert werden. Gelingt es nun, diese Typ-Information an das entsprechende Anwendungsprogramm zu binden, so müssen zur Laufzeit der Anwendung lediglich ausprägungsspezifische Metadaten (z.B. die aktuelle Länge eines String-Wertes, die Anzahl der Elemente einer Wiederholungsgruppe etc.) übertragen werden.

4.2.2 Der Aufbau des DB-Servers

Nachdem die Schnittstelle zwischen Client- und Server-DBS anhand der bereitgestellten Operationen und der auszutauschenden Daten erläutert wurde, wird im folgenden der mögliche Aufbau eines DB-Servers näher betrachtet. Dabei soll in erster Linie geklärt werden, wie die Server-Funktionalität lokal auf Mainframe-Seite
erbracht werden kann und welche zusätzlichen Komponenten zur Organisation der
Workstation/Mainframe- Kopplung bzw. zur Handhabung des rechnerübergreifenden DB-Zugriffs erforderlich sind. Die wesentlichen Einflüsse auf die hier vorgestellte DB-Server Struktur gehen von den Aspekten der Datenunabhängigkeit, der
Ablaufkontrolle und der Autonomie aus.

Realisierung der Server-Funktionalität

Die Anforderungen an einen DB-Server sind zum einen durch den **strukturellen
Objektbezug der Datenaustausch- und Manipulationsoperationen** und zum
anderen durch die **erweiterten Operationen zur Ablaufkontrolle** bestimmt. Sie
geht damit über die von konventionellen DBS angebotene Funktionalität hinaus.
Die üblicherweise durch einfach-strukturierte Datenelemente, homogene Datenmengen und kurze Transaktionen charakterisierten DBS verfügen in aller Regel
nicht über die Möglichkeit persistenter Sperren und unterstützen - wenn überhaupt
- nur eingeschränkt den Einsatz von Sicherungs- und Wiederanlaufpunkten
(SP/WP). Die für Anwendungen aus dem Ingenieurbereich geforderte Funktionalität muß bei Einsatz eines konventionellen DBS, als eine Basiskomponente zur Realisierung eines DB-Servers, in zusätzlichen Systemkomponenten erbracht werden.
Bild 4.4 zeigt eine mögliche Server-Architektur, die die Realisierung der gewünschten Server-Funktionalität in einer Zusatzebene oberhalb eines konventionellen DBS vorsieht. Wenngleich dieser Ansatz einer Zusatzebenenarchitektur aus
vielerlei Gründen heraus wenig befriedigend erscheint /HR85, Lo85/ halten wir
diese Vorstellung vom Aufbau eines DB-Servers zunächst für hilfreich, um die
wichtigsten Abbildungsprobleme zu verdeutlichen.

Die in Bild 4.4 dargestellte **Datenaggregationskomponente** übernimmt den Aufbau komplex-strukturierter Verarbeitungsgegenstände, das Einbringen der durchgeführten Änderungen sowie die Ausführung direkter Manipulationsoperationen.
Sie legt die genaue Semantik der bereitgestellten Beschreibungsmittel für die Verarbeitungsgegenstände sowie der damit verbundenen Operationen fest. Ihre Realisierung erfolgt ausschließlich mit den Mitteln des konventionellen Datenmodells
des zugrundeliegenden DBS. Neben den Datenstrukturen und den Zugriffs- und

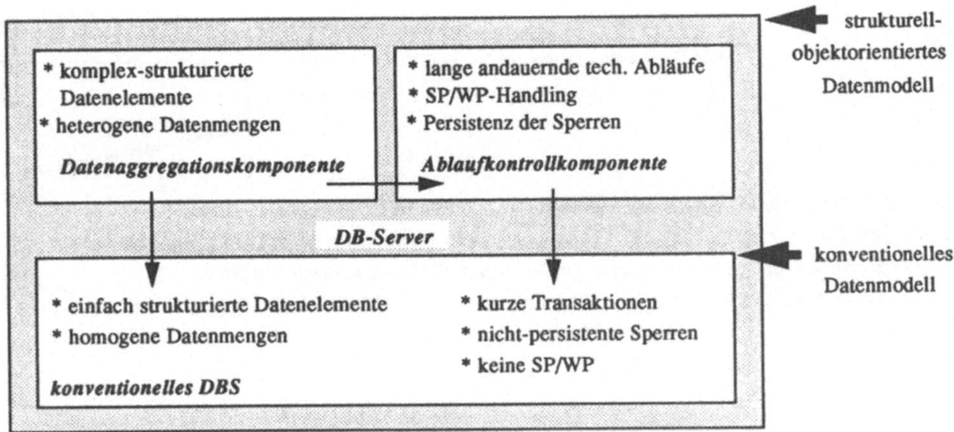

Bild 4.4:   Zusatzebenenarchitektur eines DB-Servers

Modifikationsoperationen auf den Verarbeitungsgegenständen sind die Integritätsbedingungen sowie die anfallenden Metadaten auf jeweils geeignete Konstrukte
abzubilden. Klar dürfte dabei sein, daß die konkrete Abbildung ein ernstes Problem
darstellt, da i.allg. eine Operation, ein Verarbeitungsgegenstand oder eine Integri-
tätsbedingung an der Schnittstelle der Datenaggregationskomponente auf eine
Vielzahl von Operationen, Datenelementen und Integritätsbedingungen an der
Schnittstelle des unterlegten konventionellen DBS abzubilden sind. Die Beachtung
struktureller Integritätsbedingungen und die Erhaltung der Ablaufintegrität sind
nur durch zusätzliche Maßnahmen zu erreichen, da sie i.allg. nicht unmittelbar auf
korrespondierende Konzepte abgebildet werden können. Die auftretenden Probleme hängen u.a. damit zusammen, daß die ggf. langen technischen Abläufe an der
DB-Server-Schnittstelle auf eine Reihe kurzer Transaktionen an der Schnittstelle
des konventionellen DBS "heruntergebrochen" werden müssen. Bild 4.5 skizziert
den prinzipiellen Zusammenhang anhand der Umsetzung einer DB-Server-Operation innerhalb eines elementaren technischen Ablaufs auf eine Transaktion, also auf
eine Folge von Aufrufen an das zugrundeliegende konventionelle DBS. Die mit
einem technischen Ablauf verbundenen Konsistenz-, Isolations- und Persistenzan-
forderungen können i.allg. nicht an die einzelnen kurzen Transaktionen gebunden
und damit nicht unmittelbar durch die Mechanismen zur Ablaufkontrolle des verwendeten DBS erfüllt werden.

Dies wiederum ist die Aufgabe der **Ablaufkontrollkomponente**, die hierzu spezielle Synchronisations-, Protokollierungs- und Restaurationsmechanismen sowie

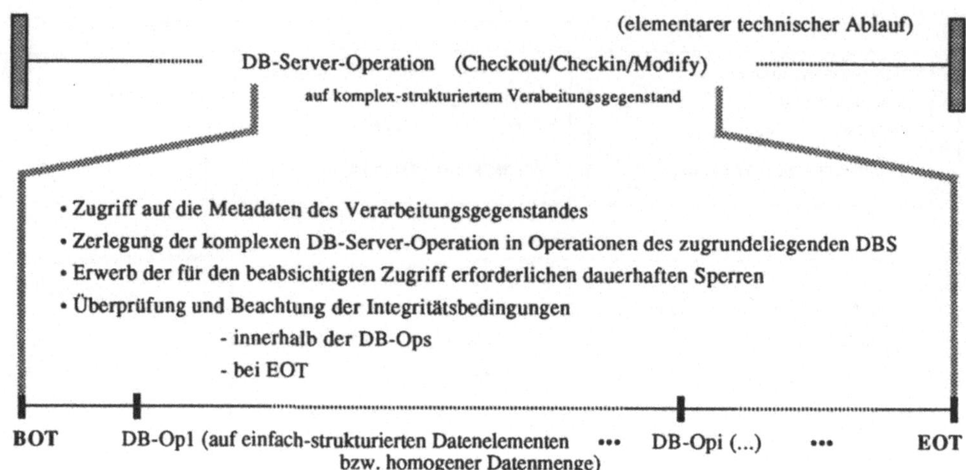

Bild 4.5: Mögliche Struktur einer DB-Server-Operation bei der Abbildung auf
eine Transaktion eines konventionellen DBS

Maßnahmen zur Konsistenzsicherung vorsieht, die den lang andauernden und damit durch Systemausfall bzw. -abschaltung unterbrechbaren technischen Abläufen
besser gerecht werden. Hierbei kann das vorhandene Wissen über die Gestalt der
jeweiligen Verarbeitungsgegenstände durch die Wahl geeigneter Sperr- und Proto-
kollierungsgranulate genutzt werden. Die Realisierung der Ablaufkontrollkomponente baut ebenfalls auf den Strukturen und Operationen des zugrundeliegenden
konventionellen DBS auf. D.h., die durch die Ablaufkontrollkomponente verwalteten Datenstrukturen, beispielsweise zur Aufnahme der Sperr-, Ablauf- oder Proto-
kollierungsinformation, werden mit Mitteln des unterstellten Datenmodells beschrieben und gehandhabt. Dies bietet auf der einen Seite den Vorteil, daß diese
Datenstrukturen quasi per se die Eigenschaft der Persistenz besitzen, und daß Mechanismen zu ihrer Isolation und Handhabung unmittelbar zur Verfügung stehen;
auf der anderen Seite muß aber die notwendige Effizienz angezweifelt werden, gerade da mit extrem hohen Zugriffshäufigkeiten, beispielsweise auf die Sperrinfor-
mation, zu rechnen ist.

Die hier skizzierte Zusatzebene löst Aufgaben aus zentralen Bereichen der Datenhaltung nochmals, nun oberhalb eines DBS. Dies sowie eine Reihe weiterer viel-
schichtiger Gründe (globale Optimierbarkeit der Zugriffe sowie erweiterte, der
strukturellen Komplexität der verwalteten Objekte angepaßte Speicherungs- und
Zugriffsstrukturen etc.) /HR85, Lo85/ lassen daher die Neukonzeption und eine

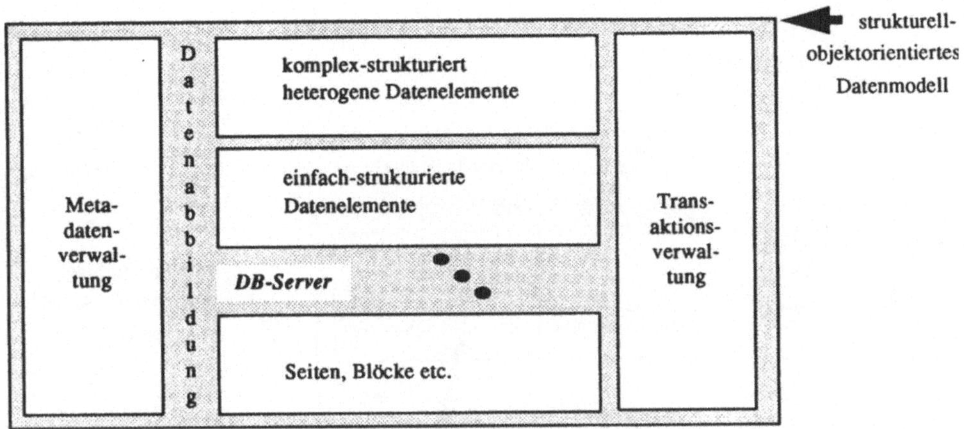

Bild 4.6:   Grobarchitektur eines strukturell-objektorientierten DBS

vereinheitlichte Realisierung in Form **strukturell-objektorientierter DBS (so-oDBS)** nützlich und sinnvoll erscheinen. Bild 4.6 skizziert die Grobarchitektur eines sooDBS, wie sie in vielen der prototypisch in Forschungsprojekten entwickelten Systemen vorzufinden ist /Da86, DGL87, Hä88, PSSWD87/. Es handelt sich hierbei um ein Schichtenmodell eines DBS /Hä87, LD87/, in dem eine mehrstufige Datenabbildung der logischen Datenstrukturen bzw. der darauf definierten Operationen auf die physischen Strukturen und die mit ihnen verbundenen einfachen Schreib- und Leseoperationen der Externspeicherebene erfolgt. Die Metadaten- sowie die Transaktionsverwaltung bietet schichtenübergreifende generische Dienste, die von jeder einzelnen Schicht genutzt werden können. Bei den Funktionen zur Ablaufsteuerung, die innerhalb der Transaktionsverwaltungskomponente angesiedelt sind, führt dies zur Schachtelung von Transaktionen (nested transactions /Mo82, We86/), ähnlich wie dies bereits bei der Diskussion der Ablaufkontrollkomponente im Fall der Zusatzebenenarchitektur skizziert wurde (vgl. Bild 4.4).

Realisierung des rechnerübergreifenden DB-Zugriffs

Wurden bislang verschiedene Möglichkeiten aufgeführt, wie die vom DB-Server geforderte Funktionalität erbracht werden kann, so bleibt die zu Beginn dieses Kapitels angesprochene Frage zu klären, welche Maßnahmen und welche zusätzlichen Komponenten zur Organisation der Workstation/Mainframe-Kopplung bzw. zur Realisierung des rechnerübergreifenden DB-Zugriffs erforderlich sind. Zunächst sind hierfür Dienste vorzusehen, die einen einfachen nachrichtenorientier-

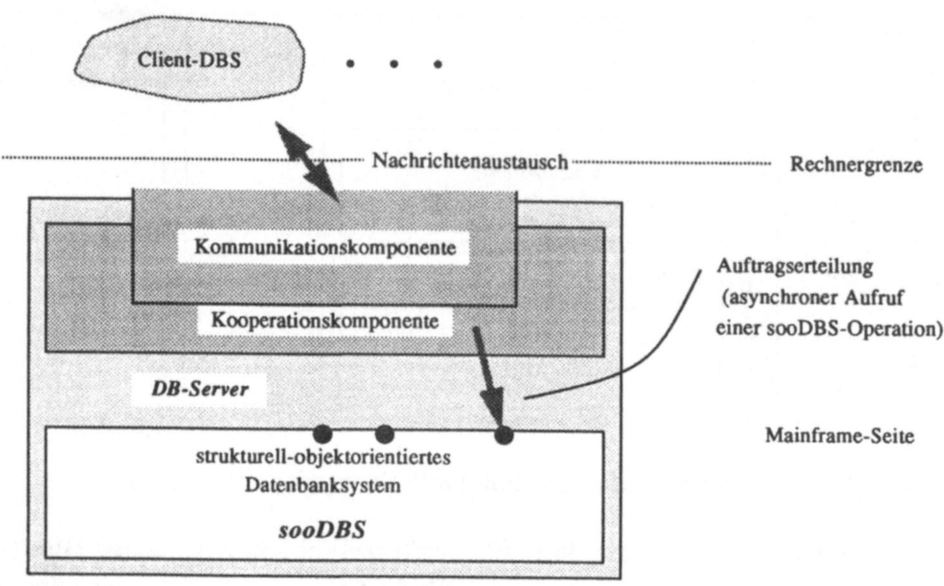

Bild 4.7:   Grobarchitektur eines DB-Servers

ten Datenaustausch zwischen Mainframe und Workstation erlauben. Die Heterogenität der beteiligten Hardware- und Betriebssystemplattformen, von denen aus
Kommunikationsdienste genutzt werden sollen, bestimmt dabei eine wesentliche
Anforderung an entsprechende Kommunikationskomponenten. Dies betrifft insbesondere auch die unterschiedlichen Datenrepräsentationen, die bei einem Kommunikationsvorgang einander anzugleichen bzw. ineinander zu überführen sind. Weitere Probleme ergeben sich aus der oftmals netzwerkartigen Struktur, der zwischen
den Rechnern zu übertragenden Daten und der damit zwangsläufig verbundenen
Verkettung zwischen einzelnen Datenelemente durch ausschließlich lokal interpre-
tierbare Referenzen (Pointer).

Neben dem reinen Datenaustausch ist eine operations- bzw. auftragsbezogene
Kopplung zwischen Workstation und Mainframe zu unterstützen /HKS91/. D.h., es
sind Möglichkeiten zu schaffen, nicht nur den Datenfluß, sondern vielmehr auch
den Kontrollfluß über Rechnergrenzen hinweg zu bewerkstelligen und durch geeignete Basiskomponenten direkt zu unterstützen. Zur besseren Ausnutzung der
Rechnerkapazitäten sollte ein entsprechender Kooperationsdienst Asynchronität

steht in der Behandlung von Fehlersituationen (zumindest in der organisatorischen Abwicklung, also dem Erkennen und dem Weiterleiten), insbesondere beim Ausfall einer der beteiligten DBS-Komponenten.

Der vereinfachte Aufbau eines DB-Servers, dessen Funktionalität durch den Einsatz geeigneter Kommunikations- und Kooperationsdienste rechnerübergreifend genutzt werden kann, ist in Bild 4.7 dargestellt.

4.2.3 Funktion und Aufbau der WSDBS Client-Komponente

Funktion und Aufbau eines Client-DBS sind wesentlich durch die Aspekte der **Effizienz der Datenanbindung** sowie der Art und Weise der **Einbettung vorhandener Operationen in Anwendungsprogramme** bestimmt. So war die Effizienz der Datenzugriffe und die Eignung der bereitgestellten Operationen eine der wichtigsten Anforderungen, die sich aus der in Kapitel 3 durchgeführten Analyse DB-gestützter Ingenieuranwendungen ergaben. Ein weiterer für die Gestaltung der Client-Komponente wichtiger Aspekt liegt in der Ablauf- und Fehlerautonomie.

 Das Client-DBS realisiert die Datenverwaltung in unmittelbarer "Nähe" der Anwendung: es bietet hierzu geeignete Zugriffs- und Verarbeitungsfunktionen, erlaubt das Einbringen der vom Server beschafften Daten in lokale Strukturen und unterstützt deren Reintegration nach Abschluß der Workstation-Verarbeitung. Daneben ermöglicht das Client-DBS die Strukturierung der elementaren Ablaufeinheiten durch das Setzen von Sicherungspunkten, so wie dies in Abschnitt 4.1 bereits angesprochen wurde. Bild 4.8 zeigt die Grobarchitektur eines Client-DBS. Dabei wird die zentrale Rolle des **Objektpuffers** deutlich. Er stellt nicht nur die Datenstruktur zur anwendungsnahen Pufferung der durch den DB-Server beschafften komplex-strukturierten Verarbeitungsgegenstände und der entsprechenden Zugriffs- und Adressierungsstrukturen dar, sondern dient auch als organisatorische Einheit, über die sich alle Wechselwirkungen zwischen Client- und Server-DBS vollziehen. Zur Unterstützung einer möglichst direkten und effizienten Datenanbindung der Anwendungsprogramme liegt der Objektpuffer vollständig innerhalb des realen bzw. des virtuellen Hauptspeichers. Aufgrund der auch im Workstation-Bereich vorherrschenden Größe des realen Hauptspeichers, vor allem aber auch in Anbetracht der Größe des möglichen virtuellen Adressraums halten wir dies für keine entscheidende Beschränkung, da sich zudem nur die von der aktuellen Anwendung unmittelbar benötigten Verarbeitungsgegenstände im Objektpuffer, d.h. auf Workstation-Seite befinden.

Die Zugriffskomponente

Die Zugriffskomponente bestimmt die **Schnittstelle zwischen der Anwendung und dem WSDBS** und damit die Art der Anbindung der durch das WSDBS verwalteten Daten an die eigentlichen Anwendungsprogramme. Eine Diskussion der Konzepte zur programmiersprachlichen Einbettung folgt in Abschnitt 4.2.4. An dieser Stelle soll lediglich die auf Workstation-Seite bereitzustellende Funktionalität motiviert und in Verbindung mit einer Komponentensicht eines Client-DBS erläutert werden. Die meisten Funktionen der Zugriffskomponente können gemäß der Unterteilung der vom DB-Server angebotenen Operationen in die Gruppen Datenver- bzw. -entsorgung (Checkout/Checkin), direkte Datenmanipulation (Modify) sowie in die Gruppe Ablaufsteuerung/-strukturierung eingeteilt werden. In einer wichtigen zusätzlichen Funktionsgruppe bietet das Client-DBS darüber hinaus die **Mög-**

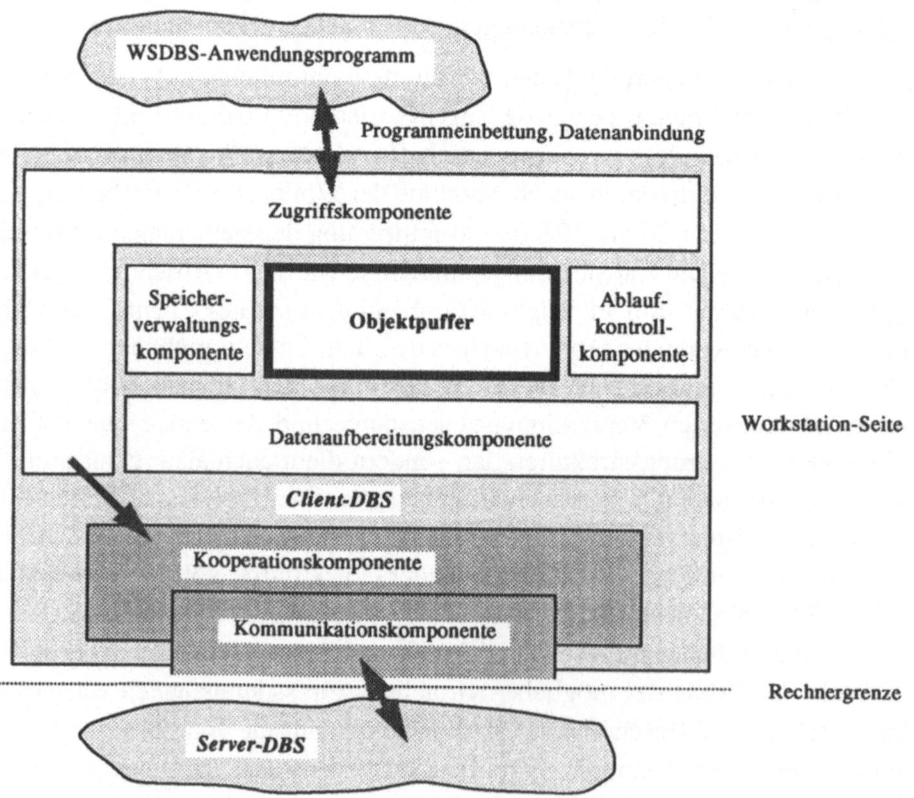

Bild 4.8:   Grobarchitektur eines DBS-Client

lichkeit der lokalen Verarbeitung und erlaubt damit die Nutzung der vorherrschenden Lokalität bzgl. der Datenreferenzen. Die lokale Verarbeitung umfaßt dabei lesenden und ändernden Zugriff: einzelne Datenelemente eines Verarbeitungsgegenstandes können inhaltsbezogen, vor allem aber auch positionsabhängig unter Ausnutzung der komplexen Struktur (also der Verbindungsinformation) aufgesucht werden. Datenelemente und deren Verbindungen können eingefügt, geändert und gelöscht werden. Die wesentliche Forderung an die Operationen zur lokalen Verarbeitung besteht dabei in ihrer Einfachheit und der leichten Umsetzbarkeit, aus der sich die Möglichkeit einer effizienten Realisierung ergibt. Es ist daher sinnvoll, auf eine Vielzahl der üblicherweise von DBS angebotenen Operationen, insbesondere auf Operationen zur Sichten- bzw. Strukturbildung und auf formatändernde Operationen zu verzichten (Projektions- bzw. Verbundoperationen), da diese in der Regel erhebliche Kosten verursachen und mit einem hoher Interpretationsaufwand verbunden sind. Dies ist allerdings nur vordergründig eine Beschränkung, da ja die gesamte Verarbeitungsphilosophie auf der "Arbeitsteilung" zwischen Client- und Server-DBS und damit auf der Vorstellung beruht, daß solche Transformations- und Verdichtungsoperationen bereits zum Zeitpunkt des Checkout durch den DB-Server und nicht während der eigentlichen Verarbeitung durch die lokalen Verarbeitungsoperationen erfolgen.

Neben der Bereitstellung von Zugriffsoperationen gewährleisten die Zugriffskomponente u.a. auch eine **Kapselung** und **Isolation** der im Objektpuffer bereitgestellten Verarbeitungsgegenstände und unterstützt damit die kontrollierte Abwicklung der Datenzugriffe eines Anwendungsprogramms. Dabei geht es sowohl um die Erhaltung der strukturellen Integrität innerhalb der Objektpuffer-Datenstruktur als auch um die Bewältigung von "Buchhaltungs-" und Protokollierungsaufgaben. Die Protokollierung der Änderungen erfolgt hierbei sinnvollerweise akkumulierend durch einen geeigneten Markierungsmechanismus, der die jeweils betroffenen Datenelemente mit entsprechenden Marken belegt. Durch einfaches Traversieren der Objektpuffer-Datenstruktur können die markierten Elemente als Differenz zum ursprünglichen Objektpufferinhalt erfaßt und innerhalb der Checkin-Operation zum DB-Server transferiert werden.

Eine weitere Aufgabe der Zugriffskomponente besteht in der **Organisation, Handhabung und Nutzung spezifischer Zugriffsstrukturen** zur Unterstützung der Objektpufferverarbeitung durch die Anwendungsprogramme. Bereits in Kapitel 3 wurde nachdrücklich auf die Notwendigkeit eines sehr direkten, zeigerähnlichen Datenzugriffs sowie der Unterstützung eines hierarchischen Grundmusters bei der Verarbeitung komplexer, netzwerkartiger Verarbeitungsgegenstände hingewiesen. Der geforderte zeiger-ähnliche Direktzugriff macht den Einsatz spezieller Adressierungstechniken erforderlich. Zwar ist der Zugriff auf Datenelemente über deren Hauptspeicheradressen denkbar, bietet allerdings gravierende Nachteile, wenn aufgrund von Werteänderungen (z.B. größer bzw. kleiner werdende Attributwerte) Verschiebungen der Datenelemente innerhalb des Objektpuffers erforderlich werden. Wir halten daher für den primären Zugriff auf Datenelemente im Objektpuffer eine indirekte Adressierungstechnik über eine eigene Zugriffsstruktur für ratsam. Bzgl. der Unterstützung spezifischer Verarbeitungsgrundmuster bildete bereits bei der Realisierung des KUNICAD-Systems (vgl. Kapitel 3) ein erweiterter Cursor-Mechanismus eine durchaus geeignete Ausgangsbasis. Das dort umgesetzte Konzept sieht eine hierarchische Schachtelung sowie die explizite Definition von Cursor-Strukturen vor. Entsprechende Konzepte sind auch an dieser Stelle für die lokale Verarbeitung innerhalb des Client-DBS sinnvoll und geeignet (vgl. /ESW88, HHLM87, HS92/).

Die Forderung nach einer expliziten Handhabung von Cursor-Strukturen wirft die Frage nach Möglichkeiten zu deren Kontrolle auf. So ist einerseits denkbar, daß ein Anwendungsprogramm nach der Definition eines Cursors für dessen Inhalt die alleinige Verantwortung trägt, d.h., daß die Zugriffskomponente des Client-DBS über die Bereitstellung geeigneter Cursor-Operationen hinaus keinerlei Kontrolle über diese Strukturen ausübt. Dies entspräche der **"Pointer"-Semantik** in herkömmlichen Programmiersprachen, wo ja gerade die Handhabung bzw. der Zugriff über einen Pointer unabhängig von der Datenstruktur erfolgt, auf die er verweist. Andererseits kann der Inhalt der definierten Cursor-Strukturen durch die Zugriffskomponente kontrolliert werden, was insbesondere dann von Bedeutung ist, wenn ansonsten die aktuelle Belegung eines Cursors aufgrund von Operationen auf anderen Cursor-Strukturen invalidieren würde. Die Kontrolle und die automatische Aktualisierung betroffener Cursor durch die Zugriffskomponente ist zwar mit zusätzlichem Aufwand verbunden, trägt aber gleichzeitig zur einfacheren und sichereren Objektpufferverarbeitung bei, da eine Reihe der von der Pointer-Programmierung bekannten Probleme vermieden werden können. Die Realisierung dieser speziellen Cursor-Eigenschaften erfordert die explizite Repräsentation aller Cursor-Strukturen innerhalb des Objektpuffers (was beispielsweise wie in Bild 4.9 angedeutet in Form einer speziellen Cursor-Tabelle erfolgen kann).

Die Speicherverwaltungskomponente

Die Objektpuffer-Datenstruktur repräsentiert eine Vielzahl von Datenelementen unterschiedlichster Formate und unterschiedlichster Größen. Während der Objektpufferverarbeitung werden i.allg. Datenelemente und die mit ihnen assoziierten Verbindungsinformationen gelöscht, geändert oder neu eingebracht, was in der Regel ein Wachsen bzw. Schrumpfen einzelner Datenelemente, aber auch des gesamten Objektpuffers zur Folge hat. Neben der oben angesprochenen indirekten Adressierungstechnik ist daher zur effektiven Nutzung und Wiederverwendung des einmal belegten und dann freigegebenen Speichers eine separate Speicherverwaltung notwendig. Die in Bild 4.8 dargestellte **Speicherverwaltungskomponente** bietet hierzu Operationen zum Anfordern bzw. zum Freigeben von Speicherbereichen an. Das primäre Ziel dieser Komponente, möglichst große, zusammenhängende Speicherbereiche für die Ablage von Datenelementen zu verwenden und somit eine zu starke Fragmentierung zu vermeiden, kann dabei sowohl durch periodische Reorganisation, also durch das "Zusammenschieben" von bereits abgelegten Datenelementen, als auch durch organisatorische Maßnahmen bei der Vergabe von angefordertem bzw. bei der Freigabe von nicht mehr benötigtem Speicherplatz erfolgen. Ein zusätzlicher, wichtiger Effekt der Speicherorganisation ergibt sich aus der Aufgabe des Client-DBS, die Daten des Objektpuffers für eine längere Zeitspanne aufzunehmen, zu kontrollieren und damit ggf. auf persistente Speichermedien abzubilden. Diese Aufgabe kann leichter und effizienter für große zusammenhängende Speicherbereiche bewältigt werden, als dies für viele kleine Bereiche möglich wäre.

Die Ablaufkontrollkomponente

Die Ablaufkontrollkomponente (vgl. Bild 4.8) ist zuständig für die Realisierung der Operationen zur Strukturierung elementarer technischer Abläufe. Sie übernimmt damit auch die Aufgabe der oben angesprochenen *Abbildung der Objektpufferstrukturen auf externe Speichermedien* innerhalb der entsprechenden Operationen:

*   **Save/Suspend,** zum Setzen eines Sicherungspunktes bzw. zur Unterbrechung des aktuellen Ablaufs sowie

*   **Restore/Resume,** zum Rücksetzen des Verarbeitungszustandes auf einen Sicherungspunkt bzw. zur Wiederaufnahme eines unterbrochenen Ablaufs.

Bei der praktischen Umsetzung der Sicherungsoperationen sind die Fragen zu klären, welche Daten insgesamt auf Externspeicher zu sichern sind und wie dies möglichst kompakt und effizient erfolgen kann. Die minimale zu sichernde Informationsmenge ist durch die Datenelemente des Verarbeitungsgegenstandes sowie deren Verbindungsinformationen bestimmt. Soll darüber hinaus der aktuelle Stand der Objektpufferverarbeitung erfaßt werden, sind zusätzlich die vorhandenen Cursor-Strukturen zu sichern. Aber selbst von einem solchen Sicherungspunkt ausgehend kann nur dann eine sinnvolle Weiterarbeit erfolgen, wenn auch die Semantik dieses Sicherungspunktes innerhalb des Anwendungsprogrammes bzw. durch den Endbenutzer erfaßt ist. Die einfachste Möglichkeit, dies zu unterstützen, besteht darin, jeden erzeugten Sicherungspunkt mit einem Bezeichner und ggf. mit bestimmten explizit erfaßten Eigenschaften zu versehen. Die Auswahl eines Sicherungspunktes, auf den zurückgesetzt werden soll, kann dann über diesen Bezeichner bzw. über die mit ihm verbundenen Eigenschaften erfolgen. Als eine Minimalanforderung sollte eine Identifikation über vordefinierte Eigenschaften wie beispielsweise *LAST* oder *FIRST* möglich sein.

Die Forderung nach einer effizienten Handhabung von Sicherungspunkten muß differenzierter und unter Berücksichtigung der verschiedenen Sicherungspunkt-Operationen gesehen werden. So wird in der Regel häufiger ein Sicherungspunkt erzeugt, als auf einen vorhandenen Sicherungspunkt zurückgesetzt. Entsprechend sollte bei der Realisierung der Save-Operation vordringlicher als bei der Restore-Operation auf Effizienzgesichtspunkte geachtet werden. Dem kann beispielsweise dadurch Rechnung getragen werden, daß bei Save eine Art Speicherabzug der betroffenen Bereiche durchgeführt und erst zu einem späteren Zeitpunkt (spätestens jedoch wenn auf diesen Sicherungspunkt zurückgesetzt werden soll) eine Aufbereitung des betreffenden Speicherabzuges erfolgt.

Datenaufbereitungskomponente

Die Datenaufbereitungskomponente schließlich ist verantwortlich sowohl für das **Einbringen der** durch Checkout-Operationen vom DB-Server **beschafften Daten in den Objektpuffer** als auch für die **Aufbereitung der modifizierten Daten** bei der Durchführung der Checkin-Operation. Beim Einbringen von Datenelementen in den Objektpuffer ist neben der Allokation von Speicherplatz das Eintragen in die objektpufferspezifische Adressierungsstruktur erforderlich. Um ein sukzessives "Laden" des Objektpuffers durch mehrere unabhängige Checkout-Operationen zu ermöglichen, muß zudem ein "Mischen" der neu einzubringenden Daten mit dem bestehenden Objektpufferinhalt unterstützt werden. Die hiermit verbundenen, durchaus nicht-trivialen Probleme werden ausführlich in Abschnitt 4.3 im Zusammenhang mit Fragen der dynamischen Datenverteilung diskutiert.

Die Objektpufferdatenstrukturen

Die zentralen Datenstrukturen für alle Komponenten des Client-DBS sind im Objektpuffer zusammengefaßt. Bild 4.9 illustriert die einzelnen Teilstrukturen sowie deren Beziehungen, wie sie bei der obigen Beschreibung der Systemkomponenten bereits angesprochen wurden.

Bei der Repräsentation komplex-strukturierter Verarbeitungsgegenstände müssen im Objektpuffer sowohl Abbildungen für die einzelnen Datenelemente als auch für deren Verbindungsinformation, d.h. für die eigentliche Struktur der Verarbeitungsgegenstände, vorhanden sein. In Bild 4.9 gehen wir davon aus, daß die Verbindungsinformation unmittelbar den Datenelementen zugeordnet ist, so daß für sie keine eigenen Zugriffsstrukturen erforderlich sind. Die Struktur der Verarbeitungsgegenstände wird also durch logische Verweise zwischen den in Beziehung stehenden Datenelementen realisiert.

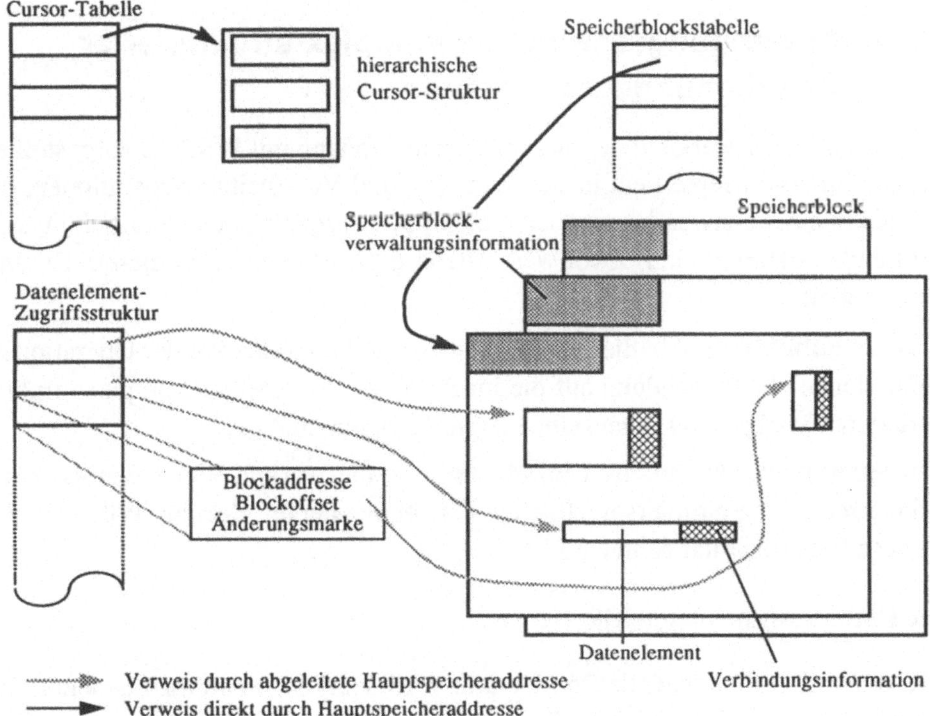

Bild 4.9:   Skizze einer möglichen Objektpuffer-Datenstruktur

Zumindest alle Primärdaten (Verbindungs- und Datenelemente) werden zur Vermeidung von Fragmentierungsproblemen innerhalb von Speicherblöcken abgelegt, die selbst wiederum durch die Speicherverwaltungskomponente in einer Speicherblocktabelle zusammengefaßt und organisiert werden. In solchen Speicherblöcken werden über eine geeignete "Binnenstruktur" die freien und belegten Speicherplätze verwaltet. Der Zugriff auf Datenelemente erfolgt indirekt beispielsweise über eine Hash-Struktur, die Einträge mit der Hauptspeicheradresse der jeweils zugeordneten Datenelemente enthält. Diese Zugriffsstruktur ermöglicht damit die Umsetzung der Datenelement-Identifikatoren als logische Verweise in reale Speicheradressen. Daneben können diese Einträge auch die angesprochenen Änderungsmarken aufnehmen, die den aktuellen Änderungszustand (neu erzeugt, geändert, gelöscht) des entsprechenden Datenelementes widerspiegeln. Die Cursor-Tabelle schließlich faßt alle aktuell definierten Cursor zusammen und bietet damit die organisatorische Grundlage für eine automatische Aktualisierung der durch die Anwendung explizit angelegten Cursor-Strukturen.

4.2.4 Anwendungsanbindung komplex-strukturierter Verarbeitungsgegenstände

Ein wesentliches Merkmal der hier im Zusammenhang mit WSDBS vorgestellten Verarbeitungskonzepte liegt in den Zugriffs- und Verarbeitungsoperationen, die auf den in einem anwendungsnahen Objektpuffer organisierten Verarbeitungsgegenständen definiert sind. Zwei wesentliche Fragen betreffen in diesem Zusammenhang die

- **Datenanbindung**, d.h. die sprachunabhängige Funktionalität der Operationen, mit denen die Anwendung auf die im Puffer bereitgestellten komplex-strukturierten Verarbeitungsgegenstände zugreifen kann, und die

- **programmiersprachliche Einbettung**, also die Art und Weise wie aus einer konkreten programmiersprachlichen Umgebung heraus, der sog. Wirtssprache, diese Funktionalität zu nutzen ist.

Die Einbettungsproblematik

Die generell vorherrschende Problematik wird deutlich, wenn man bedenkt, daß sowohl das im DBS verwurzelte Datenmodell, mit dem ja die konkrete Gestalt der Verarbeitungsgegenstände beschrieben wird, als auch die Wirtssprache selbst, mit der die eigentliche Verarbeitung durchgeführt werden soll, über Möglichkeiten der

Definition, der Strukturierung und der Manipulation von Daten verfügen. Ausgehend von einfachen Basistypen, wie beispielsweise Integer, Real, Character etc., können durch sog. Typkonstruktoren (z.B. Array, Record, List, Relation) komplexere Typen gebildet werden. Entsprechend den Konstruktoren sind stets auch Selektoren vorgesehen (Indizierung von Array bzw. List, Feldselektion bei Records, Projektion und Qualifikation bei Relationen etc.), durch die auf die einzelnen Komponenten einer komplexen Datenstruktur zugegriffen werden kann. Daneben gibt es noch weitere Operatoren, mit denen Ausprägungen entsprechender Typen manipuliert werden können (z.B. Zuweisung, Vergleich, Sortierung, Ausschnittsbildung). Basistypen, Konstruktoren, Selektoren und sonstige Typoperatoren sind stark von der jeweiligen Programmiersprache abhängig und unterscheiden sich i.allg. von denen, die zur Datenmodellierung im Bereich der DBS Verwendung finden, so daß sich nahezu zwangsläufig Probleme der Typkonvertierung und der Typeinbettung ergeben.

Im Bereich der Datenbankforschung und -entwicklung gibt es eine Vielzahl von Ansätzen zur Lösung dieser Einbettungsproblematik, wobei sich grundlegende Unterschiede überwiegend aus der voneinander abweichenden "Ausdrucksmächtigkeit" der angebotenen Datenmodelle ergeben.

- Der eher traditionelle Ansatz sieht die Schaffung immer reichhaltigerer Datenmodelle mit vielfältigen Möglichkeiten zur Typgestaltung vor, die zur Beschreibung aller für einen bestimmten Anwendungsbereich relevanten Datentypen herangezogen werden. Hieraus ergibt sich die Aufgabe, diese Typen in die jeweilige Anwendungsumgebung einzubetten und so die entsprechenden Ausprägungen für die Anwendungsprogrammierung zugänglich zu machen /BJLM87, Da84, Da89/. Je nach den Möglichkeiten, die eine konkrete Wirtssprache bietet, kann dies in Form von abstrakten Datentypen, durch eine Erweiterung des zugrundeliegenden Laufzeitsystems oder durch Veränderungen am Sprachübersetzer geschehen. Umgekehrt erlaubt dieser Ansatz allerdings nicht die Einbettung der in einer Wirtssprache definierten Typen in das DBS und damit nicht deren Integration in das zugrundeliegende Datenmodell.

- Dies wiederum ist die Idee eines geradezu konträren Ansatzes, der von relativ primitiven Datentypen (z.B. Zeichenketten) ausgeht. In diesem Fall stellt das DBS zunächst nur eine Art von "Byte-Behälter" zur Verfügung, in dem Ausprägungen der extern definierten Datentypen eingebracht werden können /DSW90, WSSH88, SW91/. Um eine Optimierung von Speicherungs- und Zugriffsstrukturen durch das DBS dennoch zu ermöglichen, wird versucht, ausreichend

viel Information über die speziellen Eigenschaften und Repräsentationsformen
dieser Datentypen in das DBS einzubringen. Es ist zur Zeit allerdings nicht klar,
ob bzw. wie dies in ausreichendem Maße geschehen kann. Wäre dies nur unzureichend möglich, so müßten viele der DB-typischen Maßnahmen (Optimierung der Speicherabbildung und der Zugriffsoperationen, Sichten- und Ausschnittsbildung etc.) ebenfalls in die Anwendung verlagert werden, so daß das
DBS zu einem mehr oder weniger optimierten Zugriffsprogramm für Speicher-
behälter degenerieren würde.

- Ein dritter grundlegender Ansatz zielt auf eine Homogenisierung der Datentypen in Datenmodell und Wirtssprache ab, was in der Regel sowohl die Schaffung eines neuen Datenmodells und einer neuen Wirtssprache als auch deren
  Integration erfordert /Schm77/. Bei diesem Integrationsansatz können nun entweder die ursprünglichen DB-Konstrukte oder aber die Konstrukte aus dem Bereich der Programmiersprachen dominieren. Je nach Ausgangsbasis spricht
  man von Datenbankprogrammiersprachen /SM90, SB88/ oder aber von Programmiersprachen mit persistenten Datentypen /AB87, AM88/.

Von einem ideellen Standpunkt aus betrachtet ist sicherlich der letzte Ansatz vorzuziehen: eine "saubere" und klare Sprachdefinition bietet Orthogonalität bzgl. der
Bildung von Typen und bzgl. der mit ihnen verbundenen Eigenschaften. So können
Ausprägungen aller definierbarer Datentypen DB-seitig erfaßt und verwaltet werden, ohne daß separate Einbettungs- und Konversionsaufgaben anfallen. Entscheidende Nachteile dieses Ansatzes liegen aus unserer Sicht allerdings darin, daß zum
einen ein enormer Erstellungaufwand für Laufzeitsystem und Sprachübersetzer sowie für die erforderliche Datenverwaltungskomponente anfällt, und zum anderen,
daß alle Anwendungen, die die DB-spezifischen Fähigkeiten nutzen, in dieser einen, neu zu erstellenden Programmiersprache formuliert sein müssen. Zwar sind
auch in diesem Fall Sprachübergänge (zwischen Programmen anderer Programmiersprachen) denkbar, allerdings treten dann die Typeinbettungsprobleme, die
man ja gerade vermeiden wollte, erneut auf und sind erneut zu lösen.

Der erste und zweite der oben angesprochenen Ansätze können in ihren Auswirkungen klar unterschieden werden. Zwar zielen beide auf eine Typeinbettung in der
jeweils anderen Sprachumgebung ab, aber nur der erste Ansatz erlaubt die unmittelbare Integration von Anwendungsprogrammen unterschiedlicher Programmiersprachen über ihre gemeinsam genutzten Daten. Wird beispielsweise ein bestimmter Datentyp in der Programmiersprache PASCAL definiert und in ein dafür vorge-
sehenes Datenbanksystem eingebracht (Ansatz 2), so ist dadurch alleine noch nicht

dessen Nutzung (Verarbeitung entsprechender Ausprägungen) mit anderen Programmiersprachen (MODULA2, FORTRAN, COBOL etc.) möglich. Will man also einen gewissen sprachübergreifenden Integrationseffekt erreichen, so kommt dafür sicherlich primär der zuerst genannte, traditionelle Ansatz in Betracht.

Die Basistypen eines Datenmodelles sowie die durch Typkonstruktoren gebildeten zusammengesetzten Typen müssen in den verschiedenen Wirtssprachen verfügbar gemacht werden, d.h., entsprechende Ausprägungen müssen dort zugreifbar und verarbeitbar sein. Je nach den Möglichkeiten der Wirtssprache können sowohl bei Basistypen als auch bei zusammengesetzten Typen die drei folgenden Fälle unterschieden werden (die dargestellten Probleme betreffen nicht nur die Schnittstelle zwischen Wirtssprache und DBS, sondern treten auch bei der Verbindung zwischen Programmen verschiedener Programmiersprachen auf):

- Ein DB-seitig beschriebener Typ kann eindeutig einem Typ in der Wirtsprache zugeordnet werden; zudem besteht eine Darstellungsäquivalenz, d.h., Ausprägungen des DB-seitigen Typs besitzen die gleiche Repräsentationsform, wie die Ausprägungen des korrespondierenden Datentyps in der jeweiligen Wirtssprache. Beispielsweise können Ausprägungen vom Typ Integer sowohl im DBS als auch in der betrachteten Wirtssprache als Vier-Byte-Binärzahl dargestellt werden, wobei das Vorzeichen im Most-Significant-Bit repräsentiert ist und stets eine Ausrichtung auf Halbwortgrenze erfolgt (ein anderes Beispiel bildet der Typ Character, dessen Ausprägungen i.allg. sowohl DB-seitig als auch auf Seite der Wirtssprache im ASCII-Format dargestellt ist).

- Es ist zwar eine Zuordnung von Typen möglich, allerdings werden Ausprägungen unterschiedlich repräsentiert, so daß bei der Anbindung entsprechende Transformationen erforderlich sind (z.B. können Aufzählungstypen, wie sie aus vielen höheren Programmiersprachen bekannt sind, in den unterschiedlichen Umgebungen auf ganz unterschiedliche Binärdarstellungen abgebildet werden).

- Eine Typzuordnung ist unmittelbar nicht möglich; in diesem Fall muß der Datentyp, für den keine Zuordnung vorgenommen werden kann, in die jeweils andere Umgebung "operational eingebettet" werden. D.h., es sind entsprechende Operationen zur Konstruktion, zur Selektion und zu sonstigen Manipulation von Ausprägungen dieser Datentypen in der betrachteten Umgebung verfügbar zu machen, was, wie oben bereits erwähnt, durch eine Art abstrakter Datentyp, durch Erweiterung bzw. Anpassung des Sprachübersetzers und/oder des korrespondierenden Laufzeitsystems erfolgen kann.

Es wäre natürlich möglich, generell für alle DB-Typen eine solche operationale Erweiterung einer bestehenden Sprachumgebung durchzuführen; allerdings wird vor allem aus Leistungsgründen eine möglichst direkte Einbettung, also eine Typzuordnung, ggf. mit einer Darstellungskonversion, angestrebt. Für welche Datentypen dies letztendlich möglich ist, hängt stark vom jeweiligen Datenmodell auf der einen und von der betrachteten Wirtssprache auf der anderen Seite ab.

Das besondere Augenmerk bei der Frage der Typeinbettung gilt in natürlicher Weise den DB-spezifischen Datentypen, für die keine unmittelbare Zuordnung zu Typen der Wirtssprache möglich ist. Im Zusammenhang mit der in dieser Arbeit insgesamt diskutierten Problematik der Verarbeitung komplex-strukturierter Verarbeitungsgegenstände läßt sich die Frage der Typeinbettung weiter auf die komplex-strukturierten Verarbeitungsgegenstände fokusieren:

- wie kann der (generische) Datentyp *Objektpuffer* bzw. ein *komplex-strukturierter Verarbeitungsgegenstand* in das Umfeld einer konventionellen Programmiersprache eingebettet werden?
  und damit eng verbunden die Frage,

- was sind geeignete Operatoren, die es für das programmiersprachliche Umfeld der jeweiligen Wirtssprache nachzubilden gilt?

Im folgenden Abschnitt wird ein aus unserer Sicht zentraler Mechanismus für die Objektpufferverarbeitung und das damit verbundenen Einbettungskonzept erläutert. Eine vertiefende Diskussion einer möglichen Integration in eine Programmierumgebung ist /Hü92/ zu entnehmen.

4.2.4.1 Mechanismen zur Objektpufferverarbeitung

Einige der Operationen, die sich auf die Objektpufferdatenstrukturen auswirken, nämlich die Operationen zum Datenaustausch (Checkout/Checkin) und zur Ablaufstrukturierung (BoETT, EoETT, AoETT, Save, Restore, Suspend, Resume), wurden oben bereits diskutiert und sollen daher an dieser Stelle nur noch am Rande betrachtet werden. Vielmehr stehen hier diejenigen Mechanismen im Mittelpunkt des Interesses, die zur eigentlichen Verarbeitung der Objektpufferdaten dienen. Im Zusammenhang mit der Beschreibung der Zugriffskomponente innerhalb des Client-DBS (vgl.4.2.3) wurde ein erster grober Überblick über die Funktionalität dieser Operationen vermittelt. Es handelt sich um die folgenden Operationstypen:

- Operationen zum **direkten, pointer-ähnlichen Zugriff** auf einfach-strukturierte Datenelemente innerhalb eines komplexen Verarbeitungsgegenstandes,

- Operationen zum Zugriff auf Datenelemente über die Struktur, in die sie bzgl. des betrachteten Verarbeitungsgegenstandes eingebunden sind, also Operationen zum **Traversieren komplexer, netzartiger Strukturen.**

- Operationen zur **Modifikation** der gepufferten Datenelemente bzw. der Struktur des Verarbeitungsgegenstandes und

- Operationen zum **Erzeugen** bzw. **Löschen** von Datenelementen innerhalb des Verarbeitungsgegenstandes.

Die wesentliche Anforderung an die Objektpufferoperationen liegt in ihrer **Direktheit** und **Effizienz.** So sollte der Zugriff auf die Datenelemente im Objektpuffer bzw. auf deren Attribute durchaus vergleichbar sein mit einem Zugriff auf "normale", in einer "gewöhnlichen" Programmiersprache definierte Datenstrukturen. Dies erfordert zum einen spezielle Zeigermechanismen, die eine einfache lokale Identifikation bzw. "Adressierung" der Datenelemente erlauben, und verbietet zum anderen umfangreiche Datenkonversionen. Zeiger oder auch Marken, denen aktuelle Werte zugewiesen werden können, bieten im Prinzip auch die Grundlage zum Traversieren netzartiger Strukturen. Insbesondere zur Vereinfachung der sequentiellen Verarbeitung und zur sprachunabhängigen Unterstützung hierarchischer Verarbeitungsgrundmuster (vgl. Kapitel 3 dieser Arbeit) sind jedoch weitreichendere Konzepte erforderlich. Ausgehend von den in Kapitel 3.1 beschriebenen Untersuchungen und den dort gewonnenen Erfahrungen wird in dieser Arbeit ein erweitertes Cursor-Konzept vorgestellt, daß die explizite Definition und Handhabung hierarchischer Cursor-Strukturen vorsieht; es stellt damit ein mächtiges Hilfsmittel bei der Verarbeitung komplexer, netzartiger Datenstrukturen dar. Die wesentlichen Eigenschaften des vorgeschlagenen Cursor-Konzeptes werden nachfolgend erläutert. Auch der modifizierende Zugriff auf Datenelemente, auf deren Attribute sowie auf die Beziehungsinformationen zwischen ihnen (d.h. eine strukturelle Veränderung des betrachteten Verarbeitungsgegenstandes) sollte möglichst einfach und direkt erfolgen können. Dabei muß allerdings klar sein, daß mit Änderungen im Objektpuffer, insbesondere also auch mit Lösch- und Einfügeoperationen auf Datenelementen, zwangsläufig ein zusätzlicher, über eine reine Werteänderung hinausgehender Aufwand verbunden ist, da ja i.allg gleichzeitig die vorhandenen Zugriffs- und Verwaltunginformationen zu aktualisieren sind.

Hierarchische Cursor

Neben der Unterstützung des navigierenden Zugriffs besitzen Cursor eine zentrale
Bedeutung für nahezu alle Objektpufferoperationen, da sie u.a. zur Festlegung derjenigen Datenelemente dienen, auf die sich eine Operation aktuell bezieht.

Ein Cursor hat in dem hier diskutierten Zusammenhang zunächst die Bedeutung
einer Zeigervariablen, wie sie auch aus gängigen Programmiersprachen bekannt
ist. D.h., Cursor ermöglichen in einfacher Weise Zugriffe auf die Datenelemente im
Objektpuffer. Darüber hinaus sind auf ihnen Operationen definiert, die eine fortschreitende Verarbeitung von Datenelementen eines bestimmten Typs innerhalb
eines Verarbeitungsgegenstandes erlauben. Die Menge der Datenelemente, die
über einen Cursor angesprochen werden können, wird im folgenden als **Cursor-
Bereich** oder auch als der **Scope** eines Cursors bezeichnet. Für den aktuellen Wert
eines Cursors wird der Begriff der **Cursor-Belegung** verwendet.

Wir unterscheiden zwischen einfachen **flachen Cursorn** und komplexeren **hierarchisch geschachtelten Cursorn**. Bild 4.10 illustriert den prinzipiellen Aufbau eines flachen Cursors. Die Vorstellung von einem Cursor als Zeigervariablen ist dabei um Verwaltungsinformationen (Kontext) erweitert. Diese repräsentieren u.a.
die *Stelle* und das Umfeld des aktuell referenzierten Datenelementes innerhalb des
Cursor-Bereichs und dient damit der sequentiellen Verarbeitung aller durch den
Cursor "erreichbaren" Datenelemente. Ein hierarchischer Cursor besteht aus einer
Menge flacher, **hierarchisch voneinander abhängiger Cursor**. Cursor sind voneinander abhängig, wenn die Datenelemente, auf die sie verweisen können, stets
miteinander in Beziehung stehen müssen. Die möglichen Strukturen hierarchischer
Cursor sind daher durch die Struktur des im Objektpuffer aufbereiteten Verarbei-

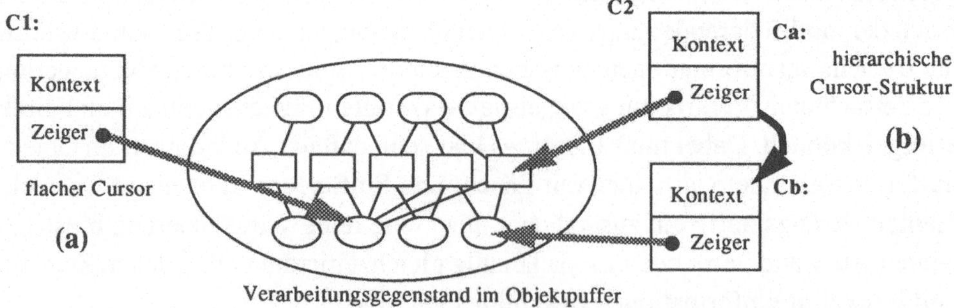

Bild 4.10: Veranschaulichung eines flachen Cursors (a) bzw. eines einfachen
hierarchischen Cursors (b).

tungsgegenstandes bestimmt. Zur Benennung eines einzelnen flachen Cursors in einer Cursor-Hierarchie sprechen wir von seiner **Position** innerhalb des hierarchischen Cursors. Die durch die Cursor-Hierarchie definierten Abhängigkeiten haben Einfluß auf die Abwicklung der Cursor-Operationen. So wirken sich beispielsweise Änderungen, die auf einzelnen flachen Cursorn einer Cursor-Hierarchie spezifiziert sind, auch auf die in der Hierarchie abhängigen Cursor aus. Bild 4.10(b) skizziert einen sehr einfachen hierarchischen Cursor, der sich aus zwei flachen Cursorn zusammensetzt. Der eingezeichnete Pfeil kennzeichnet die hierarchische Abhängigkeit, deren Richtung u.a. die genaue Wirkungsweise der im folgenden erläuterten Operationen beeinflußt.

Ähnlich wie bei Zeigervariablen zwischen einem definierten und einem undefinierten Zustand (nil, null etc.) unterschieden werden kann, erweist es sich als sinnvoll, auch bei Cursorn verschiedene Zustände einzuführen. Die Zustände *definiert* bzw. *undefiniert* sind dabei evident. Aufgrund der durch einen Cursor repräsentierten Kontextinformation, also aufgrund des Sachverhaltes, daß Cursor eine Art "Merker" für den aktuellen Verarbeitungsstand bei einer fortschreitenden Verarbeitung innerhalb einer Menge von Datenelementen darstellen, sind zusätzlich die Zustände *zwischen* und *leer* definiert. Sie dienen im wesentlichen zur Unterscheidung zwischen der Situation, daß aufgrund fehlender hierarchischer Abhängigkeiten kein Cursor-Bereich bestimmt werden kann (Cursor ist *undefiniert*), dem Fall, daß der Bereich zwar bekannt ist, aber aus diversen, im folgenden noch genannten Gründen auf kein aktuelles Datenelement verwiesen wird (Cursor befindet sich im Zustand *zwischen*) und dem Fall, daß der Cursor-Bereich kein einziges Datenelement beinhaltet (Cursor ist im Zustand *leer*) (vgl. Bild 4.11). Ein Cursor im Zustand *zwischen* "steht" also "zwischen" zwei, "vor" bzw. "hinter" einem Datenelement eines Cursor-Bereiches; in allen Fällen führt der Zugriff über einen solchen Cursor zu einem Fehler. Für den programmiertechnischen Umgang mit Cursorn ist es zudem notwendig, den aktuellen Zustand eines Cursors durch entsprechende **Testfunktionen** abrufen zu können.

Cursor-Operationen

Ein wichtiges Merkmal des vorgestellten Cursor-Konzeptes liegt neben den hierarchischen Abhängigkeiten in der **expliziten Definierbarkeit** der jeweils verwendeten Cursor. Diese Eigenschaft gilt sowohl für die Struktur, also den Typ eines Cursors, als auch für die konkreten Cursor-Ausprägungen. Man unterscheidet demnach zwischen der **Definition** eines Cursor-Typs und der **Allokation** entsprechender

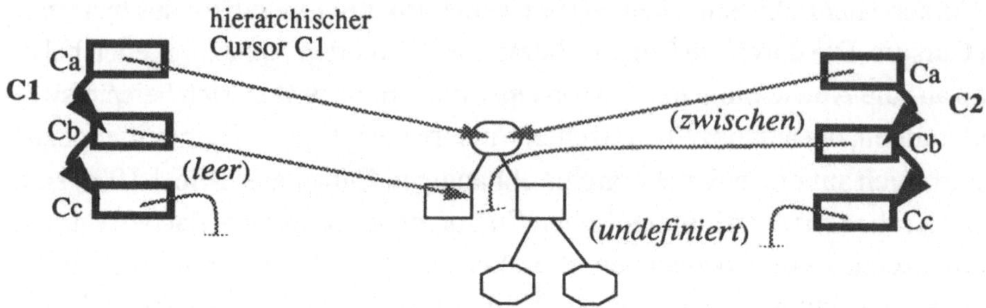

Bild 4.11   Veranschaulichung der unterschiedlichen Cursor-Zustände.

Cursor-Ausprägungen. Flache Cursor-Typen können für jeden Datenelementtyp
innerhalb des Verarbeitungsgegenstandes definiert werden. Bei hierarchischen
Cursor-Typen müssen, wie oben bereits erwähnt, die hierarchiebildenden Abhängigkeiten mit den Beziehungen zwischen Datenelementtypen im Verarbeitungsgegenstand korrespondieren. Bei der Cursor-Allokation wird eine neue Cursor-Aus-
prägung generiert, die zunächst auf all ihren Hierarchieebenen den Zustand *undefiniert* aufweist. Mit Hilfe einer speziellen **Zuordnungsoperation** können dann
Cursor-Ausprägungen an einen konkreten Objektpufferinhalt, also an die Datenelemente innerhalb eines Verarbeitungsgegenstandes, gebunden werden. Hierdurch wird der flache Cursor an der **Wurzel** der Cursor-Hierarchie (Wurzel-Cur-
sor) auf das erste erreichbare Datenelement des in der entsprechenden Cursor-Typ-
definition festgelegten Datenelementtyps gesetzt. Ist ein entsprechendes
Datenelement vorhanden, so erhält der Cursor auf dieser Stufe den Zustand *definiert*; anderenfalls wird er in den Zustand *leer* versetzt. Bei einem hierarchischen
Cursor gilt dies zunächst nur für die oberste Hierarchie-Ebene. Die in der Hierarchie untergeordneten Cursor werden je nach Zustand und je nach aktuellem Verweis des Cursors, von dem sie abhängen, gesetzt. Ist dieser im Zustand *undefiniert,
zwischen* bzw. *leer*, so sind die abhängigen Cursor ebenfalls undefiniert, da für sie
keine Belegung ermittelt werden kann. Ist er dagegen definiert, verweist also auf
ein Datenelement, so ist der Scope für den abhängigen Cursor bekannt, und es kann
ein Verweis auf ein in Beziehung stehendes Datenelement (falls vorhanden) bestimmt werden.

Neben der Zuordnung, also der Bindung eines Cursors an einen Verarbeitungsgegenstand, ist eine **Zuweisungsoperation** erforderlich, durch die ein Cursor die aktuelle Belegung eines zweiten Cursors übernimmt. Beide Zuweisungsargumente
verweisen nach Ausführung der Operation auf die gleichen Datenelemente bzw.

befinden sich im gleichen Zustand. Dies gilt bei hierarchischen Cursorn sowohl für die Wurzel als auch für die davon abhängigen flachen Cursor. Damit stets eine komponentenweise Gleichsetzung möglich ist, ist zunächst eine Strukturisomorphie der beteiligten Cursor gefordert. Um jedoch flexiblere Zuweisungsmöglichkeiten zu schaffen, ist es sinnvoll, lediglich zu verlangen, daß eine von der Wurzel ausgehende Teilstruktur des Zielargumentes in der Struktur des Quellargumentes enthalten ist. Bei der Zuweisung muß daher außer den Argument-Cursorn selbst die Position innerhalb des Quellargumentes spezifiziert werden, an der sich dessen Struktur mit der des Zuweisungsziels deckt. Bild 4.12 verdeutlicht den Sachverhalt an einem Beispiel. Bild 4.12 illustriert zudem die Möglichkeit, Cursor verschiedener Cursor-Typen auf einer Ebene der Cursor-Hierarchie anzusiedeln ($C1(C_c)$ und $C1(C_d)$). Die Teilstruktur des hierarchischen Cursors C2 (Cb, Cd) ist in der des Cursors C1 enthalten. Der gemeinsame Wurzelpunkt ist durch Position Cb innerhalb des hierarchischen Cursors C1 gekennzeichnet (C1(Cb)).

Zur Unterstützung einer fortschreitenden Verarbeitung der in einem Cursor-Bereich enthaltenen Datenelemente sind neben den bereits aufgeführten Operationen weitere Operationen zur Änderung der aktuellen Cursor-Belegung notwendig. Die **Weiterschaltoperationen** erlauben den Wechsel (u.a.) auf ein *nächstes* Datenelement im Bereich eines flachen Cursors (z.B. **weiter (C1(Ca))**). Zwar ist die Reihenfolge der Datenelemente zunächst mit keiner Semantik belegt, doch ist mit einer implizit vorgegebene Aufsuchreihenfolge sichergestellt, daß jedes Element genau einmal erreicht wird. Wird der betreffende flache Cursor durch seine Position innerhalb eines hierarchischen Cursors spezifiziert, so werden auch die Belegungen aller abhängigen flachen Cursor der betroffenen Cursor-Hierarchie verändert: Nach Durchführen der Weiterschalt-Operation verweisen diese auf das jeweils erste Da-

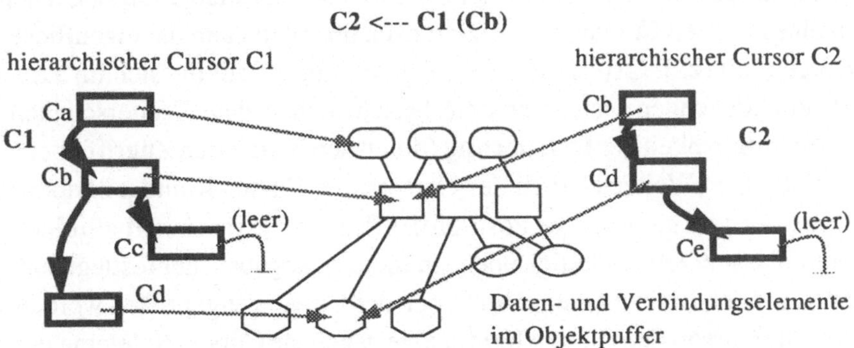

Bild 4.12 Beispiel für die Wirkungsweise einer Cursor-Zuweisung

tenelement, das die der Cursor-Definition entsprechende Abhängigkeitsbedingung erfüllt. Kann der Cursor nicht auf ein nächstes Datenelement weitergeschaltet werden, so wird er in den Zustand *zwischen* versetzt. Entsprechend dem Weiterschalten auf das jeweils *nächste* Datenelement kann auf *den aktuellen Vorgänger* sowie auf das *erste* Datenelement in einem Cursor-Bereich weitergeschaltet werden.

Neben diesem "unbedingten" Weiterschalten eines Cursors sind natürlich auch qualifizierte, also **wertabhängige** Weiterschaltoperationen denkbar. Allerdings gibt es hierbei zweierlei zu beachten: Zum einen lassen solche qualifizierenden Positionieroperationen, je nach Komplexität der erlaubten Qualifikationsbedingungen, einen hohen, aus Sicht der Anwendung kaum zu kontrollierenden bzw. zu beeinflussenden Abarbeitungsaufwand erwarten. Dies läuft (zumindest dem Wesen nach) den Effizienzanforderungen und dem Wunsch nach einer möglichst einfachen und direkten Anbindung der Objektpufferdaten entgegen. Zum anderen sind die Verarbeitungsgegenstände durch mögliche Qualifikationsbedingungen innerhalb der Checkout-Operation bereits "vorselektiert", so daß wir davon ausgehen, daß der Verarbeitungsgegenstand bzgl. der in ihm enthaltenen Daten- und Verbindungselemente bereits der in der jeweiligen Anwendung gewünschten Sichtweise entspricht. Das hier vorgeschlagene Cursor-Konzept sieht daher nur sehr eingeschränkte Möglichkeiten eines qualifizierten Positionierens vor: es dürfen nur solche Qualifikationsbedingungen (P) angegeben werden, die auf den Attributen **eines** Datenelementes überprüft werden können (z.B. **weiter (C1(Ca),P(attr)))**.

Die wohl bedeutendsten Cursor-Operationen sind die **Zugriffs- oder Addressierungsoperationen**. Durch sie ist der lesende, vor allem aber auch der modifizierende Zugriff auf Datenelemente möglich. Der Zugriff erfolgt unter Angabe eines flachen bzw. eines hierarchischen Cursors sowie des jeweils angesprochenen Datenelementattributs. Beim Zugriff mit einem hierarchischen Cursor muß zusätzlich die Position eines flachen Cursors spezifiziert sein, über den dann der eigentliche Zugriff erfolgen soll (z.B. C1(Ca).attribut). Für den Zugriff auf die sich im aktuellen Kontext anschließenden Datenelemente besteht neben dem Weiterschalten des Cursors die Möglichkeit der **Indizierung** (durch den indizierten Zugriff über einen Cursor erfolgt kein Weiterschalten des Cursors, der Cursor-Kontext bleibt unverändert). Hierbei wird nicht nur die Position des flachen Cursors innerhalb einer Cursor-Hierarchie, sondern zusätzlich noch ein Index angegeben, der festlegt, auf welches der folgenden Datenelemente im Scope des Cursors zugegriffen werden soll. Eine spezielle Cursor-Funktion liefert für eine gegebene Cursor-Belegung den maximal anzugebenden Index zurück.

Eine weitere wichtige Gruppe von Cursor-Operationen ermöglicht den **Aufbau bzw. den Abbau von Beziehungen** zwischen Datenelementen und dient damit der strukturellen Veränderung eines Verarbeitungsgegenstandes. Zum Aufbau einer Verbindung müssen die Datenelemente, die miteinander in eine Beziehung treten sollen, über Cursor identifiziert werden. Ausgehend von einem ausgezeichneten Datenelement können nicht nur **ein** weiteres, sondern eine Vielzahl von Elementen angegeben werden, zu denen eine Beziehung definiert werden soll. Entsprechendes gilt natürlich auch für das Lösen von bestehenden Verbindungen. Da zwischen Datenelementen mehrere Beziehungen unterschiedlichen Typs existieren können, **muß** zusammen mit den Cursorn der jeweilige Typ der neu anzulegenden bzw. der zu löschenden Beziehung angegeben werden. Bild 4.13 verdeutlicht den Verbindungsaufbau: ausgehend von drei nicht miteinander verbundenen Datenelementen (hier durch die voneinander unabhängigen flachen Cursor Ca, Cb1 und Cb2 bestimmt), werden in einer **verbinde**-Operation zwei Beziehungen (von unterschiedlichem Typ (VT1, VT2)) aufgebaut. Im Anschluß wird dann durch eine **trenne**-Operation eine dieser Beziehungen (die Beziehung vom Typ VT2 zwischen den durch Ca und Cb2 identifizierten Datenelementen) wieder entfernt.

Oftmals müssen sehr viele Datenelemente miteinander verbunden werden. Es ist daher nützlich, daß diese Datenelemente nicht nur durch unmittelbares Aufzählen in einer Parameterliste spezifiziert werden können, sondern daß vielmehr ganze Datenelementbereiche auf eine geeignetere Art und Weise zu identifizieren sind. So besteht die Möglichkeit, Datenelemente innerhalb eines Cursor-Bereichs in ihrer Gesamtheit anzusprechen und in einer Cursor-Operation zu verwenden. Bild

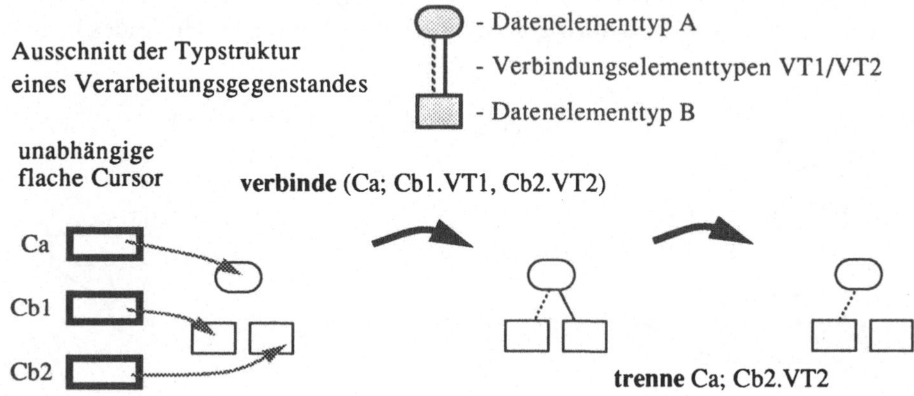

Bild 4.13   Auf- und Abbau von Beziehungen zwischen Datenelementen im Objektpuffer

4.14 skizziert diese Möglichkeit der Parameterspezifikation für den Aufbau von Verbindungselementen.

Eine strukturelle Veränderung eines Verarbeitungsgegenstandes kann nicht nur durch Modifikationen der Verbindungselemente, sondern auch durch das **Einfügen** bzw. das **Entfernen** von Datenelementen erfolgen. Zum Einfügen eines neuen Datenelementes in den Objektpuffer wird ein Cursor spezifiziert, der nach Operationsdurchführung auf das neu entstandene Datenelement verweist. Handelt es sich hierbei um einen hierarchischen Cursor, so wird die Position angegeben, "auf der" ein neues Datenelement angelegt werden soll. In diesem Fall befinden sich alle abhängigen flachen Cursor nach der Einfügeoperation im Zustand *leer/undefiniert*. Gleichzeitig wird der übergeordnete flache Cursor genutzt, um das neu entstehende Datenelement in die Verbindungsstruktur des Verarbeitungsgegenstandes einzubringen; d.h., es wird implizit ein Verbindungselement erzeugt, das eine Beziehung zu dem durch den übergeordneten Cursor bestimmten Datenelement herstellt. Identifiziert der übergeordnete flache Cursor gegenwärtig kein Datenelement, so kann die gesamte Einfügeoperation nicht durchgeführt werden. Bild 4.15 illustriert die Wirkungsweise der Einfügeoperation. Es werden über einen hierarchischen Cursor sukzessive zwei Datenelemente eingefügt, wobei mit dem Einfügen des zweiten Datenelementes gemäß der Cursor-Struktur eine Verbindung zum übergeordneten Datenelement hergestellt wird. Eine **füge_ein**-Operation für das in der Cursor-Struktur untergeordnete Datenelement (füge_ein (C1(Cb)) zu Beginn der Sequenz würde zu einem Fehler führen, da zu diesem Zeitpunkt kein übergeordnetes Datenelement vorhanden ist.

Auch beim Einfügen kann ein explizites Umfeld angegeben werden, in das ein neu erzeugtes Datenelement einzubringen ist. Die Spezifikation des Umfeldes kann da-

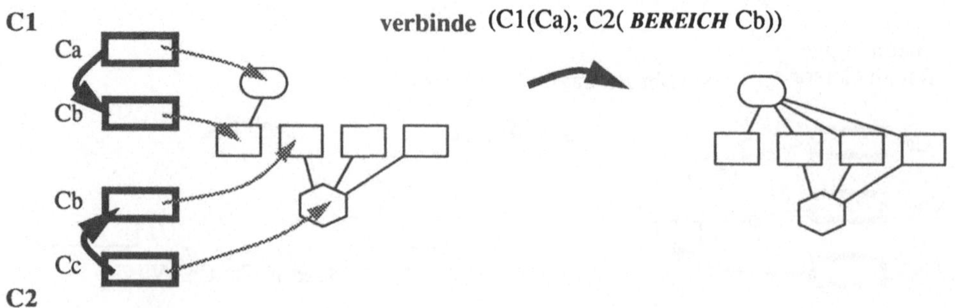

Bild 4.14   Aufbau von Beziehungen im Objektpuffer mit BEREICHs-Spezifikation

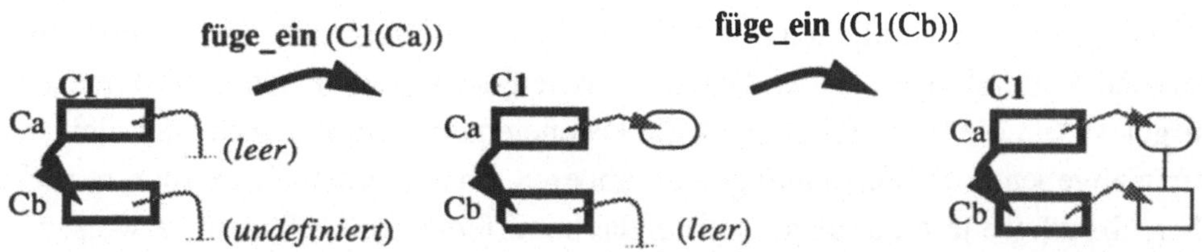

Bild 4.15 Einfügen neuer Datenelemente und Einbringen in den Verarbeitungsgegenstand

bei in gleicher Weise erfolgen, wie dies bereits oben in Zusammenhang mit dem
Auf- bzw. Abbau von Beziehungen beschrieben wurde (Aufzählen der zu verbindenden Datenelemente in einer Cursor-Liste, ggf. auch mit einer Bereichsangabe).

Sowohl durch Einfügen von neuen Datenelementen als auch durch Aufbau neuer
Verbindungen zwischen bestehenden Datenelementen werden Cursor-Bereiche erweitert. Dies geschieht stets so, daß bei Weiterschalten auf das jeweils nächste Element, ein Auffinden des neu eingefügten bzw. der neu verbundenen Datenelemente
gewährleistet ist. Mit anderen Worten, eine Erweiterung eines möglichen Cursor-
Bereiches geschieht immer bzgl. der implizit vorherrschenden Aufsuchreihenfolge
am Ende des betreffenden Bereiches.

Entsprechend der Einfüge-Operation erfolgt das Löschen eines Datenelementes aus
dem betrachteten Verarbeitungsgegenstand innerhalb eines sog. Löschkontextes.
Die generelle **Semantik der Löschoperation ist restriktiv**, d.h., es werden nur
diejenigen Datenelemente gelöscht, die neben den Verbindungen innerhalb des
Löschkontextes in **keiner** weiteren Verbindung zu anderen im Objektpuffer enthaltenen Datenelementen stehen. Wird das zu löschende Datenelement durch einen
hierarchischen Cursor identifiziert, so besteht der Löschkontext implizit aus dem
Daten- und Verbindungselement, auf das ein übergeordneter flacher Cursor verweist. Darüber hinaus kann, wie ja bereits bei den Operationen füge_ein, verbinde
und trenne beschrieben, ein Löschkontext explizit angegeben werden. Durch die
lösche-Operation wird zunächst das zu löschende Datenelement aus dem Löschkontext entfernt, d.h., alle Verbindungen zu den Elementen des spezifizierten Kontextes
werden aufgelöst. Existieren im Anschluß daran keine weiteren Verbindungen
mehr zu Datenelementen innerhalb des Verarbeitungsgegenstandes (und nur dann)
wird die Löschung durchgeführt (die Wirkung dieser *lokalen* Löschoperation bei
einem späteren Checkin ist ausführlich am Ende dieses Abschnittes beschrieben).

Anderenfalls bleibt das zu löschende Datenelement im Objektpuffer erhalten. Unabhängig von der eigentlichen Löschung bleiben die zu Beginn der Operation aufgetrennten Verbindungen zu den Datenelementen des angegebenen Löschkontextes aufgelöst. Für die Entscheidung, ob ein Datenelement gelöscht wird oder nicht, ist nur maßgebend, ob Verbindungen zu anderen Datenelementen existieren, nicht aber, ob evtl. weitere Cursor aktuell auf das betreffende Datenelement verweisen.

Bild 4.16 verdeutlicht an Beispielen die unterstellte Löschsemantik. Ausgehend von einer Konstellation mit einem hierarchischen Cursor C1 und einem flachen Cursor C2, deren Bereiche teilweise überlappen (C1(Cb) "erreicht" Datenelemente, die auch über C2 angesprochen werden können), wird die Wirkungsweise verschiedener Löschoperation demonstriert: Zunächst wird über den Cursor C1 ein "Blatt-Datenelement" aus dem zugrundeliegenden Verarbeitungsgegenstand entfernt (1), was ohne Angabe eines expliziten Löschkontextes geschehen kann, da der durch C1 implizit bestimmte Kontext bereits das Datenelement, zu dem noch eine Verbindung besteht, beinhaltet. Nach der Löschoperation befindet sich der zur Identifikation benutzte flache Cursor C1(Cb) im Zustand *zwischen*, d.h., er verweist nicht mehr auf ein aktuelles Datenelement, kann aber noch mittels der Weiterschaltoperation verändert werden, da der Cursor-Bereich bekannt ist. Im zweiten Fall ist ein Löschkontext spezifiziert, der allerdings nicht alle Außenverbindungen des zu löschenden Datenelementes umfaßt (2). Entsprechend wird das identifizierte Datenelement nicht tatsächlich gelöscht, sondern lediglich seine Beziehungen zu den Datenelementen des Löschkontextes aufgelöst. Der Cursor, über den die Löschung abgewickelt wurde (C2), befindet sich anschließend ebenfalls im Zustand *zwischen*. Im dritten Fall wird als Löschkontext ein Cursor-Bereich angegeben, der alle Außenverbindungen des zu löschenden Datenelementes abdeckt (3). Dieses kann daher tatsächlich aus dem betrachteten Verarbeitungsgegenstand gelöscht werden. Da die Identifikation durch die Position in einem hierarchischen Cursor erfolgte, wird der abhängige Cursor in den Zustand *undefiniert* gesetzt. Der zur Identifikation benutzte Cursor C1(Ca) nimmt im dargestellten Beispiel den *leer*-Zustand an. Dies gilt unter der Annahme, daß innerhalb des betrachteten Verarbeitungsgegenstandes kein weiteres Datenelement mit einem dem Cursor entsprechenden Typ existiert. Wäre dies der Fall, so müßte C1(Ca) den Zustand *zwischen* annehmen.

Insbesondere die letzten Beispiele haben gezeigt, wie sich Cursor-Bereiche gegenseitig überlappen können. Als Konsequenz kommt es zu Seiteneffekten bei der Ausführung von Cursor-Operationen, worauf an dieser Stelle allerdings nicht näher eingegangen werden kann.

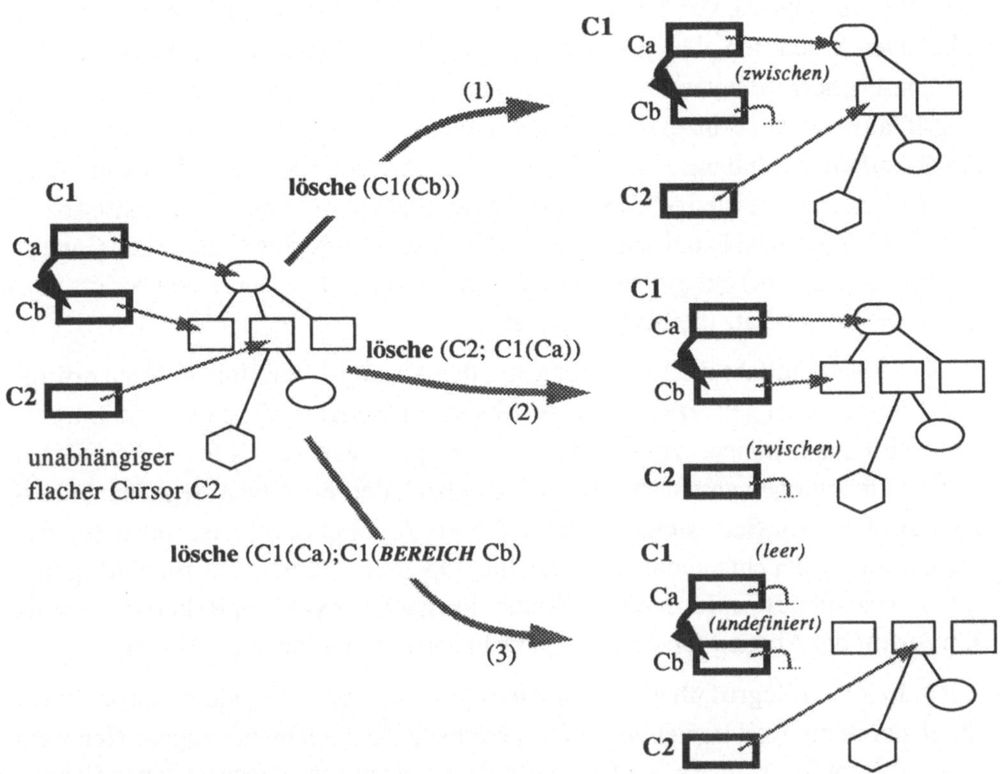

Bild 4.16 Beispiele für die Wirkungsweise der Löschoperation

Verarbeitung rekursiver Strukturen

Häufig beschreiben die netzartigen Strukturen innerhalb eines Verarbeitungsgegenstandes einen rekursiven Zusammenhang. Die rekursive Verarbeitung der so verbundenen Datenelemente muß in geeigneter Weise unterstützt werden. Der Wunsch nach einer Art **rekursivem Cursor** liegt dabei auf der Hand. Bisher sind hierarchische Cursor mit einer festen Struktur und bestehend aus einem festen "Satz" einfacher flacher Cursor definiert. Rekursive Cursor benötigen dagegen einen Satz flacher Cursor (also einen hierarchischen Cursor) für jede Ebene der Rekursion. Die Anzahl der einem rekursiven Cursor zugeordneten flachen Cursor hängt demnach sowohl von der momentanen Cursor-Belegung als auch von der aktuellen Struktur des betrachteten Verarbeitungsgegenstandes ab und kann sich daher im Verlaufe der Verarbeitung ändern. Für den Zugriff und die Verarbeitung über einen rekursiven Cursor ist ein **Traversieren** und ein **Indizieren** der Rekursionsebenen möglich. Das Traversieren erlaubt eine ebenenweise Verarbeitung der rekursiven Strukturen, d.h., der Zugriff auf die Datenelemente innerhalb einer Rekursionsebene wird unterstützt. Dagegen ermöglicht die Indizierung den direkten Zugriff auf eine (im Prinzip) beliebige Rekursionsebene und unterstützt damit eher die Verarbeitung entlang eines Pfades innerhalb einer rekursiven Struktur. Zum Traversieren über rekursive Cursor sind die zusätzlichen Operationen **abstieg** bzw. **aufstieg** vorgesehen. Durch sie findet ein Umschalten des gerade aktuellen Cursor-Satzes (hier. Cursor) auf ggf. einen neuen (bei Abstieg) bzw. auf einen bereits vorhandenen Cursor-Satz (bei Aufstieg) statt

Bild 4.17 verdeutlicht die Wirkungsweise der Abstieg-Operationen. Nach erfolgtem Abstieg ist der neu erzeugte Cursor-Satz unmittelbar verfügbar; die in ihm enthaltenen Cursor können zur Parameter-Festlegung von allen oben aufgeführten Cursor-Operationen verwendet werden. Der bzgl. der rekursiven Beziehung übergeordnete Cursor-Satz steht während dieser Verarbeitungsphase (also bis zur Durchführung der entsprechenden Aufstieg-Operation) nicht mehr zur Verfügung. Im vorgestellten Beispiel endet die Rekursion nach der zweiten Rekursionsebene. Ein Aufruf der Abstieg-Operation ergäbe in dieser Situation einen Fehler.

Bei indiziertem Zugriff über einen rekursiven Cursor kann zu jedem Zeitpunkt auf (bzgl. der rekursiven Beziehung) untergeordnete Datenelemente zugegriffen werden, daher muß zur Unterscheidung der in einer Operation angesprochenen flachen Cursor bei jedem Zugriff zusätzlich die betreffende Rekursionsebene angegeben werden (z.B. weiter (C1[2](Ca1)). Ist dabei für die spezifizierte Rekursionsebene noch kein Cursor-Satz vorhanden, so wird die bestehende Cursor-Struktur um wei-

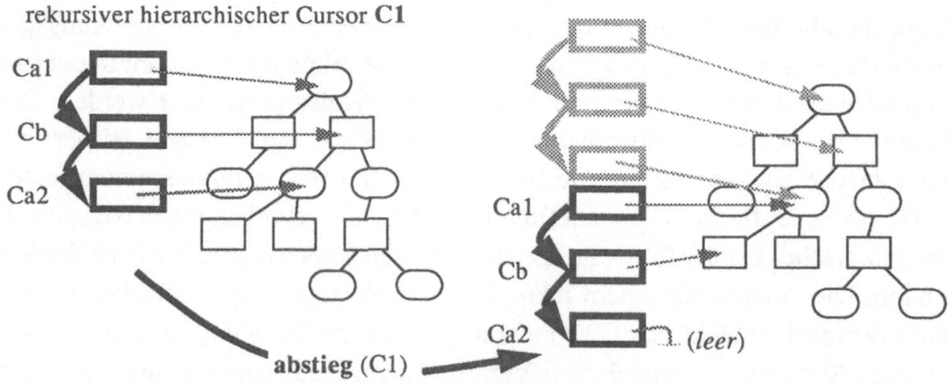

Bild 4.17   rekursive hierarchische Cursor zur Verarbeitung rekursiver Strukturen

tere Sätze ergänzt. Dies geschieht bis zur angegebenen Ebene, solange eine entsprechende Bindung an Datenelemente möglich ist. Ist keine ausreichende Erweiterung möglich, führt der Zugriff zu einem Fehler. Das Weiterschalten rekursiver Cursor bewirkt i.allg. den Übergang auf einen anderen Pfad von Datenelementen mit ggf. geringerer Länge. Hierdurch können ganze Cursor-Sätze den Zustand *undefiniert* annehmen. Korrespondierend zur automatischen Erweiterung beim Zugriff, kann es also beim Weiterschalten zu einer Reduktion der bestehenden Cursor-Strukturen kommen. Geeignete Implementierungen für rekursive Cursor sollten allerdings ein ständiges Rücksetzen und Erweitern der Cursor-Strukturen vermeiden. Die maximale Länge eines aktuell über einen rekursiven Cursor identifizierten Pfades kann mit Hilfe der **Länge**-Funktion abgerufen werden.

Einbringsemantik lokaler Modifikationen

Bisher wurden die Operationen und die Mechanismen zur Verarbeitung der Objektpufferdaten ausschließlich mit ihren unmittelbaren, lokalen Auswirkungen beschrieben. Die Effekte auf den globalen, vom Server-DBS verwalteten Datenbestand blieben bislang unberücksichtigt. Dies mag keineswegs verwundern, setzt doch die Wirkung lokaler Operationen auf globale Daten (im Gegensatz zu den Auswirkungen der Modify-Operation) i.allg. erst zu einem späteren Zeitpunkt ein und wird speziell durch die Checkin-Operation ausgelöst. Für die meisten Modifikationen erscheint die globale Wirkung ohnehin unproblematisch; so wirken sich Werteänderungen, geänderte Verbindungen zwischen Datenelementen sowie Einfügungen neuer Datenelemente relativ eindeutig auf den globalen Datenbestand aus, da von den jeweiligen Änderungen stets nur einzelne, zum Verarbeitungsgegenstand zählende Elemente betroffen sind. Dies gilt nicht ohne weiteres für das Löschen von Datenelementen, da sich hierbei Auswirkungen auf "anhängende" Verbindungselemente (zu anderen Datenelementen, die ggf. nicht zum Verarbeitungsgegenstand gehören) ergeben. Die betroffenen Verbindungselemente wären im Falle einer Löschung ebenfalls zu entfernen. Bild 4.18 skizziert die hieraus resultierende Problemstellung für das Einbringen der lokal durchgeführten Löschung in den globalen Datenbestand. Der durch eine Checkout-Operation in den Objektpuffer eingebrachte Verarbeitungsgegenstand wird dort lokal modifiziert. Im vorliegenden Beispiel wird eine Werteänderung durchgeführt, neue Daten- und Verbindungselemente erzeugt und die Datenelemente de1 und de2 gelöscht. Die Löschungen werden innerhalb des Verarbeitungsgegenstandes durchgeführt, da die betroffenen Elemente lokal mit keinen weiteren Elementen in Verbindung stehen. Beim Einbringen der Änderungen in den globalen Datenbestand (Checkin) werden

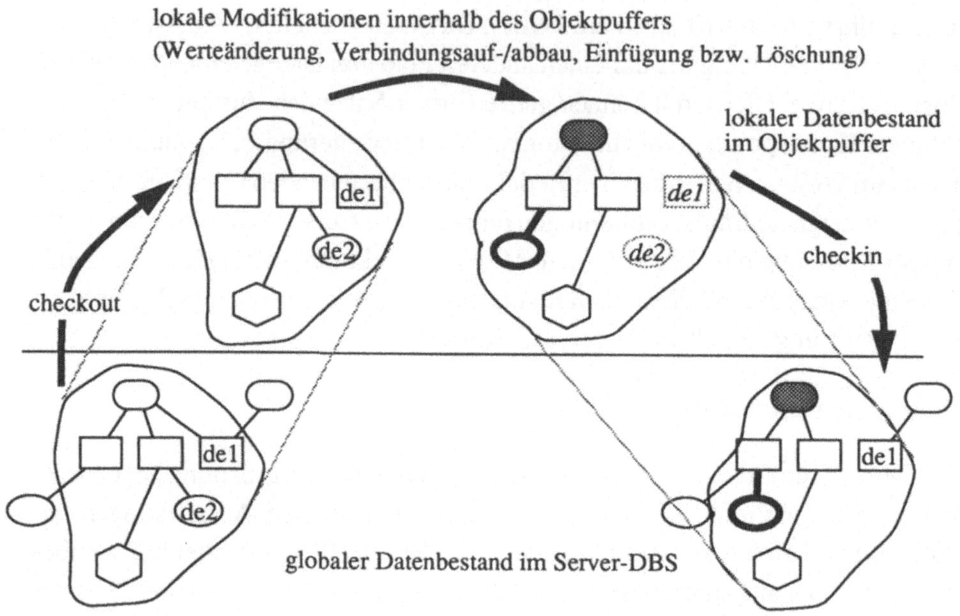

Bild 4.18   "Einbringproblematik" lokal gelöschter Datenelemente

die Werteänderung sowie das neu erzeugte Daten- und Verbindungselement unmittelbar übernommen. Die Löschung von Datenelement de1 wirkt sich global nicht aus, da Außenbeziehungen existieren und sich Folgeänderungen auf ein Element außerhalb des ursprünglichen Verarbeitungsgegenstandes ergeben würden. Die Löschung von de2 kann dagegen erfolgen.

Die hier vorgestellte Einbringsemantik ist bzgl. der global vorgenommenen Löschungen ähnlich restriktiv, wie die Semantik der lokalen Lösch-Operation selbst. D.h., Datenelemente, die innerhalb des lokal manipulierten Verarbeitungsgegenstandes gelöscht wurden, werden beim Einbringen dieser Änderung in den globalen Datenbestand nur dann auch tatsächlich gelöscht, wenn keine Beziehungen zu weiteren Datenelementen existieren.

Insgesamt ist die globale Wirkung der lokalen Operationen, die ja durch die Einbringsemantik festgelegt wird, damit so, als wenn sich der gesamte Datenbestand als Verarbeitungsgegenstand im Objektpuffer befände, was durchaus als ein Beleg für die "Natürlichkeit" der vorgeschlagenen Änderungs- und Einbringsemantik gewertet werden kann.

4.3 Zusammenspiel zwischen Client- und Server-DBS

Die vorangegangenen Abschnitte dieses Kapitels waren mit Fragen der Funktion und des Aufbaus der Client- und Server-Komponente eines WSDBS befaßt. Die Aspekte der Dynamik, also des Ablaufs der Verarbeitung, der Ablaufkontrolle, der Fehlerbehandlung sowie die Probleme der dynamischen und flexiblen Datenverteilung bilden den Gegenstand dieses Abschnitts.

4.3.1 Elementare Ablaufeinheiten

Aufbau und Strukturierung

Die Operationen zum Eröffnen, zum Beenden und zum Abbruch sowie die Operationen zur internen Strukturierung von elementaren technischen Ablaufeinheiten wurden bereits im allgemeinen Kontext der Ablaufkontrolle in WSDBS in den Abschnitten 4.1 und 4.2 im Zusammenhang mit den entsprechenden Systemkomponente eingeführt. Verbunden mit den Operationen zum Datenaustausch und zur Direktmanipulation der vom Server verwalteten Daten bestimmen sie die Schnittstelle zwischen Client- und Server-DBS. Bild 4.19 skizziert die mögliche Struktur eines komplexen technischen Ablaufs. Dabei wird zunächst unterstellt, daß sich der komplexe technische Ablauf als sequentielle Abfolge **elementarer Ablaufeinheiten** darstellt. Diese Einschränkung erscheint allerdings aus Sicht einer praktischen Umsetzung unnötig restriktiv (die elementaren Abläufe bilden ja gerade die Isolationseinheiten, d.h., mögliche Wechselwirkungen werden automatisch durch eine

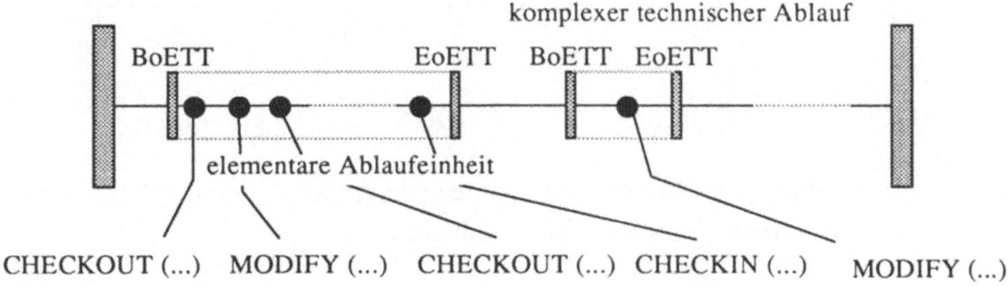

Bild 4.19 Strukturierung eines technischen Ablaufs durch die Operationen an der DB-Server-Schnittstelle

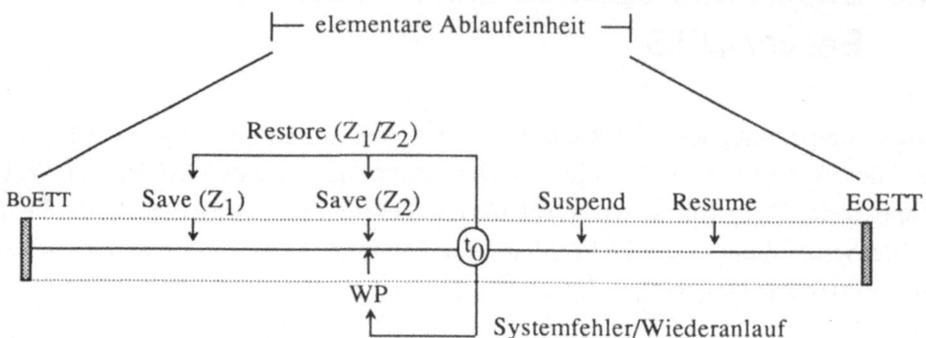

Bild 4.20: Mögliche Strukturierung eines Verarbeitungsschrittes als elementare
technische Ablaufeinheit

logische Serialisierung vermieden) und aus Sicht der Anwendung häufig störend.
So ist es durchaus vorstellbar und auch sinnvoll, daß ein Benutzer, der einen technischen Ablauf durchführt, **mehrere elementare Abläufe nebenläufig bearbeitet**,
insbesondere wenn man die u.U. langen Bearbeitungszeiten berücksichtigt, die sich
in technischen Anwendungsbereichen oftmals ergeben (z.B. aufwendige Simulati-
ons-, Auswahl- und Prüfverfahren). Eine mögliche Struktur eines komplexen technischen Ablaufs bestehend aus nebenläufigen elementaren Ablaufeinheiten ist in
Bild 4.21 dargestellt.

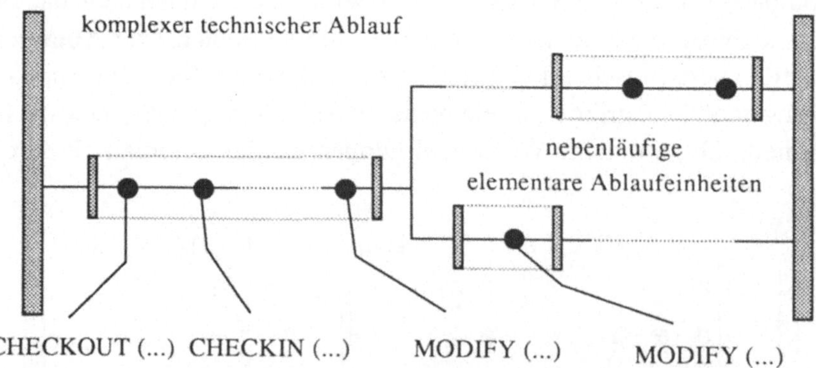

Bild 4.21: Struktur eines komplexen technischen Ablaufs bestehend aus nebenläufigen elementaren Ablaufeinheiten

Bild 4.20 zeigt eine mögliche interne Strukturierung einer elementaren Ablaufeinheit und illustriert die Wirkungsweise der damit zusammenhängenden Operationen. Nach der Eröffnung eines Verarbeitungsschrittes als Ablaufeinheit werden die

Zwischenzustände Z1 und Z2 durch Aufruf der Save-Funktion als Sicherungspunkte angelegt. Der jeweils zuletzt erzeugte Sicherungspunkt dient gleichzeitig als Wiederanlaufpunkt (WP) im Falle eines Systemfehlers: im Rahmen der Wiederanlaufbehandlung muß der dort festgehaltene Zustand wieder hergestellt werden. Über eine Restore-Funktion ist zum angegebenen Zeitpunkt (t_0) ein explizites Rücksetzen auf die Zwischenzustände Z1 oder Z2 möglich. Aus Sicht eines Systembenutzers sind noch weitere Funktionen zur Ablaufstrukturierung, nämlich zum Unterbrechen (Suspend) bzw. zum Wiederaufnehmen eines Verarbeitungsschrittes (Resume), wünschenswert /HHMM88, HS89a/.

Fehlersituationen

Die lokal durchzuführenden Maßnahmen zur Abwicklung von elementaren Ablaufeinheiten sowie die Protokolle zwischen Client- und Server-DBS müssen insbesondere auch in Fehlersituationen das Erreichen eines definierten Zustandes bei allen beteiligten Systemkomponenten sicherstellen. Bevor wir näher auf möglichen Protokolle und Verfahren eingehen, sollen zunächst die **Fehlersituationen,** die es zu unterscheiden und zu behandeln gilt, etwas genauer betrachtet werden:

• **Datenabhängigkeiten**

Werden von einem Client-DBS Daten vom DB-Server angefordert, die aktuell von einer anderen elementaren Ablaufeinheit verarbeitet werden, so ergibt sich je nach Art des bestehenden und des gewünschten Zugriffs ein Konflikt - es kommt zu einer Wartesituation. Je nach "Zustand" der Ablaufeinheit, mit der eine Konfliktsituation besteht, und je nach Grund der aktuellen Wartesituation sind unterschiedliche Reaktionen sinnvoll: Befindet sich die betreffende Ablaufeinheit beispielsweise in einer abschließenden Checkin-Bearbeitung, kann auf ihr Ende und damit auf die Beseitigung des Zugriffskonfliktes gewartet werden. Ist dies nicht der Fall, so können sich u.U. längere, nicht vorhersehbare, bei zyklischen Wartesituationen "endlose" Wartezeiten (Deadlocks) ergeben. Die betroffenen Ablaufeinheiten sollten daher keinesfalls automatisch in einen Wartezustand versetzt werden; vielmehr sollte der aktuelle Wartegrund möglichst genau zu "erfahren" sein, um dann ggf. eine Datenanforderung zurücknehmen und ein unverhältnismäßig langes Warten vermeiden zu können.

• **Konsistenzverletzungen**

Die mögliche Verletzung der Konsistenz des durch eine Ablaufeinheit involvierten Datenbestandes macht geeignete Reaktionen erforderlich. Hierbei geht es darum, sowohl Konsistenzverletzungen systemseitig zu vermeiden als auch dem Anwendungsprogramm bzw. dem Benutzer eine weitreichende Unterstützung bei deren Behebung zu bieten. Dies erfordert eine möglichst genaue Beschreibung der erkannten Konsistenzverletzung, was erwartungsgemäß um so einfacher möglich ist, je frühzeitiger eine Verletzung festgestellt wird. Es erscheint daher wünschenswert, daß möglichst viele der lokal auf Client-Seite überprüfbaren Konsistenzbedingungen auch tatsächlich dort validiert werden, damit Konsistenzverletzungen unmittelbar nach ihrem Eintreten erkannt und an das Anwendungsprogramm weitergeleitet werden können. Global zu überprüfende Konsistenzbedingungen können naturgemäß erst dann validiert werden, wenn die lokal durchgeführten Datenänderungen durch die Checkin-Operation in den Datenbestand des DB-Servers eingebracht werden sollen.

Die generelle Reaktion auch auf diese, erst am Ende einer Ablaufeinheit festgestellte Konsistenzverletzung, muß flexibel und der jeweiligen Situation angepaßt sein. Das automatische Zurücksetzen auf einen definierten und konsistenten Ausgangszustand ist wie oben im Fall der Wartesituationen nicht akzeptabel.

- **Ausfall einer DBS-Komponente**

  Konnte auf die oben dargestellten Fehler- und Ausnahmesituationen in den meisten Fällen "sehr ausgewogen" reagiert werden, so sind die Freiheitsgrade und die Reaktionsmöglichkeiten im Fall eines Systemfehlers, d.h. des Totalausfalles einer DBS-Komponente (Crash), wesentlich geringer. Geht man davon aus, daß sowohl für die Server- als auch für die Client-Seite automatisierbare Verfahren vorhanden sind, die im Crash-Fall ein Wiederanlaufen der ausgefallenen Komponente auslösen und den letzten, verbindlich vereinbarten "sicheren" Datenzustand wiederherstellen, so ergibt sich für die nicht ausgefallene Komponente die Aufgabe, den eigenen Datenbestand an diesen Zustand anzupassen, also ggf. ihrerseits den entsprechenden Datenzustand wiederherzustellen. Dies setzt voraus, daß auf Client- und Server-Seite stets bekannt ist, welche Datenzustände aufeinander abgestimmt sind, was wiederum eine genaue und verbindliche Absprache und Synchronisation beim jeweils lokalen Erzeugen sicherer Datenzustände bedingt.

Der Ausfall oder der fehlerhafte bzw. unzuverlässige Betrieb des Kommunikationsnetzwerkes wird hier nicht als Fehlersituation betrachtet, da wir davon ausgehen, daß bereits auf der Betriebssystemebene geeignete Mechanismen existieren, die diese Art von Fehler behandeln und vor den Anwendungen entsprechender Kommunikationsdienste verbergen.

Wartesituation, Deadlock und Konsistenzverletzung verursachen im Gegensatz zum Totalausfall einer Systemkomponente lediglich eine Fehlermeldung, auf die dann in geeigneter Weise durch Verwendung der "normalen" Ablaufkontrolloperationen reagiert werden kann. Der Crash-Fall dagegen bewirkt eine zwangsweise Änderung im Zustand einer Ablaufeinheit. Betrachtet man Zustände bzw. Zustandsübergänge einer Ablaufeinheit, so bildet also nur der Crash-Fall ein "signifikantes" Ereignis, durch das (neben den normalen Ablaufoperationen) ein Zustandsübergang herbeigeführt wird.

Maßnahmen und Protokolle zur Ablaufkontrolle

Die zentralen Fragestellungen bzgl. der hier vorgestellten elementaren Ablaufeinheiten ergeben sich aufgrund ihrer möglicherweise **langen Laufzeit** sowie durch ihre auf Server- und Client-DBS **verteilte Abwicklung**. Die lange Laufzeit macht neben der Sicherung der von der eigentlichen Verarbeitung betroffenen Daten auch Konzepte erforderlich, die eine persistente Ablage der organisatorischen, den Zustand einer Ablaufeinheit beschreibenden Daten erlauben. Hierzu zählen insbesondere auch die von einer Ablaufeinheit erworbenen Zugriffsrechte (Sperren). Die verteilte Abwicklung der elementaren Ablaufeinheiten erfordert ebenfalls verteilte Ablaufkontroll- und Sicherungsmaßnahmen. Als "Träger" dieser Maßnahmen sind lokale Ausführungseinheiten vorzusehen, zwischen denen entsprechende Absprachen über ihr Zusammenwirken notwendig sind. Aufgrund ihrer eindeutigen Auftragsbeziehung wird in /HHMM88/ die server-seitig ablaufende Ausführungseinheit auch als **Agent** der Client-Seite bezeichnet. Bild 4.22 gibt zunächst einen Überblick über die jeweils lokalen, client- bzw. server-seitigen Maßnahmen bzgl. der einzelnen Operationen zur Ablaufstrukturierung.

Bild 4.23 illustriert an einem einfachen Beispiel das Zusammenwirken zwischen Client- und Server-Komponente bei der Abwicklung einer elementaren Ablaufeinheit. Es wird deutlich, daß nicht jede der auf Client-Seite ausgeführten Operationen unmittelbar korrespondierende Maßnahmen auf Server-Seite auslöst: Zum einen wird die Ablaufeinheit server-seitig erst dann eröffnet, wenn auch tatsächlich ein Datenaustausch (bzw. eine Direktmanipulation) durchgeführt werden soll (vgl. Bild 4.23: Checkout). Zum anderen müssen nur "relevante" Sicherungspunkte auf Server-Seite mitgeführt werden, d.h. nur solche Sicherungspunkte, die tatsächlich auch einen neuen Datenzustand repräsentieren (vgl. Bild 4.23: Save(Zn)). Entsprechendes gilt für die Restore-Operation (in Bild 4.23 nicht dargestellt): Im Zuge ihrer Abwicklung wird auf Client-Seite stets der in einem spezifischen Sicherungspunkt

	Client-Seite	Server-Seite
BoETT	Anstoßen der Server-BoETT-Behandlung und Protokollieren der zurückgelieferten Ablaufkennung.	Erzeugen und Protokollierung einer Kennung zur Identifikation der eröffneten Ablaufeinheit.
Checkout	Anstoßen der Server-Checkout-Behandlung. Einbringen der vom DB-Server ermittelten und bereitgestellten Daten. Bei wiederholtem Checkout wird dabei ein Mischvorgang durchgeführt.	Erwerb der erforderlichen Zugriffsrechte (Sperren), Evaluieren und Zusammenstellen der angeforderten Daten.
Save (Suspend)	Sichern des aktuellen Objektpuffer-Inhaltes. Explizites Benennen des so erzeugten Client-Sicherungspunktes.	Sichern des aktuellen Änderungsstandes, insbesondere Sichern der bisher erworbenen Zugriffsrechte und Benennen dieses Server-Sicherungspunktes.
Restore (Resume)	Überschreiben des aktuellen Objektpufferinhaltes mit dem Inhalt eines angegebenen Sicherungspunktes.	Rücksetzen des Datenbestandes auf den benannten Sicherungspunkt und Rückgabe der neu erworbenen Zugriffsrechte.
Checkin	Zusammenstellen der akkumulierten Änderungen und Anstoßen der Server-Checkin-Behandlung.	Einbringen der lokal durchgeführten Änderungen in den globalen Datenbestand und Prüfung der Konsistenz (keine Freigabe).
Modify		Durchführung der spezifizierten Direktänderungen im globalen Datenbestand (keine Freigabe).
Abort	Zurücksetzen auf den Ausgangszustand: Revidieren aller Änderungen und Freigabe aller belegten Ressourcen.	Zurücksetzen auf den Ausgangszustand: Aufgabe aller innerhalb der Ablaufeinheit erworbenen Zugriffsrechte.
EoETT	Freigabe aller Ressourcen: Objektpufferbereiche, Sicherungspunkte etc. Ungültigmachen der Ablaufkennung.	Aufgabe aller erworbenen Rechte und Freigabe der eingebrachten Änderungen.

Bild 4.22: Client- bzw. server-seitige Maßnahmen zur Strukturierung elementarer Ablaufeinheiten

festgehaltene Datenzustand wiederhergestellt; auf Server-Seite allerdings werden nur dann spezielle Maßnahmen notwendig, wenn in dem Zeitraum zwischen dem Setzen des Sicherungspunktes und der Durchführung der Restore-Operation mindestens eine weitere Operation mit Auswirkungen auf Server-Seite ausgeführt wurde. Zum Zeitpunkt t_0 beispielsweise (siehe Bild 4.23) kann ein Rücksetzen auf den

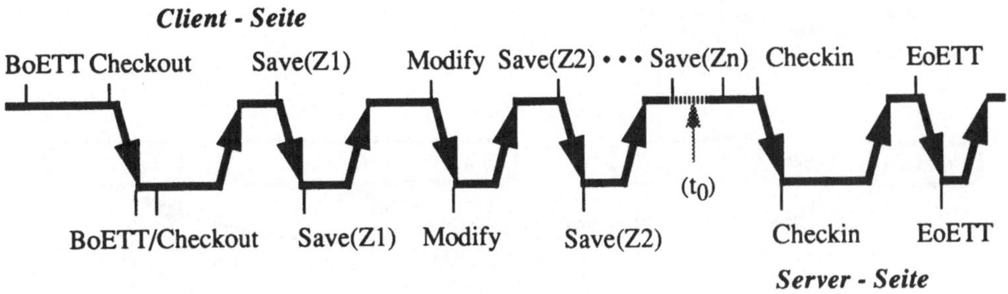

Bild 4.23: Zusammenwirken zwischen Client- und Server-Komponente bei der Abwicklung der Ablaufkontrolloperationen

Zustand Z2 vollkommen unabhängig vom DB-Server erfolgen, wohingegen ein Rücksetzen auf den Zustand Z1 auf Server-Seite nachgeführt werden muß.

Bild 4.24 skizziert die Zusammenhänge auch für die weiteren Ablaufkontrolloperationen und verdeutlicht die Abhängigkeiten zwischen den client- und server-seitigen Maßnahmen. Neben **Abhängigkeiten auf Datenebene** ergeben sich **Abhängigkeiten bzgl. des Kontrollflußes**:

- **parallele versus sequentielle Abwicklung**

  Es wird zunächst danach unterschieden, ob die server- bzw. client-seitigen Ausführungen voneinander unabhängig, also parallel erfolgen können oder, ob aufgrund von Datenabhangigkeiten eine bestimmte Ausführungsreihenfolge eingehalten werden muß. So hängt die Ausführung der Checkout-Operation auf Client-Seite (Checkout/Cl) entscheidend von der Ausführung der server-seitigen Checkout-Operation ab - liefert diese doch gerade die angeforderten Daten als Ergebnis zurück. Andere Operationen, wie z.B. das Anlegen eines Sicherungspunktes oder das Beenden einer Ablaufeinheit, können dagegen parallel ausgeführt werden.

- **synchrone versus asynchrone Terminierung**

  Abhängigkeiten bzgl. des Kontrollflußes lassen sich danach unterteilen, ob zur Beendigung der Ablaufkontrolloperation die Aktivitäten auf Server- bzw. auf Client-Seite jeweils vollständig abgeschlossen sein müssen, oder ob vielmehr ein Anstoßen der entsprechenden Maßnahmen **ausreicht**. Entscheidend hierfür ist die Fähigkeit der einzelnen Komponente, auch im Fehlerfall eine vollständige Abarbeitung der angestoßenen Operationen zu garantieren (was zumindest die sichere Protokollierung der Operationsaktivierung erfordert). Die Restore-Operation beispielsweise kann bereits nach erfolgreicher Aktivierung der Rücksetz-

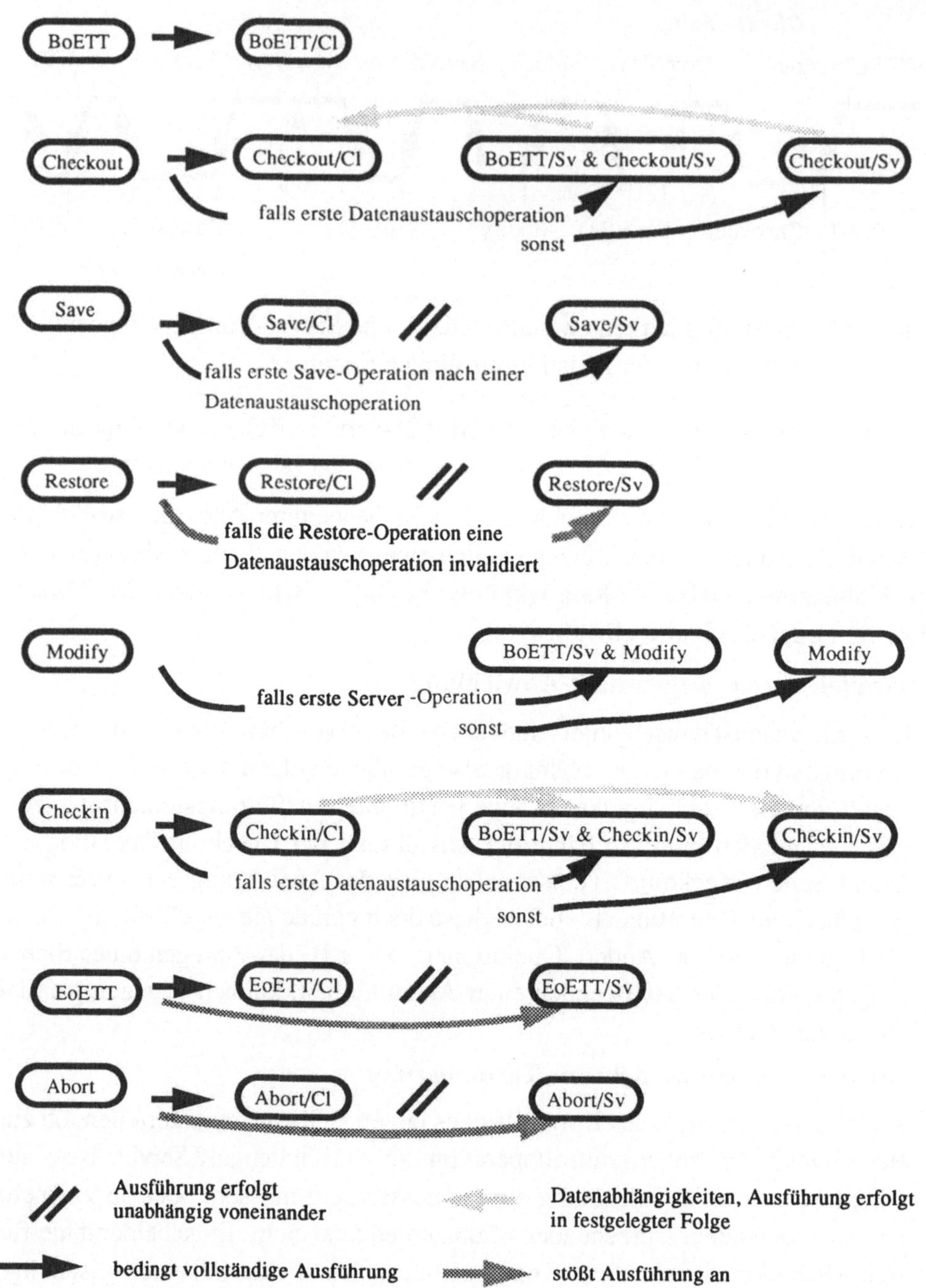

Bild 4.24: Zusammenhänge zwischen der client- und server-seitigen Durchführung der einzelnen Ablaufkontrolloperationen

vorgänge auf Server-Seite beendet werden, da ja der Zustand, auf den zurückgesetzt werden soll, gegen Systemfehler geschützt ist und somit die Operation auch noch nach einem evtl. zwischenzeitlich eingetretenen Totalausfall des DB-Servers ausgeführt werden könnte. Entsprechendes gilt für die Abort-Operation. Bei der Save-Operation dagegen muß auf das Ende des server-seitigen Sicherungsvorganges gewartet werden, da in diesem Fall der DB-Server naturgemäß keinerlei Garantie für eine erfolgreiche Ausführung übernehmen kann.

Bild 4.25 zeigt in Form von Zustandsdiagrammen das Verhalten der Ablaufeinheiten bei den einzelnen Operationen bzw. Ereignissen jeweils aus Sicht der Server- und Client-Komponente. Es werden dabei folgenden Zustände unterschieden:

* **unknown:** die betrachtete Ablaufeinheit ist dem System noch nicht bekannt (sie wurde noch nicht eröffnet);

* **persistent:** der mit der betrachteten Ablaufeinheit verbundene Verarbeitungszustand ist auf Sekundärspeicher gesichert und kann nach einem Systemausfall wiederhergestellt werden;

* **transient:** der erreichte Verarbeitungszustand ist nicht gesichert und kann daher bei Systemausfall verlorengehen.

Zustandsübergänge werden durch die Aktivierung der entsprechenden Ablaufkontroll-operationen bzw. durch Systemfehler (Server- bzw. Client-Crash) ausgelöst. Gemäß den in Bild 4.24 dargestellten Abhängigkeiten zwischen den jeweils durchgeführten Maßnahmen hängen die client- und server-seitig angenommenen Zustände sowie die jeweiligen Zustandsübergänge voneinander ab; sie müssen sich aber nicht notwendigerweise zu jeder Zeit entsprechen. Beginnend im Zustand *unknown* bewirkt eine BoETT-Operation auf Client-Seite einen Übergang in den Zustand *persistent,* wohingegen auf Server-Seite die gerade begonnene Ablaufeinheit noch unbekannt ist (also im Zustand *unknown* verbleibt). Erst bei einer darauffolgenden Checkout, Checkin bzw. Modify-Operation wird auch auf Server-Seite der Zustand *transient* angenommen.

Die Zustandsdiagramme für Client- und Server-Seite weisen das gleiche Grundmuster auf. Allerdings ergeben sich aufgrund der bedingten, lokalen Wirkung einiger der Operationen und der Systemausfälle Unterschiede bei den Zustandsübergängen. So führt das Zusammenfassen der BoETT-Operation mit der ersten Datenaustausch- bzw. Änderungsoperationen auf der Seite des DB-Servers zwangsweise zu Abweichungen beim Verlassen des *unknown*-Zustandes. Die Wechselwirkung der beiden Zustandsgraphen ist in Bild 4.26 nochmals an einem Ablaufdiagramm ex-

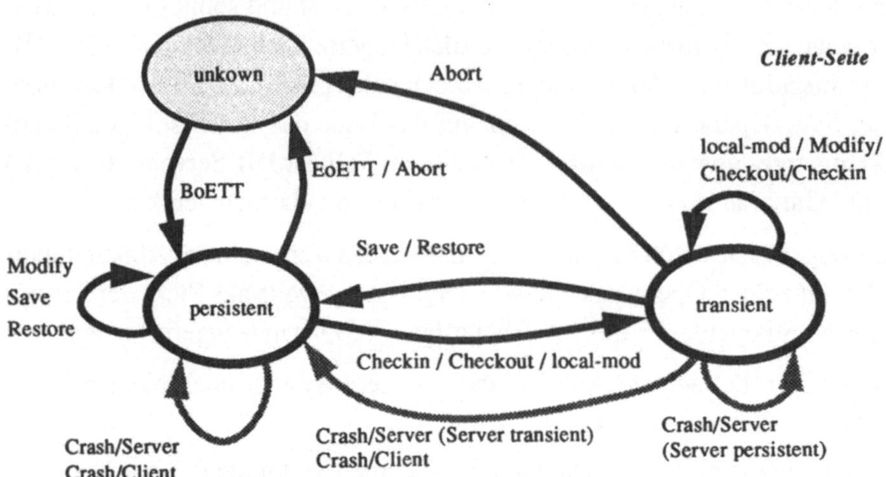

local-mod : lokale, client-seitige Modifikation der Objektpufferdaten

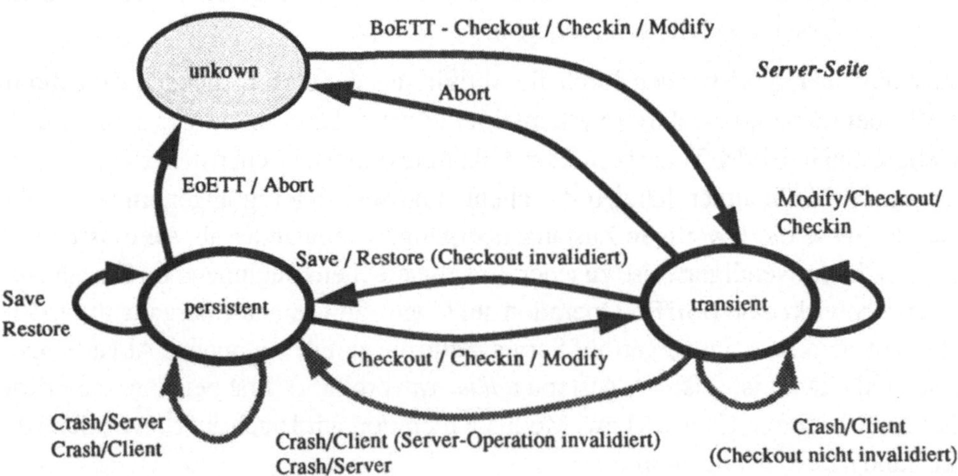

Bild 4.25: Zustandsdiagramm für elementare Ablaufeinheiten auf der Seite des
Server- bzw. Client-DBS

emplarisch verdeutlicht. Neben den jeweils lokalen Abläufen wird insbesondere
die mögliche Parallelität innerhalb der einzelnen Operationen sichtbar. Ausgehend
von den client- und server-seitigen Zustandsübergängen sind die globalen Zustände
und Zustandsübergänge dargestellt. Dabei wird deutlich, daß global für die gesamte

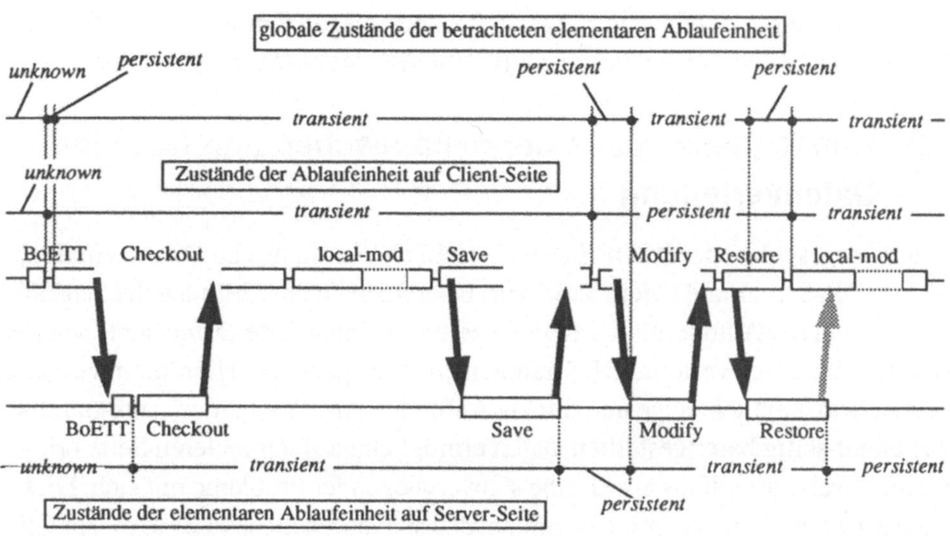

Bild 4.26: Zusammenwirken zwischen Client- und Server-Komponente bei der
Abwicklung der Ablaufkontrolloperationen

elementare Ablaufeinheit nur dann Persistenz erreicht ist, wenn dies sowohl für die
client- als auch server-seitige Ablaufeinheit gilt bzw. das Erreichen des persistenten
Zustandes garantieren kann. Letzteres ist hier im Beispiel nach Aktivierung der Restore-Operation auf Seite des Server-DBS der Fall.

Die Diagramme in Bild 4.25 enthalten auch die Zustandsübergänge, die das Verhalten einer Ablaufeinheit beim Ausfall einer der beiden beteiligten Systemkomponenten beschreiben. Dabei ist bemerkenswert, daß ein Übergang vom Zustand *transient* in den Zustand *persistent*, was ja im Fehlerfall dem unfreiwilligen Verlust
geleisteter Arbeit entspricht, primär durch den Ausfall der jeweils lokalen und nur
bedingt durch den Ausfall der anderen Komponente ausgelöst wird. Auf Client-
Seite bewirkt ganz offensichtlich der Ausfall des DB-Servers nur dann einen Zustandswechsel, wenn sich die server-seitige Ablaufeinheit im Zustand *transient* befand. Die Server-Seite ist entsprechend nur dann von dem Crash eines Client-DBS
betroffen, wenn sich die client-seitige Ablaufeinheit im Zustand transient befand
und zudem beim Übergang auf den letzten Sicherungspunkt eine Server-Operation
(Checkout/Checkin/Modify) involviert ist. Beide Fälle sind leicht zu "entschärfen", wenn man mit jeder Server-Operation das Anlegen eines Sicherungspunktes,
also den Übergang in den Zustand *persistent* verbindet.

Insgesamt unterstreichen die Darstellungen der drei letzten Bilder die relativ lose Kopplung zwischen Client- und Server-DBS und belegen damit das hohe Maß an Fehlerautonomie, das die hier vorgestellte WSDBS-Architektur ermöglicht.

4.3.2 Konsequenzen aus der dynamischen und flexiblen Datenverteilung

Der hier vorgeschlagene WSDBS-Ansatz sieht eine dynamische Datenverteilung zwischen DB-Server und Client-DBS vor. Überwiegend aus Gründen der Zugriffseffizienz und der Autonomie wird gleichzeitig die integrierte Datensicht, wie sie beispielsweise durch verteilte DBS geboten wird, aufgegeben. Hierdurch wird auf der einen Seite eine sehr enge und direkte Anbindung der Anwendungsprogramme an die client-seitig bereitgestellten Daten ermöglicht; auf der anderen Seite bringt diese Sichtweise allerdings eine Reihe schwerwiegender Probleme mit sich. Diese hängen im wesentlichen damit zusammen, daß sich durch die jeweils lokal auf Client- oder Server-Seite durchgeführten Modifikationen eine zunehmende Diskrepanz zwischen den Datenbeständen ergibt, was wiederum zu einigen "pathologischen" Fehlersituationen führen kann.

Mischproblematik bei mehreren Checkout-Operationen

Bereits der Wunsch, zu verschiedenen Zeitpunkten und eventuell mit verschiedenen Sichtweisen auf die vom Server-DBS verwalteten Daten zuzugreifen (z.B. durch mehrfaches Checkout), wirft eine Reihe grundlegender Konsistenzprobleme auf (bereits im Zusammenhang mit der Datenaufbereitungskomponente innerhalb des Client-DBS wurde u.a. auf die **Mischproblematik** hingewiesen):

- **Identität der Datenelemente**

  Das Mischen erfordert zunächst die Möglichkeit, Datenelemente unabhängig von ihrer aktuellen Gestalt **auf Identität zu prüfen**, d.h., zu prüfen, ob die durch unterschiedliche Checkout-Operationen vom DB-Server beschafften Datenelemente identisch (im Sinne des an der Server-Schnittstelle zugrundeliegenden Datenmodells) sind. Ist auf der Ebene dieses Datenmodells die Identität der erfaßten Größen explizit beschrieben (Primärschlüsselattribute, Surrogate etc.), so ist die Identitätsprüfung in vielen Fällen einfach. Anderenfalls kann der Mischvorgang bei einem mehrfachen Checkout nur anwendungsseitig durchgeführt werden, da ja aus Sicht des Client-DBS nicht geklärt werden kann, welche der Datenelemente, die bei einem Checkout in den Objektpuffer einzubringen sind, tatsächlich "neu" und welche bereits in ihm (evtl. auch in einer anderen Darstellung) enthalten sind. Umgekehrt, wenn Datenelemente als neu erkannt werden, muß durch geeignete Maßnahmen dafür Sorge getragen werden, daß diese auch im Objektpuffer als neue, eindeutig identifizierbare Datenelemente organisiert und eingebracht werden. Diese Forderung mag zunächst verwundern; die zugrundeliegende Problematik wird allerdings klar, wenn man bedenkt, daß durch eine Checkout-Operation auf DB-Server-Seite ggf. eine Sichtenbildung durchgeführt wird, wobei (durch Aggregations- oder Verbund-Operationen) neue, im ursprünglichen Datenbestand nicht vorhandene Datenelemente erzeugt werden können. Auch diese Datenelemente besitzen eine u.U. systemvergebene Identität, die sie voneinander unterscheidet. Sollen nun mehrere Checkout-Operationen ein "gemeinsames" Resultat liefern (ihre Teilresultate sollen ja im Objektpuffer zusammengefaßt werden), so muß entweder durch den DB-Server oder aber durch die Datenaufbereitungskomponente auf Workstation-Seite sichergestellt werden, daß die "künstlich" erzeugten Datenelemente auch im erweiterten Kontext der verschiedenen Checkout-Operationen unterscheidbar sind.

- **Aktualität der Datenelemente**

Beim eigentlichen Mischvorgang müssen, unabhängig davon, ob er nun anwendungs- oder systemseitig erfolgt, neue Datenelemente in den Objektpuffer eingebracht bzw. bereits vorhandene Datenelemente um Attributinformationen ergänzt werden. Bzgl. derjenigen Attribute, die sowohl im Objektpuffer vorhanden sind, als auch durch ein wiederholtes Checkout vom DB-Server geliefert werden, stellt sich die **Frage nach der Aktualität** der jeweiligen Informationen; je nach Aktualitätsstand muß der Objektpufferwert beibehalten oder der neu bereitgestellte Attributwert übernommen werden. Im allg. Fall könnte die Frage der Aktualität durch eine Art Zeitmarke, die den letzten Änderungszeitpunkt festlegt, geklärt werden. Da Änderungen in der Regel auf Attributebene erfolgen, wären entsprechende Zeitmarken ebenfalls auf der Ebene der Attribute angesiedelt, was allerdings ganz offensichtlich mit einem erheblichen Verwaltungsaufwand verbunden ist. Am Ende dieses Abschnittes werden daher Restriktionen bzgl. der Operationsfolge und -abwicklung vorgeschlagen, die eine wesentlich einfachere Aktualitätsregelung erlauben.

Problem der unvollständige oder fehlerhaften Analyse

Erheblich schwerwiegendere **Konsistenzprobleme** ergeben sich aus dem Sachverhalt, daß die vom DB-Server verwalteten Daten aus Sicht einer bestimmten Anwen-

dung invalidieren, wenn die entsprechenden Datenelemente innerhalb des Objektpuffers auf Client-Seite modifiziert oder gänzlich gelöscht werden. Alle durch
Checkout-Operationen auf Server-Seite angestoßenen Auswertungen arbeiten daher auf einem evtl. veralteten Datenbestand und liefern somit Ergebnisse, die möglicherweise im Widerspruch zum aktuellen Objektpufferinhalt stehen. Zwar werden bei mehrfachen Checkout-Operationen aufgrund der speziellen Mischmaßnah-
men beim Einbringen in den Objektpuffer (Prüfung der Identität und der Aktualität)
keine relevanten Daten überschrieben (vgl. Checkout (3)), wie in Bild 4.27 aufgezeigt, können dennoch widersprüchliche Daten in den Objektpuffer gelangen (vgl.
Checkout (4)). In der dargestellten Situation wird nicht das inzwischen invalidierte

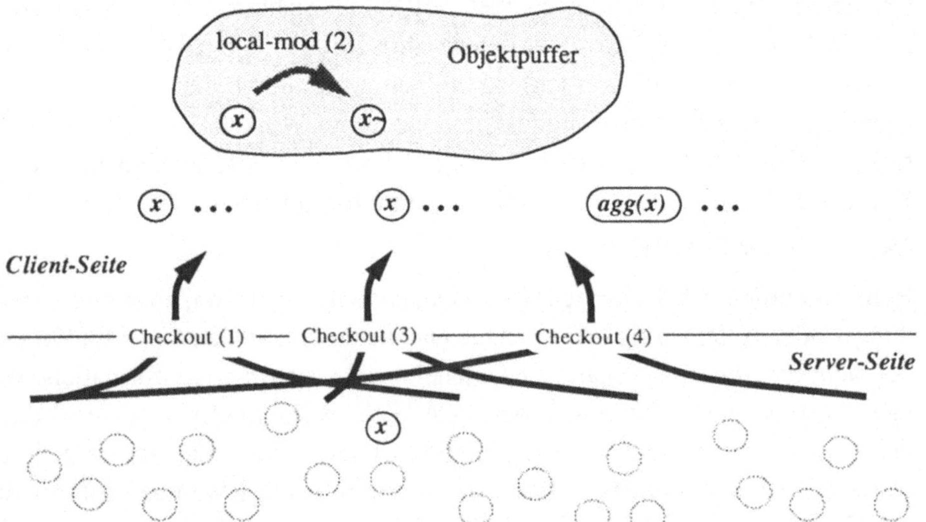

Bild 4.27: Unvollständige oder fehlerhafte Analyse nach Änderungen des
Objektpufferinhaltes

Datenelement x, sondern vielmehr ein von x abgeleitetes Datenelement *agg(x)* geliefert, das als ein vollkommen neues Datenelement in den Objektpuffer eingebracht wird. Aus Sicht des den Objektpuffer nutzenden Anwendungsprogramms
entsteht ggf. ein Widerspruch zwischen dem zu *x~* modifizierten und dem aus *x*
abgeleiteten Datenelement agg(x).

Eine ganz ähnliche Situation tritt auf, wenn eine Datenänderung x->x~ nicht auf
Client-Seite innerhalb des Objektpuffers, sondern unmittelbar auf dem Datenbestand des DB-Servers erfolgt (nicht in Bild 4.27 dargestellt). In diesem Fall wird ein
aktuelles Datenelement agg(x~) abgeleitet, was sich allerdings im Widerspruch zu
der inzwischen invaldierten Objektpuffersicht (des Datenelementes x) befindet.

Die aufgeführten Problemfälle der "unvollständigen oder fehlerhaften Analyse" können vermieden werden, wenn entweder

- eine verteilte Auswertung unter Berücksichtigung des aktuellen Objektpufferinhaltes durchgeführt wird (integrierte Datensicht, dies ist i.allg. jedoch mit erheblichen Kosten verbunden) oder

- server-seitig nur einfache Auswertungen (Projektionen) erlaubt sind (Checkout (4) entfällt, da kein agg(x) bestimmt werden kann; die beschafften Datenelemente können stets durch den Mischvorgang mit ihrer aktuellsten Belegung im Objektpuffer bereitgestellt werden) oder

- ein wiederholtes Checkout ein und desselben Datenelementes (bzw. eines davon abgeleiteten Datenelementes) gänzlich verboten wird (Checkout(3) und (4) entfallen) oder wenn

- zwischen Checkout-Operationen weder client- noch server-seitige Änderungen an betroffenen Datenelementen zugelassen werden (local-mod (2) bzw. Modify entfällt, so daß keine Datenelemente invalidieren können), bzw. umgekehrt, wenn invalidierte Datenelemente nicht mehr Gegenstand eines Checkout sein dürfen (Checkout (3) und (4) entfallen).

Alle diese Punkte laufen der generellen Zielsetzung einer möglichst einfachen und effizienten Auslegung der Client-DBS-Seite, einer hohen Autonomie zwischen Client- und Server-DBS und der Ausnutzung möglichst mächtiger Server-Funktionen entgegen und erscheinen daher insgesamt als zu restriktiv. Will man also nicht von den anfänglichen Zielen abgehen, so besteht nur die Möglichkeit, diese Fehlersituation zu "entschärfen" und durch die Festlegung einer klaren Checkout-Semantik für die Anwendung nachvollziehbar und damit annehmbar zu gestalten.

Betrachtet man hierzu nochmals Bild 4.27 und bedenkt den Objektpufferinhalt nach jeder einzelnen Operation ((1) - (4)), so ist leicht einsichtig, daß am Ende der Operationssequenz der Objektpufferinhalt identisch ist mit dem Inhalt, der sich aufgrund einer Operationsfolge (1),(3),(4),(2) ergeben würde. Eine der Anwendungsprogrammierung zugrundeliegende **Vorstellung bzgl. der Datenversorgung** könnte demnach **durch eine "2-Phasigkeit" bestimmt** sein, die besagt, daß zunächst *ein Datenelement in allen erforderlichen Sichten vom Server angefordert wird, bevor eine Modifikation durchgeführt wird.* Diese Vorstellung ist durchaus akzeptabel, wenn sichergestellt ist, daß sie für beliebige Operationsfolgen gewährleistet werden kann, d.h., wenn sie auch dann zutrifft, falls in einer aktuellen Operationsfolge lokale Modifikationen vor weiteren Checkout-Operationen stattfinden.

Für den Fall, daß Änderungen im Objektpuffer durchgeführt werden (vgl. Bild
4.27) gilt dies offensichtlich: zum einen beeinflussen die Änderungen innerhalb des
Objektpuffers nicht die Wirkung einer Checkout-Operation, und zum anderen bewirkt das Checkout invalidierten Server-Daten kein Überschreiben der aktuelleren
Objektpufferdaten und damit kein Revidieren der auf ihnen durchgeführten Änderungen. Die Wirkung einer Operationssequenz bestehend aus Checkout-Operationen und Objektpuffermodifikationen ist damit stets unabhängig von ihrer aktuellen
Reihenfolge.

Im Fall von Änderungen des Server-Datenbestandes mittels der Modify-Operation
ist dies nicht ohne weiteres garantiert. Werden beispielsweise durch ein zweites
Checkout Datenelemente ermittelt, die durch ein vorangegangenes Modify verändert wurden, so können alle weiteren Operationen von dieser Änderung abhängen.
Will man also die Vorstellung der 2-Phasigkeit auch im Falle von Direktänderungen aufrecht erhalten, so sind weitere Mechanismen erforderlich, die diese Datenabhängigkeiten bzgl. der Operationsreihenfolge vermeiden. Ein geeigneter Mechanismus muß entweder die server-seitige Modifikation der Datenelemente, die bereits mittels Checkout auf Client-Seite verfügbar gemacht wurden, verhindern,
oder er muß ein wiederholtes Checkout der auf Server-Seite bereits geänderten Daten vermeiden. Eine derartige Kontrolle des Datenzugriffs kann in der Regel durch
Synchronisationsmaßnahmen, wie sie i.allg mit dem Transaktionskonzept verbunden sind, erreicht werden.

Die Frage, wie man sich nun in den hier betrachteten elementaren Ablaufeinheiten
eine interne Synchronisation vorstellen kann, wird am Ende dieses Abschnittes ausführlich diskutiert. Zunächst soll jedoch noch ein weiterer Problemfall im Zusammenhang mit der Datenverteilung zwischen Client- und Server-DBS diskutiert
werden.

Problem des lost-update

Weitere **Konsistenzprobleme** treten auf, wenn Änderungen an einem Datenelement nicht nur lokal im Objektpuffer, sondern auch über Direktänderungen (Modify) im Datenbestand des DB-Servers durchgeführt werden. In diesem Fall gehen
die durch die Modify-Operation angestoßenen Änderungen des Server-Datenbestandes beim späteren Checkin verloren. Bild 4.28 skizziert die Problematik anhand eines Datenelementes x, daß zunächst über eine Modify-Operation ((2)) direkt
verändert wird, bevor in der Checkin-Operation ((4)) dann der Objektpufferinhalt

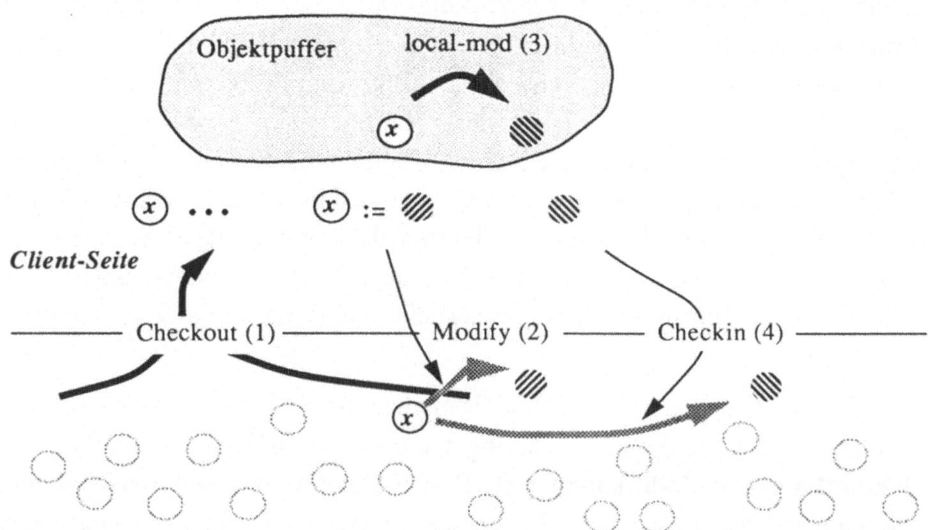

Bild 4.28: "lost-update" bei gleichzeitigen Änderungen auf Server- und auf
Client-Seite

übernommen wird. Dieses "lost-update"-Problem kann nur vermieden werden,
wenn entweder

- eine Direktänderung gänzlich verboten wird oder

- Direktänderungen nur auf Daten erlaubt sind, die sich nicht im Objektpuffer befinden bzw. von denen keine Objektpufferdaten abgeleitet wurden, oder wenn

- Änderungen im Objektpuffer bzw. Direktänderungen nur auf Daten zugelassen
  sind, die auf der jeweils anderen Seite noch nicht geändert wurde.

Das totale Verbot von Direktänderungen ist nicht wünschenswert, da in diesem Fall
auch bei algorithmisch einfach zu beschreibenden Modifikationen mit einer geringen Lokalität bzgl. der Datenzugriffe eine ggf. sehr große Datenmenge vom Server-
zum Client-DBS zu transportieren wäre, um sie unmittelbar nach der dort durchgeführten Verarbeitung wieder zurückzuübertragen. Der zweite und der dritte Punkt
laufen auf eine mehr oder weniger restriktive Art der Synchronisation zwischen den
Änderungen auf dem Objektpufferinhalt und auf dem Server-Datenbestand hinaus.

Synchronisation innerhalb elementarer Ablaufeinheiten

Im Gegensatz zu den Fällen, in denen man gewöhnlich von Synchronisation
spricht, also dem typischen Mehrbenutzerbetrieb, bei dem parallele Zugriffe ver-

schiedener Ablaufeinheiten auf gemeinsame Daten durch Synchronisationsmaßnahmen koordiniert werden, geht es im hier betrachteten Fall um Synchronisation
innerhalb einer Ablaufeinheit. D.h., die Konflikt- und Problemfälle ergeben sich
nicht aufgrund mehrerer konkurrierender Ablaufeinheiten, sondern vielmehr aufgrund von Datenreplikaten, auf die innerhalb einer Ablaufeinheit zugegriffen werden kann. Das Konzept der geschachtelten Transaktionen /Mo82, We86/ verspricht
in diesem Fall adäquate Unterstützung. Es sieht die Unterteilung einer sogenannten
Vater-Transaktion in Subtransaktionen vor, die isoliert voneinander ablaufen und
deren erworbene Zugriffsrechte (Sperren) bei ihrem Ende auf die Vater-Transaktion übergehen.

Im hier betrachteten Szenarium spielt die elementare Ablaufeinheit die Rolle einer
Vater-Transaktion, in der die Änderungen der Objektpufferdaten innerhalb einer
Subtransaktion von Modifikationen des Server-Datenbestandes durch Direktänderungen innerhalb einer weiteren Subtransaktion isoliert werden. Die Modifikationen im Objektpuffer erfolgen stets innerhalb einer Checkout/Checkin-Sequenz und
beziehen sich ausschließlich auf die über Checkout ermittelten Daten, so daß der
Beginn bzw. das Ende der erforderlichen Subtransaktion durch das erste Checkout
bzw. das abschließende Checkin bestimmt ist. Damit nicht bei jedem einzelnen Ob-
jektpufferzugriff zusätzlicher Synchronisationsaufwand entsteht, werden sinnvollerweise alle Synchronisationsmaßnahmen (Erwerb von Sperren) bereits innerhalb
der Checkout-Operation abgewickelt. Die Direktänderungen im DB-Server-Da-
tenbestand werden dagegen durch eine einzelne Modify-Operation angestoßen, die
unmittelbar als Subtransaktion aufgefaßt werden kann.

Im Gegensatz zu den elementaren Ablaufeinheiten, die verteilt auf Client- und Server-DBS abgewickelt werden müssen, können die vorgeschlagenen Subtransaktionen zur Synchronisation der unterschiedlichen Datenzugriffe vollständig server-
seitig ablaufen. Bild 4.29 verdeutlicht dies an der schrittweisen Entwicklung einer
elementaren Ablaufeinheit und den mit ihr verbundenen Subtransaktionen für die
in Bild 4.28 dargestellte Operationenfolge. BoETT eröffnet die elementare Ablaufeinheit auf Client-Seite. Das anschließende Checkout bewirkt das Entstehen der
server-seitigen Ablaufeinheit. Dabei wird gleichzeitig eine Subtransaktion eröffnet, die dann die eigentliche Checkout-Operation durchführt. Sie erwirbt die erforderlichen Sperren und dient damit als Einheit der Isolation. Der ermittelte Verarbeitungsgegenstand wird zum Client-DBS transferiert und im Objektpuffer aufbereitet. Die bei Checkout erzeugte Subtransaktion bleibt über die Abarbeitungsdauer
hinaus erhalten, und alle folgenden Checkout-Operationen werden innerhalb der

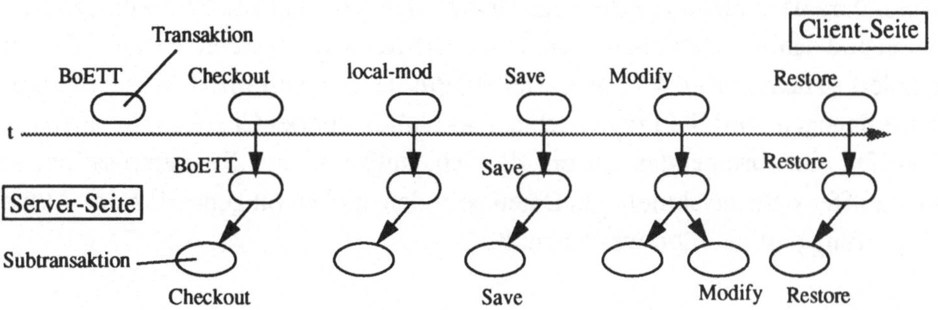

Bild 4.29: Entwicklung einer elementaren Ablaufeinheit und der mit ihr verbundenen Subtransaktionen

gleichen Subtransaktion abgewickelt. Erst beim abschließenden Checkin, durch
das die auf den Objektpufferdaten durchgeführten Änderungen in den Server-Datenbestand eingebracht werden, wird die betroffene Subtransaktion beendet. Die
lokalen Änderungen im Objektpuffer haben keinen Einfluß auf die bestehenden
Ablaufeinheiten, da die notwendigen Zugriffsberechtigungen (Sperren) ja bereits
durch die entsprechende Subtransaktion auf Server-Seite erworben wurden und
bislang gehalten werden. Das Anlegen eines Sicherungspunktes betrifft naturgemäß sowohl die client- als auch die server-seitige Ablaufeinheit sowie die untergeordnete Subtransaktion. Beim Modify schließlich wird auf Client-Seite eine weitere Subtransaktion erzeugt, die die eigentliche Modifikation ausführt. Hierbei können aufgrund der Isolationseigenschaft der Subtransaktionen keine Daten
involviert werden, die bereits durch das zuvor ausgeführte Checkout berührt wurden. Am Ende der Direktänderung wird dann die entsprechende Subtransaktion
ebenfalls beendet. Die durch sie erworbenen Zugriffsrechte gehen an die elementare Ablaufeinheit auf Server-Seite über, d.h., ein späteres Checkout könnte auf diese
so modifizierten Daten erneut zugreifen. Die Restore-Operation besitzt wie bereits
das Save Auswirkungen auf alle beteiligten Ablaufeinheiten. Auf Server-Seite wird
im hier dargestellten Beispiel insbesondere auch das Revidieren der durchgeführten Direktänderungen notwendig.

Die Synchronisation der Datenzugriffe mittels Subtransaktionen beseitigt nicht nur
das Problem des "lost-update", sondern auch - zumindest teilweise - das der "fehlerhaften Analyse": server-seitige Direktänderungen der auch im Objektpuffer (evtl.
auch mittelbar) enthaltenen Datenelemente werden verhindert, so daß alle Check-
out-Aufrufe eine einheitliche Sicht der beschafften Datenelemente liefern. Im Fall
lokaler Änderungen auf Client-Seite bleibt das Problem der "fehlerhaften Analyse"

unverändert, da ja mehrere Checkout-Operationen durch ein und dieselbe Subtransaktion und damit nicht voneinander isoliert abgewickelt werden (es kann also unverändert zu dem in Bild 4.27 dargestellten Problemfall kommen). Wesentlich entschärft dagegen wird die Frage nach der Aktualität der bei Checkout in einen Objektpuffer einzubringenden Daten, da sich, aufgrund der Synchronisation, im
Objektpuffer stets die aktuelleren Daten befinden, und somit generell keine Aktua-
litätsprüfung durchgeführt werden muß.

4.4 Exemplarische Ausgestaltung der Verarbeitungskonzepte - Objektpufferverarbeitung im NDBS PRIMA

Wurden bislang überwiegend die Konzepte zur Handhabung, Organisation und
Anwendungsanbindung komplex-strukturierter Verarbeitungsgegenstände diskutiert und insbesondere Aspekte der Systemarchitektur sowie der Systemdynamik
erörtert, so sollen nun exemplarisch mögliche Konkretisierungen der vorgestellten
Konzepte aufgezeigt werden.

In /Hü92/ ist eingehend die prinzipielle Eignung und die Leistungsfähigkeit des
vorgestellten Objektpufferkonzeptes mit der damit verbundenen Nutzung der Zugriffslokalität nahe an ihrem "Entstehungsort" belegt. Der Schwerpunkt hier liegt
dagegen bei der Demonstration der **funktionalen Durchgängigkeit** und der exem-
plarischen Umsetzung. Bei der Diskussion der Funktion und des Aufbaus eines
DB-Servers wurde bereits auf die Eignung von DBS mit einem strukturell-objektorientierten Datenmodell hingewiesen. Vielerorts werden in diesem Zusammenhang sog. Nicht-Standard-Datenbanksystem-Kerne diskutiert; sie realisieren i.allg.
ein strukturell-objektorientiertes Datenmodell und versprechen somit sowohl flexiblere als auch effizientere Möglichkeiten für die Beschaffung der im Objektpuffer
bereitzustellenden Verarbeitungsgegenstände. Das PRIMA-DBS stellt, als ein
Vertreter eines solchen NDBS-Kerns, eine Realisierung des Molekül-Atom-Datenmodells (MAD) dar und dient im folgenden als konkretes Umfeld für die Ausgestaltung und die Integration der oben angesprochenen Konzepte. In einem einfüh-
renden Abschnitt werden zunächst die wesentlichen Merkmale der PRIMA-Ent-
wicklung anhand der gewählten Systemarchitektur und des realisierten
Datenmodells verdeutlicht. In den folgenden Abschnitten wird eine darauf aufbau-
ende konkrete Spracheinbettung des Objektpufferkonzeptes vorgestellt und ein

entsprechendes Laufzeitsystem zur Realisierung der Client-DBS-Funktionalität skizziert

4.4.1 Der NDBS-Kern PRIMA

Systemarchitektur

Die NDBS-Kernarchitektur sieht eine Zweiteilung des Gesamtsystems in einen anwendungsneutralen Kern und in eine auf die jeweils zu unterstützende Anwendungsklasse ausgerichtete Modellabbildungsschicht vor. Die Vorteile dieses Ansatzes liegen vor allem darin, daß einerseits durch die Modellabbildung eine anwendungsbezogene Schnittstelle (Anwendungsmodellschnittstelle) mit den von der jeweiligen Anwendung benötigten Objekten und Operationen bereitgestellt werden kann und andererseits alle geeigneten, allgemein verwendbaren Darstellungs- und Zugriffstechniken sich im NDBS-Kern redundanzfrei vereinigen und effizient implementieren lassen. Der Kern realisiert damit ein allgemeines Datenmodell, auf dem die mit mehr Semantik ausgestatteten speziellen Modelle der verschiedenen Anwendungsklassen aufbauen.

Die Aufgabe der Modellabbildungsschicht besteht nun darin, ein konkretes Anwendungsmodell auf das Datenmodell des Kerns abzubilden. Eine Erweiterung von bestehenden bzw. ein Übergang zu neuen Anwendungsklassen ist durch Erweiterung bzw. durch Austausch der Modellabbildungsschicht zu bewerkstelligen.

Bild 4.30 zeigt die Grobarchitektur eines Ingenieursystems basierend auf dem NDBS-Kern PRIMA und eine mögliche Abbildung auf eine workstation-orientierte Ablaufumgebung. PRIMA übernimmt dabei die Aufgabe eines Server-DBS, wohingegen auf Workstation-Seite das Client-DBS samt integriertem Objektpuffer abläuft und für eine effiziente Datenversorgung der Modellabbildungsprogramme bzw. der Programme der eigentlichen Ingenieuranwendung sorgt. Die zweiteilige NDBS-Architektur kann demnach sehr homogen auf eine WSDBS-Architektur abgebildet werden. Bild 5.2.1 zeigt darüber hinaus das im Rahmen des PRIMA-Projektes entwickelte Remote-Cooperation-System (RCS). Es unterstützt die rechnerübergreifende Kooperation zwischen Client- und Server-DBS in einer vom jeweiligen Betriebssystem unabhängigen Art und Weise und stellt damit eine Realisierung des in Kapitel 3 angesprochenen Basis-Kooperationsdienstes dar. Das RCS erlaubt den Aufbau und die Handhabung asynchroner Auftragsbeziehungen und unterstützt die Übermittlung auch komplex-strukturierter Parameter. Eine ausführliche Beschreibung dieser Komponente findet sich in / HKS91/.

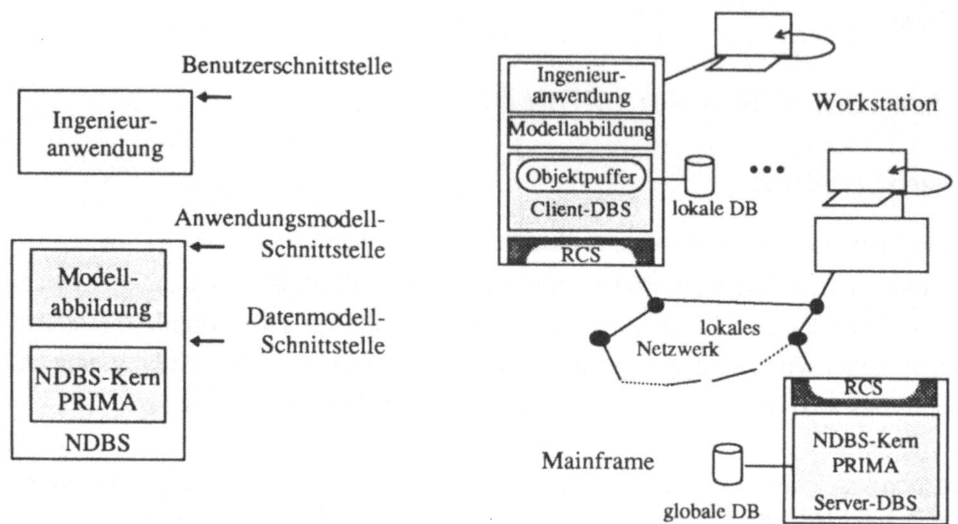

Bild 4.30: Grobarchitektur eines Ingenieursystems basierend auf dem NDBS-
Kern PRIMA

PRIMA selbst ist als ein verteiltes System konzipiert, das, nach dem Client-Server-
Prinzip in Funktionsbausteine zerlegt, die verteilte und möglichst parallele Abwicklung einzelner DB-Operationen unterstützt. Der genaue Aufbau ist allerdings
für das weitere Verständnis nur von sekundärer Bedeutung, so daß an dieser Stelle
auf eine detaillierte Vorstellung verzichtet werden kann. Die Schnittstelle des PRI-
MA-Kerns wird im folgenden anhand der Operationen und Strukturen des realisierten MAD-Modells verdeutlicht. Eine ausführliche Darstellung des PRIMA-Kerns
und ein Vergleich mit anderen Prototypen strukturell-objektorientierter DBS findet
sich in /Si89/.

Das Molekül-Atom-Datenmodell

Ähnlich wie eine Reihe von anderen Vorschlägen zur DB-seitigen Handhabung
komplexer Anwendungsgegenstände erlaubt auch das durch den NDBS-Kern PRI-
MA realisierte MAD-Modell /Mi88/ die deskriptive Spezifikation zusammengesetzter Objekte. Die in /LK84, PA86, SS86/ aufgeführten Datenmodellierungskon-
zepte ermöglichen im wesentlichen die direkte Beschreibung von hierarchisch-
strukturierten Objekten. Der MAD-Ansatz geht darüber hinaus und gestattet die
Handhabung **netzwerkartiger** und **rekursiver Strukturen**. Es bietet damit alle
Kriterien, die in Kapitel 3 als Merkmale der abstrakten Verarbeitungsgegenstände

eingeführt wurden. Die folgende Aufzählung faßt die wesentlichen Eigenschaften
des MAD-Modells zusammen:

- Die komplexen Objekte werden als eine heterogene und strukturierte Menge
  von elementaren Objekten betrachtet.

- Diese können dynamisch definiert und abgeleitet werden.

- Die Beziehungen zwischen den elementaren Objekten werden direkt und symmetrisch beschrieben.

- Die Handhabung der komplexen Objekte erfolgt deskriptiv und mengenorien-
  tiert.

Die elementaren Objekte des MAD-Modells werden als **Atome** bezeichnet; sie sind
vergleichbar mit den Tupeln im Relationenmodell und bestehen aus einer Sammlung von Attributen verschiedener Attributtypen. Sie sind eindeutig identifizierbar
und gehören zu einem entsprechenden **Atomtyp**. Als Attributtypen sind einfache
Datentypen wie z.B. *BOOLEAN, BYTE, INTEGER, REAL* und *IDENTIFIER* bzw.
REFERENCE erlaubt. Daneben gibt es einstufige Typkonstruktoren wie beispielsweise *ARRAY oder LIST*. Ein ganz spezieller Attributtyp ist durch den Typ *CODE*
gegeben, der es erlaubt, ausführbaren Code im NDBS zu verwalten. Die Attributtypen *IDENTIFIER* und *REFERENCE* ermöglichen eine direkte Repräsentation von
Beziehungen: Ein Attribut vom *IDENTIFIER*-Typ dient dabei zur Aufnahme eines
identifizierenden, systemvergebenen Schlüssels, der als Surrogat verwendet wird.
Ein Attribut vom Typ *REFERENCE* kann als Liste bestehend aus *IDENTIFIER*-
Werten aufgefaßt werden, die auf logisch miteinander verbundene Atome "verweisen". Attribute vom *REFERENCE*-Typ ermöglichen damit den expliziten Aufbau
von Beziehungen. Diese Beziehungen werden als **Links** bezeichnet und sind ebenfalls typisiert. Ein **Link-Typ** ist durch ein Atomtypen-Paar bestimmt, der eigentliche Link (d.h. die **Link-Ausprägung**) durch zwei Atome. Der Aufbau von Beziehungen über REFERENCE-Attribute entspricht einer Primärschlüssel/Fremd-
schlüssel-Beziehung im Relationenmodell. Ein Link ist stets bidirektional, so daß
zu seiner Repräsentation stets ein *REFERENCE*-Attribut-Paar (Referenz/Gegenre-
ferenz) innerhalb der involvierten Atomtypen erforderlich ist. Mit Reference-Attributen ist eine direkte Darstellung der unterschiedlichen Beziehungsarten (1:1, 1:n,
n:m) möglich. Daneben erlaubt MAD auch die Definition von reflexiven Beziehungen, d.h., Link-Typen können "zwischen" ein und demselben Atomtyp spezifiziert
werden.

Die Atome und Links innerhalb einer DB bilden ein **Atomnetz**. Hierauf aufbauend
können nun dynamisch die komplexen Objekte, in MAD **Moleküle** genannt, definiert und abgeleitet werden. Moleküle besitzen einen entsprechenden **Molekültyp**,
der im wesentlichen die betroffenen Atom- und Reference-Typen angibt und damit
die **Molekültypstruktur** festlegt. Ein ausgezeichneter Atomtyp bildet die *Mole-
kültypwurzel*, deren Ausprägungen die Startpunkte darstellen, von denen ausgehend über die entsprechenden Referenzen alle zu den jeweiligen Molekülen gehö-
rende Atome ermittelt werden können.

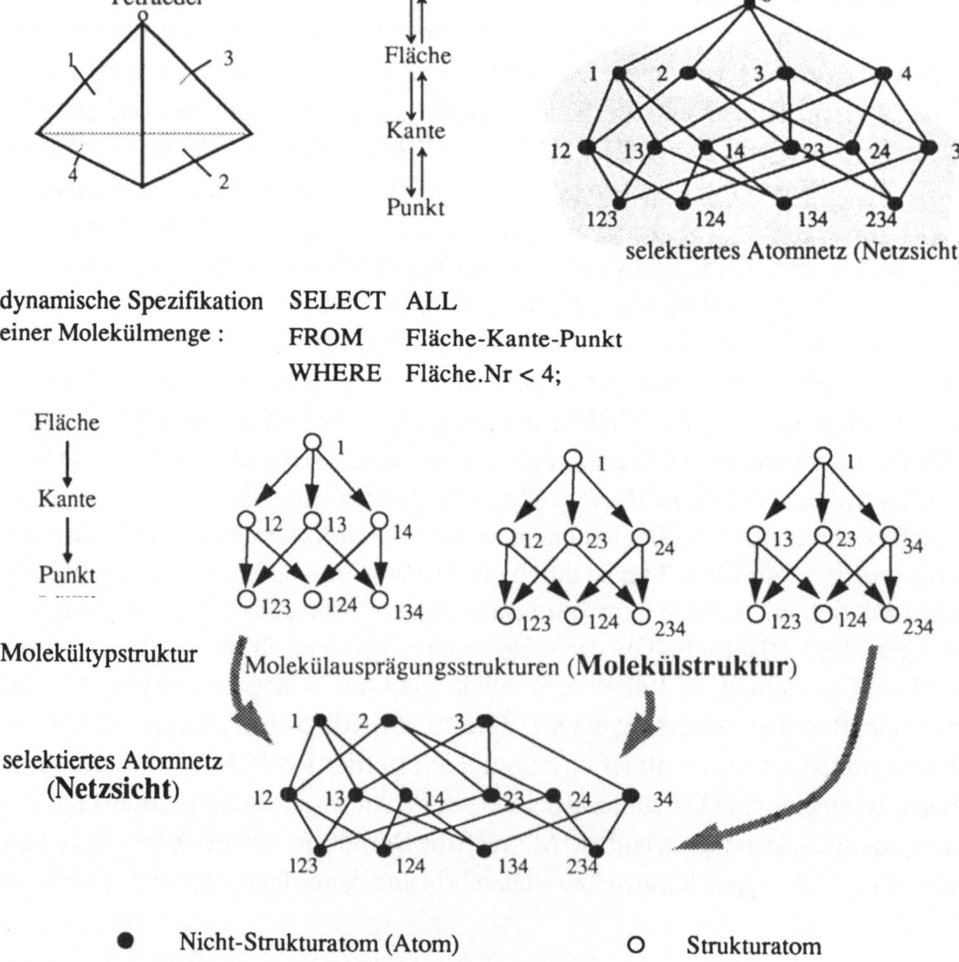

Bild 4.31: Objekte des Molekül-Atom-Datenmodells

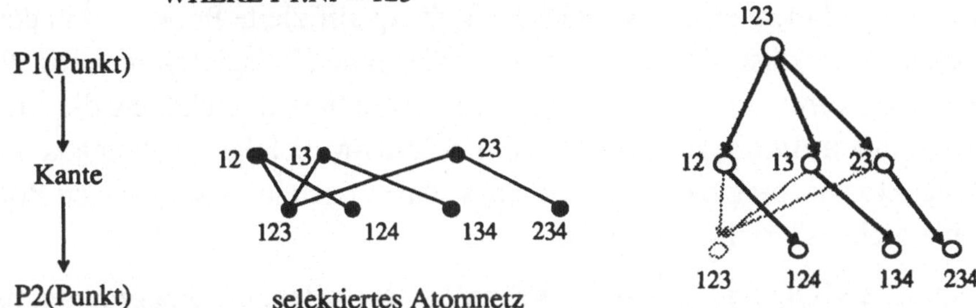

Bild 4.32: Wertabhängige Molekülspezifikation durch qualifizierte Projektion
und verwendung von Rollen

Bild 4.31 illustriert die angesprochenen Elemente des MAD-Modells. Es wird deutlich, daß ein Molekül als eine Kombination aus einem heterogenen Atomnetz, der sog. **Netzsicht**, und einer Molekülausprägungsstruktur, kurz **Molekülstruktur** genannt, zu verstehen ist. Die Molekülstruktur ist als Ausprägung der Molekültypstruktur gerichtet und beschreibt die Abhängigkeiten bzgl. der logischen Ableitungsreihenfolge der einzelnen Atome. Mehrere Molekülstrukturen sind einem Atomnetz zugeordnet, das alle durch die Molekülstrukturen angesprochenen Atome enthält. Ähnlich wie sich die Netzsicht aus Atomen und entsprechenden Referenzen ergibt, wird die Molekülsicht aus speziellen, dynamisch erzeugten Atomen, den sog. **Strukturatomen**, und deren Referenzen gebildet. Die Atome der Netzsicht werden auch als *Nicht-Strukturatome* bezeichnet.

Die Spezifikation und der Zugriff auf Moleküle kann in SQL-ähnlicher Notation formuliert werden. Hierzu bietet MAD eine eigene Sprache, die **Molecule Query Language (MQL)**. Ähnlich wie in SQL gibt es auch in MQL drei zentrale Klauseln. Die FROM-Klausel enthält die Molekültyp-Definition. Die WHERE-Klausel legt Prädikate zur Einschränkung der zu betrachtenden Molekülmenge fest. Eine dritte Sprachklausel bestimmt die hierauf gewünschte Moleküloperation (SELECT, INSERT, DELETE, UPDATE). Ein besonderes Augenmerk gilt der SELECT-Klausel, da sie eine "qualifizierte" Projektion auf den durch FROM und WHERE bestimmten Molekülen und damit eine wertabhängige Molekülgestaltung

erlaubt. Bild 4.32 zeigt an einem Beispiel die Wirkungsweise einer Selektions-
Operation mit "qualifizierter" Projektion. Des weiteren wird die Notwendigkeit
von "Rollen" verdeutlicht. Im dargestellten Fall beschreibt die Rolle P1 die An-
fangspunkte und P2 die Endpunkte einer Kante. Da der Punkt 123 - er stellt als
Anfangspunkt die Molekülwurzel dar - als Endpunkt die Bedingung in der inneren
WHERE-Klausel nicht erfüllt, wird er durch die qualifizierte Projektion in dieser
Rolle aus der Molekülstruktur entfernt. Im vorliegenden Beispiel werden sog. Rol-
lennamen eingeführt, um die unterschiedliche Bedeutung festzuhalten, die Atome
eines bestimmten Atomtyps innerhalb der Ergebnis-Moleküle annehmen können.
Identische Atomausprägungen können anfragespezifisch in verschiedenen Rollen
unterschiedliche "Gestalt" annehmen.

In der Sprache MQL sind bereits Vorkehrungen getroffen, die den programmiersprachlichen Zugang erleichtern sollen: so sind MQL-Anweisungen weitgehend zu
parametrisieren (vgl. Bild 4.33). Dabei können sowohl die Restriktionen in einer
WHERE-Klausel mit formalen Parametern belegt ($Punktnummer, in Bild 4.33)
als auch komplexe Atom- und Molekülmengen als Argumente der INSERT, UP-
DATE und DELETE-Klauseln formal spezifiziert werden (@Kantenausprägung,
in Bild 4.33). In beiden Fällen können zur Ausführungszeit aktuelle Werte mit der
entsprechenden MQL-Anweisung verbunden werden.

```
SELECT P1,Kante.Nr,P2neu=SELECT P2
                        FROM RESULT
                        WHERE P1.Nr <> P2.Nr
FROM    P1(Punkt)-Kante-P2(Punkt)
WHERE P1.Nr = $Punktnummer


INSERT @Kantenausprägung : ( Kante(länge), Punkt (x, y, z))
FROM Kante - Punkt
```

Bild 4.33: Explizite Angabe von formalen Qualifikationsparametern und Ope-
rationsargumenten

Die Molecule Query Language umfaßt nicht nur die Aspekte der Datenmanipulation, sondern auch die der Datendefinition. Sie beinhaltet darüber hinaus auch Möglichkeiten der "Lastdefinition", durch die eine Optimierung interner Datenstrukturen und Abbildungen vorgenommen werden kann. Beide Sprachaspekte sind jedoch für die weiteren Erläuterungen nur von geringer Bedeutung und werden daher
an dieser Stelle nicht vertieft.

Die PRIMA-Kernschnittstelle

Das MAD-Modell und die damit verbundene Anfragesprache MQL spiegeln eine logische Sichtweise der Funktionalität des PRIMA-Kerns wider. Die konkrete PRIMA-Kernschnittstelle setzt sich aus einer Reihe datenmodellunabhängiger Funktionen zusammen, mit denen die Übersetzung bzw. die Ausführung der eigentlichen MQL-Anweisungen erreicht wird. Daneben bietet die Kernschnittstelle unmittelbar die elementaren Funktionen zur Ablaufkontrolle wie Begin-of-Transaction, End-of-Transaction und Abort-Transaction an. Die weiteren Funktionen zur Ablaufstrukturierung wie beispielsweise das Anlegen eines Sicherungspunktes bzw. das Rücksetzen auf einen bestimmten Sicherungspunkt werden bislang nicht unterstützt.

Der PRIMA-Kern besitzt eine Schnittstelle mit teilweise asynchroner Aufrufsemantik. D.h., einige der bereitgestellten Funktionen werden durch einen Aufruf an der Kernschnittstelle zunächst nur angestoßen, um dann parallel zu den weiteren Aktivitäten des Aufrufers abgewickelt zu werden. Das Ergebnis dieser Funktionsaktivierung kann zu einem späteren Zeitpunkt über eine spezielle Antwortabruffunktion übernommen werden. Hierdurch ist es beispielsweise möglich, mehrere MQL-Anweisungen parallel bzw. miteinander verzahnt durch den PRIMA-Kern übersetzen oder ausführen zu lassen.

Als Argumente bei der Ausführung zuvor übersetzter MQL-Anweisungen kommen einzelne Atome, i.allg. aber Molekülmengen in Betracht. Die Beschreibung einer Molekülmenge setzt sich aus einer Beschreibung der durch den jeweiligen Molekültyp betroffenen Atomtypen zusammen. Die Beschreibung der Atomtypen beinhaltet u.a. die Beschreibung der relevanten Reference-Attribute und schließt damit die Beschreibung der Link-Typen ein. Ebenso sind sowohl Nicht-Strukturatomtypen als auch Strukturatomtypen enthalten, so daß Netzsicht und Molekülsicht gleichermaßen berücksichtigt werden. Entsprechendes gilt für die Argumentausprägungen: d.h., eine Molekülmenge wird ausschließlich als Menge von Strukturatomen (Molekülsicht) und von Nicht-Strukturatomen (Netzsicht) repräsentiert.

Die im folgenden vorgestellten Systemkomponenten realisieren basierend auf der erläuterten PRIMA-Kernschnittstelle eine MQL-Spracheinbettung und sind damit für den Aufruf der entsprechenden Schnittstellenfunktionen sowie deren Parameterversorgung bzw. der entsprechenden Weiterverarbeitung verantwortlich.

4.4.2 Programmiersprachliche Einbettung der Molecule Query Language

In diesem Abschnitt soll eine konkrete Spracheinbettung nach den oben diskutierten Konzepten exemplarisch vorgestellt werden. Als Wirtssprache wurde in der hier beschriebenen Realisierung MODULA-2 verwendet; es käme aber auch jede andere prozedurale höhere Programmiersprache dafür in Betracht. In der ersten realisierten und hier beschriebenen Version wurden aus pragmatischen Gründen eine Reihe von Einschränkungen vorgenommen, so daß insbesondere bei den Cursor-Operationen nicht das vollständige in Kapitel 4 vorgestellte Spektrum zur Verfügung steht. Ebenso wurden in der vorliegenden Spracheinbettung die Funktionen zur Ablaufkontrolle, wie sie in Kapitel 3 unter dem Begriff der elementaren technischen Ablaufeinheit eingeführt wurden, nur rudimentär berücksichtigt, da sie auch durch den vorliegenden PRIMA-Kern nur in Ansätzen unterstützt werden. Im folgenden sollen die wichtigsten Sprachkonstrukte von **Embedded MQL (EMQL)** eingeführt und an einem Beispiel verdeutlicht werden, bevor dann der Aufbau und die Wirkungsweise eines auf PRIMA aufbauenden EMQL-Vorübersetzer vorgestellt wird.

4.4.2.1 Die EMQL-Sprachkonstrukte

Die Syntax der wichtigsten EMQL-Sprachkonstrukte ist in Bild 4.34 und Bild 4.35 auszugsweise abgebildet. Auf eine vollständige EMQL-Syntaxbeschreibung wird an dieser Stelle allerdings verzichtet. Die Bedeutung der einzelnen Konstrukte ist im wesentlichen in Kapitel 3 und Kapitel 4 motiviert und erläutert; sie wird im folgenden zusammengefaßt und an die konkreten Klauseln gebunden.

Die Struktur eines EMQL-Programms entspricht der in Kapitel 4 vorgestellten Grobstruktur eines erweiterten Wirtssprachenprogramms (vgl. Bild 4.2.1) und besteht aus einem Deklarationsteil mit Typ- und Variablenvereinbarungen sowie einem Anweisungsteil, in dem die eigentliche Verarbeitung beschrieben ist.

Klauseln für den Deklarationsteil eines EMQL-Programms

Mit Hilfe der **DATABASE**-Klausel (vgl. (1) in Bild 4.34) wird am Anfang eines EMQL-Programms bekannt gemacht, auf welche Datenbank sich die nachfolgenden EMQL-Anweisungen beziehen. Sie legt damit rein organisatorisch den Datenkontext des EMQL-Programms fest. Im Rahmen der Typvereinbarungen sind die

(1) DatabaseClause = **DATABASE** DBIdent ";" .

(2) QTDefinition   = **QUERY_TYPE** QTDeclaration .
     QTDeclaration   = {QTIdent "=" QString QParameters ";" }+ .
     QParameters   = ["(" QPSection { ";" QPSection }* ")"] .
     QPSection   = QPIdentList ":" QPTIdent.

(3) BTDefinition   = **BUFFER_TYPE** BTDeclaration .
     BTDeclaration   = {BTIdent "=" QTIdentList ";" }+ .

(4) CTDefinition   = **CURSOR_TYPE** CTDeclaration .
     CTDeclaration   = { CTIdent "=" Hierarchy "->" BTIdent ";" }+ .
     Hierarchy   = Father ["[" Son { "," Son }* "]"] .
     Father   = RADIdent .
     Son   = "<" AttrIdent ">" Hierarchy .

(5) BVDefinition   = **BUFFER_VAR** BVDeclaration .
     BVDeclaration   = { BVIdentList ":" BTIdent ";" }+ .

(6) CVDefinition   = **CURSOR_VAR** CVDeclaration .
     CVDeclaration   = CVIdentList ":" CTIdent ";" }+ .

Abkürzungen :	Q	: Query	[...]	: optionale Klausel
	B	: Buffer	{ ... }+	: 1 - n maliges Auftreten einer Klausel
	C	: Cursor	{ ... }*	: 0 - n maliges Auftreten einer Klausel
	T	: Typ	I	: alternative Klauseln
	V	: Variable		
	P	: Parameter		
	A	: Atom		
	R	: Rolle		
	D	: Diskriminator		

Bild 4.34: Sprachkonstrukte für EMQL-Deklarationen

Checkout- und Modify-Anweisungen sowie die Objektpuffer- und Cursor-Strukturen festzulegen. Beides geschieht mit Hilfe der **QUERY_TYPE**-Klausel (2), in der
prinzipiell beliebige MQL-Statements spezifiziert werden können. Dabei bewirken
INSERT, DELETE und UPDATE eine Direktänderung, wohingegen SELECT ein
Checkout festlegt. Die Angabe dieser MQL-Anweisungen erfolgt als String (QS-
tring) nach MQL-Syntax, wie sie oben beschrieben ist. Handelt es sich um eine

parametrisierte MQL-Anweisung, so folgt die Auflistung der formalen Anweisungsparameter einschließlich ihrer Datentypen (QPSection).

Mit der **BUFFER_TYPE**-Definition (3) wird ein Objektpuffertyp festgelegt. Hierzu werden diejenigen MQL-Anweisungen bzw. die entsprechenden QUERY_TYPEs (QTIdentList) angegeben, die sich auf den zu definierenden Objektpuffer beziehen und dadurch implizit seine interne Struktur bestimmen (MQL-Anweisungen werden zur Datenversorgung bzw. -entsorgung eines Objektpuffers verwendet, d.h., der jeweilige Objektpuffer tritt implizit als Argument der zugeordneten Anweisungen auf). Somit ist durch eine BUFFER_TYPE-Definition festgelegt, von welche Atom- bzw. Molekültypen Ausprägungen in einen entsprechenden Puffer abgelegt werden können. Mit der **CURSOR_TYPE**-Definition (4) wird der Typ eines hierarchischen Cursors definiert und einem Objektpuffertyp zugeordnet. Die Struktur des Objektpuffers bestimmt die Gültigkeit der CURSOR_TYPE-Definition: so müssen die Ebenen der spezifizierten Cursor-Hierarchie den Atomtypen zugeordnet werden können, die in einer entsprechenden Objektpufferbeschreibung enthalten sind. Ebenso müssen die hierarchischen Abhängigkeiten zwischen den einzelnen Cursor-Ebenen mit den vorhandenen Reference-Attributen korrespondieren (vgl. Kapitel 4.1). Um hierbei eine eindeutige Zuordnung zu erreichen, muß der Reference-Attributtyp, durch den die hierarchische Beziehung hergestellt werden soll, explizit angegeben werden (AttrIdent).

Durch **BUFFER_VAR**-Definitionen (5) können mehrere Ausprägungen des gleichen Puffertyps angelegt werden. Es ist demnach möglich, sowohl verschiedene MQL-Anweisungen (in Form von QUERY_TYPE-Definitionen) mit einem BUFFER_TYPE zu verbinden als auch verschiedene Ausprägungen eines Puffertyps anzulegen, um sie beispielsweise über unterschiedlich parametrisierte bzw. vollständig verschiedene MQL-Anfragen mit unterschiedlichen Daten zu füllen. Die Definition von Cursor-Variablen mit der **CURSOR_VAR**-Klausel (6) erlaubt die Erzeugung beliebig vieler Ausprägungen des gleichen Cursortyps.

Klauseln für den Anweisungsteil eines EMQL-Programms

Die wesentlichen Maßnahmen innerhalb des Anweisungsteils eines EMQL-Programms bestehen

- in der **Aktivierung der zuvor definierter MQL-Anweisungen**, also in der Datenversorgung der angelegten Objektpuffervariablen bzw. in der Durchführung von Direktänderungen,

(7) EvalStatement   = **EVAL** "(" QTIdent "(" ExpList ")" "," BVIdent ")" .
    entspricht :   *Datenversorgong (Checkout), Direktänderung (Modify)*

(8) PropagateStatement=**PROPAGATE** "(" BVIdent ")" .
    entspricht :   *"Datenentsorgung" eines Puffers (Checkin*

(9) AttachStatement   = **ATTACH** "(" BVIdent "," CVIdent ["," CVPos] ")" .
    entspricht :   *Zuordnungs- bzw. Zuweisungsoperation*

(10) MoveStatement   = **MOVE** CVIdent MoveMode .
     MoveMode   = **FIRST** RADIdent I **NEXT** RADIdent .
     entspricht :   *Weiterschalten (weiter-Operation*

(11) ConnectStatement = **CONNECT** CVPos **TO** ConnectionList .
     ConnectionList   = ConnectionElement { "," ConnectionElement }* .
     ConnectionElement =CVAttr .
     entspricht :   *Verbindungsaufbau zwischen Datenelementen mittels verbinde-Operation*

(12) DisconnectStatement = **DISCONNECT** CVPos **FROM** DisconnectionList .
     DisconnectionList = ConnectionList .
     entspricht :   *Verbindungsabbau mittels trenne-Operation*

(13) InsertStatement = **INSERT** CVPos [":" ValueList] ["," ReferenceList] .
     ValueList   = "(" ValueElement { "," ValueElement }* ")" .
     ValueElement   = AttrIdent ":=" Expression .
     entspricht :   *Einfügen von Datenelementen (füge_ein-Operation)*

(14) DeleteStatement = **DELETE** CVPos
                        ["," ReferenceList] .
     entspricht :   *Löschen von Datenelementen (lösche-Operation)*

(15) BetweenMacro   = **BETWEEN** "(" CVPos ")" .
     NormalMacro   = **NORMAL** "(" CVPos ")" .
     NullMacro   = **NULL** "(" CVPos ")" .
     UndefinedMacro   = **UNDEFINED** "(" CVPos ")" .
     entspricht :   *Zustandsabfrage*

(16) AoTStatement   = **A_O_T** .
     BoTStatement   = **B_O_T** .
     EoTStatement   = **E_O_T** .

     CVAttr   = CVPos "." AttrIdent .
     CVPos   = CVIdent "@" RADIdent .
     RADIdent   = RAIdent [@DIdent] .
     RAIdent   = RIdent "(AIdent ") I AIdent .

Bild 4.35: Sprachkonstrukte für die EMQL-Anweisungen

- im **Propagieren** der durchgeführten Objektpufferänderungen und

- im **Zugriff auf die Objektpuffervariablen** unter **Verwendung von Cursor-
  Operationen.**

Die **EVAL**-Anweisung (vgl. (7) in Bild 4.35) bewirkt die Auswertung des im
QUERY_TYPE (QTIdent) festgelegten MQL-Statements mit den angegebenen
aktuellen Parametern (ExpList). Die beim EVAL-Aufruf spezifizierte Objektpuf-
fervariable (BVIdent) bildet hierbei das Argument. Im Fall von MQL-Anfragen
beispielsweise nimmt sie das Ergebnis auf. EVAL entspricht damit, je nach Art der
spezifizierten MQL-Anweisung, der Ausführung einer *Checkout-* bzw. einer *Modify-Operation*.

Mit der **PROPAGATE**-Anweisung (8) wird der Inhalt einer Objektpuffervariablen (BVIdent) in die vom PRIMA-Kernsystem verwaltete Datenbank eingebracht.
PROPAGATE entspricht damit einer *Checkin-Operation*.

Ein großer Teil der EMQL-Sprachkonstrukte dient dem cursor-bezogenen Zugriff
auf Objektpuffervariablen. Ihre Bedeutung entspricht weitestgehend der Semantik
der in Abschnitt 4.1 eingeführten Cursor-Operationen. Bild 4.35 macht eine entsprechende Zuordnung.

- In der **ATTACH-Anweisung** (9) wird eine Cursorvariable (CVIdent) einer
  Objektpuffervariablen (BVIdent) zugeordnet. Ist nur eine Cursorvariable ange-
  geben, entspricht ATTACH einer *Zuordnungsoperation*. Sind dagegen zwei
  Cursor spezifiziert, so führt ATTACH zu einer *Cursor-Zuweisung*.

- Die **MOVE-Anweisung** (10) entspricht der in Abschnitt 4.1 erläuterten *Weiterschaltoperation*, wobei MOVE-FIRST den angegebenen Cursor nicht weiter-
  schaltet, sondern vielmehr auf eine ausgezeichnete "Anfangsposition" setzt.

- Die **CONNECT-/DISCONNECT**-Anweisung (11/12) stellt die syntaktische
  Ausgestaltung der *verbinde-* und der *trenne-Operation* dar. Zur Identifikation
  der zu verbindenden Atome wird außerdem ersten Cursor (CVPos) noch eine
  Cursor-Liste (ConnectionList) angegeben, deren Elemente (CVattr) nicht nur
  die Atome, sondern auch die entsprechenden Referenzattribute festlegen, über
  die eine Beziehung hergestellt werden soll. Als eine generelle Einschränkung
  gegenüber der Darstellung in Abschnitt 4.1 wird in EMQL keine Bereichsangabe unterstützt, so daß die zu verbindenden Atome stets einzeln identifiziert werden müssen.

- Die **INSERT-/DELETE-Anweisung** (13/14) entspricht der zuvor beschriebenen *einfüge-* bzw. *lösche-Operation*. Bei der INSERT-Anweisung können zu-

sätzlich die Werte einzelner Attribute des im Objektpuffer neu erzeugten
Atoms angegeben werden. Die Semantik der DELETE-Anweisung ist identisch
mit der der lösche-Operation, d.h., nur diejenigen Atome werden aus dem Objektpuffer gelöscht, die außer den Verbindungen mit den als Parameter spezifizierten Atomen keine weiteren Referenzen auf Atome innerhalb des Objektpuffers besitzen.

- Die Sprachklauseln **BETWEEN, NORMAL, NULL** und **UNDEFINED** (15)
  stehen stellvertretend für Boole'sche Ausdrücke, die genau dann den Wert
  TRUE besitzen, wenn die Cursor-Variable (CVPos) auf der bezeichneten Ebene den Zustand *zwischen, definiert, leer* bzw. *undefiniert* angenommen hat.

Gegenüber den in Abschnitt 4.2 vorgestellten Cursor-Operationen sind bei den
EMQL-Cursorn neben den bereits angesprochenen Einschränkungen noch weitere
zu verzeichnen. Diese betreffen zum einen die Möglichkeit, rekursive Cursor zu
definieren, und zum anderen, über Cursor indiziert und qualifiziert auf die in einem
Objektpuffer abgelegten Atome zuzugreifen. Insgesamt sind für diese Einschränkungen keine inhaltlichen Gründe, sondern rein pragmatische Überlegungen anzu-
führen.

Anweisungen zur Ablaufkontrolle

Wie oben bereits erwähnt, unterstützt der PRIMA-Kern nur ein einfaches Transaktionskonzept, so daß sich für die Spracheinbettung keine speziellen Problemfälle
ergeben. Die erforderlichen Transaktionsoperationen sind als fest vorgegebene
EMQL-Sprachkonstrukte vorhanden und können damit in einem EMQL-Pro-
gramm verwendet werden (vgl.Bild 4.35 (16)). In einer weiterführenden Arbeit soll
ein geeigneterer Organisationsrahmen mit einem adäquaten Konzept zur Ablaufkontrolle, wie dies in Kapitel 3 vorgeschlagen wurde, praktisch umgesetzt werden,
der sowohl die Aspekte der Sicherungspunkte bzgl. der internen Strukturierung von
Abläufen als auch die Aspekte der Gruppierung von Abläufen zu mehr oder weniger kooperierenden Ablauffolgen berücksichtigt. Hieraus resultieren eine Vielzahl
neuer Einbettungsprobleme, die an dieser Stelle nicht weiter verfolgt werden sollen.

Fehlerbehandlung

Ähnlich wie für den Aspekt Ablaufkontrolle sind auch für die Behandlung von
Laufzeitfehlern lediglich rudimentäre, allerdings anwendungsseitig leicht erweiterbare Mechanismen vorgesehen. Bei jeder EMQL-Anweisung wird implizit ein

spezieller Returncode erzeugt, der über die erfolgreiche Ausführung der entsprechenden Anweisung informiert. Bei Aufruf des Vorübersetzers kann festgelegt werden, an welchen Stellen eine Überprüfung des Returncodes im erzeugten Programm generiert werden soll und welche durch die jeweilige Anwendung definierte Prozedur bei Fehlerfällen zu aktivieren ist.

4.5 Resümee und Einordnung anderer Arbeiten

Zu Beginn dieses Kapitels wurde der Begriff des WSDBS unter dem Gesichtspunkt der verteilten Handhabung und der Organisation komplex-strukturierter Verarbeitungsgegenstände überwiegend vor dem Hintergrund der Anforderungen aus dem Bereich der Ingenieuranwendungen diskutiert. Dabei wurden zur besseren Einordnung, aber auch zur Motivation der im folgenden dann vorgestellten WSDBS-Architektur, die wichtigsten Begriffe und Eigenschaften konventioneller DBS in den WSDBS-Kontext gestellt. Die Begriffe Datenunabhängigkeit, Datenschutz und Datensicherheit, Ablaufkontrolle, Erweiterbarkeit, Effizienz, Ortstransparenz und Autonomie wurden insbesondere daraufhin untersucht, welchen Stellenwert sie jeweils für die Client- bzw. die Server-Seite eines WSDBS haben und welche speziellen Anforderungen sich bzgl. einer Konkretisierung im hier betrachteten Umfeld ergeben. Ein dominierender Einfluß auf eine mögliche **Gestaltung eines Server-DBS** geht von den Aspekten **Datenunabhängigkeit, Ablaufkontrolle** sowie **Fehlerautonomie** aus, wohingegen Funktion und **Aufbau eines Client-DBS** stärker durch die Aspekte **Effizienz, Ablaufkontrolle** und **Ablaufautonomie** bestimmt sind. Die Eigenschaft der Ortstransparenz wurde aus WSDBS-Sicht als weniger bedeutend eingestuft und tritt deutlich - vor allem auf Client-Seite - hinter die Anforderungen bzgl. der Zugriffseffizienz zurück.

Gestützt auf diese Einordnung der wesentlichen Systemeigenschaften eines WSDBS konnte dann im zweiten Abschnitt dieses Kapitels ein konkreter WSDBS-Architekturvorschlag diskutiert werden. Dabei wurde zunächst die Client/Server-Schnittstelle näher charakterisiert und bzgl. der auszutauschenden Informationen sowie der an ihr bereitgestellten Operationen skizziert. Es konnten die drei Operationstypen **Datenaustausch** (Checkout, Checkin), **Direktmanipulation** (Modify) und **Ablaufsteuerung** (BoETT, EoETT, Save, Restore etc.) identifiziert werden. Die strikte Trennung zwischen der Datenver- bzw. -entsorgung durch Checkout- bzw. Checkin-Operationen und dem direkt ändernden Zugriff auf den Datenbestand des DB-Servers unterstreicht die der Anwendungsprogrammierung zugrundeliegende **ortsabhängige Datensicht**. Entsprechend der diskutierten Funktionalität wurde ein möglicher Aufbau des DB-Servers als Zusatzebene basierend auf einem konventionellen DBS skizziert. Dabei bildeten die Komponenten zur Datenaggregation (Austausch und Direktänderung von komplex-strukturierten Verarbeitungsgegenständen) und zur Ablaufkontrolle (lang andauernde Ablaufeinheiten, persistente Sperren etc.) den Kern der Zusatzebene. Ein verbesserter Ansatz sieht die Realisierung der DB-Server-Funktionalität in einem **strukturell-objektorientierten DBS** vor, das unmittelbar die erforderlichen Operationen auf den gewünschten Datenaggregaten anbietet. Zum rechnerübergreifenden DB-Zugriff wurden **Kommunikations-** und **Kooperationskomponenten** motiviert, die neben der reinen Datenübertragung auch die Koordination des client- und server-seitigen Kontrollflusses erlauben.

Als Hauptziel und damit als wesentliche Aufgabe der Client-Seite eines WSDBS wurde die Nutzung von Zugriffslokalität und die möglichst enge und effiziente Anbindung der lokal benötigten Daten an die Anwendung gesehen. Der Forderung nach enger Datenanbindung auf der einen Seite steht auf der anderen Seite die Notwendigkeit und der Wunsch gegenüber, die Erhaltung der strukturellen Datenintegrität zu garantieren und eine einfache Möglichkeit der Änderungspropagierung zu bieten. Der Aufbau der Client-Komponente spiegelt daher einen Kompromiß zwischen einem möglichst direkten und einem möglichst kontrollierten Datenzugriff wider. Der Zugriff erfolgt kontrolliert über spezielle Operationen; dennoch ist die Anbindung der Daten sehr direkt, da wegen des anwendungsspezifischen Datenformats (auf Ebene der Datenelementattribute) keine Datenkonversionen erforderlich sind. Im Zentrum der Client-DBS-Architektur steht der **Objektpuffer**, der als **hauptspeicherbasierte Datenstruktur zur Aufnahme der Verarbeitungsgegenstände** dient, die zur lokalen Verarbeitung auf Client-Seite benötigt werden. Weitere Komponenten dienen zur **Speicherverwaltung**, zur **Sicherung des Objektpufferinhaltes** auf Sekundärspeichermedien, zur **Aufbereitung** und zum **Einbringen des** durch Checkout bereitgestellten **Verarbeitungsgegenstandes** in den Objektpuffer und schließlich zur Organisation und zur Durchführung des **Zugriffs auf den Objektpufferinhalt**.

Eine konkrete Vorstellung von der Wirkungsweise der einzelnen Operationen auf Client-DBS-Seite wurde durch die Diskussion der Anbindungsproblematik erreicht. Dabei wurden zunächst drei unterschiedliche Lösungsmöglichkeiten aufgezeigt:

- die **Einbettung der DB-spezifischen Datentypen** in das Umfeld einer Wirtssprache,

- die **Einbettung der wirtssprachenspezifischen Datentypen** in das zugrundeliegende Datenmodell und schließlich

- die **Integration der unterschiedlichen Typsysteme** von Datenmodell und
  Wirtssprache.

Aus Gründen einer effizienten Datenanbindung, vor allem aber auch aufgrund der
Unterstützung für eine sprachübergreifende Anwendungsintegration wurde der erste Ansatz (Einbettung der DB-Datentypen in eine Wirtssprache) präferiert.

Für eine mögliche Datentypeinbettung konnten drei Fälle unterschieden werden:

- die **Datentypäquivalenz,**

- die **Datentypkompatibilität** und

- die **Datentypdiskrepanz.**

Genügen bei den ersten beiden Fällen relativ einfache Maßnahmen (z.B. Ausrichtung, Darstellungstransformation), um eine ausreichende Typeinbettung zu erreichen, so entstehen im dritten Fall naturgemäß Probleme. Dabei wurde besonderes
Gewicht auf die Einbettung des Datentyps *Objektpuffer* bzw. *komplex-strukturierter Verarbeitungsgegenstand* gelegt; zunächst stand die Frage nach geeigneten
Operationen im Vordergrund.

In diesem Zusammenhang wurde als zentraler **Mechanismus der Objektpufferverarbeitung** ausführlich ein **hierarchisches Cursor-Konzept** vorgestellt. Hierarchische Cursor setzen sich aus einer Folge von einfachen, voneinander abhängigen flachen Cursorn zusammen. Ganz ähnlich wie im bekannten Currency-Kon-
zept nach dem CODASYL-Vorschlag /CO78, Schm87/ bieten flache Cursor einen
einfachen Zeigermechanismus, durch den auf die im Objektpuffer abgelegten Daten direkt zugegriffen werden kann. Die Abhängigkeiten zwischen den flachen
Cursorn einer Cursor-Hierarchie entsprechen den Wechselwirkungen, die im CO-
DASYL-Vorschlag zwischen den einzelnen Currency-Indikatoren auftreten, wenn
auf die Beziehungen zwischen Datenelementen zugegriffen wird. Als ein markanter Unterschied zum CODASYL-Vorschlag werden Cursor-Ausprägungen hier allerdings explizit angelegt und einem (mehr oder weniger) frei-definierbaren Cur-
sor-Typ zugeordnet.

Im Gegensatz zu den Cursorn, die an den Programmschnittstellen vieler relationaler DBS zur Verfügung stehen /Da89/ und ein sukzessives "Abholen" einzelner

Elemente einer Treffermenge erlauben, bietet das hier vorgeschlagene Cursor-Konzept die Möglichkeit, einen Cursor sehr flexibel über dem bereitgestellten Verarbeitungsgegenstand "hin und her zu bewegen" und mehrfach auf ein Datenelement zuzugreifen.

Schließlich wurde die Wirkung der lokalen Objektpufferoperationen auf den globalen Datenbestand des DB-Servers erörtert. Besonderes Augenmerk galt bei der Diskussion der **Einbringsemantik** den lokal vorgenommenen Löschungen von Datenelementen. Dabei wurde insgesamt eine restriktive Löschsemantik vorgeschlagen, durch die die Wirkungsweise lokaler auf globale Löschungen übertragen wird.

Nach der Diskussion des statischen Systemaufbaus wurde als ein weiterer Aspekt bei der Konkretisierung des WSDBS-Begriffs das Zusammenspiel, also die Dynamik zwischen Client- und Server-DBS näher betrachtet. Dabei wurde die Diskussion bewußt auf einfache Abläufe, sog. **elementare (technische) Ablaufeinheiten,** konzentriert, um ein zu starkes "Ausufern" der zu betrachtenden Problembereiche (beispielsweise auf kooperierende Ablaufeinheiten) zu vermeiden. Die elementaren (technischen) Abläufe wurden als möglicherweise lange andauernde Einheiten der WSDBS-Verarbeitung eingeführt, die die Konsistenz in einer eingeschränkten Art und Weise erhalten, die voneinander isoliert abgewickelt werden und die eingeschränkt dauerhafte Auswirkungen besitzen. Überwiegend aufgrund ihrer langen Dauer wurde eine interne Strukturierung durch **Sicherungs- bzw. Wiederanlaufpunkte** notwendig. Die Ausführung elementarer Ablaufeinheiten ist auf Client- und Server-DBS verteilt, so daß beiderseitig entsprechende, aufeinander abgestimmte Maßnahmen erforderlich sind. Die jeweils lokalen Maßnahmen sowie die zwischen ihnen auftretenden Abhängigkeiten wurden ausführlich durch eine Reihe von Ablauf- und Zustandsübergangsdiagrammen beschrieben. Insgesamt konnte damit das **hohe Maß an erreichter Autonomie** zwischen Client- und Server-DBS belegt werden. Am Ende dieses Kapitels wurden dann in einem separaten Abschnitt Problemfälle behandelt, die sich aus der flexiblen Datenverteilung verbunden mit der vorherrschenden ortsabhängigen Datensicht ergeben. Neben der *Mischproblematik*, die sich aufgrund wiederholender Checkout-Operationen stellt, wurden insbesondere das Problem der *unvollständigen Analyse* sowie das *lost-update* Problem diskutiert. Als generelle Lösungsmöglichkeit, die die angesprochenen Probleme zu einem großen Teil entschärft, wurde das Konzept der geschachtelten Transaktionen aufgegriffen, das eine weitere Strukturierung der Operationen innerhalb einer elementaren Ablaufeinheit erlaubt und gleichzeitig für eine Synchronisation zwischen client- und server-seitigen Modifikationen sorgt.

Eine exemplarische Ausgestaltung der vorgeschlagenen Konzepte zur Komplex-Objekt-Verarbeitung wurde am Beispiel der PRIMA-Systementwicklung vorgestellt. Der NDBS-Kern PRIMA realisiert mit dem MAD-Modell ein strukturell-objektorientiertes Datenmodell und übernimmt in der Gesamtsystemarchitektur die Rolle eines DB-Servers, der aufgrund der mit MAD verbundenen mächtigen Anfragesprache MQL eine hohe Flexibilität und eine ausreichende Genauigkeit bei der Beschreibung der zwischen Client- und Server-DBS auszutauschenden Datenstrukturen bietet. Für die client-seitige Daten- und Operationsanbindung der Anwendungsprogramme wurde eine programmiersprachliche Einbettung - EMQL - in eine MODULA-2-Umgebung vorgestellt, die neben den eigentlichen MQL-Anweisungen die Integration des eingeführten Objektpufferkonzeptes sowie der beschriebenen Cursor-Operationen zur Speicherung bzw. zur Verarbeitung komplexer Datenstrukturen vorsieht.

Einordnung und Gegenüberstellung anderer Arbeiten

Bereits zu Beginn dieses Kapitels bei der Diskussion der allgemeinen Systemeigenschaften sowie im weiteren Verlauf bei der Konkretisierung des Architekturvorschlags wurden Hinweise und Referenzen auf Arbeiten und Forschungsprojekte gegeben, die im Zusammenhang mit den hier erläuterten Konzepten zu sehen sind und teilweise ähnliche, teilweise aber auch stark unterschiedliche Ansätze verfolgen. An dieser Stelle wird aufgrund der Vielfalt auf eine detaillierte Beschreibung dieser Ansätze verzichtet; vielmehr wird eine Einordnung und Charakterisierung einzelner markanter Arbeiten vorgenommen.

Die Kriterien, nach denen eine Einordnung und Abgrenzung erfolgen sollen, ergeben sich aus den zentralen Aussagen dieses Kapitels und sind in Bild 4.36 nochmals stichpunktartig aufgeführt. Sie betreffen im wesentlichen die Fragestellungen nach der Sicht einer WSDBS-Anwendung auf den Objektpuffer, nach der Organisation und der internen Strukturierung des Objektpuffers sowie nach der Funktionalität des DB-Servers. Im einzelnen ergeben sich die folgenden Kriterien:

- Das erste Kriterium betrifft die **Datensicht**, die einer Anwendung durch die einzelnen Ansätze geboten wird. Dabei ist eine Bandbreite zwischen einer völlig ortstransparenten und einer ortsabhängigen Datensicht anzutreffen, was im wesentlichen auf die unterschiedlichen Sichtweisen bzgl. der Rolle eines Client-DBS im WSDBS-Verbund zurückzuführen ist.

- Ein weiteres Kriterium besteht im **Granulat der Daten** und deren Repräsentationsebene, die zwischen DB-Server auf Mainframe-Seite und dem Client-DBS

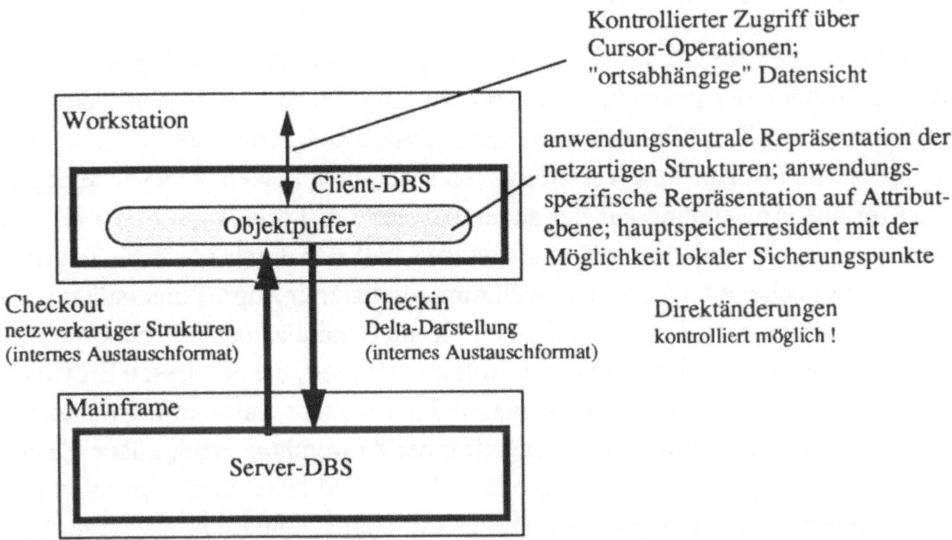

Bild 4.36: Grobarchitektur und Verarbeitungsszenario im hier vorgestellten Objektpufferansatz

auf Workstation-Seite ausgetauscht werden. Hier wird ebenfalls ein weites Spektrum vorgeschlagen, das von einfachen Datenelementen, vergleichbar mit den Tupeln in relationalen Systemen, bis hin zu komplex-strukturierten und aggregierten Objekten reicht, die auf Seitenebene oder in speziellen internen Repräsentationsformen übertragen werden.

- Die Möglichkeit, durch eine **Folge von Checkout-Operationen** die auf Client-Seite bereitgestellten Daten sukzessive zu erweitern und damit die lokal verfügbare Datenmenge den jeweils aktuellen Anforderungen anzupassen, stellt ein weiteres, sehr wichtiges Unterscheidungskriterium dar.

- Die einzelnen Ansätze lassen sich auch darin unterscheiden, in wieweit sie neben lokalen Modifikationen auch **Direktänderungen** auf Seite des DB-Servers vorsehen, bzw. umgekehrt, ob überhaupt rein lokale Änderungen erlaubt sind.

- Ein letztes Kriterium betrifft die **Organisation von Ablaufeinheiten**, d.h. die Frage, welche Eigenschaften die jeweiligen Ablaufeinheiten besitzen und welche internen Strukturierungsmöglichkeiten vorgesehen sind.

Das Portal-Konzept und der POSTGRES Object Cache

Das Konzept der **Portals** stellt einen der ersten Ansätze dar, den Zugang zu relationalen DBS mit der anwendungsnahen Pufferung von Anfrageergebnissen durch die Nutzung von Zugriffslokalität zu verbessern /SR84/. Gleichzeitig erlaubt es - wenigstens im Prinzip - eine Verteilung von DBS auf der einen Seite sowie Ergebnispuffer und Anwendung auf der anderen Seite. Ein Portal kann dabei als eine temporäre Ergebnisrelation aufgefaßt werden, auf der durch spezielle Zugriffsstrukturen ein über eine fortlaufende Nummer indizierter Zugriff unterstützt wird. Es stellt damit eine Art *Feld* beliebiger Größe auf Sekundärspeicherebene dar. Der Inhalt eines Portals ist durch *eine* DB-Anfrage definiert, die bei dessen Eröffnung entweder vollständig oder nur zu Teilen und auf weitere Anforderung hin ausgewertet wird. Der eigentliche Datenzugriff einer Anwendung erfolgt über die Anbindung von Programmvariablen, die jeweils als Feld fester Größe definiert eine Art *Fenster* über dem Portal bilden. Dieses kann durch eine Reihe spezieller Operatoren beliebig auf dem Portal verschoben werden. Die durch ein Portal bestimmten Tupel werden in einem systeminternen Format repräsentiert, so daß jeweils bei der Aktualisierung der Fensterinhalte eine Datenkonversion in eine anwendungsspezifische Darstellung erfolgen muß. Das mit dem Portal-Konzept verbundene Transaktionsverständnis ist äußerst flexibel, da sehr unterschiedliche Synchronisationsarten gewählt werden können. Es entspricht allerdings nur eingeschränkt den Anforderungen aus dem Bereich der Ingenieuranwendungen. Obwohl die Tupel im Anwendungsfenster unmittelbar zugreifbar sind, können Änderungen nur über Änderungsoperationen bewirkt werden. Je nach gewählter Synchonisationsart erfolgen diese Änderungen entweder lokal auf den Portal-Daten, werden also erst zu einem späteren Zeitpunkt in die ursprünglichen Relationen eingebracht, oder sie werden unmittelbar dorthin propagiert. Direktänderungen - im hier verwendeten Sinn - sind nicht möglich, da jeglicher Datenzugriff über Portals abgewickelt wird.

/Ro86/ beschreibt ein aus der Idee der Portals weiterentwickeltes Konzept für einen **Object Cache**, wie er in der DBS-Protypentwicklung **POSTGRES** /SR86/ eingesetzt wird. Dieser dient zur Pufferung speziell-strukturierter, aus einer Menge von Tupeln zusammengesetzter Verarbeitungsgegenstände. Hier kann durch Wahl eines Änderungsmodus für den jeweiligen Verarbeitungsgegenstand festgelegt werden, ob und ggf. wann sich im Cache durchgeführte Änderungen auf dem globalen Datenbestand niederschlagen: überhaupt nicht, d.h., die Änderungen erfolgen ausschließlich lokal (local update mode), unmittelbar bei jeder Änderung (direct update mode), am Ende einer Transaktion (deferred update mode) oder zum Zeitpunkt des Auslagerns eines Verarbeitungsgegenstandes aus dem Cache (object update mode). Lange andauernde Ablaufeinheiten oder eine interne Strukturierung durch Sicherungspunkte werden allerdings nicht explizit unterstützt.

Der AIM-Prototyp mit R^2D^2 Object Cache

Das **Advanced Information Management Prototype** (AIM-P) Projekt ist sicherlich eines der bekanntesten Projekte, das umfassend auf Fragen der Datenhaltung in einer Workstation/Mainframe-Umgebung eingeht und zudem einen deutlichen Bezug zu den Problemen aus dem Bereich der Ingenieuranwendungen herstellt /Da88/. Es realisiert eine Variante des sog. Non-First-Normal-Form- (NF^2-) Datenmodells /SS86/, das die Beschreibung und Handhabung von nicht-normalisierten Relationen, also von Mengen hierarchisch-geschachtelter Tupel, erlaubt. Die mit diesem Datenmodell assoziierte Anfragesprache bestimmt im wesentlichen die Funktionalität des im AIM-P realisierten DB-Servers.

Das Anfrageergebnis wird als temporäre NF^2-Relation in einem speziellen Austauschformat zum Client-DBS auf Workstation-Seite übertragen und dort in einem Objektpuffer abgelegt. Eine dynamische Erweiterung des Objektpufferinhaltes, beispielsweise durch eine weitere Anfrage, ist nicht vorgesehen. Der Zugriff auf die NF^2-Ergcbnistupel durch die Anwendung erfolgt - ähnlich wie in unserem Vorschlag - über hierarchische Cursor. Diese ergeben sich in AIM-P sehr natürlich bereits aus der hierarchischen Struktur der im Objektpuffer abgelegten NF^2-Tupel. Die hierarchischen Cursor in AIM-P erlauben eine Versorgung von Programmvariablen mit einzelnen oder mehreren, flachen oder geschachtelten NF^2-Tupel. Hierbei werden die betroffenen Daten vom internen Objektpufferformat in ein anwendungsspezifisches Datenformat konvertiert. Änderungen erfolgen über spezielle Cursor-Operationen, die gleichzeitig Protokollierungsaufgaben übernehmen. Am Ende der Verarbeitung werden die durchgeführten Änderungen zum Server-DBS propagiert, wobei ebenfalls eine Delta-Propagation möglich ist. Direktänderungen, d.h. unmittelbare Modifikationen im Datenbestand des Server-DBS sind prinzipiell möglich. Die damit verbundenen Probleme (vgl. Abschnitt 3.3.2) müssen allerdings anwendungsseitig behandelt werden, so daß diese Option nur "ausgewählten" Benutzern zugänglich sein sollte /ESW88/.

Das in AIM-P verwirklichte Transaktionskonzept ist konventionell. Nach dem Kenntnisstand der Autoren werden Sicherungspunkte und lang andauernde Ablaufeinheiten nicht explizit unterstützt. In /HDKRS89, KHED89/ werden die einge-

setzten, speziell auf Tupel-Hierarchien ausgerichteten Sperrprotokolle und Reco-
very-Mechanismen beschrieben.

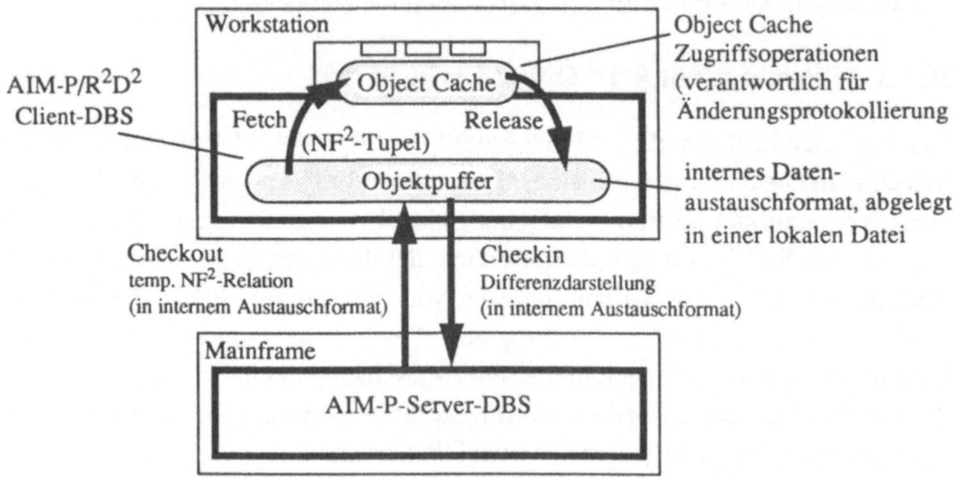

Bild 4.37: Grobarchitektur und Verarbeitungsszenario im AIM-Prototyp mit
            Objektpuffer und R^2D^2-Object Cache

Das auf AIM-P basierende **R^2D^2**-Projekt (**R**elational **R**obotics **D**atabase System
with Extensible **D**ata Types) verfolgt das Ziel, den AIM-Prototyp zu erweitern und
speziell auf Anwendungen aus der Robotersimulation auszurichten. Im Rahmen
dieses Projektes wurde ein **Object Cache** /KWDKL89/ entwickelt, der unmittelbar
im Adressraum des Anwendungsprogrammes liegt und eine Art dynamische Datenstruktur darstellt, die die im unterlegten AIM-P-Objektpuffer enthaltenen NF^2-
Tupel in einem anwendungsspezifischen Datenformat aufnimmt. Dabei übernehmen Laufzeitfunktionen des Object Cache die Aufgabe des Ein- bzw. Auslagerns
zwischen Object Cache und AIM-P-Objektpuffer (Fetch, Release). Im Gegensatz
zu den Objektpufferzugriffen ist bei den Zugriffen auf den Object Cache keine Datenkonversion mehr erforderlich. Diesem gravierenden Vorteil steht allerdings der
Nachteil gegenüber, daß die Protokollierung von Datenänderungen durch die Cursor-Operationen an der Client-DBS-Schnittstelle des AIM-Prototyps erheblich an
Wirkung verliert: ist doch nun das Granulat der Änderungen, die über Cursor-Operationen vorgenommen werden und damit Gegenstand einer Änderungsprotokol-
lierung sein können, an das Granulat der Datenver- bzw. -entsorgung des Object
Cache also an vollständige NF^2-Tupel gebunden, was i.allg. nicht dem Granulat der

tatsächlich durchgeführten Änderungen entspricht. Um dennoch Änderungen inkrementell zum DBS-Server propagieren und dort nachführen zu können, erlaubt man im R^2D^2-Projekt den Zugriff auf den Object Cache nur speziellen Anwendungsprozeduren, die von *vertrauenswürdigen* Anwendern erstellt, selbst für eine Protokollierung der Änderungen sorgen /KWDKL89/.

Weitere Ansätze

Das DAMOKLES-Projekt stellt ebenfalls eine DBS-Prototypentwicklung im Bereich der DB-Unterstützung für Ingenieuranwendungen dar /DGL87/. Im Gegensatz zu den bisher vorgestellten Ansätzen wird in DAMOKLES allerdings das Konzept des symmetrisch verteilten DBS verfolgt. D.h., sowohl auf Mainframe- als auch auf Workstation-Seite wird die gleiche DBS-Software ausgeführt. Als Erweiterung im Hinblick auf konventionelle verteilte DBS sind in DAMOKLES zum einen komplexe, auch netzwerkartig strukturierte Objekte verfügbar, und zum anderen kann die Datenverteilung sehr flexibel über spezielle Checkout- und Checkin-Operationen verändert werden. Die generelle Verarbeitungsvorstellung (Checkout, lokaler Zugriff, Checkin) entspricht zwar der der bereits vorgestellten Ansätze, allerdings ist eine DAMOKLES-Anwendung im Grunde vom aktuellen Speicherungsort der zu verarbeitenden Daten unabhängig. Die vom lokalen DAMOKLES-Knoten verwalteten Daten liegen im internen DBS-Format vor, so daß beim Zugriff durch die Anwendung ggf. erforderliche Selektions-, Projektions- oder Verbundoperationen sowie sämtliche Formatkonversionen lokal auszuführen sind. Um diesen beträchtlichen Aufwand bei sich wiederholenden Datenzugriffen möglichst einzusparen, ist auch in DAMOKLES ein anwendungsnaher Datenpuffer vorgesehen /Ab87/. Insgesamt wurde im DAMOKLES-Projekt allerdings ein von unseren Vorstellungen abweichender Ansatz verfolgt, dessen primäre Zielsetzung eher von der Organisation und der Kontrolle komplexer technischer Abläufe (insbesondere von Entwurfsabläufen in den Ingenieurbereichen) geprägt ist, als dies bei den in dieser Arbeit diskutierten Konzepten der Fall ist.

Eine ganze Reihe von Prototypentwicklungen im Bereich der Datenhaltung für eine Workstation/Server-Umgebung können unter dem Begriff der **Object Server** zusammengefaßt werden (u.a. /Ba88, CM84, De90, Ki90, ML89/). Diese Ansätze sehen für die Server-Komponente auf Mainframe-Seite zunächst eine geringere Funktionalität vor, als dies in den zuvor angesprochenen Entwicklungen der Fall war. So erlauben Object Server i.allg nur den Zugriff auf (strukturell einfache) nicht-aggregierte Objekte (Oftmals ist der Zugriff ausschließlich über eine Objektidentifikation möglich). Diese bilden auch den Gegenstand des Datenaustausches zwischen Client- und Server-Komponente und werden auf Client-Seite in einem **Object Cache** abgelegt. Der Object Cache kann sukzessive geladen werden, so daß die Bildung von Aggregaten und Sichten mit Projektions- und mächtigen Selektionsoperatoren durch die Client-Komponente auf Workstation-Seite durchgeführt werden kann. Object Server finden ihren Einsatz vor allem im Umfeld von objektorientierten Datenbanksystemen (OODBS), die insbesondere eine verhaltensmäßige Objektmodellierung erlauben /ABDDMZ89, Di86, KL89/. In einem solchen Szenarium können oftmals die mit den Objekten assoziierten Methoden zur Beschreibung des Objektverhaltens sowohl server- als auch client-seitig ausgeführt werden. Hiermit sind allerdings diejenigen Probleme verbunden, die am Ende des letzten Abschnitts als Invalidierungsprobleme bei Direktänderungen angesprochen wurden. Im Bereich der OODBS-Entwicklung werden hierzu verschiedene Lösungsansätze vorgeschlagen. Ein Ansatz sieht beispielsweise vor, daß vor der server-seitigen Ausführung von Methoden die im Object Cache modifizierten Objekte zunächst zum Server zurück propagiert werden /Ba88/. Ein zweiter Ansatz sieht die gleichzeitige Ausführung einer Methode auf Client- und Server-Seite vor /Ki90/. Beide Lösungen sind im Fall häufiger und umfangreicher Änderungen sehr aufwendig und müssen als unbefriedigend angesehen werden.

Die mit den Objekten verbundenen Methoden können durchaus auch eine Selektion oder Transformation der Objekte bewirken, so daß hierdurch dann doch die Möglichkeit einer Vorauswahl oder einer Bildung von Objektsichten auf Server-Seite möglich ist. Die in diesem Zusammenhang bislang offene Frage ist allerdings, welche Auswirkungen sich auf die gesamte Server-Architektur und die Ablaufdynamik ergeben, wenn die Methoden, die auf Server-Seite ausgeführt werden, sehr zahlreich und umfangreich sind und ihrem Wesen nach die Anfrage- und Änderungsmächtigkeit eines Datenmodelles für komplex-strukturierte Verarbeitungsgegenstände annehmen. In diesem Fall müssen sicherlich all diejenigen Probleme gelöst werden (bzw. es müssen bestehende Lösungen verfeinert und anpaßt werden), die im Rahmen der oben aufgeführten Projekte und auch im Rahmen dieser Arbeit diskutiert werden.

5 Technisches Modellieren als ein Zugang zur integrierten Entwurfsunterstützung im mechanischen Entwurfsbereich

Als geeignete Basis zur Konzeption und Realisierung von integrierten Ingenieursystemen, wie dies in der Einleitung aufgegriffen worden ist, ist insbesondere im mechanischen Entwurf die Entwicklung und der Einsatz von angepaßten Modellierungswerkzeugen notwendig. Diese sollen aufgrund der von ihnen angebotenen Funktionalität und der bereitgestellten anwendungsorientierten Objekte den Aufbau und die Verwaltung eines integrierten Produktdatenmodells ermöglichen, das eine geeignete Grundlage für eine durchgängige Entwurfsunterstützung bildet.

Die funktionalen Unzulänglichkeiten der geometrie-orientierten Modellierungswerkzeuge zur Bauteilmodellierung wurden in Kapitel 2 hinreichend diskutiert. Sie liegen hauptsächlich in der nicht adäquaten Modellierung der Entwurfsobjekte über die geometrischen Objekte und Operationen sowie in der mangelnden integrierten Sichtweise auf dem Entwurfsobjekt. Als ein Lösungsweg wird in Kapitel 2 das technische Modellieren aufgeführt, das dem Konstrukteur eine Sichtweise vermittelt, die an einem **technischen Objektbegriff** orientiert ist. Diese Sichtweise erlaubt, daß dem Modellierungssystem das "technische Verhalten" eines Objektes bekannt ist und somit die Auswirkungen von Operationen, die auf das Entwurfsobjekt in seiner Funktionsumgebung ausgeführt werden, systemseitig berücksichtigt bzw. bestimmt werden können. Das technische Verhalten ist für jedes technische Objekt unterschiedlich und hängt im wesentlichen von den Wechselwirkungen zu den anderen technischen Objekten in seiner Funktionsumgebung ab.

Bei dem in diesem Kapitel vorgestellten technischen Modellierungsansatz werden die Abhängigkeiten zwischen den technischen Objekten explizit beschrieben. Das gleiche gilt für die Aufgabenbeschreibung der Entwurfsobjekte sowie die Zusammenhänge zwischen den Aufgabenbeschreibungen, die ebenfalls formal beschrieben werden. Als Referenzentwurf wird dabei eine ausgewählte Teileklasse, der Entwurf von rotationssymmetrischen Wellen betrachtet, so daß die aufgeführten Beispiele bzw. Beschreibungen weitgehend aus diesem Bereich entnommen sind. Die herausgearbeiteten Definitionen, Strukturen und Konzepte haben jedoch allgemeinen Charakter, so daß sie sich auf andere Teileklassen übertragen bzw. erweitern lassen. Das Hauptaugenmerk in diesem Kapitel konzentriert sich auf zwei Schwerpunkte:

- *Die Strukturierung und Modellierung der anfallenden Informationsstrukturen* in einem rechnerinternen Produktmodell, das eine integrierte Sichtweise auf den Daten reflektiert.

- *Das Erfassen und Kontrollieren der semantischen Zusammenhänge* zwischen den Operationen sowie zwischen den technischen Objekten der Anwendungsschnittstelle mit dem Ziel, mehr von der Semantik des Entwurfsvorganges bzw. von der Vorgehensweise des Entwerfers in dem Modellierungssystem zu reflektieren.

Die Realisierung eines Prototypen eines technischen Modellierungssystems erfolgt auf der im letzten Kapitel vorgestellten WSDBS-Architektur. Daraus werden erste Aussagen über die Eignung des WSDBS-Ansatzes (und insbesondere des Verarbeitungsmodells) für einen konkreten Entwurfsbereich abgeleitet. Der Funktionalitätsumfang (dies betrifft sowohl die Mächtigkeit der angebotenen Operationen als auch die Anzahl der technischen Objekte, auf denen sie realisiert sind) und die Detailgenauigkeit bei der Realisierung der technischen Funktionen stehen dagegen nicht im Mittelpunkt des Interesses.

Im folgenden wird zunächst der Begriff des technischen Modellierens genauer festgelegt und die Struktur eines RIPM für technische Objekte abgeleitet. Anschließend werden ausgehend von einer Beschreibung einiger Operationen und Objekte die angesprochenen semantischen Zusammenhänge herausgearbeitet und ein Vorschlag zu deren expliziten Beschreibung bzw. Überprüfung unterbreitet. Zum Schluß des Kapitels wird eine Möglichkeit zur Realisierung eines solchen Modellierungssystems vorgestellt.

5.1 Technisches Modellieren

Ausgehend von der bisherigen Diskussion läßt sich für den Vorgang technisches Modellieren eine erste Begriffsklärung aufstellen: **Technisches Modellieren** bedeutet, daß der Konstrukteur beim Entwurf eines Bauteils mit **technischen Objekten** arbeitet (d.h., seine Basisobjekte sind jetzt Paßfeder, Lager, Absatz, Bohrung, Welle etc.), die über **objektspezifische Operationen** (etwa Erzeugen oder Positionieren) manipuliert und in einer technischen Objektstruktur angeordnet werden. Diese Objektstruktur ist der zentrale Bestandteil des **technischen Partial-modells**. Damit sind dem System Objekte und Operationen mit einer stärker anwendungsorientierten Semantik bekannt und als Folge können auch die Wechselwirkungen zwischen den Operationen und Objekten sowie zwischen den Objekten selbst im System explizit erfaßt und kontrolliert werden. Diese Wechselwirkungen werden im folgenden als **technisch-funktionale Abhängigkeiten** bezeichnet. In ihnen wird also explizit die Semantik eines Objektes hinsichtlich seiner Struktur, Technologie und Funktion sowie seine Beziehungen zu anderen technischen Objekten bzw. zu den Operationen abgebildet. Technisches Modellieren ist somit durch drei Begriffe geprägt: technische Objekte, technische Operationen und technisch-funktionale Abhängigkeiten.

Technische Objekte

Die Eigenschaften eines technischen (Entwurfs-)Objektes, die während des Entwurfsvorganges festzuhalten und für den weiteren Ablauf von Interesse sind, müssen modelliert und erfaßt werden. Hier sind zunächst die **topologischen Eigenschaften** zwischen den Objekten aufzuführen, die ein technisches Objekt charakterisieren und in seinen Beziehungen zu den anderen technischen Objekten beschreiben (technische Topologie). Die weiteren Merkmale eines technischen Objektes lassen sich im wesentlichen in die drei Gruppen **Gestalt, Funktionalität und Technologie** aufteilen /An89/. In der Gruppe Gestalt werden die geometrischen, topologischen und formgebenden Eigenschaften eines technischen Objektes zusammengefaßt. Die Gruppe Technologie umfaßt die technologischen Eigenschaften wie etwa die physikalischen und chemischen Werkstoffeigenschaften, Toleranzangaben (physikalische Toleranzen wie Wärmetoleranz, Abmessungs-, Form- und Lagetoleranz etc.) und Oberflächenangaben (Oberflächenbeschaffenheit, Oberflächengüte etc.). Die Gruppe Funktionalität dient schließlich dazu, die Funktion bzw. Funktionsstruktur zusammen mit den physikalischen Wirkprinzipien und den Ein- bzw. Ausgangsgrößen zu beschreiben. In Bild 5.1 sind die wichtigsten Beschreibungsmerkmale eines technischen Objektes nochmals zusammenfassend dargestellt.

Bei einer Abbildung eines technischen Entwurfsobjektes in einem Produktmodell werden die eingeführten Eigenschaftsgruppen in den jeweiligen Partialmodellen abgelegt. In dem technischen Partialmodell ist die primäre Organisationsstruktur der technischen Objekte durch die Repräsentation der technischen Topologie reflektiert. Eine zentrale Frage ist die nach der Repräsentation der übrigen aufge-

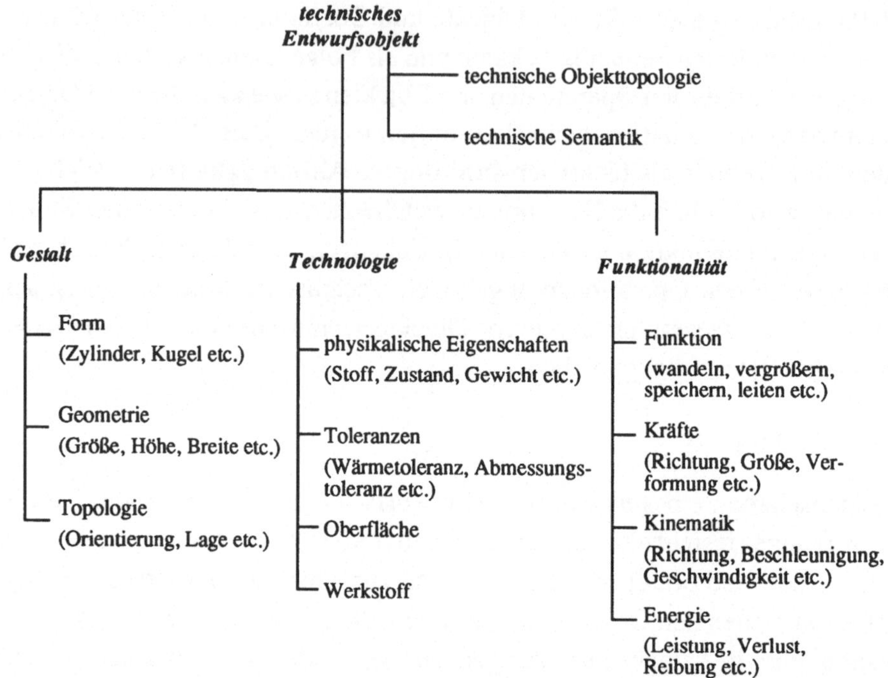

Bild 5.1:   Die wichtigsten Beschreibungsmerkmale eines technischen Entwurfsobjektes

führten Eigenschaften der Entwurfsobjekte in dem technischen bzw. den übrigen Partialmodellen. Die Beziehung zwischen dem technischen und den übrigen Partialmodellen ist unterschiedlich eng geknüpft. So ist z.B. die geometrische Modellstruktur eng an die technische Topologie gebunden und läßt sich teilweise automatisch aus den technischen Objekten ableiten (vgl. /HPS89/), während z.B. das Arbeitsplanungsmodell oder das Montagemodell in der technologischen Fertigungsvorbereitung /An89/ größerer Freiräume zuläßt. Dies hängt in erster Linie davon ab, ob die verschiedenen "Sichten" (also die Partialmodelle) des letztlich zu entwickelnden Produktes in der gleichen Entwurfsphase (z.B. geometrisches und technologisches Modell in der Gestaltungsphase) oder in nacheinandergeschalteten Phasen (z.B. Arbeitsplanungsmodell in der technologischen Fertigungsvorbereitung) aufgebaut werden. In den hier vorgestellten Überlegungen wird unterlegt, daß das technische Objekt alle Eigenschaften umfaßt, die im technischen Modellierungsvorgang relevant sind. Ob diese Eigenschaften nun in dem technischen Partialmodell als Attribute "materialisiert" sind oder ob sie über einen Verweis auf die weiteren Partialmodelle zugreifbar sind, ist zunächst von untergeordneter Bedeutung. So wird in dem von uns realisierten Ansatz davon ausgegangen (vgl. Abschnitt 5.3), daß die geometrischen Abmessungen der technischen Objekte (z.B. Länge, Höhe, Breite) direkt im technischen Partialmodell abgebildet sind, während die konkreten geometrischen Modelle (z.B. Constructive Solid Geometry, CSG, vgl. /RV84/) in dem geometrischen Partialmodell repräsentiert werden.

Betrachtet man jetzt die Entwurfsobjekte etwas genauer, so lassen sie sich verschiedenen **technischen Objektklassen** zuordnen. Jede technische Objektklasse ist aufgrund der unterschiedlichen Semantik der zugeordneten technischen Objekte weiter in **technische Objekttypen** unterteilt. In Bild 5.2 sind exemplarisch drei technische Objektklassen dargestellt: Funktionselemente, Nebenelemente und Einzelteile. Für die technische Objektklasse Funktionselement sind beispielhaft zwei technische Objekttypen abgebildet: Lager und Paßfeder. Damit wird eine Generalisierungsbeziehung /Ma89/ zwischen den technischen Entwurfsobjekten, den technischen Objekttypen und den technischen Objektklassen aufgebaut, d.h., die technischen Objekte werden entlang der Generalisierungsbeziehung zu abstrakten technischen Objekten zusammengefaßt (z.B. Lager und Paßfeder werden zu der technischen Objektklasse Funktionselement generalisiert). Diese Generalisierungsbeziehung setzt sich möglicherweise mehrstufig fort (vgl. Bild 5.4). Durch die Einführung der Begriffe technische Objektklasse und technischer Objekttyp werden die beiden obersten Ebenen der Generalisierungsbeziehung explizit gekennzeichnet.

Die technischen Objektklassen selbst stehen untereinander in einer hierarchischen Beziehung, die die technische Gesamtstruktur, die **Objektstruktur** festlegt. In Bild 5.3 ist die hierarchische Struktur der technischen Objektklassen Baugruppe, Einzelteil, Hauptelement, Funktionselement und Nebenelement abgebildet /HPS89/. Am Beispiel eines Einzelteils aus der Teileklasse Welle wird eine konkrete technische Objektstruktur dargestellt.

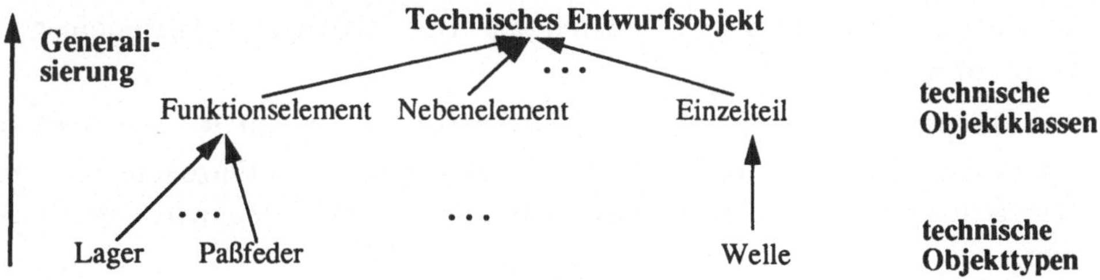

Bild 5.2: Generalisierungsbeziehung zwischen den technischen Elementen

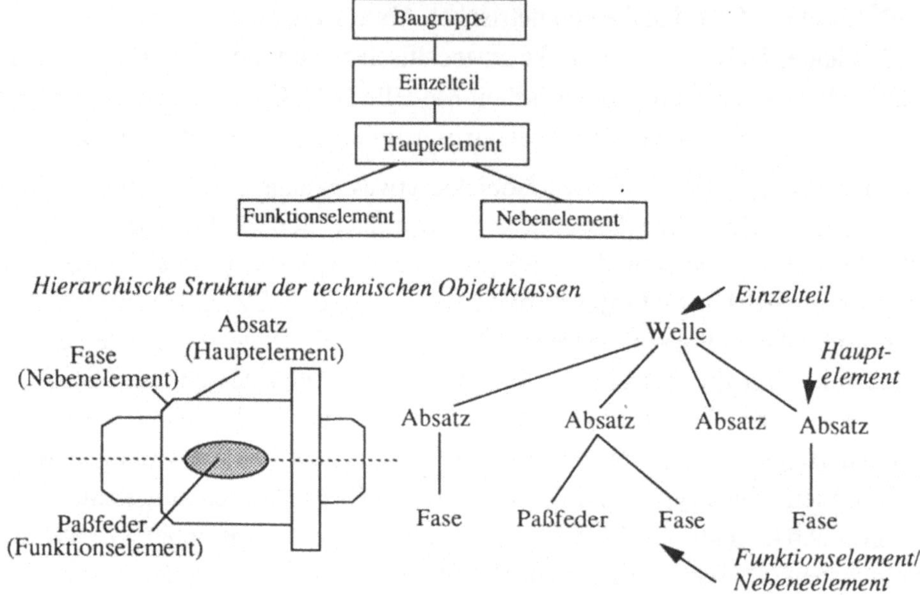

Bild 5.3: Aufbau der technischen Objektstruktur

- **Baugruppen** sind Teilgruppen einer Maschine oder Anlage, die eine Teilfunktion erfüllen. Der Aufbau wird durch die Funktion der Maschine oder Anlage bestimmt. Eine Baugruppe kann aus Baugruppen oder Einzelteilen bestehen.

- **Einzelteile** sind Teile einer Baugruppe und werden entweder aus einer Menge vorgefertigter Teile ausgewählt (Normteile, Kaufteile) oder für einen speziellen Zweck, das Erfüllen einer technischen Funktion, angefertigt (Zeichnungsteil). Ein Einzelteil besteht aus Funktions-, Haupt- und Nebenelementen.

- Ein **Funktionselement** (z.B. Lager, Paßfeder) repräsentiert den Bereich eines Einzelteils, durch den dessen Funktion (z.B. Übertragung eines Drehmoments) realisiert wird.

- Ein **Hauptelement** (z.B. Absatz) bezeichnet ein (z.B. rotationssymmetrisches oder prismatisches) Formelement zur Beschreibung eines Einzelteils mit den dazugehörigen Eigenschaften (z.B. technologische oder geometrische Angaben).

- **Nebenelemente** (z.B. Fase, Freistich) werden aus einer möglichen Anzahl von Varianten ausgewählt (meist aus Normteilkatalogen) und einem Hauptelement zugeordnet, das damit näher spezifiziert wird. So wird beispielsweise eine Fase an einem Absatz angeordnet, damit in der späteren Fertigung etwa ein Zahnrad auf den Absatz geschoben werden kann.

In Bild 5.4 sind die Informationsstrukturen zur Repräsentation der technischen Objektklassen und technischen Objekttypen dargestellt. Die dort abgebildete technische Objektstruktur ist der primäre Inhalt des technischen Partialmodells. Die technischen Objekttypen, die beim Entwurf eines Zeichnungsteils relevant sind, sind natürlich für unterschiedliche Teileklassen verschieden. In Bild 5.4 sind nur die technischen Objekttypen eingetragen, die für die hier betrachtete Fallstudie (nämlich die Teileklasse Welle) von Interesse sind. Die Strukturierung des Modells ist so festgelegt, daß eine Erweiterung zur Erfassung der technischen Objekte, die beim Entwurf weiterer Einzelteile zu berücksichtigen sind, auf einfache Weise möglich ist. Zur Modelldarstellung in Bild 5.4 wurde eine Entity/Relationship(ER)-Diagramm-ähnliche Notation gewählt. Durch die Rechtecke werden Entity-Typen repräsentiert, und die Verbindungen zwischen Entity-Typen, die durch

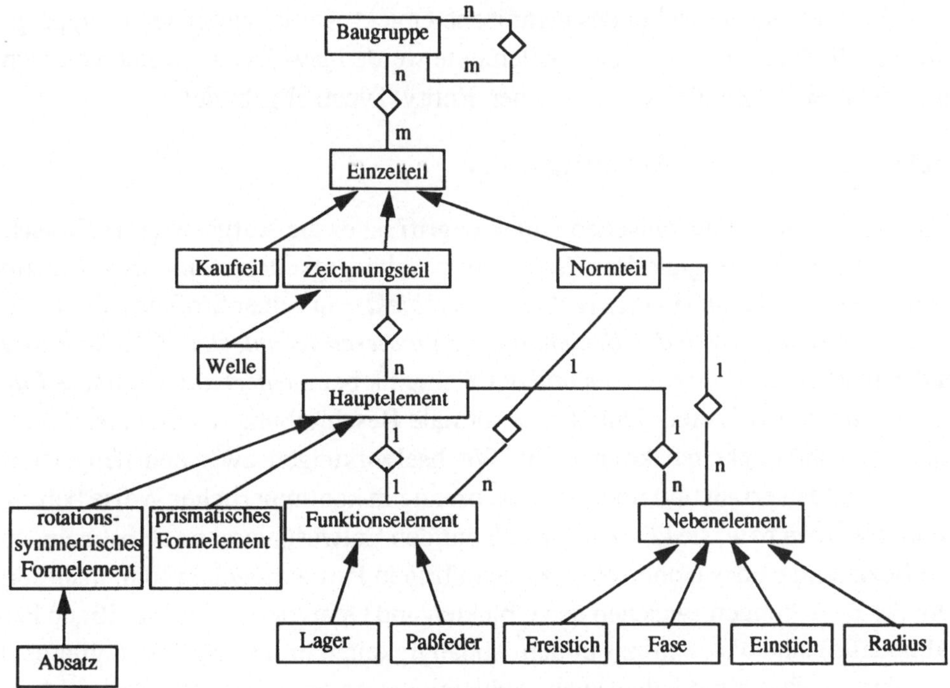

Bild 5.4: Ausschnitt des technischen Partialmodells für die Baugruppenstruktur und den Einzelteilentwurf einer Welle

eine Raute gekennzeichnet sind, zeigen benutzerdefinierte Beziehungen. Zur Beschreibung des technischen Modells reichen binäre Relationships aus. Von besonderem Interesse sind die mit einem Pfeil dargestellten Beziehungen. Damit wird die angesprochene Generalisierungs- bzw. Spezialisierungsbeziehung aufgebaut.

Zur Repräsentation der Baugruppenstruktur im technischen Modell wurde der Entity-Typ Baugruppe mit einer darauf definierten n:m-Beziehung eingeführt. Einzelelemente sind die Basisbausteine der Baugruppenstruktur. Ein Einzelteil kann ein Normteil, ein Kaufteil oder ein Zeichnungsteil (ein noch zu entwerfendes Einzelteil) sein. Ein Zeichnungsteil setzt sich, wie beschrieben, aus Hauptelementen zusammen. Jedem Hauptelement können ein Funktionselement und mehrere Nebenelemente zugeordnet sein. Die Auswahl eines Funktions- bzw. eines Nebenelements kann aus einem Normteilkatalog erfolgen. Die Beziehung zwischen Normteil und den Funktions- bzw. Nebenelementen wird durch zwei weitere Relationships repräsentiert. Die dargestellte Spezialisierung der Haupt-, Funktions- und Nebenelemente ist auf den hier betrachteten Wellenentwurf zugeschnitten. Hauptelemente untergliedern sich zunächst in rotationssymmetrische und prismatische Formelemente, wobei das technische Objekt Absatz zur ersten Gruppe gehört. Für die Funktions- und Nebenelemente werden jeweils eine Reihe von technischen Objekttypen über einen eigenen Entity-Typen abgebildet.

Technisch-funktionale Abhängigkeiten

Ausgehend von dem technischen Objektbegriff ist es die Aufgabe der **technisch-funktionalen Abhängigkeiten** (oder kurz Abhängigkeiten), eine *explizite Beschreibung der Semantik eines technischen Objektes* in seiner Struktur, Technologie und Funktion sowie *der Beziehungen zu anderen technischen Objekten* bzw. zu den *technischen Operationen* und der Semantik beim *Übergang in andere Partialmodelle* zu realisieren. Durch eine formale Beschreibung der technisch-funktionalen Abhängigkeiten können die Wechselwirkungen zwischen den technischen Objekten erfaßt und im Entwurfsvorgang in kontinuierlicher Weise berücksichtigt werden bzw. sie können Einfluß auf den Entwurfsvorgang selbst nehmen. Die Beziehungen des technischen zu den übrigen Partialmodellen (d.h. insbesondere die Beziehungen zwischen den Objekten und Operationen der jeweiligen Partialmodelle) sind also explizit in den Abhängigkeiten erfaßt. Natürlich gibt es in den übrigen Partialmodellen auch Abhängigkeiten zwischen den dort vorherrschenden Objekten sowie zwischen deren Objekten und Operationen (beispielsweise die Eulerschen Gleichungen im Boundary Repräsentation (BREP)-Modell zur Repräsentation der Geometrie eines Objektes), die jedoch hier nicht weiter berücksichtigt werden.

Der Entwurf ist durch eine *Top-Down-Vorgehensweise* geprägt. Ausgehend von der zu entwerfenden Maschine oder Anlage wird der Gesamtentwurf in den Entwurf von (Sub-)Baugruppen und schließlich von Einzelteilen unterteilt. Diese technischen Objekte werden über ihre Funktion bzw. Teilfunktion bestimmt. Die Aufgabenbeschreibung für eine Baugruppe ist über deren funktionale Zielstellung sowie gewisse Forderungen und Umgebungsrestriktionen gegeben. Ebenso ist die Aufgabenbeschreibung für ein Einzelteil bzw. in der Phase der Einzelteildetaillierung die Aufgabenbeschreibung der Haupt-, Funktions- und Nebenelemente durch strukturelle, technische, geometrische und funktionale Vorgaben bestimmt. Durch die *Aufgabenbeschreibung werden somit Abhängigkeiten für ein technisches Objekt definiert*, die von der konkreten Aufgabenstellung abhängen und diesbezüglich die Wechselwirkungen in der gesamten hierarchischen Objektstruktur erfassen.

Des weiteren sind für jeden technischen Objekttyp eine Reihe von technisch-funktionalen Abhängigkeiten gegeben, die die *semantische Korrektheit des Objektes* selbst, seine Verträglichkeit mit anderen technischen Objekten sowie bestimmte Methoden und Verfahren etwa hinsichtlich seiner Auswahl oder Auslegeberechnung festlegen.

Schließlich sind noch die *allgemeingültigen Abhängigkeiten* zu beachten, die sich keinem konkreten Objekttyp zuordnen lassen. Sie ergeben sich beispielsweise aus der allgemeinen Konstruktionslogik oder aus den verschiedenen physikalischen Wirkprinzipien. Eine genauere Klassifizierung der Abhängigkeiten wird im weiteren Verlauf dieses Kapitels eingeführt.

Technische Operationen

Die Betrachtung von technischen Objekten im Zusammenhang mit ihren technisch-funktionalen Abhängigkeiten legt die Semantik der auf den Objekten definierten Operationen fest. So wird beispielsweise das technische Objekt "Paßfeder" nach gewissen funktionalen Vorgaben und gegebenen Standard- bzw. Kataloginformationen bestimmt, die wiederum als Abhängigkeiten gegeben sind. Generell werden im Entwurfsvorgang allgemeine bzw. objekttypspezifische Methoden (Berechnungs-, Dimensionierungs-, Auswahlverfahren etc.) benutzt, um die Eigenschaften eines technischen Objektes zu bestimmen.

In Bild 5.5 ist der Entwurfsvorgang der Einzelteildetaillierung (sie entspricht der
Gestaltungsphase in Bild 2.1) im Zusammenhang mit den technischen Operationen
und den Abhängigkeiten dargestellt /Ro76, Ro82/. Zunächst werden die gestalts-
bestimmenden Anforderungen der Aufgabenstellung (für die Phase der Gestaltung) erarbeitet und als Abmessungsangaben, Objektformen, Anordnungs- und
Materialeigenschaftsangaben spezifiziert. Diese Aufgabenstellung bestimmt zu-

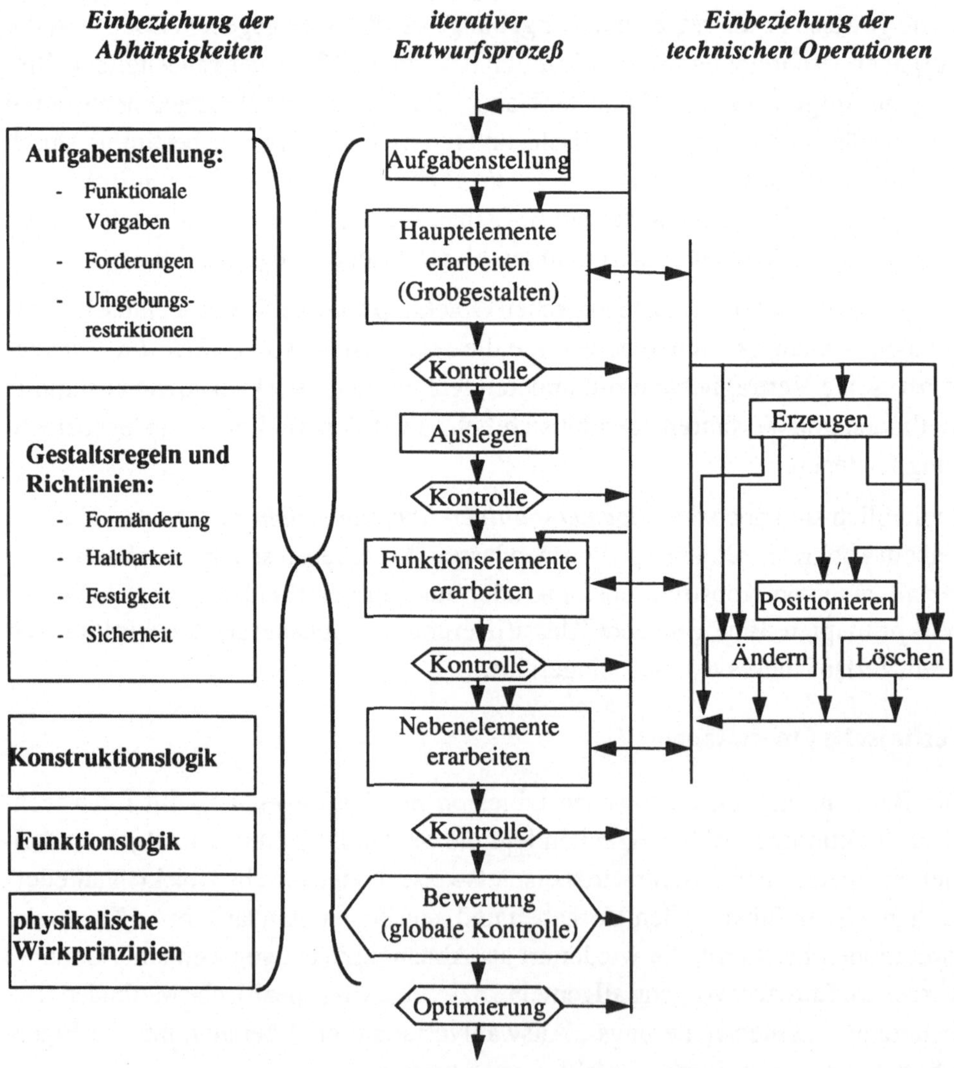

Bild 5.5:   Der Entwurfsvorgang im Zusammenhang mit den technischen Operationen und den technisch-funktionalen Abhängigkeiten

sammen mit den Randbedingungen der Aufgabenstellung (z.B. Abstände, Gehäuseabgrenzung, Temperaturbereiche) die Erstellung einer ersten Objektstruktur über die Gestaltung der Hauptelemente (Grobgestalten). In einem nachfolgenden Auslegungsprozeß werden Berechnungs- und Kontrollalgorithmen aktiviert, die die Gestaltselemente auf Haltbarkeit, Formänderung, Stabilität usw. überprüfen und damit zur Einhaltung der Randbedingungen beitragen (Auslegen). Danach werden die Funktions- und Nebenelemente gesucht und in den Entwurf eingebunden.

Die technischen Operationen auf den Haupt-, Funktions- und Nebenelementen sind hauptsächlich Operationen zum Erzeugen, Positionieren, Ändern und Löschen der technischen Objekte, bei deren Durchführung die speziellen Gestaltungsregeln bzw. Normen, Vorschriften etc. durch die Einbeziehung der Abhängigkeiten zu berücksichtigen sind. Die Abarbeitung einer technischen Operation greift auf mehrere Methoden zu, die den Ablauf der technischen Operation bestimmen. So werden Beratungs- bzw. Auswahlalgorithmen zur Bestimmung von technischen Elementen aus Wiederholteil-, Normteil- oder Kaufteilkatalogen oder Kontrollalgorithmen aktiviert. In ähnlicher Weise lassen sich die technischen Assoziationen /GAPR88/, die eine genauere Festlegung der technischen Operationen bewirken (z.B. fluchtend, paßgenau oder achsparallel für die Operation Positionieren), in Form von technisch-funktionalen Abhängigkeiten definieren.

In einer abschließenden Bewertung werden alle technischen Objekte in ihrer Wechselwirkung untereinander hinsichtlich einer räumlichen und funktionalen Verträglichkeit sowie in der Einhaltung der Umgebungsrestriktionen überprüft. Die durch den iterativen Entwurfsvorgang bestimmte Optimierung bedingt schließlich die Auswahl eines Entwurfsobjektes.

5.2 Beispiele, Klassifikation und formale Beschreibung der technisch-funktionalen Abhängigkeiten

In diesem Abschnitt sollen an einem konkreten Entwurfsvorgang Beispiele für technisch-funktionale Abhängigkeiten vorgestellt und deren Komplexität und Heterogenität verdeutlicht werden. Es wird die Vorgehensweise bei der Einzelteildetaillierung einer Welle herangezogen. Danach wird eine Klassifikation der Abhängigkeiten vorgeschlagen, wie sie sich aus den verschiedenen Beziehungsstruktu-

ren, die über die Abhängigkeiten beschrieben werden, ergibt. Anschließend wird
der Bezug zwischen den Abhängigkeiten und den technischen Objekten in der Objektstruktur näher untersucht und eingeordnet. Im letzten Teil des Abschnitts wird
eine Möglichkeit zur formalen Beschreibung der technisch-funktionalen Abhängigkeiten vorgestellt.

5.2.1 Beispiele für technisch-funktionale Abhängigkeiten beim Entwurf einer Welle

Die prinzipielle Vorgehensweise in der Einzelteildetaillierung (also auch beim
Entwurf einer Welle) wurde bereits in Abschnitt 2.1.1 vorgestellt. Hier soll nun
für einige ausgewählte technische Objekte, die beim Entwurf einer Welle von Bedeutung sind, der Ablauf der technischen Operationen genauer beschrieben und die
jeweils zu berücksichtigenden Abhängigkeiten herausgestellt werden /RM83/. Es
wurden die Objekte Welle und Absatz (Formelement) zur Beschreibung der technischen Operationen ausgewählt. Für die weiteren technischen Objekte, die beim
Wellenentwurf von Interesse sind (etwa Lager, Paßfeder, Fase, Radius, Freistich),
gelten ähnliche Überlegungen /En91/. In der folgenden Operationsbeschreibung
wird für einige identifizierte Abhängigkeiten deren Typ bestimmt (dieser ist in
Fettschrift wiedergegeben). Diese Abhängigkeitstypen sind dann die Basiselemente der in Abschnitt 5.2.2 vorgenommenen Klassifikation der Abhängigkeiten.

Abhängigkeiten und Operationen des technischen Objekts Welle

- Operation **Erzeugen**

  Die **Aufgabenstellung** für eine Welle wird in Form eines Belastungsschemas
  (vgl. Bild 5.6) sowie durch die Angabe zusätzlicher Umgebungsrestriktionen
  erwartet. Zunächst ist die Aufgabenstellung selbst auf ihre Korrektheit hin zu
  überprüfen (Abhängigkeiten **Objekttyp-Objektaufgabenstellung**). Der nächste Schritt besteht aus der Auslegung der Welle. Dazu werden der Richtdurchmesser ermittelt (**Berechnungsmethode**) und danach die Welle auf Dauerfestigkeit, Formänderung und kritische Drehzahl hin überprüft. Durch eine iterative Vorgehensweise, die einen Dialog mit dem Entwerfer vorsieht, können die
  Schritte solange wiederholt werden, bis die gewünschten Werte erreicht werden. Nach der Ermittlung des Richtdurchmessers kann der Entwerfer die Lagerstellen und Krafteinleitungsstellen unter Berücksichtigung der Aufgabenbeschreibung festlegen und zu einer genaueren Bestimmung des minimalen

Durchmessers gelangen. Diese Berechnungen können durch die Auswahl eines anderen Werkstoffes beeinflußt werden (ausgewählt wird aus Katalogen, aus denen für bestimmte Eingabewerte, etwa für Spannung und Kerbwirkungszahl, der Werkstoff bestimmt wird (**Auswahlmethoden**)). Der letzte Schritt ist eine Kontroll- bzw. Nachrechnung, in dem überprüft wird, ob die eingegebenen geometrischen, technologischen und funktionalen Daten unter der geforderten Beanspruchung eine bzgl. Festigkeit und Funktionalität korrekte Welle garantieren. Ist dies der Fall, so wird die Welle für den nächsten Entwurfsschritt freigegeben, d.h., es wird mit dem Entwurf der restlichen technischen Objekte fortgefahren. Ansonsten werden interaktiv die Eingabewerte modifiziert, bis die Nachrechnung zu einem positiven Resultat führt. Hierbei können unterstützend **Beratungsprogramme** eingesetzt werden.

- Operation **Positionieren**

  Eine Welle kann innerhalb einer Baugruppe (z.B. einer Getriebestufe) nur dann positioniert werden, wenn bereits ein oder alle Absätze positioniert worden sind (Abhängigkeit **Objekttyp-Operation**). Die Positionierung einer Welle erfolgt indirekt über die Positionierung des ersten Absatzes. Neben- und Funktionselemente müssen zu diesem Zeitpunkt nicht notwendigerweise erzeugt worden

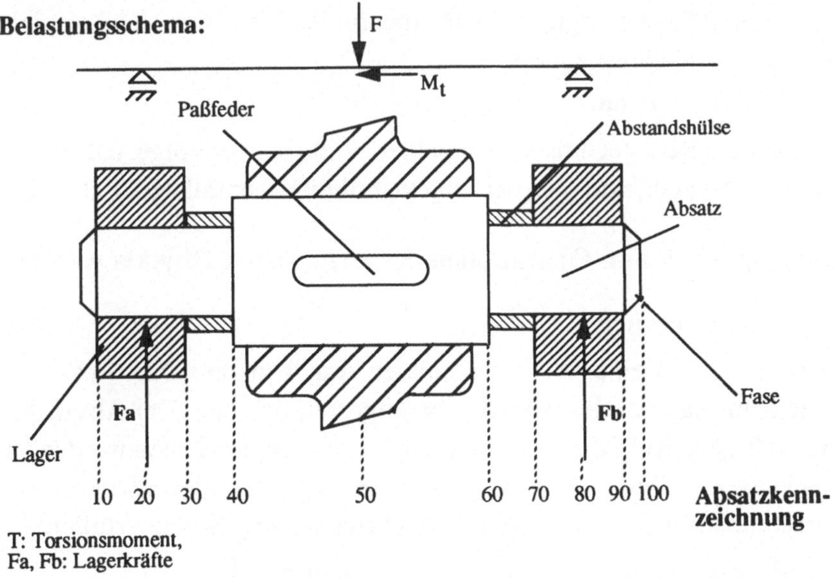

Bild 5.6: Technisches Objekt Welle mit zugrundeliegendem Belastungsschema und Kennzeichnung der Absätze

sein. Die räumliche Verträglichkeit mit den umgebenden technischen Objekten wird für jedes Objekt einzeln überprüft. Dazu wird die technische Objektstruktur der Welle (und aus ihr die geometrische Struktur) durchlaufen. Für jedes technische Objekt muß festgelegt sein, wie es mit anderen Objekten in geometrischer Beziehung steht (**Wechselwirkungsabhängigkeiten**).

- Operation **Ändern**

  Eine Änderung des technischen Objektes Welle bedeutet eine Änderung des gesamten Einzelteils einschließlich der zugehörigen Neben- und Funktionselementen bzw. eine Änderung des Belastungsschemas. Wird für eine Welle die Aufgabenbeschreibung geändert (etwa aufgrund einer globalen Änderung oder weil die vorige Aufgabenbeschreibung nicht erfüllbar war), so muß mit den neuen Werten erneut ein Auslegungs- und Nachrechnungsschritt durchgeführt werden. Die Änderungen müssen nun an die technischen Objekte in der Objektstruktur "weitergereicht" werden (falls diese schon erzeugt wurden), d.h., die geänderten Werte müssen den Objekten bekanntgemacht bzw. deren Aufgabenbeschreibung muß ebenfalls angepaßt werden. Die Folgeaktionen auf einem technischen Objekt hängen dann von dem Ergebnis der Überprüfung der jeweiligen Abhängigkeiten ab. Natürlich können die Änderungen in den Haupt-, Funktions- und Nebenelementen wiederum zu Änderungen in dem Objekt Welle führen ("Rückdelegieren" von Änderungen), so kann sich beispielsweise die Gesamtwellenlänge ändern.

- Operation **Löschen**

  Ein Löschen des technischen Objektes Welle hat zur Folge, daß alle abhängigen technischen Objekte (aus der Objektstruktur) ebenfalls gelöscht werden.

Abhängigkeiten und Operationen des technischen Objekts Absatz

- Operation **Erzeugen**

  Zum Erzeugen eines Absatzes müssen Angaben zum Durchmesser, der Länge und dem Material des Absatzes bereitgestellt werden. Der Absatz hat zunächst keine eigene Aufgabenbeschreibung, die benötigten Daten werden aus der Aufgabenbeschreibung des übergeordneten Objektes (der Welle) abgeleitet. Der erzeugte Absatz muß gewisse **Umgebungsrestriktionen** erfüllen:

  - Absatzdurchmesser >= Kerndurchmesser der Welle

  - Absatzdurchmesser <= max. Durchmesser der Welle

  - Absatzlänge <= max. Länge der Welle

Jeder Absatz wird eindeutig durch eine Feldgrenze definiert (vgl. Bild 5.6). In der hier unterlegten Entwurfsvorgehensweise ist an jeder Lagerstelle bzw. Krafteinleitungsstelle sowie bei Durchmessersprüngen und Materialübergängen ein neuer Absatz zu erzeugen. Nachdem der Absatz erzeugt wurde, können die weiteren Operationen durchgeführt werden können.

- Operation **Positionieren**

Zunächst wird die Gesamtlänge der Welle neu berechnet und wenn sie die maximale Wellenlänge nicht überschreitet, wird der Absatz positioniert. Beim Positionieren eines Absatzes ist darauf zu achten, daß er an der richtigen Stelle positioniert wird und keine geometrischen Kollisionen mit anderen Objekten auftreten.

- Operation **Ändern**

Ist der Absatz noch nicht positioniert (**Objektzustand**), so ist jede Änderung möglich, so lange die abgeleiteten Umgebungsrestriktionen eingehalten werden. Wurde der Absatz bereits positioniert und sollen Änderungen daran vorgenommen werden, so sind verschiedene Fälle zu unterscheiden:

- Es sind noch keine Funktions- und Nebenelemente an dem Absatz positioniert.

  Befindet sich der Absatz am Ende der Welle, so kann die Länge in Richtung Wellenende verändert werden, aber nicht über die maximale Wellenlänge hinaus. Befindet sich der Absatz zwischen zwei anderen Absätzen, so darf die Länge nur dann geändert werden, wenn die benachbarten Absätze frei zum Modifizieren sind (z.B. in der Grobgestaltungsphase), oder wenn an ihnen ebenfalls noch keine Subelemente positioniert wurden. Die Änderung muß dem betroffenen Absatz mitgeteilt werden (Weiterdelegierung von Änderungen). Grenzt der zu ändernde Absatz an technische Objekte, die an anderen Absätzen positioniert sind, so kann nur der Durchmesser geändert werden (innerhalb der gegebenen Grenzen). Danach ist zu überprüfen, welche Beziehungen zwischen dem Absatz und den entsprechenden technischen Objekten definiert sind (**Wechselwirkungsabhängigkeiten**). So ist beispielsweise die Relation, die zwischen der Höhe der Schulter eines Absatzes und dem Durchmesser des Innenrings eines angrenzenden Lagers existiert, zu berücksichtigen.

- Es sind bereits Funktions- und Nebenelemente an dem Absatz positioniert.

In diesem Fall ist eine weitere Unterscheidung nach dem Objekttyp der positionierten Objekte notwendig (selbstverständlich gelten gegenüber benachbarten Absätzen die gleichen Fallunterscheidungen wie oben aufgeführt). Bei den technischen Objekten Paßfeder, Fase oder Einstich, die eindeutig einem Absatz zuzuordnen sind, werden die Änderungen zunächst an dem Absatz durchgeführt und dann an die betreffenden technischen Objekte weiterdelegiert, die auch entsprechend geändert werden. Die technischen Objekte Freistich und Radius gehören zu abgegrenzten Absätzen und können gleichzeitig mitgeändert werden (weiterdelegieren), wenn dies der Objektzustand des betreffenden Absatzes erlaubt.

- Operation **Löschen**

Wenn ein Absatz noch nicht positioniert ist, so kann er ohne Bedingungen gelöscht werden. Ist der Absatz am Wellenende positioniert, so kann er nur dann ohne Bedingungen gelöscht werden, wenn keine weiteren technischen Elemente an ihm positioniert sind, ansonsten muß die Operation an diese Objekte weiterdelegiert werden. Befindet sich ein Absatz zwischen zwei anderen Absätzen, so kann er nicht gelöscht, sondern nur ersetzt werden, weil ansonsten ein inkonsistenter Objektzustand resultiert.

5.2.2 Klassifikation der technisch-funktionalen Abhängigkeiten

Wie aus den bisherigen Ausführungen deutlich geworden ist, werden unter dem Begriff technisch-funktionale Abhängigkeiten alle Restriktionen, Bedingungen, Regeln oder Verfahren verstanden, die während des Entwurfsvorganges eines technischen Objektes

- seine Aufgabenstellung festlegen,

- die Semantik der gestaltenden, technologischen und funktionalen Eigenschaften bestimmen bzw. überprüfen,

- seine Wechselwirkungen zu anderen technischen Objekten und den technischen Operationen festlegen,

- die relevanten Methoden zur Durchführung der Operationen spezifizieren,

- und beim Übergang in ein anderes Partialmodell die Einhaltung von Integritäts- und Konsistenzbedingungen überwachen.

Die in Bild 5.7 dargestellte Klassifikation zeigt zunächst eine Zweiteilung der Abhängigkeiten in die allgemeinen Abhängigkeiten und die objekttypspezifischen Abhängigkeiten.

Die **allgemeinen Abhängigkeiten** sind allgemeingültige Konstruktionsregeln, Richtlinien (z.B. Gestaltungsrichtlinien für ein Gestalten unter Beachtung der Beanspruchung, Formänderung und Stabilität), DIN-Normen, VDI-Richtlinien oder physikalische Wirkprinzipien. Des weiteren können allgemeine Beratungsprogramme oder Kombinationsmethoden zur Auswahl von logischen oder physikalischen Grundfunktionen dazu gezählt werden, die beispielsweise in der Konzeptphase gewinnbringend eingesetzt werden können. Die allgemeinen Abhängigkeiten stellen somit eine *technisch-funktionale Wissensbasis* dar, die unabhängig von dem konkreten Entwurfsobjekt vor allem bei einer Neukonstruktion zur Unterstützung des Entwerfers herangezogen werden kann.

Unter den **objekttypspezifischen Abhängigkeiten** werden alle Abhängigkeiten zusammengefaßt, die für die technischen Objekte eines Objekttyps gelten. Sie werden in die objektausprägungsspezifischen Aufgabenstellungsabhängigkeiten, die für jedes technische Objekt dieses Objekttyps eine eigenständige Aufgabenstellung definieren, die Verträglichkeitsabhängigkeiten, die die eigentliche Semantik des technischen Objektes erfassen, die Methoden, die für die Durchführung der technischen Operationen wichtig sind und speziell für diesen Objekttyp gelten, und die partialmodellübergreifenden Abhängigkeiten unterschieden.

Die **objektausprägungsspezifischen Aufgabenstellungsabhängigkeiten** umfassen die Forderungen (Zielstellung), die ein technisches Objekt zu erfüllen hat, und die Umgebungsrestriktionen, also die Randbedingungen, die dabei zu berücksichtigen sind. Entsprechend werden die Abhängigkeiten weiter in die Forderungen und die Randbedingungen unterteilt.

Die **Forderungen** beschreiben die Zielvorgabe für eine Ausprägung eines technischen Objekttyps zu einer konkret vorgegebenen Aufgabe. Die Eigenschaften des technischen Objekts werden dann sukzessiv im Laufe des Entwurfsvorganges realisiert. In einigen Fällen kann die Aufgabenstellung einer vollen Beschreibung eines Objekts entsprechen. Meistens hat sie aber einen allgemeineren Charakter. Die Forderungen legen demnach einen Rahmen fest, in dem das technische Objekt mit seiner Funktion zu entwerfen ist. Berücksichtigt man die Variantenkonstruktion, so können zu einer Aufgabenstellung mehrere technische Objekte entworfen werden.

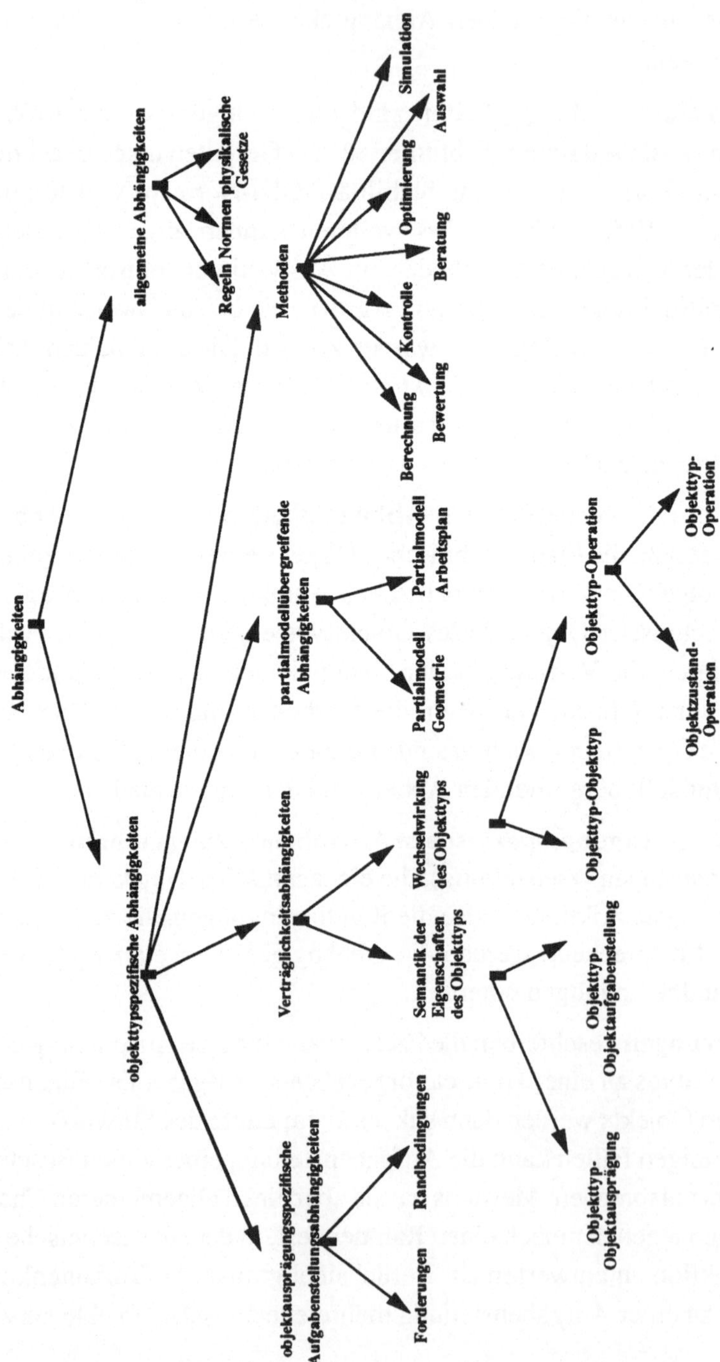

Bild 5.7:   Klassifikation der technisch-funktionalen Abhängigkeiten

Die Angaben einer Aufgabenstellung werden entweder direkt vom Entwerfer in
Form von explizit spezifizierten Forderungen oder Restriktionen vorgegeben oder
aber implizit über die Beziehungen zwischen den verschiedenen Objekten ganz
oder teilweise aus den Aufgabenstellungen anderer Objekte an das Objekt weitergeleitet. So kann auf der Grundlage der hierarchischen Beziehung der Objekte in
der technischen Objektstruktur die Aufgabenstellung einer Baugruppe zum Teil an
die Aufgabenstellung eines Einzelteils weitergeleitet werden. Bei der Einzelteildetaillierung läuft der Vorgang des Weiterleitens in ähnlicher Weise ab. So können
beispielsweise aus der Aufgabenstellung einer Welle die Angaben über eine Krafteinleitungsstelle (Position, Kraft, Drehmoment etc.) an die Aufgabenstellung für
die Paßfeder weitergeleitet werden. Bei einer formalen Beschreibung der Aufgabenstellungsabhängigkeiten ist daher ein Bezug herzustellen, der festlegt, von wo
Teile der Aufgabenstellung abgeleitet werden.

In den **Randbedingungen** werden alle Vorgaben einer Aufgabenstellung beschrieben, die die Umgebung festlegen, in der das technische Objekt eingesetzt
werden soll, d.h., die hier gemachten Angaben sind nicht direkt den Eigenschaften
eines technischen Objektes zuzuordnen. Es werden beispielsweise Angaben über
Raumtemperatur, Raumabstände zwischen verschiedenen Objekten oder physikalische Eigenschaften des Raummaterials wie Wasser, Luft, Öl usw. angegeben.

Die **Verträglichkeitsabhängigkeiten** beschreiben alle technischen oder funktionalen Beziehungen, Bedingungen und Restriktionen, die ein technisches Objekt
auf Grund seines Typs in der Semantik seiner Eigenschaften (Attribute), in seiner
Funktionsumgebung zu anderen technischen Objekten oder bei der Ausführung einer technischen Operation aufweist. Daraus folgt eine weitere Unterteilung in die
Eigenschafts- und die Wechselwirkungsabhängigkeiten. Bei jedem Entwurfsschritt an einem Objekt muß überprüft werden, ob seine aktuellen technischen Eigenschaften mit den in den Eigenschafts- und Wechselwirkungsabhängigkeiten
angegebenen Beziehungen, Bedingungen und Restriktionen verträglich sind.

Unter den **Eigenschaftsabhängigkeiten** werden die Bedingungen und Restriktionen verstanden, die auf Grund von logischen oder technischen Funktionsvorgaben
und physikalischen Prinzipien oder Effekten vordefiniert sind. So sind z.B. die Formen, die eine Paßfeder annehmen kann (geradestirnig, rundstirnig oder scheiben-
förmig), oder die Funktionen, die eine Welle bzw. eine Achse zu erfüllen haben,
vordefiniert. Dazu kommen natürlich spezielle Formen, Funktionen oder andere
Eigenschaften, die vom Entwerfer zusätzlich definiert werden können (z.B. be-
triebsspezifische Vorgaben). Die Eigenschaftsabhängigkeiten eines Objekts kön-

nen weiter in die Beziehungen zwischen Objekttyp und Objektausprägung sowie zwischen Objekttyp und Aufgabenstellung unterschieden werden.

Die in der Gruppe **Objekttyp-Objektausprägung** definierten Abhängigkeiten geben die möglichen Formen und Eigenschaften an, die ein Objekt auf Grund seiner technischen oder funktionalen Semantik in seiner Struktur, Technologie und Funktion annehmen *kann*, wie z.B. die möglichen Werkstoffe, aus denen eine Paßfeder besteht, die maximale Rotationsgeschwindigkeit eines Lagers usw.

Durch die in der Gruppe **Objekttyp-Objektaufgabenstellung** definierten Abhängigkeiten werden mögliche Aufgabenstellungen festgelegt. Hier wird z.B. für die Raumtemperatur, in der eine Getriebewelle zu operieren hat, ein Wertebereich angegeben, oder es werden die möglichen Getriebeformen, in denen die Welle eingesetzt werden darf, beschrieben. Es werden also Bedingungen und Restriktionen auf technischen Eigenschaften definiert, die die Funktionsumgebung eines technischen Objektes betreffen.

In der Aufgabenstellung werden die Anforderungen gestellt, beschrieben oder mit Daten gefüllt, ohne daß irgendwelche Restriktionen dieser Angaben hinsichtlich der technischen Semantik überprüft werden. Das heißt, daß in der Aufgabenstellung die zu realisierende Funktionsumgebung nur beschrieben wird. Das Hintergrundwissen zur dynamischen Überprüfung der Abhängigkeiten während einer technischen Operation wird in den Eigenschaftsabhängigkeiten dargestellt.

Die **Wechselwirkungsabhängigkeiten** enthalten die Beziehungen, die zum einen zwischen technischen Objekten und zum anderen während der Ausführung einer technischen Operation gelten. Sie sind daher in die Abhängigkeiten Objekttyp-Objekttyp und Objekttyp-Operation unterteilt.

Die Abhängigkeiten **Objekttyp-Objekttyp** sind im weiteren Ablauf der Entwurfsschritte zu überprüfen. Dabei werden die technischen Objekte in ihrem Zusammenwirken, das durch gewisse Regeln und Bedingungen bestimmt ist, betrachtet. So muß z.B. die Verzahnung zweier Zahnräder passend sein, die Bohrung eines Lagers mit dem Absatzdurchmesser übereinstimmen, gewisse Passungen und Toleranzen eingehalten werden usw. Die Wechselwirkungen der Objekte untereinander spiegeln sich dabei sowohl in der Geometrie (Gestalt) als auch in der Funktion und Technologie wider.

In den Abhängigkeiten **Objekttyp-Operation** werden die möglichen Zustände eines technischen Objekts (freigegeben, nicht freigegeben, positioniert, geändert, geprüft, nicht geprüft usw.), die technische oder organisatorische Bedeutung haben, in ihrer Verträglichkeit mit der gerade auszuführenden Operation festgelegt. Dabei können für einen Objekttyp auch nur spezielle Operationen und unter gewissen Bedingungen zugelassen sein. In diesen Abhängigkeiten kann auch der gesamte Ablauf einer technischen Operation, d.h., das dynamische Verhalten eines technischen Objekts, beschrieben werden (vgl. die Konstruktionsablaufprogramme in Abschnitt 5.3.2).

Die **partialmodellübergreifenden Abhängigkeiten** haben die Aufgabe, beim Übergang von einem Partialmodell in ein anderes die Einhaltung von Konsistenz- und Integritätsbedingungen zu überwachen, bzw. in Form von Regeln, Richtlinien, Bedingungen etc. den Übergang, d.h. die Ableitung von Objekten des einen Partialmodells aus denen eines anderen Partialmodells (soweit als möglich automatisch) durchzuführen. Ausgehend von dem technischen Partialmodell ist die Bindung der weiteren Partialmodelle mehr (z.B. geometrisches Modell) oder weniger (z.B. Arbeitsplanungsmodell) stark ausgeprägt. Die enge Bindung des geometrischen Modells ist dadurch gekennzeichnet, daß jedem technischen Objekt eine geometrische Struktur zugeordnet ist. Die technische Objektstruktur bestimmt dann den Zusammenhang der einzelnen geometrischen Strukturen. Jede Operation auf einem technischen Objekt kann unmittelbare Auswirkungen auf die geometrischen Strukturen haben, die ebenfalls in den Abhängigkeiten beschrieben werden müssen. Der Übergang zum Arbeitsplanungsmodell findet in einer dem Entwurfsvorgang nachgeschalteten Phase, der technologischen Fertigungsvorbereitung, statt, so daß hier der wechselseitige Einfluß wesentlich geringer ist /HPS90/.

Schließlich gibt es noch Abhängigkeiten, die in Form von Prozeduren, Funktionen oder Programmpaketen die Daten eines technischen Objekts berechnen, überprüfen, auswählen, ändern oder dem Entwerfer Informationen bezüglich dem zu bearbeitenden technischen Objekt in Abhängigkeit von anderen Objekteigenschaften zur Verfügung stellen. All diese Verfahren werden unter dem Begriff Methoden zusammengefaßt. Während des Entwurfsvorganges werden zur Bestimmung der Daten eines technischen Objektes **Berechnungsmethoden** (Finite-Element-Methoden(FEM)-Programme oder Kalkulationsprogramme usw.) oder **Auswahlmethoden** (Konstruktionskataloge von Norm-, Wiederhol- oder Zulieferteilen, Werkstoff- oder Normkataloge usw.) eingesetzt. In dem letzten Schritt einer jeden Entwurfsphase muß aus den erstellten Varianten eines technischen Objektes eine ausgewählt werden, wobei **Analyse-**, **Simulations-**, **Nachrechnungs-** sowie **Bewertungsprogramme** (Methoden) eine entscheidende Rolle spielen.

5.2.3 Die Beziehungen zwischen den Abhängigkeiten und den technischen Objekten

Nach der semantischen Klassifikation der technisch-funktionalen Abhängigkeiten ist jetzt zu klären, welche Beziehungen zwischen den Abhängigkeiten und den technischen Objekten sowie zwischen den Abhängigkeiten selbst auftreten und es ist deren Bedeutung festzulegen. In Bild 5.8 findet sich eine E/R-Diagramm-orientierte graphische Darstellung dieser Beziehungen. Analog zu den in Abschnitt 5.2.2 eingeführten Abhängigkeitstypen wird je ein eigener Entity-Typ definiert, die zusammen die Abhängigkeiten eines Objekttyps ergeben (consists_of-Beziehung, in Bild 5.8 grau unterlegt). Die Abhängigkeiten stehen sowohl zu den technischen Objekttypen (z.B. soll dargestellt werden, welche Abhängigkeiten für den Objekttyp Lager spezifiziert sind) als auch zu den konkreten technischen Objekten (z.B. ein konkretes Lager L01) in Beziehung. Zur Repräsentation der technischen

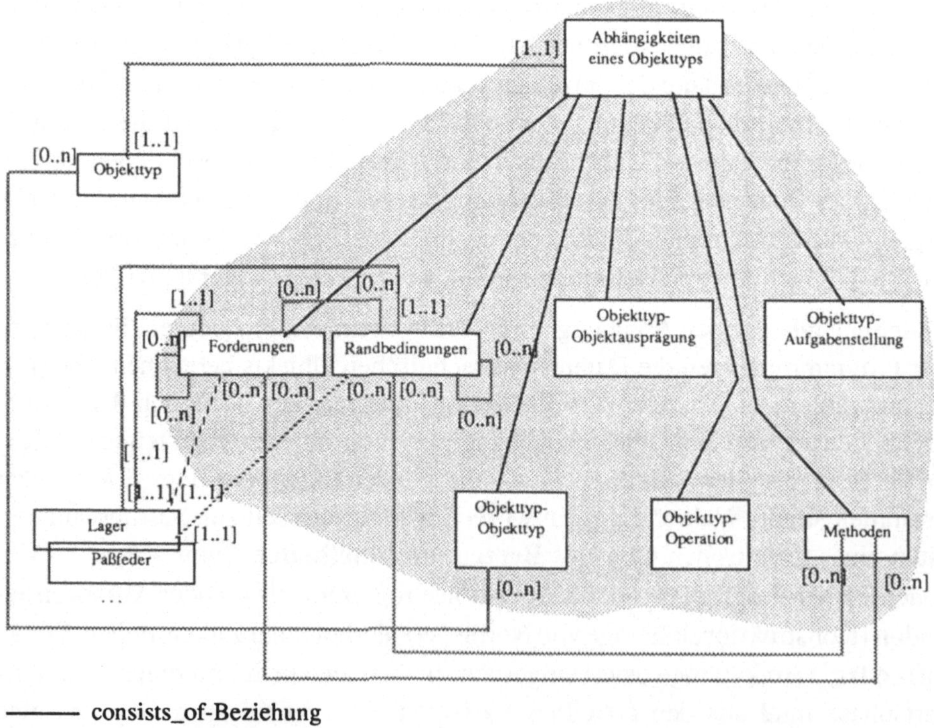

Bild 5.8: Beziehungen zwischen den Abhängigkeiten und den technischen Objekten

Objekttypen wird ein eigener Entity-Typ "Objekttyp" eingeführt. Damit wird die
Metainformation der technischen Objekttypen abgebildet. Die übrigen in Bild 5.8
eingetragenen Beziehungen werden als refers_to-Beziehungen bezeichnet, die unterschiedliche Semantik haben können. Die Beziehung zwischen Objekttyp und
Abhängigkeiten eines Objekttyps ordnet einem Objekttyp die Menge der für ihn
relevanten Abhängigkeiten zu. Die Beziehungen zwischen den technischen Objekten und den Forderungen bzw. Randbedingungen weisen jedem technischen
Objekt die zu erfüllenden Forderungen und Randbedingungen zu. In die Definition
der Forderungen und Randbedingungen gehen Eigenschaften von anderen technischen Objekten, andere Aufgabenstellungsabhängigkeiten sowie bestimmte Methoden ein, was durch refers_to-Beziehungen der Entity-Typen Forderungen und
Randbedingungen zu den entsprechenden Entity-Typen dargestellt ist. Die refer-
s_to-Beziehung zwischen den Abhängigkeiten Objekttyp-Objekttyp und Objekttyp legt die technischen Objekttypen fest, zu denen Wechselwirkungsabhängigkeiten von dem betrachteten technischen Objekttyp aus definiert sind.

Die Beziehungen zwischen den Aufgabenstellungen der technischen Objekte orientieren sich an der Hierarchie, die von den technischen Objektklassen aufgebaut
wird (vgl. Bild 5.3). Aus der Aufgabenstellung eines Objektes einer bestimmten
Objektklasse können Teile dieser Aufgabenstellung an technische Objekte einer
untergeordneten technischen Objektklasse weitergeleitet werden, bzw. in der ent-
gegengesetzten Richtung können geänderte Eigenschaften zurückdelegiert werden. Durch die Festlegung von Beziehungen zwischen den Aufgabenstellungen sowie zwischen einer Aufgabenstellung und technischen Objekten wird eine komplexe Beziehungsstruktur aufgebaut, die zum einen die Zusammenhänge in der
hierarchischen Entwurfsobjektstruktur reflektiert und zum anderen die Möglichkeit bietet, bei notwendigen Änderungen einer Aufgabenstellung bzw. bei Änderungen eines bereits entworfenen technischen Objektes während des Entwurfsvorganges die davon betroffenen Aufgabenstellungen und technische Objekte festzustellen, um dann die notwendigen Maßnahmen zu ergreifen.

Ausgehend von der Hierarchie der technischen Objektklassen läßt sich ein technischer Umgebungsbegriff für ein Objekt ableiten, der alle "technischen benachbarten" technischen Objekte umfaßt. Werden nun auf einem technischen Objekt Operationen ausgeführt, so kann durch eine Überprüfung der Abhängigkeiten (insbesondere der Wechselwirkungsabhängigkeiten) aller Objekte in der technischen
Umgebung festgestellt werden, ob die Operation zu einem inkonsistenten Ent-

wurfszustand führt (z.B. auf Grund einer geometrischen Kollision zwischen Objekten).

5.2.4 Eine formale Sprache zur Beschreibung der technisch-funktionalen Abhängigkeiten

Zur formalen Beschreibung der Abhängigkeiten wird jetzt als Beschreibungsmittel eine über eine Grammatik definierte Sprache vorgestellt (DeDL, Dependency Definition Language). Die gewählte Beschreibungsform ist unabhängig von einer konkreten Realisierungsumgebung. Bei der Entwicklung der Sprache standen folgende Anforderungen im Vordergrund:

- Erfassen und Wiedergabe der Semantik der technisch-funktionalen Abhängigkeiten

- Reflektion der eingeführten Klassifikation der Abhängigkeiten

- Einordnung der Abhängigkeiten in der technischen Objektstruktur und Zuordnung der Abhängigkeiten zu den technischen Objekten bzw. technischen Operationen

- Unterstützung des Weiterleitens von Abhängigkeiten in der durch die Objektklassen aufgebauten Hierarchie der technischen Objekte

- Möglichst einfache und einheitliche Repräsentation der Abhängigkeiten

- Einfache Erweiterbarkeit der Sprache.

Demgegenüber wurden die nachfolgend aufgeführten Aspekte bei der Sprachentwicklung nur am Rande berücksichtigt:

- Ergonomische Kriterien, also Überlegungen hinsichtlich einer möglichst benutzerfreundlichen Definition der Abhängigkeiten, wurden zunächst zurückgestellt.

- Auf technische Attribute, die eine technische Assoziation beschreiben (z.B. paßgenau, bündig, leitend), wird nicht genauer eingegangen. Sie lassen sich über die Definition von entsprechenden Abhängigkeiten einbeziehen. Bei der Durchführung einer Operation sind dann diese Abhängigkeiten in den Operationsablauf zu integrieren.

Die Sprache DeDL setzt eine Beschreibung des technischen Partialmodells, wie sie in Abschnitt 5.1 eingeführt wurde, voraus, d.h., die Attribute eines technischen Objektes beschreiben dessen Struktur, Funktion und Technologie sowie die Beziehungen zwischen den technischen Objekten. Die nachfolgend auszugsweise vorgestellte Grammatik (vgl. auch /En91/) ist in EBNF-Syntax (Erweiterte Backus Normal Form) beschrieben.

5.2.4.1 Beschreibung einer Aufgabenstellung

Die Beschreibung einer Aufgabenstellung ist über den <task_identifier> eindeutig identifizierbar (vgl. Bild 5.9). Die Entwurfsumgebung wird durch OBJECT TYPE und OBJECT INSTANCE bestimmt, die den Typ des zu entwerfenden technischen Objekts sowie eine konkrete Ausprägung festlegen. Die Aufgabenstellung setzt sich aus den Forderungen an das Objekt (OBJECT REQUIREMENTS) und den Umgebungsrestriktionen (ENVIRONMENT REQUIREMENTS) zusammen.

Die Forderungen werden über eine Attributspezifikationsliste angegeben. Jede **Attributspezifikation** beinhaltet den Attributnamen sowie den Typ des Attributs. Als Attributtypen sind zunächst nur einfache Datentypen (INTEGER, REAL, STRING, BOOLEAN) vorgesehen. Das Bereitstellen von komplexen Attributtypen lag zunächst nicht im Interesse der Sprachdefinition. Eine entsprechende Erweiterung der Sprache um diese Attributtypen (z.B. Records, Listen etc.) ist jedoch möglich. Des weiteren kann eine Vorschrift zur Bestimmung des Attributwerts (VALUE) oder eine Werterestriktion, die von dem Attributwert einzuhalten ist (RESTRICTION), oder beides angegeben werden. Zusätzlich kann für eine Attributspezifikation der Status des Attributs (noch nicht berechnet, invalidiert etc.) explizit definiert und somit jederzeit abgefragt werden.

Die **VALUE-Klausel** berücksichtigt die verschiedenartigen Forderungen an ein technisches Objekt in seiner konkreten Entwurfsumgebung, nämlich die Ableitung eines Attributwertes aus einer anderen Aufgabenstellung, aus dem Inhalt eines anderen technischen Objekts sowie die Bestimmung eines Attributwertes aus einem Katalog oder über eine Methode bzw. eine direkte Wertespezifikation. Durch eine <from_task_specification>-Angabe wird ein Teil der Aufgabenstellung gemäß der durch die technischen Objektklassen festgelegten Hierarchie aus den übergeordneten technischen Objekten abgeleitet. Die <from_object_specification>-Klausel erlaubt, Beziehungen zu Attributwerten anderer technischer Objekte aufzubauen. Für diejenigen Attribute, die von anderen Attributen referenziert werden, müssen bei Änderungs- oder Löschoperationen auf diesen Attributen besondere Mechanismen angeboten werden, die in den abhängigen technischen Objekten die Änderungen bekanntmachen und dort mögliche Reaktionen anstoßen. Eine <from_catalog_specification>-Klausel gibt einen Katalog an (Datei, Relation etc., abhängig

```
<task_specification> ::=          TASK <task_identifier>
                                  OBJECT TYPE <object_type>
                                  OBJECT INSTANCE <object_identifier>
                                  OBJECT REQUIREMENTS <attribute_specification_list>
                                  [ENVIRONMENT REQUIREMENTS <attribute_specification_list>].


<attribute_specification_list> ::=   "(" [ <attribute_specification> ";" ]*")".
<attribute_specification> ::=        <attribute_name>
                                  TYPE <attribute_type>
                                  [VALUE <attribute_value>]
                                  [RESTRICTION <attribute_restriction>]
                                  [STATE <attribute_state>].


<attribute_type> ::=              { <simple_type> I ... }.
<simple_type> ::=                 { INTEGER I REAL I BOOLEAN I STRING }.
<attribute_value> ::=             { <simple_value> I ... } [ <unit> ].
<simple_value> ::=                { <expression> I
                                  <from_task_specification> I
                                  <from_object_specification> I
                                  <from_catalog_specification> I
                                  <from_method_specification> }.


<from_task_specification> ::=     FROM TASK <task_identifier> <attribute_name>.
<from_object_specification> ::=   FROM OBJECT <object_type> <object__identifier> <related_object_at-
tribute_name>.
<from_catalog_specification> ::=  FROM CATALOG <catalog_name>
                                  WITH <parameter_list>
                                  OUT PARAMETER <position>.
<from_method_specification> ::=   FROM METHOD <method_name>
                                  WITH <parameter_list>
                                  OUT PARAMETER <position>.


<attribute_restriction> ::=       { <comp_operator> <expression>[ {AND I OR} <comp_operator> <ex-
pression> ]* I
                                  <comp_operator> <from_task_specification> I
                                  <comp_operator> <from_object_specification> I
                                  <comp_operator> <from_catalog_specification> I
                                  <comp_operator> <from_method_specification> }.
<comp_operator> ::=               { = I <> I < I > I <= I >= }.
```

Bild 5.9:   Ausschnitt der Grammatik zur Beschreibung einer Aufgabenstellung

von der gewählten Informationsspeicherung), über den der Attributwert (aufgrund
der bei der Auswahl angegebenen Eingabeparameter) zu bestimmen ist. Die

<from_method_specification>-Angabe gibt eine Methode an, mittels der der Wert eines Attributs zu bestimmen ist. Auch hier sind zuvor eine Reihe von Eingabeparameter zu belegen. Als Eingabeparameter einer Methode können Attribute des aktuellen technischen Objektes oder die übrigen Attributspezifikationen der Aufgabenstellung genutzt werden. Schließlich kann durch eine <expression>-Angabe ein Attributwert als Direktwert (Konstante) gegeben sein oder über einen definierten Ausdruck aus anderen Attributwerten berechnet werden. Die in dem Ausdruck enthaltenen Attribute müssen Attribute des technischen Objektes sein, für das die Aufgabenstellung spezifiziert wird, oder aber innerhalb der Aufgabenstellung über eine Attributspezifikation deklariert worden sein, womit dann also auch Werte aus anderen technischen Objekten bzw. Aufgabenstellungen in den Ausdruck eingehen können.

Die **RESTRICTION-Klausel** erlaubt, für ein Attribut eine Werterestriktion festzulegen, die wieder von verschiedenen Faktoren abhängig sein kann. Die Angabe einer Attributrestriktion ist zunächst über einen Booleschen Ausdruck möglich, der den Attributwert mit dem Ergebnis mehrerer spezifizierter Ausdrücke vergleicht. Über die oben eingeführten FROM-Konstrukte kann ein Attributwert direkt mit den Attributwerten anderer Aufgabenstellungen oder technischer Objekte bzw. mit dem Ergebnis einer Methodenausführung bzw. eines Katalogzugriffs verglichen werden.

In der **ENVIRONMENT REQUIREMENTS-Klausel** werden die Attribute beschrieben, die die Umgebungsrestriktionen eines technischen Objektes bestimmen, aber nicht ein Attribut des technischen Objektes selbst sind (z.B. Raumtemperatur, Luftfeuchtigkeit). Die Spezifikation dieser Attribute ist die gleiche wie die oben beschriebene Attributspezifikation.

Zusammenfassend läßt sich festhalten, daß die Attributspezifikation in einer Aufgabenstellung zur Definition unterschiedlicher Attribute herangezogen wird:

- Zum einen können mittels der Attributspezifikation *Attribute des aktuell zu entwerfenden technischen Objektes spezifiziert* werden. Das bedeutet, daß der Attributname der Spezifikation in der Beschreibung des technischen Objektes wiederzufinden ist. Wird eine VALUE-Klausel angegeben, so läßt sich damit der konkrete Attributwert bestimmen, der dann auch an das technische Objekt weitergegeben wird.

Werden in einer Attributspezifikation sowohl eine VALUE- als auch eine RESTRICTION-Angabe vorgenommen, so muß der berechnete Attributwert auf die Einhaltung des angegebenen Wertebereichs hin überprüft werden. Bei einer

Nichteinhaltung des Wertebereichs ist zunächst zu überprüfen, ob die Auswertung der VALUE-Klausel auch zu anderen Ergebnissen für die Attributwerte führen kann. Dies kann beispielsweise der Fall sein, wenn innerhalb der Ausführung von Methoden Benutzerinteraktionen vorkommen und der Benutzer andere Parameterwerte eingeben kann. Ansonsten ist die vorgegebene Aufgabenstellung so nicht erfüllbar und muß modifiziert werden.

Wird dagegen nur eine RESTRICTION-Klausel spezifiziert, so bedeutet das, daß der Attributwert des technischen Objektes, der während des Entwurfsvorganges bestimmt wird, auf die Einhaltung der Restriktion überprüft werden muß.

- Zum anderen werden damit die Attribute, die die angesprochenen *Randbedingungen eines technischen Objektes* festlegen, definiert. Hierbei wird über die VALUE-Klausel eine Berechnungsfunktion spezifiziert, mit der der Attributwert der Randbedingung zu bestimmen ist. Auch hier gibt die RESTRICTION-

```
TASK shaft_t_47N11
OBJECT TYPE shaft
OBJECT INSTANCE shaft_47N11


OBJECT REQUIREMENTS
    (gear_box_length  TYPE REAL mm
                      VALUE FROM OBJECT gear_box gearbox_00N7 length;
    shaft_length      TYPE REAL mm
                      RESTRICTION <= gear_box_length - 10;
    min_diameter      TYPE REAL mm
                      VALUE FROM METHOD compute_min_diameter
                            WITH (shaft_length TYPE REAL, material TYPE STRING,
                            min_diameter TYPE REAL , ...)
                            OUT PARAMETER 3;
                      ...)


ENVIRONMENT REQUIREMENTS
    (temperature TYPE REAL K
                      VALUE FROM METHOD temperature_estimation
                            WITH (material TYPE STRING, temperature TYPE REAL)
                            OUT PARAMETER 2;
                      RESTRICTION <= 330;

    ...)
```

Bild 5.10: Beispiel zur Beschreibung der Aufgabenstellung einer Welle in der Sprache DeDL

Klausel eine Werterestriktion vor, die von dem errechneten Attributwert eingehalten werden muß.

- Des weiteren wird die Spezifikation dazu benötigt, *Attribute explizit in einer
  konkreten Aufgabenstellung bekanntzumachen*, so daß diese Attribute beispielsweise in einem <attribute_restriction>-Ausdruck oder als Parameter bei
  der Aktivierung einer Methode genutzt werden können. In dem Beispiel in Bild
  5.10 wird für die Attributspezifikation des Attributs "shaft_length" eine Werterestriktion festgelegt, in der ein zuvor in der Aufgabenstellung spezifiziertes
  Attribut ("gear_box_length") benutzt wird.

In Bild 5.10 ist als Beispiel die Beschreibung der Aufgabenstellung einer Welle
(Belastungsschema sowie sonstige Forderungen) in der Sprache DeDL aufgeführt.

5.2.4.2 Formale Beschreibung der Verträglichkeitsabhängigkeiten

In Bild 5.11 sind die wichtigsten Sprachkonstrukte zur Beschreibung der Verträglichkeitsabhängigkeiten abgebildet. Durch die Schlüsselwörter SEMANTIC und
INTERRELATIONAL wird die Unterteilung der Abhängigkeiten in die Eigen-
schafts- und die Wechselwirkungsabhängigkeiten erreicht. Die Eigenschaftsabhängigkeiten beschreiben Restriktionen auf den möglichen Ausprägungen eines
technischen Objekttyps bzw. auf den zugehörigen Aufgabenstellungen, was durch
die TYPE TO INSTANCE- bzw. TYPE TO TASK-Klausel ausgedrückt wird. In
beiden Klauseln werden auf Attributen Restriktionen definiert, wodurch also Konsistenzbedingungen auf den möglichen Ausprägungsformen eines technischen Objekttyps festgelegt werden.

Die wechselseitigen Beziehungen zu anderen technischen Objekten werden in der
OBJECT TO OBJECT- bzw. OBJECT TO OBJECTS-Klausel beschrieben, abhängig davon, ob in die zu spezifizierende Beziehung zwei oder mehr Objekte einbezogen sind. Die Abhängigkeit selbst ist wieder durch eine <attribute_restricti-
on>-Angabe spezifiziert, die die Beziehung eines Attributs zu den Attributen eines
(oder mehrerer) andere technischer Objekte definiert. Die OBJECT TO OPERA-
TION-Klausel erlaubt, den Zusammenhang zwischen technischen Objekten im
Einzelteilentwurf und den darauf definierten Operationen festzulegen. Zum einen
werden die erlaubten Operationen auf einem Objekt angegeben (<objecttype_o-
peration_dependencies>), zum anderen wird auf den technischen Operationen eine
Halbordnung festgelegt, die über den Zustand eines technischen Objektes aufge-

baut ist. Der Objektzustand ist zunächst durch eine direkte Zustandsangabe festgelegt (GENERATED, PLACED etc.). Er ist im wesentlichen davon abhängig, in-
wieweit die spezifizierte Aufgabenstellung erfüllt ist, d.h. also, daß der Objektzustand auch von dem in der Aufgabenstellung für jedes Attribut eingeführten

```
<compatibility_dependencies> ::=   [ SEMANTIC <semantic_dependencies> ]
                                   [ INTERRELATIONAL <interrelational_dependencies> ].


<semantic_dependencies> ::=        [TYPE TO INSTANCE
                                   [ <object_attribute_name> <attribute_restriction> ";" ]* ]
                                   [TYPE TO TASK
                                   [ <object_attribute_name> <attribute_restriction> ";" ]* ].


<interrelational_dependencies> ::= [OBJECT TO OBJECT
                                   [ <object_type> <object_dependencies> ";" ] * ]
                                   [OBJECT TO OBJECTS
                                   [<object_type> [ "," <object_type> ]* <object_dependencies> ";" ] * ]
                                   [ OBJECT TO OPERATION
                                   [<object_state_operation_dependencies>]
                                   [<object_type_operation_dependencies> ] ].


<object_dependencies> ::=          "(" [ <object_attribute_name> <attribute_restriction> ";"]* ")".


<object_state_operation_dependencies> ::=
                                   [<is_object_state> "(" [<technical_operation>, <next_object_state>";"]* ")"
<object_type_operation_dependencies> ::=
                                   <technical_operation> [ "," <technical_operation>]* .
<is_object_state> ::=              <object_state>.
<next_object_state>::=             <object_state>.
<object_state> ::=                 {GENERATED | MODIFIED | PLACED | CONSISTENT | ...}.
<technical_operation> ::=          {GENERATE | PLACE | DELETE | MODIFY | ... }
```

Benutzte Metasymbole:

::=   Ableitungssymbol

.   schließt eine Definition ab

| Trennung alternativer Ableitungsschritte

[...]   schließen optionale Klauseln ein

{...}   schließen Alternativen ein

[...]*n   schließen Klauseln ein, die 0 bis n-mal wiederholt werden können. Wird n nicht an-
          gegeben, so ist die Anzahl der Wiederholungen beliebig.

Bild 5.11: Grammatik zur Beschreibung der Verträglichkeitsabhängigkeiten

Zustand (STATE-Klausel) abhängig ist. Die Zustandsbeschreibung in der <object_state>-Klausel erlaubt, den Zustand eines Objektes sowohl über eine direkte Zustandsangabe als auch zusätzlich über den Zustand von Attributen in der Aufgabstellung anzugeben.

5.2.4.3 Formale Beschreibung der Methoden

Die objekttypspezifischen Methoden sind an einen Objekttyp gebunden. Die Ergebnisse ihrer Ausführung sollten aber auch für andere Objekttypen verfügbar sein. NAME und SYSTEM NAME (vgl. Bild 5.12) legen die Bezeichnung der Methode sowie den systeminternen Namen fest. Der Eintrag OBJECT TYPE SPECIFIC in der TYPE-Klausel charakterisiert die Methode als objekttypspezifische Methode (die Methoden, die in den allgemeinen Abhängigkeiten definiert sind, erhalten den Eintrag GENERAL). Die TO OBJECTS-Klausel legt weitere Objekttypen fest, deren Eigenschaften in der Methode ebenfalls gebraucht werden. Schließlich werden über ARG IN und ARG OUT die Ein- bzw. Ausgabeparameter festgelegt. Die Typen der Ein-/Ausgabeparameter sind durch die Datentypmächtigkeit der Sprache DeDL festgelegt. Das bedeutet, daß bei der Einbindung bereits existierender Methoden mit fest vorgegebenen Parameterstrukturen, aber auch bei der Realisierung der Methoden in einer Programmiersprache mit einem abweichenden Typensystem, eine Datentransformation durchzuführen ist. Die Anbindung und Verwaltung einer großen Anzahl von Methoden stellt ein eigenständiges Problem dar, das Gegenstand sehr verschiedener Ansätze ist (z.B. Methodenbanken /Ma82, SE82/,

```
<methods_declaration>::=      METHODS [ <method_declaration> ]*.

<method_declaration> :=       NAME ":" <method_name>
                              SYSTEM NAME ":"<system_name>
                              TYPE ":" {OBJECT TYPE SPECIFIC I GENERAL }
                              TO OBJECT TYPES ":" <object_type> ["," <object_type> ]*
                              DESCRIPTION ":" <text>
                              UPDATE INFORMATION ":" <text>
                              ARG IN ":" <parameter_list>
                              ARG OUT ":" <parameter_list>.
<parameter_list> ::=          "(" [ <argument> [<description>]
                              TYPE <argument_type> ";" ]* ")".
```

Bild 5.12: Grammatik zur Beschreibung der Methoden

aber auch Framework-Modelle / HNSB90/). Daher wurde an dieser Stelle lediglich eine sehr allgemeine Beschreibung der Methoden eingeführt.

5.3 Konzeption und Realisierung eines technischen Modellierungssystems

In diesem Abschnitt sollen Fragen der Konzeption und Realisierung eines technischen Modellierungssystems erörtert werden. Zunächst wird **TechMo**, die *Basisversion eines technischen Modellierers* vorgestellt /HPS89, PS91, Su92/. Die prinzipielle Entwurfsvorgehensweise mit dem technischen Modellierer wird durch die Präsentation der Benutzerschnittstelle verdeutlicht. Ein wichtiges Ziel der TechMo-Entwicklung war es, die Tauglichkeit des eingesetzten Workstation/Server-DBS für technische Anwendungen zu validieren. Im Anschluß an die Beschreibung des TechMo-Systems werden Konzepte für eine *Erweiterung* vorgestellt, die eine systemkontrollierte Einbeziehung der im letzten Abschnitt behandelten *technisch-funktionalen Abhängigkeiten* in den Entwurfsablauf erlauben.

5.3.1 TechMo - die Basisversion eines DB-basierten technischen Modellierers

In Bild 5.13 ist zunächst die Grobarchitektur des technischen Modellierers abgebildet, die dessen wichtigsten Systemkomponenten und deren Zusammenwirken aufzeigt. Zur Durchführung des Entwurfs kann der Anwender das Entwurfsobjekt ausschließlich über die an der Benutzerschnittstelle angebotenen technischen Operationen manipulieren. Zusätzlich ist an der Systemoberfläche eine graphische Darstellung der Objekte realisiert. Damit kann sich der Entwerfer lediglich über den aktuellen Objektzustand informieren, d.h., er kann darüber keinerlei Änderungsoperationen durchführen.

Die Baugruppen- und Einzelteilentwurfskomponente realisieren die technischen Operationen. Über die Komponente des geometrischen Evaluators und den integrierten geometrischen Modellierungskern wird die angesprochene graphische Darstellung eines Objektes realisiert. Die Verwaltung der Produktdaten übernimmt das in Kapitel 4 vorgestellte Workstation/Server-DBS. Im folgenden wird nun die Funktionalität der aufgezählten Komponenten genauer vorgestellt.

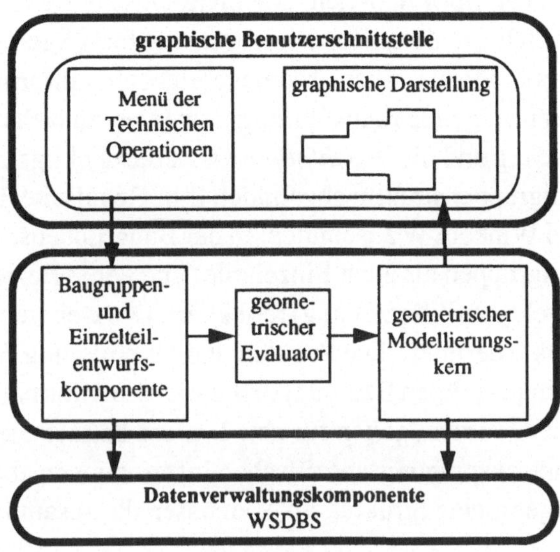

Bild 5.13: Grobarchitektur der Basisversion TechMo

5.3.1.1 Funktionalität und Benutzerschnittstelle von TechMo

In TechMo werden Operationen zur Unterstützung des Baugruppenentwurfs sowie für die Einzelteildetaillierung zum Entwurf von technischen Objekten vom Typ "rotationssymmetrische Wellen" (vgl. auch /JM89/) angeboten. Die zu berücksichtigenden Abhängigkeiten werden ebenfalls teilweise erfaßt. Darüber hinausgehende Bedingungen zur vollständigen Durchführung der technischen Operationen (etwa der Anschluß von Normteilkatalogen) werden in der Basisversion nicht erfüllt.

Unterstützung der Baugruppenmodellierung

Wie aus den bisherigen Ausführungen deutlich wurde, ist der Entwurf durch eine Top-Down-Vorgehensweise festgelegt, in dem eine *Baugruppe über ihre Aufgabenstellung spezifiziert* und ihre *Zusammensetzung aus Subbaugruppen bzw. Einzelteilen* bestimmt wird. Die so aufgebaute Baugruppenstruktur, in der dann auch Norm- bzw. Zukaufteile eingebaut sind, ist Teil der in Abschnitt 5.1 eingeführten technischen Objektstruktur. Diese Struktur hat zunächst keine direkte Beziehung zu den geometrischen Informationen. Die hierarchische Beziehung zwischen den Baugruppen legt nicht nur deren Zusammensetzung fest (Aggregationsbeziehung), sie sollte darüber hinaus auch montagerelevante Informationen enthalten /SIAHL89/. In den folgenden Ausführungen werden zunächst nur die *Baugruppenzusammensetzung* und die *Anschlußpunkte* berücksichtigt. In Bild 5.14 ist eine sehr einfache Baugruppenstruktur abgebildet. Eine Regalseite R setzt sich aus einer Stange S und drei Winkeln W zusammen. In der Baugruppenstruktur sind die Bauteile (sowohl Baugruppen als auch Einzelteile) und deren Beziehungen ("geht_ein_in"- bzw. "besteht_aus"-Beziehung) reflektiert. Des weiteren sind für jedes Bauteil Anschlußpunkte definiert. Die Position und Orientierung der Anschlußpunkte sind relativ zu dem jeweiligen Bauteil spezifiziert. Die Informationen, die zu einem Bauteil gespeichert werden, gelten für den Typ des betrachteten Bauteils, d.h., es werden darin keine ausprägungsspezifischen Informationen abgelegt. Gehen Bauteile in eine übergeordnete Struktur ein, so müssen die zusammengehörenden An-

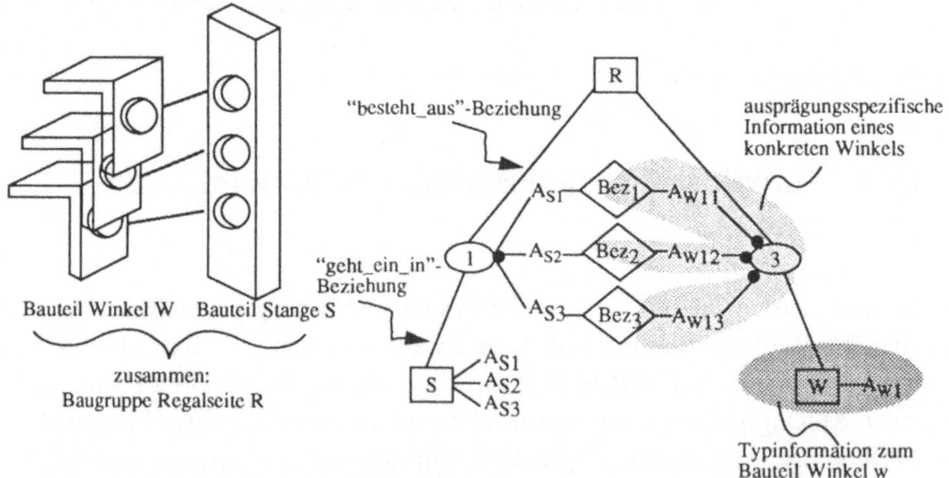

Bauteile und deren Beziehungen   Baugruppenstruktur

Legende:

☐   : Bauteil (Baugruppe bzw. Einzelteil)

⟨   : Anschlußpunkt A_{Bi} eines Bauteils B

◇   : Beziehung Bez_i zwischen Anschlußpunkten

⬯   : hierarchische Baugruppenbeziehung mit Anzahl der eingehenden Bauteile

Bild 5.14: Beispiel einer einfachen Baugruppenstruktur

schlußpunkte der Bauteile identifiziert und deren genaue Beziehung (Lage, Paß-
genauigkeit etc.) festgelegt werden. In der so aufgebauten Baugruppenstruktur sind
somit Typinformationen zu den Bauteilen und ausprägungsspezifische Informationen der Bauteile getrennt abgelegt. In Bild 5.14 wird eine Stange, die drei Anschlußpunkte aufweist, mit drei Winkeln mit jeweils einem Anschlußpunkt verknüpft. So werden in dem Beispiel von dem Bauteil Winkel drei Ausprägungen in
die Baugruppe Regalseite aufgenommen. Die ausprägungsspezifische Information
der drei Winkelausprägungen wird bei der Definition der Beziehungen zwischen
den Anschlußpunkten eingeführt.

Obwohl der Baugruppenentwurf i.allg. top-down abläuft, können innerhalb des
Entwurfsvorganges bereits vordefinierte Baugruppenstrukturen eingebaut werden.
Daher ist die Bereitstellung einer **Baugruppen-Bibliothek** sinnvoll, auf der im
wesentlichen drei Funktionen definiert sind:

- **Einfügen** - eine spezifizierte Baugruppe wird in die Bibliothek aufgenommen.
  Damit ist eine *Art* "Typisierung" der Baugruppe verbunden, d.h., daß in der
  Folge die Baugruppe in anderen Entwurfsaufgaben einbezogen werden kann.

- **Herauslesen** - eine Baugruppe aus der Bibliothek soll als Teil eines anderen
  Baugruppenentwurfs eingebaut werden. Sie wird dazu aus der Bibliothek her-
  ausgelesen. Der Einbau in die neue Struktur bedarf keiner Änderung an dem Bi-
  bliothekselement (außer der Einführung einer neuen Beziehung zu der aktuell
  erstellten Baugruppenstruktur). Sind dagegen weitere Änderungen an der her-
  ausgeholten Baugruppenstruktur durchzuführen (sie dient also lediglich als eine
  Vorlage, die vom Anwender den aktuellen Erfordernissen angepaßt wird), so
  darf sie nicht mehr länger Ausprägung des entsprechenden Bibliothekselements
  sein. Wird die herausgeholte Baugruppenstruktur unverändert in den aktuellen
  Baugruppenentwurf eingebaut, so wird sie bei einem Einfügen der neu entworfenen Baugruppe in die Bibliothek nicht ein weiteres Mal in die Bibliothek aufgenommen, sondern lediglich ihre Beziehungen aktualisiert (vgl. Bild 5.15).

- **Löschen** - Aus der Bibliothek können die Baugruppenstrukturen nur in den
  Einheiten gelöscht werden, in denen sie vorher eingefügt wurden. Für eine Baugruppe ist das komplette Löschen nur möglich, wenn sie von keinen weiteren
  Strukturen genutzt wird. So ist im Beispiel in Bild 5.15 das Löschen der Baugruppe B_1 nur bis zu dem Zeitpunkt möglich, bevor sie von Baugruppe B_2 in
  den Entwurf einbezogen worden ist.

In der Basisversion ist zunächst nur eine eingeschränkte Funktionalität realisiert,
was vor allem das Bibliothekskonzept und die Handhabung der Anschlußpunkte

betrifft. In TechMo werden Operationen zum Aufbau und zur Verwaltung einer
Baugruppenstruktur angeboten. Die Baugruppenstruktur wird durch einen sog.
Konstruktionsbaum graphisch repräsentiert. Als Darstellungsmittel wurde ein
azyklischer Graph gewählt, bei dem die Knoten die Baugruppen bzw. Einzelteile
darstellen und die Kanten die Aggregationsbeziehungen der Baugruppenstruktur
reflektieren. Dem Benutzer stehen Bewegungsoperationen (*MOVE*) und Operationen zur Ausschnittsbildung (*ZOOM*) auf dem Konstruktionsbaum zur Verfügung.
Die *PAN*-Operation erlaubt die komplette Darstellung des Konstruktionsbaums.
Damit läßt sich der gewünschte Ausschnitt des Konstruktionsbaumes dynamisch
einstellen und das gesuchte technische Objekt (als Knoten im Konstruktionsbaum)
mit Hilfe einer Maus anklicken und identifizieren. Im Konstruktionsbaum werden
Baugruppe, Normteil, Kaufteil und Zeichnungsteil unterschieden. Die Anzahl, mit
der ein Bauteil in eine Baugruppe eingeht, wird explizit an der zugehörigen Kante
ausgegeben. In einem sog. *Ablagefenster* können während des Entwurfsvorganges
eine Reihe von bereits erstellten Baugruppenstrukturen "zwischengelagert" werden und im weiteren Verlauf des Entwurfs erneut in die Baugruppenstruktur eingebracht werden. Zum Erstellen und Verwalten des Konstruktionsbaumes stehen
dem Anwender fünf Operationen zur Verfügung:

- Mittels der *CREATE*-Operation wird ein neues Bauteil spezifiziert (z.B. die Attribute Teilenummer, Teilename) und mit einer übergeordneten Baugruppe verbunden. Ist das neu erzeugte Bauteil als Zeichnungsteil gekennzeichnet, so muß
  der Anwender zusätzlich die Aufgabenstellung angeben. Dazu wird dem Anwender eine weitere Eingabemaske eingeblendet, über die er dann beispielsweise für ein Bauteil vom Typ Welle das Belastungsschema sowie weitere Restriktionen eingeben kann.

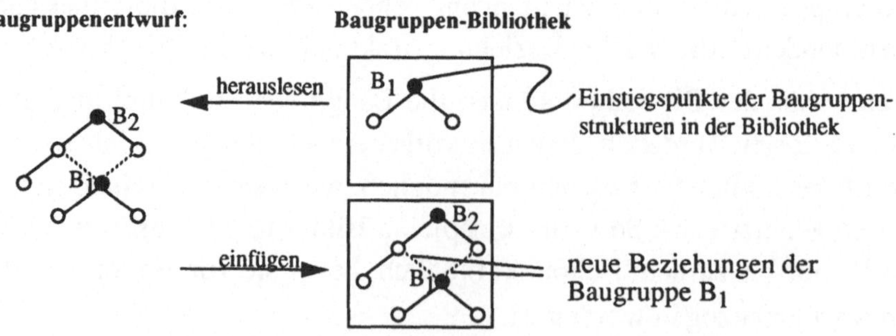

Bild 5.15: Handhabung einer Baugruppenstruktur in einer Bibliothek

- Die *CHANGE*-Operation erlaubt das nachträgliche Ändern von Attributen der Bauteile bzw. das Verändern ihrer Beziehungsstrukturen.

- Die *CONNECT*-Operation wird ebenfalls zum Aufbau von Beziehungen zwischen Bauteilen benötigt. Wird bei der Operation eine Baugruppenstruktur aus dem Ablagefenster identifiziert, so ist damit deren Einbindung in den aktuellen Entwurf verknüpft.

- Mit der *DELETE*-Operation sind zwei Löschsemantiken verknüpft. Wird die DELETE-Operation auf einem Knoten im Konstruktionsbaum ausgeführt, so wird das zugehörige Bauteil und dessen komplette Baugruppenstruktur aus dem Konstruktionsbaum herausgelöst und in das Ablagefenster überführt. Haben Subbaugruppen noch Beziehungen zu weiteren Baugruppen im Konstruktionsbaum, so bleiben sie weiterhin im Konstruktionsbaum. Die Anwendung der DELETE-Operation auf eine Baugruppenstruktur im Ablagefenster bedeutet deren komplettes Löschen aus der aktuellen Entwurfsumgebung.

- Die *LOAD*- und *STORE*-Operation haben das Ein- bzw. Auslagern von Baugruppenstrukturen aus bzw. in die globale Datenverwaltung zur Aufgabe.

Unterstützung der Einzelteildetaillierung

Zur Unterstützung der Einzelteildetaillierung wird von TechMo eine zweite Systemoberfläche angeboten, die auf den *Entwurf von rotationssymmetrischen Wellen* ausgerichtet ist. Wesentlicher Unterschied gegenüber der Oberfläche beim Baugruppenentwurf ist die Einführung eines *Visualisierungsfensters*, in dem der aktuelle Zustand des Entwurfsobjektes in drei Sichten graphisch dargestellt ist (vgl. Bild 5.16). Auf das Anfertigen von Bemaßung bzw. Beschriftung wird zunächst verzichtet. In einem weiteren Fenster wird ebenfalls ein Konstruktionsbaum aufgebaut, der die technische Objektstruktur des gerade zur Bearbeitung anstehenden Einzelteils wiedergibt. Des weiteren wird die Aufgabenstellung des aktuellen Entwurfsobjektes für den Anwender in einem eigenen Fenster ausgegeben.

Jeder Entwurfsvorgang wird vom Anwender durch einen Aufruf der *RECHERCHE*-Operation eingeleitet, die dem Anwender alle Einzelteile in der spezifizierten Konstruktionsumgebung auflistet. Durch die Auswahl eines Einzelteils wird dann die eigentliche Verarbeitung angestoßen. Abhängig von dem aktuellen Bearbeitungszustand der Welle (möglicherweise wurde bereits der Grobentwurf oder auch der Feinentwurf durchgeführt) wird der bislang aufgestellte Konstruktionsbaum sowie eine graphische Darstellung des Objektes an der Oberfläche ausgegeben.

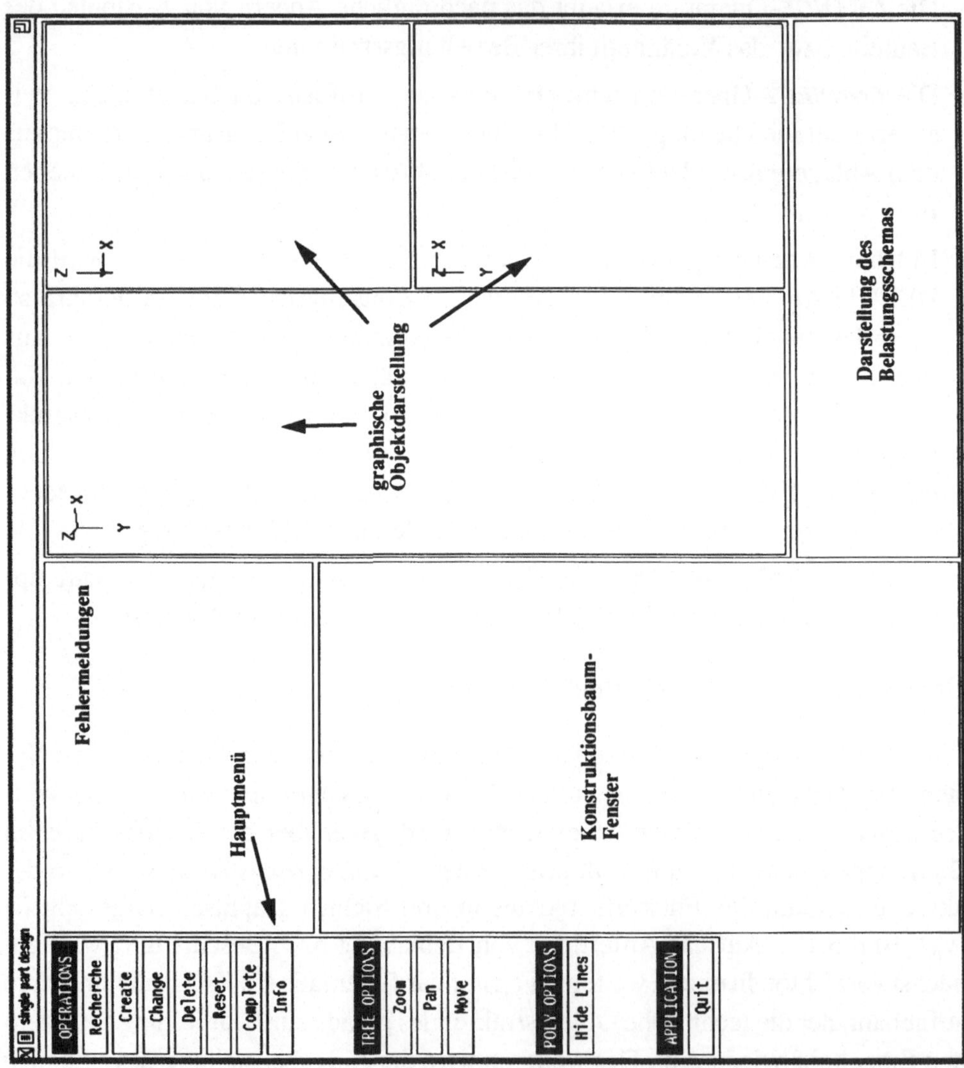

Bild 5.16: Abzug der TechMo-Oberfläche für die Einzelteildetaillierung (hier
am Beispiel des Grobentwurfs einer Welle)

Die zur *Durchführung der Grob- und Feingestaltung* von rotationssymmetrischen
Wellen benötigten Operationen sind für einige ausgewählte technische Objekte in
Abschnitt 5.2.1 detailliert beschrieben und werden in /En91, Pa89/ für weitere technische Objekte, die beim Entwurf einer Welle von Bedeutung sind, vorgestellt, so
daß an dieser Stelle lediglich eine Beschreibung der generischen technischen Operationen, die von TechMo angeboten werden, erfolgt.

Durch den Aufruf der Operation *CREATE* kann der Anwender ein technisches Objekt erzeugen (bzw. auswählen), mit technischen Werten versehen, in den Konstruktionsbaum und damit an das bisher erstellte Entwurfsobjekt anhängen (positionieren) und schließlich die graphische Darstellung des Entwurfsobjektes aktualisieren. Die Operation *CHANGE* fordert zunächst die Identifikation eines technischen Objektes im Konstruktionsbaum, für das nachfolgend bestimmte Eigenschaften vom Anwender geändert werden können. Am Ende einer Änderungsoperation an einem technischen Objekt wird eine erneute Gestaltsbestimmung und anschließend eine wiederholte Visualisierung des Entwurfsobjektes angestoßen. Damit ist für den Anwender ständig eine aktuelle graphische Darstellung des Entwurfsobjektes sichtbar. In Bild 5.16 ist die TechMo-Oberfläche für den Einzelteilentwurf abgebildet.

Entsprechend der allgemeinen Unterteilung der Einzelteildetaillierung in die Phasen des Grobentwurfs und der Feingestaltung werden auch in TechMo die beiden Phasen unterschieden. Durch den Aufruf der *COMPLETE*-Operation zeigt der Anwender das Ende des Grobentwurfs an, woraufhin eine Reihe von Integritätsbedingungen überprüft und das Entwurfsobjekt abgespeichert wird. Nach erfolgreicher Beendigung des Grobentwurfs hat der Anwender die Feingestaltung durchzuführen. In beiden Entwurfsphasen ist ein qualifiziertes Zurücksetzen des durchgeführten Entwurfs mittels einer *RESET*-Operation möglich, die entweder ein Zurücksetzen auf den Zustand nach Beendigung des Grobentwurfs bzw. ein komplettes Rücksetzen der Einzelteildetaillierung vorsieht. Durch den Aufruf der *DELETE*-Operation wird das zuletzt erzeugte technische Objekt innerhalb des Entwurfsvorganges gelöscht. Ein wiederholtes Aufrufen dieser Operation bewirkt in den beiden genannten Entwurfsphasen ein schrittweises Zurücksetzen des Entwurfs. Bislang werden an der Oberfläche keine Operationen zum expliziten Setzen von Sicherungspunkten angeboten, auf die der Anwender seinen Entwurf zurücksetzen kann. Ebenso sind noch keine Operationen zum Unterbrechen und späteren Wiederaufnehmen des Entwurfsvorgangs durch den Anwender integriert.

5.3.1.2 Die Systemarchitektur und Systemkomponenten der Basisversion TechMo

In Bild 5.17 ist die Systemarchitektur der Basisversion von TechMo abgebildet. Die WSDBS-Architektur mit der Aufteilung in Client- und Server-DBS ist für die Datenversorgung von TechMo verantwortlich. Oberhalb der Schnittstelle des WSDBS sind folgende Systemkomponenten zu unterscheiden:

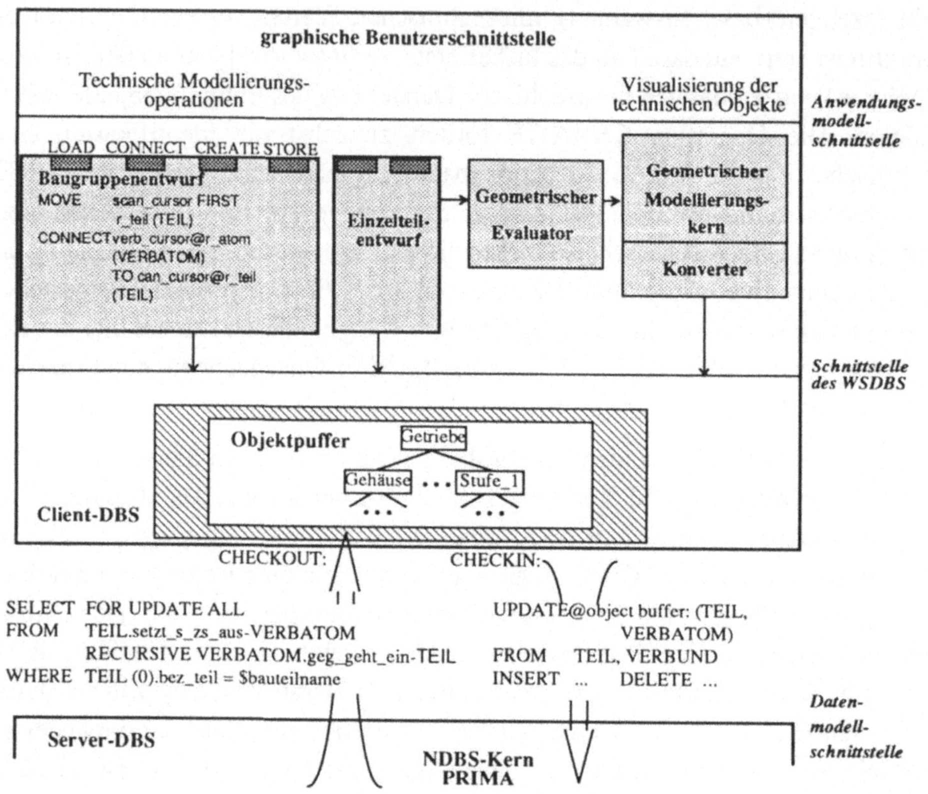

Bild 5.17: Systemarchitektur des technischen Modellierers TechMo basierend
auf dem WSDBS PRIMA

- Zwei Komponenten realisieren die eigentlichen *Operationen für den Baugrup-pen- und den Einzelteilentwurf*. Für den Baugruppenentwurf ist die Anbindung an das WSDBS schematisch in Bild 5.17 dargestellt.

- Die Verwaltung und Generierung der geometrischen Objektbeschreibung liegt im Aufgabenbereich des *Modellierungskerns*, der über einen Koppelbaustein (*Konverter*) an das WSDBS angeschlossen ist.

- Die Aufgabe des *geometrischen Evaluators* besteht darin, durch eine Interpre-tation der technischen Objektbeschreibung eine Sequenz von geometrischen Operationen zu erzeugen, über die der Modellierungskern eine korrespondie-rende geometrische Objektbeschreibung erstellt.

- Die Komponente zur Realisierung der *graphischen Oberfläche* verwaltet je eine eigene Oberfläche für den Baugruppenentwurf und die Einzelteildetaillierung.

Im folgenden wird die Funktionsweise der aufgeführten Komponenten diskutiert und deren Realisierung im TechMo-System vorgestellt.

Komponenten zur Realisierung der Operationen im Baugruppen- und Einzelteilentwurf

Aufgabe der Komponenten zur Realisierung der Operationen im Baugruppenentwurf bzw. in der Einzelteildetaillierung ist es, die in Abschnitt 5.3.1.1 beschriebene Funktionalität der TechMo-Benutzerschnittstelle zu realisieren und dabei ein Produktmodell des Entwurfsobjektes in einer MAD-Datenbank aufzubauen bzw. zu verwalten. Die folgenden Ausführungen vertiefen hauptsächlich die Datenmodellierungs- und Verarbeitungsaspekte in der WSDBS-Umgebung.

Bei einer Umsetzung des technischen Modells aus Bild 5.4 in das MAD-Modell werden die Rechtecke auf Atomtypen und die benutzerdefinierten Beziehungen auf Referenzattribute abgebildet. Da die n:m-Beziehung des Entity-Typs Baugruppe informationstragend ist (sie enthält z.B. Mengenangaben über die Zusammensetzung einer Baugruppe), kann sie nicht direkt über die Referenzattribute des MAD-Modells abgebildet werden. Daher wird, ähnlich wie bei einer Abbildung von n:m-Beziehungen im Relationenmodell, ein weiterer Atomtyp neben dem Atomtyp Bauteil eingeführt. Die Generalisierungsbeziehung ist im MAD-Modell nicht vorhanden und muß daher auf eine einfache Beziehung zwischen Atomtypen abgebildet und durch die Anwendung gewartet werden.

In beiden Komponenten werden auf den Objektpufferstrukturen eine Vielzahl von Cursorn definiert, die zur Verarbeitung benötigt werden. Es hat sich gezeigt, daß die definierten Cursor sehr unterschiedliche Strukturen aufweisen, d.h., daß in den meisten Fällen keine bevorzugte Verarbeitungsrichtung festzustellen ist. So muß etwa die hierarchische Baugruppenstruktur in beiden Richtungen verarbeitet werden. In der TechMo-Anwendung hat es sich daher als nützlich erwiesen, die über MQL-Anfragen definierte Ergebnismenge in der Atomnetz-Sichtweise zu betrachten. Die bei der Ausführung einer MQL-Anfrage evaluierte Molekülsicht wird in der TechMo-Anwendung derzeit nicht genutzt.

Das im Verarbeitungsmodell angebotene Konzept der elementaren Ablaufeinheiten bietet für beide Komponenten eine geeignete Grundlage zur Strukturierung des

Ablaufs. In der Komponente zur Einzelteildetaillierung können die angesprochenen COMPLETE- bzw. RESET-Operationen in einfacher Weise auf SAVE- und RESTORE-Operationen des Verarbeitungsmodells abgebildet werden.

Der geometrische Modellierungskern

Aufgabe des geometrischen Modellierungskerns ist der Aufbau des geometrischen Modells für ein technisches Entwurfsobjekt. Grundlage des in TechMo realisierten Modellierungskerns ist der Geometriemodellierer **POLY** /LM87/, der an der ETH Zürich entwickelt wurde. Sein Geometriemodell ist zweigeteilt: es besteht aus einer CSG-Struktur (Constructive Solid Geometry /RV83, RV84/), aus der intern eine Begrenzungsflächendarstellung (BREP, Boundary Representation) abgeleitet werden kann, die dann die Basis für eine graphische Darstellung bereitstellt. Die *Schnittstelle* des Modellierers ist durch die *Funktionalität des CSG-Modells* bestimmt. Die bekannten CSG-Operationen (Vereinigung, Schnitt, Differenz, Verschiebung, Skalierung und Rotation) beziehen sich auf Primitivkörper oder bereits zusammengesetzte (d.h. aufgebaute) geometrische Objekte. Zur Verwaltung der geometrischen Objekte ist in POLY ein Stack eingeführt, der über spezielle Stack-Operationen mit den geometrischen Objekten ver- bzw. entsorgt wird. Die beiden obersten geometrischen Objekte des Stacks werden aktive Objekte genannt. Die CSG-Operationen beziehen sich ausschließlich auf diese aktiven Objekte.

Da das POLY-System in erster Linie zu Lehrzwecken entwickelt wurde, weist seine Funktionalität Einschränkungen in der Modellierungsmächtigkeit auf, die sich nachteilig in der TechMo-Umgebung bemerkbar machen. So werden beispielsweise einige geometrische Primitivkörper nur über eine polyederartige Approximation dargestellt. Eine weitere Einschränkung betrifft die Vereinigungs-, Schnitt- und Differenzoperationen, die als Voraussetzung für eine korrekte Durchführung dieser Operationen fordern, daß keine zwei Flächen der beiden Objekte aufeinander liegen dürfen.

Die *Integration des POLY-Modellierers* in das TechMo-System erforderte verschiedene Anpassungen:

* Einbindung in die Systemoberfläche von TechMo

  Die Benutzerschnittstelle des POLY-Systems wurde abgeändert und in die Oberfläche zur Einzelteildetaillierung eingebunden. Diese Änderungen haben insbesondere zur Folge, daß von der Benutzerschnittstelle aus keinerlei direkte Eingaben für das POLY-System mehr möglich sind.

- Bereitstellen einer systeminternen Schnittstelle

  Damit der geometrische Evaluator die Funktionalität des Modellierungskerns nutzen kann, mußte eine systeminterne Schnittstelle von POLY bereitgestellt werden. Die Operationen dieser Schnittstelle erlauben zum einen den *Zugriff auf den POLY-Stack*, zum anderen ermöglichen sie die *Aktivierung von CSG-Operationen*, über die dann die geometrischen Objekte aufgebaut werden.

- Datenbank-Anschluß

  Zur Abspeicherung der geometrischen Objektstrukturen in der Datenbank ist eine Anbindung des POLY-Systems an das WSDBS realisiert worden.

Das Informationsmodell zur DB-seitigen Erfassung der geometrischen Strukturen (vgl. auch /HHM88/) umfaßt in dem hier gewählten Ansatz die CSG- und BREP-Darstellung eines technischen Elements. Der Aufbau des Modells orientiert sich an dem in /WFOP85/ vorgestellten, allgemeinen und damit anwendungsneutralen Modellaufbau.

Die *Anbindung des POLY-Modellierers an das WSDBS* erfolgt über einen *Konverter*, der die systeminternen Datenstrukturen auf die MAD-Schemastrukturen bzw. umgekehrt transformiert. Dazu werden an der systeminternen POLY-Schnittstelle zwei weitere Operationen angeboten, die das Abspeichern des obersten Stack-Objektes in die Datenbank bzw. das Lesen eines geometrischen Objektes aus der Datenbank und dessen Ablage auf dem POLY-Stack realisieren. Zur Identifikation der geometrischen Objekte wird der (eindeutige) Name des zugehörenden technischen Elements verwendet, womit in der Datenbank eine Beziehung der geometrischen Strukturen zu dem technischen Element aufgebaut wird. Eine Ableitung der Begrenzungsflächendarstellung für ein Objekt ist immer aus der korrespondierenden CSG-Struktur möglich. Ob nun für ein konkretes technisches Element sowohl die CSG- als auch die BREP-Struktur abgespeichert wird, oder ob nur die CSG-Struktur abgelegt wird, ist in dem hier betrachteten Zusammenhang des technischen Modellierens zunächst von untergeordnetem Interesse.

Der geometrische Evaluator

Der geometrische Evaluator ist das Bindeglied zwischen den Komponenten zur Verwaltung des technischen und des geometrischen Modells. Seine Hauptaufgabe ist die *Ableitung und Aktualisierung einer geometrischen Objektstruktur* aus den technischen Objekten und den darauf ausgeführten Operationen, über die der Benutzer den Entwurf betreibt. Zentrale Idee des geometrischen Evaluators ist die

Nutzung einer parametrisierten geometrischen Beschreibung, die für jedes technische Basiselement zu spezifizieren ist. Die Aufgabe des geometrischen Evaluators läßt sich dann hauptsächlich in zwei Bereiche aufgliedern:

- Durch eine Interpretation der technischen Objektbeschreibung ist eine *Sequenz von CSG-Operationen zu erzeugen*, die danach von dem geometrischen Modellierer auszuführen ist und zu einer korrespondierenden geometrischen Objektbeschreibung führt. Dabei werden die vordefinierten parametrisierten geometrischen Strukturen in den Ableitungsprozeß einbezogen.

- Die durch eine *technische Operation bewirkten Änderungen* in der Gestalt eines technischen Objektes sind *in der geometrischen Objektstruktur nachzuführen*, d.h., von dem geometrischen Evaluator sind die notwendigen CSG-Operationen zu generieren bzw. Änderungen in der CSG-Struktur durchzuführen und an den geometrischen Modellierer weiterzuleiten.

(1) Funktionsweise des geometrischen Evaluators

Wurde vom Benutzer während des Entwurfsvorganges ein technisches Element erzeugt oder ausgewählt, so muß über den geometrischen Evaluator die zugehörige geometrische Objektstruktur generiert werden. Der hier beschriebene geometrische Evaluator basiert auf einem **parametrisierten CSG-Modell** /HHLM87/, wie es bereits in Kapitel 3 angesprochen wurde. Zur Durchführung dieser Aufgabe kann die Komponente auf vordefinierte, parametrisierte geometrische Beschreibungen zurückgreifen.

In Bild 5.18 ist am Beispiel einer Paßfedernut das prinzipielle Vorgehen verdeutlicht. Für das technische Objekt Paßfedernut ist eine parametrisierte CSG-Struktur dargestellt. Die geometrischen Abmaße der Paßfedernut (Länge, Breite, Höhe) werden formalen Parametern zugeordnet, die innerhalb der CSG-Struktur weitergereicht werden und schließlich die Geometrie der Primitivkörper bestimmen. Bei einer Instanziierung wird die CSG-Struktur in "depth-first"-Ordnung durchlaufen, wobei die formalen Parameter durch aktuelle Werte ersetzt werden und schließlich eine konkrete CSG-Struktur aufgebaut wird.

Für ein technisches Element sind möglicherweise mehrere parametrisierte Geometriebeschreibungen bereitzustellen. So kann beispielsweise eine Paßfedernut eine runde oder eine eckige Form haben, die sich nicht beide durch eine parametrisierte CSG-Struktur beschreiben lassen. Zur Spezifikation von parametrisierten CSG-Strukturen sollte der geometrische Evaluator eine eigene Schnittstelle anbieten. Diese hat in ihrer Funktionsweise Ähnlichkeit mit den in Feature-Modellierern

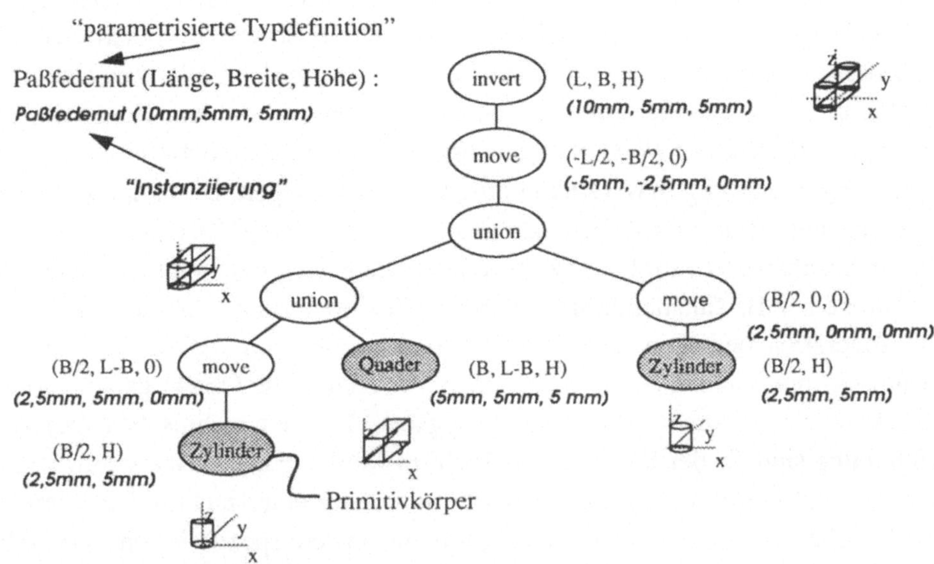

Bild 5.18: Parametrisierte CSG-Struktur einer Paßfedernut und eine mögliche
Instanziierung

angebotenen Funktionen zur Definition von parametrisierbaren Form-Features
(vgl. Abschnitt 2.2.2.1).

Durch die Nutzung einer parametrisierten geometrischen Beschreibung ist eine
weitgehend automatische Ableitung des geometrischen Modells aus dem technischen Modell möglich (dies wird im folgenden noch verdeutlicht), so daß die geometrische Struktur wiederholt aus dem technischen Modell evaluiert werden kann
und daher nicht notwendigerweise in einer Datenbank abgelegt werden muß. Dies
setzt jedoch voraus, daß im technischen Modell genügend Informationen (z.B. geometrische Abmaße eines Objektes, genaue Spezifikation der Positionierungsoperation usw.) abgespeichert werden, die eine ausreichende Grundlage für diesen Ab-
leitungsschritt bereitstellen. Läßt sich die geometrische Struktur nicht mehr ohne
weiteres aus dem technischen Modell ableiten, wie das z.B. bei der Gestaltung von
Freiformflächen /Mo85/ der Fall ist, so muß die einmal erstellte geometrische
Struktur explizit abgespeichert und deren Beziehung zu den Objekten im technischen Modell aufgebaut werden.

Das Einordnen einer instanziierten CSG-Struktur in die gesamte geometrische Beschreibung des Entwurfsobjektes erfolgt bei der Durchführung der Positionierungsoperation des jeweiligen technischen Elements. Der Anwender spezifiziert

an der TechMo-Schnittstelle die Position eines technischen Objektes relativ zu den anderen Objekten in der technischen Objektstruktur. So werden Funktions- oder Nebenelemente relativ zu einem Hauptelement (z.B. eine Fase relativ zu einem Absatz) und Hauptelemente relativ zu einem Einzelteil positioniert. Bei einer Positionierung sind vom Anwender möglicherweise weitere Informationen anzugeben, die die Positionierung bzw. Orientierung genauer festlegen. Dies kann zum einen durch genaue Positionsangaben erfolgen (z.B. Anordnung der Nut 3 cm von der linken Absatzbegrenzung) oder zum anderen die Festlegung von technischen Assoziationen (z.B. fluchtende oder bündige Positionierung) für eine Positionierungsoperation bedeuten. Die technischen Assoziationen werden in Form von technisch-funktionalen Abhängigkeiten an das technische Objekt gebunden (vgl. Abschnitt 5.1), während die Positionsangaben Teil der technischen Objektbeschreibung sind. In der Basisversion TechMo werden diese Zusatzinformationen derzeit nicht berücksichtigt. Bei der Positionierung eines technischen Elements wird implizit von einer eindeutigen Anordnung an dem spezifizierten technischen Objekt ausgegangen.

Der *Gesamtaufbau des geometrischen Modells* sollte die technische Objektstruktur widerspiegeln, d.h., daß eine relative Positionierung der technischen Elemente zu anderen technischen Elementen in der geometrischen Struktur reflektiert sein muß. Dies bedeutet, daß als Folge einer Positionierung eines technischen Elements die zugehörige CSG-Struktur in dem Teil des CSG-Baumes eingehängt wird, der die geometrische Struktur des übergeordneten technischen Elements sowie aller bereits daran positionierten technischen Elemente beinhaltet. Durch den so strukturierten Aufbau des geometrischen Modells eines Entwurfsobjektes sind bei Erweiterungs-, Änderungs- bzw. Löschoperationen auf der geometrischen Struktur die notwendigen Einstiegspunkte eindeutig zu identifizieren und der Aufwand zur Neuberechnung der geometrischen Struktur kann wesentlich reduziert werden. In Bild 5.19 ist an einem Beispiel eine technische Objektstruktur und die daraus generierte geometrische Objektstruktur abgebildet. Wird, wie in Bild 5.19 dargestellt, das technische Element Paßfeder 1 relativ zu Absatz 3 positioniert, so wird der CSG-Teilbaum erweitert, der die geometrische Struktur von Absatz 3 sowie der bereits daran positionierten Nebenelemente Freistich 2 und Fase 2 enthält.

In Bild 5.19 wird darüber hinaus gezeigt, daß in dem CSG-Baum strikt zwischen der Gestaltsbeschreibung und der Positionsbeschreibung eines technischen Elements unterschieden wird. Beim Erzeugen des technischen Elements wird die positionsneutrale Gestaltsbeschreibung (das ist die Instanziierung der parametrisier-

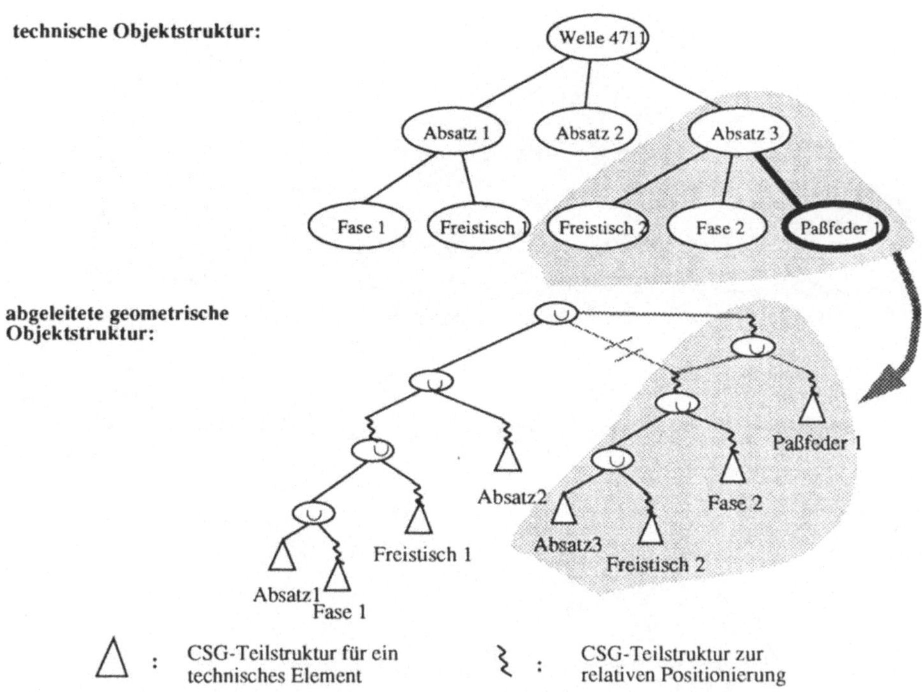

Bild 5.19: Beispiel für die Erweiterung einer abgeleiteten geometrischen
Objektstruktur

ten CSG-Struktur) aufgebaut, die beim Positionieren um die entsprechenden CSG-Positionierungsoperationen erweitert werden. Die Spezifikation der Positionierung erfolgt relativ zur Position des übergeordneten technischen Elements, d.h., die Paßfeder 1 in Bild 5.19 enthält in der CSG-Teilstruktur Positionsinformation relativ zu dem technischen Element Absatz 3.

Werden an der Benutzerschnittstelle Änderungs- oder Löschoperationen auf technischen Elementen angestoßen, so muß der geometrische Evaluator die zugehörige CSG-Struktur identifizieren können und deren Löschung bzw. Änderung in dem CSG-Baum durchführen. Anschließend ist eine "Reevaluierung" des CSG-Baumes notwendig.

(2) Mögliche Anbindungen des geometrischen Partialmodells an das technische Partialmodell

Eine weitere Frage ist die nach der *Anbindung der geometrischen Objektstruktur an die technische Objektstruktur* und wie diese Anbindung im Datenbank-Schema

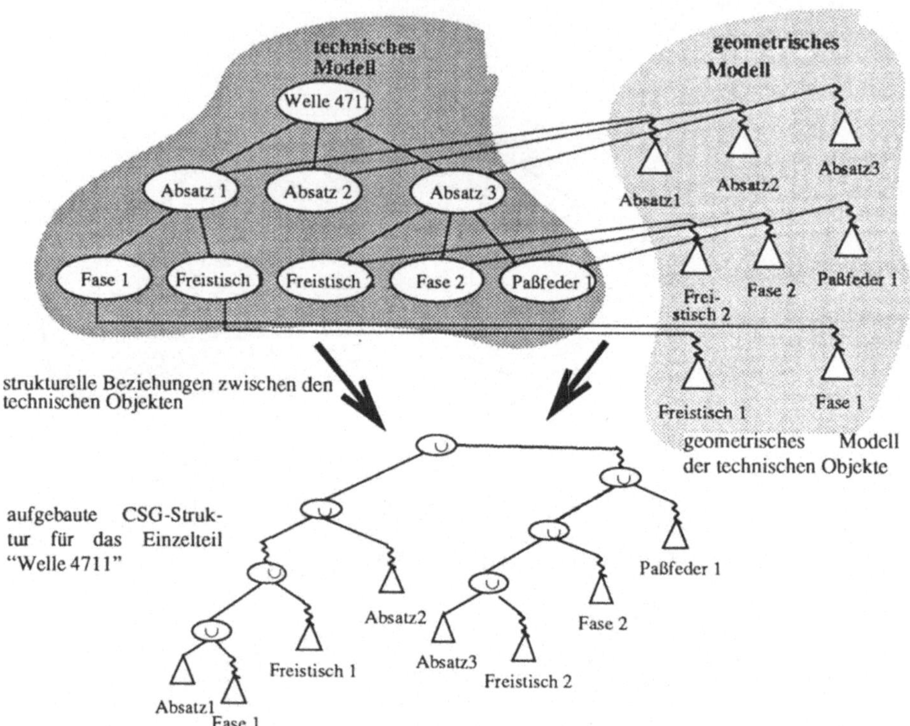

Bild 5.20: Beispiel für die Zusammensetzung der geometrischen Objektstruk-
            tur eines Einzelteils vom Typ Welle

reflektiert wird. Die folgenden Ausführungen beschränken sich auf die geometrischen Strukturen von Einzelteilen. Hier sind eine Reihe alternativer, z.T. sich er-
gänzender Anbindungsvarianten zu prüfen:

• Die gesamte geometrische Struktur zur Darstellung eines Einzelteils wird komplett diesem Einzelteil zugeordnet. Damit wird diese Struktur zwar zusammen-
  hängend abgespeichert, aber es ist i.allg. keine nachträgliche Identifikation der
  CSG-Teilstrukturen möglich, die die technischen Objekte innerhalb eines Einzelteils repräsentieren. Dies hat zur Folge, daß bei nachträglichen Änderungen
  des Einzelteils die geometrische Struktur erneut evaluiert und komplett neu aufgebaut werden muß.

• Zu jedem Element in der technischen Objektstruktur wird seine jeweilige geometrische Objektstruktur abgelegt (einschließlich der Positionsangaben bzgl.
  des übergeordneten technischen Elements). Für das zusammengesetzte techni-

sche Objekt, das Einzelteil, kann die geometrische Struktur zusätzlich und damit redundant abgespeichert werden oder jeweils bei Bedarf aus den geometrischen Teilstrukturen und der technischen Objektstruktur, die die Information über deren Zusammensetzung liefert, bestimmt werden. In Bild 5.20 ist diese Vorgehensweise schematisch dargestellt.

- Die dritte Variante ist eine Art Kombination der beiden erstgenannten Ansätze. Die gesamte geometrische Objektstruktur wird in Beziehung zu dem Einzelteil gesetzt. Von den technischen Objekten, aus denen sich das Einzelteil zusammensetzt, zeigt jeweils ein Verweis auf die CSG-Teilstruktur, die die graphische Repräsentation dieses Elements bewirkt.

(3) Realisierung des geometrischen Evaluators in TechMo

Im TechMo-System bietet die Komponente des geometrischen Evaluators der Einzelteilentwurfs-Komponente eine Operation an, die abhängig vom technischen Objekttyp und der auf dem Objekt ausgeführten Operation die Manipulation der geometrischen Objektstruktur durchführt. Die Möglichkeit zur Definition von parametrisierten CSG-Strukturen ist zunächst nicht vorgesehen. Die CSG-Strukturen zur Darstellung der technischen Basiselemente werden derzeit statisch über Programmfragmente aufgebaut, die bei der Operation zum Erzeugen der geometrischen Struktur für ein Einzelteil durchlaufen werden. Die vom geometrischen Evaluator intern aufgebaute Datenstruktur ermöglicht, daß bei Änderungen bzw. Erweiterung der geometrischen Struktur nicht die gesamte Struktur neu berechnet werden muß, sondern nur vom Änderungspunkt bis zur Wurzel des aufgebauten CSG-Baumes eine Reevaluierung durchzuführen ist. Zum Aufbau der CSG- und BREP-Strukturen bzw. zur graphischen Darstellung der Objekte greift der geometrische Evaluator über die eingeführte systeminterne Schnittstelle auf den Modellierungskern POLY zu.

Die Komponente zur Verwaltung der graphischen Oberfläche

Die Komponente zur Verwaltung der graphischen Oberfläche baut auf graphische Standard-Software auf. Der Aufbau der Oberfläche für den Baugruppenentwurf setzt auf ein GKS-Software-Paket auf /BB86,GKS82/, während die Oberfläche für den Einzelteilentwurf als X-Window-Applikation /X89/ realisiert ist. Um Teilkomponenten zur Realisierung der Oberfläche im Baugruppenentwurf auch für die Oberfläche des Einzelteilentwurfs nutzen zu können, wird auf die in dem X-Window-System ebenfalls zur Verfügung gestellte GKS-Schnittstelle zurückgegriffen.

Aufgabe dieser Komponente ist die Realisierung der Oberflächen, wie sie in Abschnitt 5.3.1.1 vorgestellt wurden. Hierbei ist die Verwaltung eines Konstruktionsbaumes erforderlich, der in der einen Oberfläche die Baugruppenstruktur und in der anderen Oberfläche die technische Objektstruktur eines Einzelteils graphisch abbildet. Dazu wird von einer Subkomponente eine komplexe Datenstruktur verwaltet, die nur über die von dieser Komponente angebotenen Operationen manipuliert werden kann. Es sind Operationen zum Aufbau und zur Verwaltung des Konstruktionsbaums, zur Handhabung des Ablagespeichers, zur Visualisierung des Konstruktionsbaums sowie zur Identifikation von Objekten im Konstruktionsbaum zu unterscheiden.

Zusammenfassung

In diesem Abschnitt wurde die Realisierung einer Basisversion eines technischen Modellierers vorgestellt. Durch die Realisierung des TechMo-Systems sollte die Tauglichkeit des DB-gestützten technischen Modellierungsansatzes im Hinblick auf die gestellten Anforderungen (vgl. Kapitel 2) gezeigt werden:

- Zunächst wurde mit der Basisversion der *Aufbau eines Produktdatenmodells*, das die technische Objektstruktur als zentrale Modellkomponente beinhaltet, über den technischen Modellierungsansatz demonstriert. Der Aufbau wird dadurch erreicht, daß über die technischen Operationen die technische Objektstruktur aufgebaut wird und die Daten in den weiteren Partialmodellen bzw. die Beziehungen zwischen der technischen Objektstruktur und diesen Partialmodellen während des Entwurfsvorganges erstellt und gewartet werden. Während des Entwurfsvorganges werden somit die Zusammenhänge zwischen den technischen Objekten sowie deren geforderten Eigenschaften spezifiziert. Diese Informationen werden zum Teil direkt vom Anwender bereitgestellt bzw. teilweise vom Modellierungssystem abgeleitet.

- Die *Durchgängigkeit des vorgestellten Modellierungsansatzes* konnte mit dem TechMo-System validiert werden. Ausgehend von den technischen Objekten und Operationen an der Benutzerschnittstelle wird zunächst die Baugruppenstruktur und anschließend die technische Objektstruktur eines Entwurfsobjektes aufgebaut und daraus die geometrische Repräsentation abgeleitet, die schließlich über einen geometrischen Modellierungskern zu einer Visualisierung des Entwurfsobjektes führt. In der Basisversion wurde eine eingeschränkte Funktionalität realisiert, so daß eine Bewertung des Systemeinsatzes bei konkreten (komplexen) Entwurfsaufgaben derzeit nicht möglich ist.

• Die in der *WSDBS-Architektur angebotene Schnittstelle* hat sich für diesen technischen Anwendungsbereich als funktional geeignet erwiesen. Die bisherigen Erfahrungen haben gezeigt, daß die Funktionalität der WSDBS-Schnittstelle eine gut verwendbare Grundlage zur Datenbereitstellung und -verarbeitung des technischen Modellierungssystems bereitstellt.

5.3.2 Erweiterung des TechMo-Systems zur Handhabung der technisch-funktionalen Abhängigkeiten

In der Basisversion von TechMo sind bislang keine speziellen Mechanismen zur Handhabung der technisch-funktionalen Abhängigkeiten vorgesehen. Die bisher berücksichtigten Abhängigkeiten (sie beziehen sich meist auf die Spezifikation einer Aufgabenstellung) werden als Teil des Produktdatenmodells verwaltet. Der Zugriff und die Manipulation der Abhängigkeiten obliegt vollständig dem Anwendungsprogramm, also den Komponenten zur Realisierung der Operationen des Baugruppen- und des Einzelteilentwurfs. In diesem Abschnitt wird eine zweistufige Erweiterung der bisherigen Systemarchitektur vorgestellt, die sowohl eine systemseitige Verwaltung und Überprüfung der technisch-funktionalen Abhängigkeiten als auch deren systemkontrollierte Einbeziehung in den Entwurfsablauf ermöglicht.

Die Einführung einer Abhängigkeiten-Verwaltungskomponente

In Abschnitt 5.2.4 wurde ein formaler Sprachansatz vorgestellt, der die Definition bzw. Spezifikation der verschiedenen Abhängigkeitstypen ermöglicht. Zur Verwaltung der Abhängigkeiten wird als Erweiterung des TechMo-Systems eine **Abhängigkeiten-Verwaltungskomponente (AVK)** eingeführt. Diese Komponente hat die Aufgabe, sowohl Operationen zur Definition, Spezifikation und Modifikation dieser Abhängigkeiten als auch Operationen zu deren Aktivierung und Überprüfung bereitzustellen. Des weiteren ist von der Komponente ein mächtiger Recherchedienst auf den definierten Abhängigkeiten zur Verfügung zu stellen. In einem Anwendungsprogramm werden dann über diese Operationen die Abhängigkeiten innerhalb des Entwurfsvorganges berücksichtigt.

Im einzelnen werden von der AVK folgende Operationen angeboten /ES92/:

• Definieren von Abhängigkeiten

  Die Operation zur *Definition von Abhängigkeiten* erwartet als Eingabe eine Abhängigkeitsdefinition in der formalisierten Sprache sowie die Identifikation des technischen Objekttyps, mit dem die Abhängigkeit in Beziehung steht. Für Abhängigkeiten, die eine Aufgabenstellung spezifizieren, ist zusätzlich eine Identifikation des technischen Objekts notwendig.

- Modifizieren und Löschen von Abhängigkeiten

  Diese Operationen ermöglichen die *Manipulation bereits definierter Abhängigkeiten*, was vor allem für Abhängigkeiten zur Spezifikation einer Aufgabenstellung benötigt wird. Beim Löschen von Abhängigkeiten ist zu gewährleisten, daß keine Abhängigkeiten gelöscht werden, von denen andere Abhängigkeiten über das FROM-Konstrukt Werte beziehen.

- Evaluieren einer mit einem Entwurfsobjekt verbundenen Aufgabenstellung

  Die Informationen, die bei der Definition einer Aufgabenstellung abgelegt werden, sind statisch, d.h., es sind noch keine konkreten Werte für Attribute bestimmt worden. Die Bestimmung dieser Attributwerte geschieht beim *Evaluieren der Aufgabenstellung*. Das Evaluieren einer Aufgabenstellung ist dann auszuführen, wenn das zugehörige technische Objekt erstmalig bearbeitet wird. Die Evaluierung einer Aufgabenstellung bedeutet, daß die FROM-Konstrukte der Attributspezifikationen in einer Aufgabenstellung (soweit dies möglich ist) ausgewertet werden. Ist in einem FROM-Konstrukt beispielsweise eine Methode spezifiziert, so wird diese Methode zur Bestimmung des Attributwertes ausgeführt und die erhaltenen Werte werden auf die Einhaltung der über die Restriktionen angegebenen Wertebereiche überprüft. Über eine spezielle Zuweisungsoperation der AVK können dann die Attribute der Aufgabenstellung, die einen konkreten Attributwert des technischen Objektes vorgeben, in die entsprechenden Attribute des technischen Objektes übertragen werden. Neben dem Evaluieren müssen weitere Operationen angeboten werden, die es ermöglichen, daß die Evaluierung einer Aufgabenstellung (oder einzelner Attribute davon) rückgängig gemacht werden kann (möglicherweise aufgrund einer Änderung in der Aufgabenstellung), d.h., daß eine erneute (Teil-)Evaluierung der Aufgabenstellung durchgeführt werden kann.

- Überprüfen von Abhängigkeiten

  Die AVK hat Operationen zur *Überprüfung der Einhaltung der Aufgabenstellung und der Verträglichkeitsabhängigkeiten* zur Verfügung zu stellen. Die Einhaltung einer Aufgabenstellung wird überprüft, indem die Attributwerte des zugehörenden technischen Objekts auf Erfüllung der in der Aufgabenstellung für diese Attribute spezifizierten Werterestriktionen kontrolliert werden. Die Überprüfung von Umgebungsrestriktionen macht i.allg. zuerst ein erneutes

Evaluieren der konkreten Attributspezifikation in der Aufgabenstellung notwendig (die Attribute sind nicht Bestandteil der Beschreibung des technischen Objektes), bevor die darauf spezifizierten Restriktionen kontrolliert werden können.

Insbesondere zur Überprüfung der Verträglichkeitsabhängigkeiten mit anderen technischen Objekten ist die Definition einer aktuellen *Konstruktionsumgebung* eines technischen Objektes notwendig. Darunter wird die Gesamtheit aller technischen Objekte verstanden, die die technisch-funktionale Umgebung des aktuellen technischen Objektes festlegen. Zur Bestimmung der technisch-funktionalen Konstruktionsumgebung wird die strukturelle Information der technischen Objektstruktur genutzt. Durch die Festlegung der Konstruktionsumgebung werden die technischen Objekte bestimmt, mit denen das aktuelle Objekt möglicherweise in einer über die Wechselwirkungsabhängigkeiten spezifizierten Beziehung steht.

Wird z.B. an einer einem Absatz zugeordneten Paßfeder eine Operation ausgeführt, so läßt sich die Konstruktionsumgebung über den assoziierten Absatz und alle daran positionierten technischen Objekte (diese sind einfach in der technischen Objektstruktur zu finden) aufbauen. Sind auch die Nachbarabsätze von Interesse, so muß die Konstruktionsumgebung entsprechend erweitert werden.

Wie aus den bisherigen Ausführungen deutlich wird, ist der *Zeitpunkt der Überprüfung bzw. Ausführung* von Abhängigkeiten sehr unterschiedlich:

- Die Evaluierung einer Aufgabenstellung wird bei der erstmaligen Bearbeitung eines technischen Objektes angestoßen. Daran schließt sich automatisch eine Überprüfung der semantischen Abhängigkeiten an. Während des weiteren Entwurfsvorganges kann es zum erneuten Evaluieren der gesamten oder von Teilen der Aufgabenstellung kommen.

- Nach der Auswahl einer nächsten technischen Operation durch den Anwender sind die Abhängigkeiten zu überprüfen, die die Beziehung zwischen Objekttyp und Operation betreffen. Damit wird festgestellt, ob für ein technisches Objekt eine Operation gültig ist bzw. ob in dem aktuellen Objektzustand die geforderte Operation ausgeführt werden kann.

- Während der Durchführung einer technischen Operation wird direkt aus dem Anwendungsprogramm die Überprüfung bzw. Aktivierung von bestimmten Abhängigkeiten angestoßen. Ebenso können am Ende einer technischen Operation Abhängigkeiten evaluiert werden. Dies gilt beispielsweise für die Wech-

selwirkungsabhängigkeiten, die erst am Ende einer bestimmten Operation,
wenn ein konsistenter Entwurfszustand erreicht worden ist, zu überprüfen sind.

Modellierung der technisch-funktionalen Abhängigkeiten und deren Einbindung in das technische Partialmodell

Eine Abhängigkeitsdefinition wird in dem hier beschriebenen Ansatz über einen
speziellen Übersetzer in eine interne Struktur abgebildet, die in der Datenbank abgelegt wird. Die Überprüfung einer Abhängigkeit erfordert dann i.allg., daß die
Abhängigkeit über die Datenverwaltungskomponente bereitgestellt werden muß,
die Werte der Attribute, die in der Abhängigkeit auftreten, aktualisiert werden müssen (hierzu ist ein Zugriff auf die Daten der technischen Objekte notwendig) und
schließlich daß die Abhängigkeitsspezifikation überprüft werden muß.

Zur Modellierung der technisch-funktionalen Abhängigkeiten wird hier eine Erweiterung des technischen Partialmodells (vgl. Bild 5.4) vorgeschlagen. Bild 5.21
zeigt ein (vereinfachtes) MAD-Schema zur Repräsentation der technischen Objekte und der technisch-funktionalen Abhängigkeiten. Auf die Modellierung der
technischen Objekte wurde bereits in Abschnitt 5.1 eingegangen.

Die *Repräsentation der technisch-funktionalen Abhängigkeiten in dem MAD-Schema* spiegelt deren strukturelle Beziehungen wider, d.h., daß die Beziehungen
zwischen den Abhängigkeiten selbst (etwa bei den Aufgabenstellungen) ebenso
wie die Beziehungen zu den assoziierten technischen Objekten in der Objektstruktur direkt reflektiert werden. In der hier gewählten Modellierung wird als zusätzlicher Atomtyp *"technischer Objekttyp"* eingeführt. Er enthält die *typspezifischen
Informationen* der technischen Objekte. So wird für einen technischen Objekttyp
seine Beziehungen zu anderen technischen Objekttypen festgehalten bzw. die Beziehungen zu den objekttypspezifischen Abhängigkeiten dargestellt, also die Beziehungen zwischen dem technischen Objekttyp und den Abhängigkeiten aufgebaut. Da die eingeführten Abhängigkeiten i.allg. typspezifisch sind, aber eine direkte Beziehung zu jeder Ausprägung eines technischen Objektes (gemeint sind
die Ausprägungen in den Atomtypen Fase, Freistich, usw.) wenig sinnvoll ist, wurde dieser Atomtyp eingeführt. Die Abhängigkeiten, die für jedes technische Objekt
unterschiedlich sind, nämlich die ausprägungsspezifischen Aufgabenstellungen,
haben eine direkte Beziehung zu den technischen Objekten. Die hier dargestellte
Modellierungsproblematik ist darin begründet, daß in einem Schema sowohl
ausprägungs- als auch typspezifische Informationen der technischen Objekte zu repräsentieren sind.

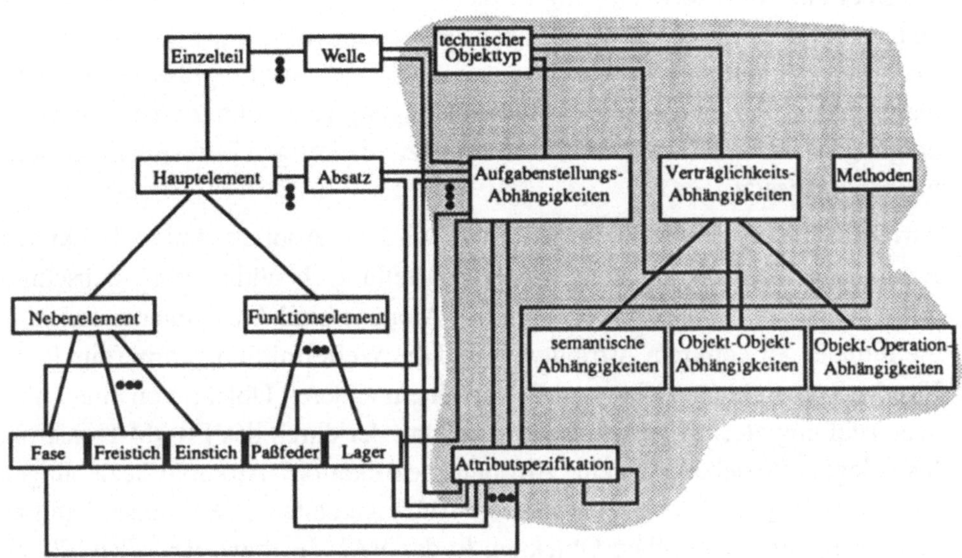

Bild 5.21: MAD-Schema zur Repräsentation der technischen Objekte und der
technisch-funktionalen Abhängigkeiten

Die Struktur des MAD-Schemas zur Repräsentation der Abhängigkeiten orientiert
sich weitgehend an der in Bild 5.7 dargestellten Klassifikation. Die definierten
Atomtypen entsprechen hauptsächlich den Blättern des Klassifikationsbaumes und
haben folgende Bedeutung:

- **Verträglichkeits-Abhängigkeiten**: Über diesen Atomtyp werden alle Verträglichkeitsabhängigkeiten eines Objekttyps zusammengefaßt.

- **semantische Abhängigkeiten**: Hier werden die Eigenschaftsabhängigkeiten
beschrieben.

- **Objekt-Objekt-Abhängigkeiten**: Mit diesem Atomtyp werden die Wechselwirkungsabhängigkeiten zwischen den technischen Objekten beschrieben.
Über die Beziehung zu dem Atomtyp "technischer Objekttyp" werden die technischen Objekttypen erfaßt, zu denen die Wechselwirkungen bestehen.

- **Objekt-Operation-Abhängigkeiten**: Hier werden alle Restriktionen auf den
Operationen des entsprechenden technischen Objekts abgelegt.

- **Aufgabenstellungs-Abhängigkeiten**: Damit werden die Aufgabenstellungs-
Abhängigkeiten dargestellt. Der Atomtyp hat Beziehungen zu dem Atomtyp
"Attribut-Spezifikation", der dann die konkrete Aufgabenspezifikation beinhal-

tet. Über eine weitere Beziehung ist dieser Atomtyp mit dem technischen Objekt verbunden, für das die Aufgabenstellung spezifiziert ist. Dazu muß ein Link-Typ zu allen Atomtypen, die ein technisches Objekt repräsentieren, definiert werden. Für eine konkrete Atomausprägung ist dann nur eine Link-Ausprägung zu einem technischen Objekt gesetzt, die übrigen Link-Ausprägungen bleiben unbesetzt.

- **Attribut-Spezifikation**: Dieser Atomtyp wird zur Abbildung einer konkreten Attributspezifikation in einer Aufgabenstellung benötigt (vgl. Abschnitt 5.2.4.1). In dem *"Attribut-Spezifikation"*-Atomtyp sind Attributname und -typ, die Einheit, der konkrete Attributwert und die Wertermittlungsform (durch das FROM-Konstrukt spezifiziert, z.B. von einem anderen Objekt, von einer Aufgabenstellung etc.) abgelegt. Zur Darstellung der durch das FROM-Konstrukt festgelegten Beziehung hat ein "Attribut-Spezifikation"-Atomtyp Beziehungen zu den Atomtypen "Aufgabenstellungs-Abhängigkeiten", "Methoden" und zu den jeweiligen technischen Objekten. In der VALUE- bzw. RESTRICTION-Klausel einer Attributspezifikation kann in einem Berechnungsausdruck auch auf andere Attributspezifikationen der gleichen Aufgabenstellung Bezug genommen werden. Dies wird über den reflexiven Link auf dem "Attribut-Spezifikation"-Atom repräsentiert. Der Berechnungsausdruck selbst wird als Attribut vom Typ CODE abgelegt.

- **Methoden**: Dieser Atomtyp enthält Verwaltungsinformation für alle einem technischen Objekttyp zugeordneten Berechnungsmethoden, Auswahlmethoden usw. Dabei können die Methoden direkt in einem Attribut vom Typ CODE in der Datenbank abgelegt werden oder das Atom enthält einen Verweis auf die Methode. Des weiteren werden alle Informationen, die für die Datenversorgung der Methoden notwendig sind, in dem Atom abgespeichert.

Überprüfen der technisch-funktionalen Abhängigkeiten in der Abhängigkeiten-Verwaltungskomponente

Das *Überprüfen einer vorgegebenen Abhängigkeit* läßt sich in vier Schritte aufteilen:

- Identifikation und Bereitstellung der Informationen zu einer Abhängigkeit

- Bereitstellung der Entwurfsdaten (dies sind i.allg. Attributwerte der technischen Objekte)

- Anstoßen der eigentlichen Überprüfungsroutine einer Abhängigkeit

• Ergebnisrückmeldung

Ein Überprüfen der technisch-funktionalen Abhängigkeiten erfordert den Zugriff auf die Daten der technischen Objekte. Da die Entwurfsobjekte in dem Systemansatz auf Workstation-Seite in einem Objektpuffer des Client-DBS eingelagert sind, muß bei der Überprüfung der Abhängigkeiten auf die Entwurfsdaten im Objektpuffer zugegriffen werden. Damit ist eine alleinige Ausführung der Abhängigkeiten auf der Server-DBS-Seite ausgeschlossen, da zumindest die Datenversorgung einer Abhängigkeit auf der Client-Seite auszuführen ist.

In Bild 5.22 ist die Einbindung der AVK in den bisher betrachteten Architekturrahmen skizziert. Es ist jeweils ein eigener Objektpuffer für die technischen Objekte und für die Abhängigkeiten angelegt. Das Konstruktionsprogramm (in Bild 5.17 sind dies die Komponenten Baugruppen- und Einzelteilentwurf) manipuliert die technische Objektstruktur über die Operationen der WSDBS-Schnittstelle. Zur Handhabung der Abhängigkeiten werden aus dem Konstruktionsprogramm die Operationen der AVK aktiviert, die zu Beginn dieses Abschnitts vorgestellt wurden. Über spezielle Zugriffsroutinen werden von der AVK die Abhängigkeiten im Objektpuffer verwaltet. Des weiteren sind in der AVK Zugriffsroutinen auf dem Objektpuffer "technische Objektstruktur" enthalten, die die Datenversorgung der Abhängigkeiten ermöglichen.

Für den Zugriff auf den Objektpuffer "technische Objektstruktur" werden den Zugriffsroutinen der AVK der Objekttyp, ein Objektidentifikator sowie der Name des

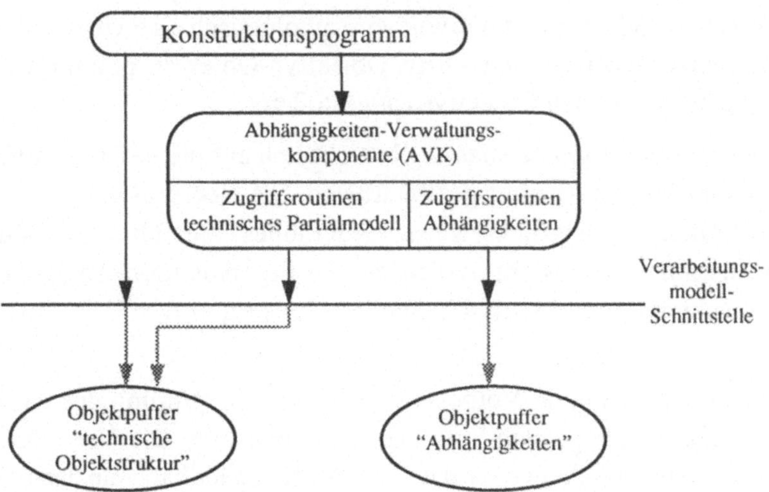

Bild 5.22: Einbindung der AVK in die Systemarchitektur

geforderten Attributs übergeben. Möglicherweise müssen die technischen Objekte erst noch in den Objektpuffer geladen werden. Zur Realisierung der Zugriffsroutinen sind verschiedene Vorgehensweisen denkbar. Ist die Struktur des Objektpuffer "technische Objektstruktur" bekannt, so können die entsprechenden Zugriffsroutinen definiert und in der AVK bereitgestellt werden (dazu müssen beispielsweise Cursor-Strukturen definiert bzw. Cursor-Variablen auf dem Objektpuffer angelegt werden). Dieser Ansatz erfordert jedoch eine Anpassung der Zugriffsroutinen, wenn sich die Struktur des technischen Partialmodells ändert (wenn beispielsweise ein neuer technischer Objekttyp hinzugefügt wird). Eine Alternative besteht darin, daß beim Übersetzen einer Abhängigkeit auch die notwendigen Zugriffsroutinen generiert werden, die ebenfalls in der MAD-Datenbank abzulegen sind. Sie werden dann zum Überprüfungszeitpunkt dynamisch in der AVK dazugebunden und ausgeführt.

Zum *Evaluieren einer Aufgabenstellungs-Abhängigkeit* sind zunächst sämtliche Attributspezifikationen in den Objektpuffer zu laden. Für die Attributspezifikationen, in denen eine VALUE-Klausel definiert ist, müssen die FROM-Konstrukte bzw. die Berechnungsausdrücke ausgewertet werden. Ist über das FROM-Konstrukt eine Methode spezifiziert, so ist die Methode (bzw. die zugehörige Verwaltungsinformation, wie oben beschrieben) ebenfalls in den Objektpuffer zu laden, die Eingabedaten bereitzustellen und die Methode auszuführen. Das Ergebnis wird dann in der Attributspezifikation abgelegt. Ist in der VALUE-Klausel ein Berechnungsausdruck angegeben, so sind auch hier die Eingabeparameter zusammenzustellen. Über eine spezielle EVAL-Prozedur des Datenbanksystems wird dann der Ausdruck berechnet. Mit der Evaluierung wird automatisch eine Überprüfung der Objekttyp-Objektaufgabenstellungs- bzw. Objekttyp-Objektausprägungs-Abhängigkeiten des entsprechenden Objekttyps angestoßen.

Die *Überprüfung einer Aufgabenstellung* bezieht sich auf die gesamte Aufgabenstellung oder auf einzelne Attributspezifikationen. Die Überprüfung von Randbedingungen erfordert ein (möglicherweise wiederholtes) Ausführen der VALUE-Klausel (nur so kann sichergestellt werden, daß das Ergebnis aus den aktuellen Entwurfsdaten resultiert) und ein anschließendes Überprüfen der RESTRICTION-Klausel.

Damit wurde eine prinzipielle Vorgehensweise zur Überprüfung der Abhängigkeiten in dem zugrundeliegenden Systemansatz vorgestellt. Die Verwaltung und Überprüfung der Abhängigkeiten wird von der AVK gehandhabt, die dazu die konkrete Identifikation einer Abhängigkeit benötigt, auf der eine der angebotenen Operationen auszuführen ist.

Anbindung der technisch-funktionalen Abhängigkeiten an den Konstruktionsablauf

Der Konstruktionsablauf beim technischen Modellieren wird über die technischen Operationen vorangetrieben. Bei der Durchführung einer technischen Operation sind eine Reihe von technisch-funktionalen Abhängigkeiten auszuführen bzw. zu überprüfen, die als objekttypspezifische Abhängigkeiten beschrieben sind. Eine technische Operation kann selbst als Methode betrachtet werden. Diese Methode legt den strukturierten Ablauf der Operation und die Aufrufreihenfolge der einbezogenen Methodenabhängigkeiten fest und aktiviert die Überprüfung der relevanten Verträglichkeitsabhängigkeiten. Ein **Konstruktionsablaufprogramm (KAP)**, wie es im folgenden verwendet wird, beinhaltet Methoden für sämtliche technische Operationen, die auf einem bestimmten technischen Objekt in der Entwurfsphase angewendet werden können. Die Einführung der KAPs hat zusätzlich eine klare Strukturierung des Aufbaus eines technischen Modellierungssystems und somit dessen einfache und flexible Erweiterbarkeit bzw. Modifikation zur Folge.

In Bild 5.23 ist ein Architekturvorschlag abgebildet, der die Einbindung der Konstruktionsablaufkomponente sowie der AVK in das TechMo-Systems zeigt. Die **Konstruktionsablaufkomponente** hat die Aufgabe, das zur Ausführung der im Entwurfsvorgang nächsten technischen Operation benötigte KAP sowie die notwendigen Verwaltungsinformationen bereitzustellen, die Aktivierung des KAP anzustoßen und seine Ausführung zu steuern. Über die **Abhängigkeiten-Verwaltungskomponente** werden die technisch-funktionalen Abhängigkeiten in den Operationsablauf integriert. Die **Steuerkomponente** übernimmt die zentrale Kontrolle in dem System. Ein Vergleich zu der TechMo-Architektur in Bild 5.17 zeigt, daß die dort eingeführten Baugruppen- und Einzelteil-Entwurfskomponenten durch die Steuerkomponente sowie die Konstruktionsablauf- und die Abhängigkeiten-Verwaltungskomponente ersetzt worden sind.

Im folgenden wird nun ein *allgemeines Vorgehen zur Durchführung einer technischen Operation* (diese technische Operation ist in einem KAP beschrieben) skizziert und die Einbeziehung der technisch-funktionalen Abhängigkeiten verdeutlicht:

- Aufruf der Konstruktionsablaufkomponente von der Steuerkomponente, der auch die Kontrolle zum weiteren Ablauf übergeben wird. Mit dem Aufruf werden der Name der auszuführenden technischen Operation und des aktuellen technischen Objektes übergeben.

- Bereitstellen der Entwurfsdaten des technischen Objektes durch die Konstruktionsablaufkomponente (in der Regel sind die benötigten Daten bereits im Objektpuffer eingelagert).

- Abhängig von dem technischen Objekt und der auszuführenden Operation sind über die AVK die relevanten Abhängigkeiten (einschließlich der Aufgabenstellung) bereitzustellen.

- Bereitstellen und Aktivieren des KAP, das die technische Operation ausführt. In dem KAP sind ebenfalls vorgegebene Ablaufschritte einzuhalten:

  - Überprüfen der in den Verträglichkeitsabhängigkeiten spezifizierten Beziehungen zwischen dem Objekttyp, dem Objektzustand und der auszuführenden Operation.

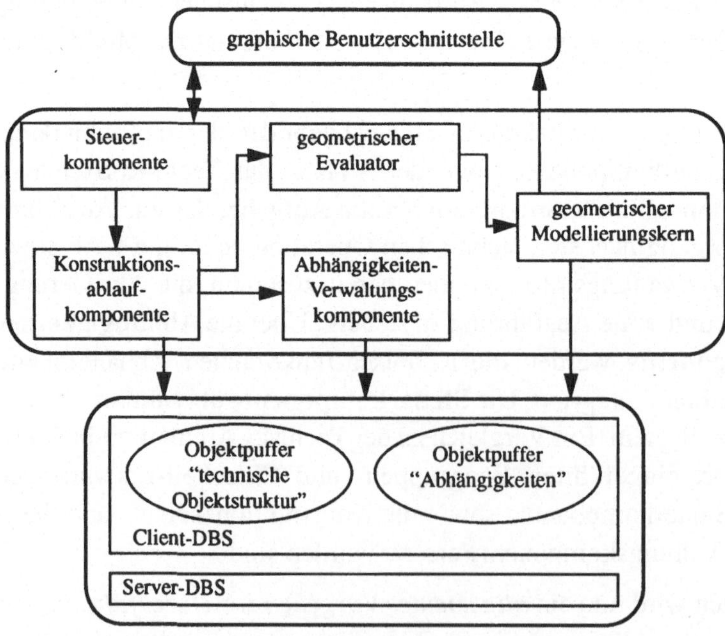

Bild 5.23: Erweiterung der TechMo-Architektur zur Einbeziehung der technisch-funktionalen Abhängigkeiten

- Während des Operationsablaufs werden Methoden-Abhängigkeiten ausgeführt, die das technische Objekt manipulieren. Sind in einer Operation Folgeänderungen an anderen technischen Objekten notwendig, so können zur Durchführung dieser Änderungen weitere KAPs aktiviert werden. Dies soll jedoch hier nicht weiter vertieft werden.

- Bei Änderungen von Attributwerten müssen sowohl die Verträglichkeitsabhängigkeiten als auch die in der Aufgabenstellung spezifizierten Restriktionen auf den Attributen berücksichtigt werden. Das Wissen, wann diese Abhängigkeiten zu überprüfen sind, ist fest in dem KAP abgelegt.

- Beim erfolgreichen Beenden der Operation sind in den Objekttyp-Operation-Abhängigkeiten die Zustandsinformationen zu aktualisieren.

- Rückgabe der Kontrolle an die Konstruktionsablaufkomponente.

• Rückgabe der Kontrolle an die Steuerkomponente.

Damit wurde eine Vorgehensweise zur Einbeziehung der explizit definierten technisch-funktionalen Abhängigkeiten in den Ablauf einer technischen Operation aufgezeigt. Zentrale Idee ist die Spezifikation der technischen Operationen, die für ein technisches Objekt spezifiziert sind, in einem eigenen Konstruktionsablaufprogramm, dessen Aufruf von der Konstruktionsablaufkomponente gesteuert wird.

5.4 Resümee

In diesem Kapitel wurde ein anwendungsorientiertes **technisches Modellierungsverfahren** vorgestellt, das einen Weg zu einer durchgängigen Entwurfsunterstützung und zu einer integrierten Produktdatenverwaltung aufzeigt. Zunächst wurde der Begriff technisches Modellieren näher erläutert und die Folgerungen auf die Gestaltung eines rechnerinternen Produktmodells aufgezeigt. Als zentrale Entwurfsstruktur wurde die technische Objektstruktur aufgebaut, in der die während des Baugruppen- und Einzelteilentwurfs vom Konstrukteur einbezogenen technischen Objekte angeordnet sind.

Ausgehend von einer an den technischen Objekten orientierten Betrachtungsweise des Entwurfsvorganges wurden die **technisch-funktionalen Abhängigkeiten** eingeführt, über die die Beziehungen, Restriktionen und Abhängigkeiten der technischen Objekte in dem Modellierungsansatz berücksichtigt werden. Es wurde eine Klassifikation der Abhängigkeiten hinsichtlich ihrer Aufgabe und ihrer Semantik durchgeführt. Aus dieser Klassifikation konnten vier Gruppen von technisch-funktionalen Abhängigkeiten identifiziert werden:

- Allgemeingültige Abhängigkeiten

- Abhängigkeiten zur Beschreibung einer konkreten Aufgabenstellung eines technischen Objektes

- Verträglichkeitsabhängigkeiten eines technischen Objekttyps (bzw. von dessen Instanzen, also den technischen Objekten) sowie die objekttypspezifischen Methoden

- Partialmodellübergreifende Abhängigkeiten.

Es wurde ein Weg zur expliziten Beschreibung der Abhängigkeiten über die eingeführte Sprache DeDL in einem Modellierungssystem aufgezeigt. Damit sind dem Modellierungssystem die technische Entwurfssemantik explizit bekannt. Dies hat mehrere Konsequenzen:

- Die in den Abhängigkeiten beschriebene *Semantik kann systemseitig verwaltet werden*, d.h., die Überprüfung und Ausführung der Abhängigkeiten wird vom System durch deren dynamisches Einbinden in den Entwurfsablauf gewährleistet.

- Durch die in einer *Aufgabenstellung* spezifizierten Beziehungen, welche die Aufgabenstellung (und damit auch das zugehörige technische Objekt) in Beziehung zu anderen Aufgabenstellungen und technischen Objekten (bzw. auch zu vorgegebenen Katalogen oder Methoden) bringen, werden *die komplexen Zusammenhänge zwischen den technischen (Entwurfs-)Objekten direkt erfaßt*, so daß über die definierten wechselseitigen Abhängigkeiten die Folgen von (Änderungs-) Operationen explizit gemacht werden.

- Die in den Abhängigkeiten beschriebenen Beziehungen zwischen Objekten können dazu genutzt werden, *bei der Ausführung von Operationen auf einem technischen Objekt deren Zulässigkeit zu überprüfen*, in dem für die technischen Objekte in dem aktuellen Entwurfszustand die zulässigen Operationen kontrolliert werden.

- Schließlich ermöglicht die *eigenständige Beschreibung der Abhängigkeiten* einen einfachen *Änderungsdienst bzw. eine Erweiterbarkeit* der definierten Abhängigkeiten.

Im letzten Abschnitt wurde auf die Konzeption und Realisierung eines **DB-gestützten technischen Modellierungssystems** eingegangen. Mit der Basisversion

TechMo sollte die Tauglichkeit des Modellierungsansatzes validiert werden. Hierbei standen insbesondere folgende Kriterien im Blickpunkt:

- Aufbau und Verwaltung eines an der technischen Objektstruktur strukturierten Produktmodells und dessen Modellierung mit dem MAD-Datenmodell.

- Aufzeigen der Durchgängigkeit des Modellierungsansatzes, d.h., daß ausgehend von der Baugruppenstruktur über die Einzelteilmodellierung unter Verwendung von den technischen Objekten und Operationen ein rechnerinternes Entwurfsobjekt-Modell aufgebaut wird, aus dem sich die geometrische Repräsentation eines Entwurfsobjekts ableiten läßt.

- Validierung der Eignung eines strukturell-objektorientierten Datenmodells sowie eines objektpufferbasierten Verarbeitungsmodells für das Datenmanagement in diesem technischen Anwendungsbereich.

  Hier hat sich gezeigt, daß das WSDBS mit MAD-Datenmodell weitgehend eine geeignete Grundlage bereitstellt. Als Nachteil hat sich jedoch das Fehlen einer Generalisierungsbeziehung bemerkbar gemacht, was dazu führte, daß diese Beziehung in der Anwendung nachgebildet werden mußte. Ein weiteres Modellierungsproblem ergibt sich aus der Forderung, in einem DB-Schema sowohl Typ- als auch Ausprägungsinformation zu den technischen Objekten ablegen zu müssen. So sind beispielsweise die Veträglichkeitsabhängigkeiten einem technischen Objekttyp zugeordnet, ihre Überprüfung muß aber in den konkreten technischen Objekten erfolgen. Auch diese Problematik könnte über die Einführung einer Generalisierungsbeziehung gelöst werden.

Es bleibt zu prüfen, wie die Einbindung weiterer Entwicklungsphasen und damit die Integration weiterer Partialmodelle realisiert werden kann. Es wurden dazu bereits Überlegungen vorgenommen, wie Aspekte der Arbeitsplanung an den technischen Modellierungsansatz angeschlossen werden können, um somit einen Schritt in Richtung CAD/CAP-Integration zu unternehmen /HPS90/.

6 Modellierung von Entwurfsumgebungen und deren Abbildung in ein DB-integriertes Ingenieursystem

Im letzten Kapitel wurde der technische Modellierungsansatz vorgestellt, der bei der Konstruktion eines mechanischen Entwurfsobjektes die technische Objektstruktur in den Vordergrund stellt und damit eine integrierte Betrachtungsweise auf dem Entwurfsobjekt ermöglicht. Neben den direkten Entwurfsdaten wird beim technischen Modellieren auch das ablaufinhärente Anwendungswissen in Form der technisch-funktionalen Abhängigkeiten berücksichtigt. Damit wurde ein Modellierungsverfahren vorgestellt, das bezogen auf den Bereich der mechanischen Konstruktion eine geeignete Grundlage für eine weiterführende durchgängige Systemunterstützung im gesamten Entwicklungs- und Fertigungsprozeß bereitstellt.

In diesem Kapitel wird auf Konzepte zur Entwicklung von **integrierten Ingenieursystemen** eingegangen /HRS91, Su92/, deren primäre Zielstellung in einer für den Entwerfer *durchgängigen Unterstützung des gesamten Entwurfsvorgangs* besteht. Voraussetzung zur Erfüllung dieser Aufgabe ist neben der Bereitstellung eines integrierten Produktmodells der Entwurfsobjekte eine systemseitige Erfassung der gesamten Entwurfsumgebung. Dies fordert den Aufbau eines **rechnergestützten Entwurfsumgebungsmodells** (RIEM), in dem alle relevanten Elemente der Umgebung berücksichtigt und deren wechselseitigen Beziehungen reflektiert sind.

Es ist Ziel dieses Kapitels, ausgehend von den beiden betrachteten Entwurfsbereichen die allgemeinen Strukturen eines Entwurfsumgebungsmodells aufzuzeigen. Wie bereits in Abschnitt 2.2.4 deutlich wurde, ist die Konzeption und Entwicklung von Entwurfssystemen ein sehr komplexes und umfangreiches Vorhaben, so daß hier kein detailliertes Entwurfsumgebungsmodell aufgestellt werden kann.

Zunächst werden die verschiedenen Elemente einer Entwurfsumgebung herausgearbeitet und deren Zusammenwirken verdeutlicht. Hierzu werden verschiedene **Teilmodelle** zur Repräsentation der Entwurfsumgebung unterschieden. Eine solche Unterteilung ist bislang in den Modellierungsansätzen vor allem im mechanischen Entwurfsbereich zu wenig deutlich geworden, was häufig zu einer Durchmischung der verschiedenen Modellelemente führte. Schließlich wird aus der

Modelldiskussion eine **Systemarchitektur** abgeleitet, die den Weg der datenorientierten Integration der gesamten Entwurfsumgebung auf der Grundlage eines strukturell-objektorientierten DBS verfolgt.

In Abschnitt 6.1 wird zunächst eine Aufgliederung eines Entwurfsumgebungsmodells in eine Reihe von Teilmodellen vorgestellt und deren Beziehungen untereinander erläutert. Der prinzipielle Aufbau eines anwendungsunabhängigen, rechnergestützten Entwurfsumgebungsmodells wird in Abschnitt 6.2 beschrieben. Die entwickelte Modellvorstellung beinhaltet die wesentlichen Grundelemente einer Entwurfsumgebung und erfaßt das Zusammenwirken zwischen den verschiedenen Elementen einer Entwurfsumgebung in einer von Einzelheiten abstrahierten Betrachtungsweise. Es wird in erster Linie auf Modellierungsaspekte der Entwurfsobjekte und des gesamten Entwurfsprozesses eingegangen. Dabei wird deutlich, daß die im letzten Kapitel durch den technischen Modellierungsvorgang bedingte Entwurfsvorgehensweise im Entwurfsumgebungsmodell in verallgemeinerter Form wiederzufinden ist. Der letzte Abschnitt beschäftigt sich mit der Systemarchitektur und allgemeinen Abbildungsfragen eines integrierten Ingenieursystems sowie der Realisierung eines Prototypen für ein DB-integriertes Ingenieursystem.

6.1 Struktureller Aufbau eines Modells zur Beschreibung von Entwurfsumgebungen

In Abschnitt 2.1 wurde die Entwurfsvorgehensweise in zwei **Entwurfsbereichen** (mechanische Konstruktion und VLSI-Entwurf) vorgestellt. Hierbei wurden Entwurfsprinzipien offengelegt, die in beiden Entwurfsbereichen in gleicher (oder zumindest ähnlicher) Form wiederzufinden sind. Der hier vorgestellte Modellansatz zur Repräsentation einer Entwurfsumgebung unterscheidet daher zwischen einem *entwurfsbereich-unabhängigen Entwurfsumgebungsmodell*, im folgenden auch **Strukturmodell** genannt, das eine allgemein (also für verschiedene Entwurfsbereiche) verwendbare Basis darstellt, und von dem schließlich die anwendungsspezifischen **Bereichsmodelle** zur Darstellung einer konkreten Entwurfsumgebung (in einem Entwurfsbereich) durch eine Konkretisierung bzw. "Instanziierung" abgeleitet werden. Dieser zweistufige Modellaufbau ist die Folge einer abstrakteren Sichtweise in dem Strukturmodell, was u.a. dazu führt, daß im Strukturmodell die (noch immer sehr komplexen) Zusammenhänge zwischen den Modellkomponenten transparenter werden, und daher verständlicher beschrieben werden können.

Aufgliederung des Entwurfsumgebungsmodells in Teilmodelle

Ausgehend von den Untersuchungen der beiden angesprochenen Bereiche lassen sich im Entwurfsumgebungsmodell *sechs wichtige Teilmodelle* unterscheiden:

- **Entwurfsobjekt-Modell**

  Im Entwurfsobjekt-Modell werden die Entwurfsobjekte repräsentiert, d.h., es bildet das an früherer Stelle eingeführte Produktmodell (bzw. rechnerinternen Produktmodell) eines Entwurfsobjektes ab. In dem hier vorgestellten Modellansatz wird jedoch von einer detaillierten Repräsentation der primären Entwurfsdaten, wie dies im Produktmodell der Fall ist, abstrahiert. Dies ist auf der gewählten anwendungsunabhängigen Modellebene auch gar nicht möglich, sondern ist Teil der Aufgabe, die bei der "Instanziierung" eines Bereichsmodells durchzuführen ist. In dem Modell sind sowohl die primären Entwurfsdaten eines Entwurfsobjektes als auch die strukturellen Metadaten eines Entwurfsobjektes zu erfassen, die zu einer Strukturierung bzw. Aufteilung der primären Entwurfsdaten führen (z.B. die Strukturierung der Entwurfsdaten in Partialmodelle) oder die aufgrund der verschiedenen Entwurfsprinzipien im Entwurfsablauf (z.B. Versionen, Konfigurationen) zusätzliche Strukturen auf den Entwurfsobjekten festlegen.

- **Entwurfsphasen-Modell**

  Das Entwurfsphasen-Modell übernimmt die Aufgabe, Entwurfsphasen, Entwurfsabläufe bzw. Entwurfsmethodiken zu beschreiben. Zunächst sind die Entwurfsphasen, in die der Gesamtentwurf unterteilt ist, zu identifizieren und deren Abfolge zu spezifizieren. Innerhalb einer Entwurfsphase können ebenfalls feste Ablaufstrukturen identifiziert werden, die abhängig von der konkreten Entwurfsaufgabe (also dem zu erstellenden Entwurfsobjekt) die durchzuführenden Teilschritte und deren Abfolge definieren. Zur Verdeutlichung ist in Bild 6.1 ein vereinfachtes Entwurfsphasen-Modell abgebildet. Ein simples Beispiel aus dem Bereich der mechanischen Konstruktion zeigt, wie ein spezielles Bereichsmodell für dieses Teilmodell aussehen könnte.

- **Entwurfswerkzeug-Modell**

  In dem Entwurfswerkzeug-Modell sind sämtliche rechnergestützten Werkzeuge der Entwurfsumgebung zu spezifizieren. Für jedes Werkzeug sind u.a. die Art der Werkzeug-Integration (White-Box- oder Black-Box-Integration, vgl. Abschnitt 2.2.4), die konkrete Ablaufumgebung (Hardware- und Software-Umgebung,

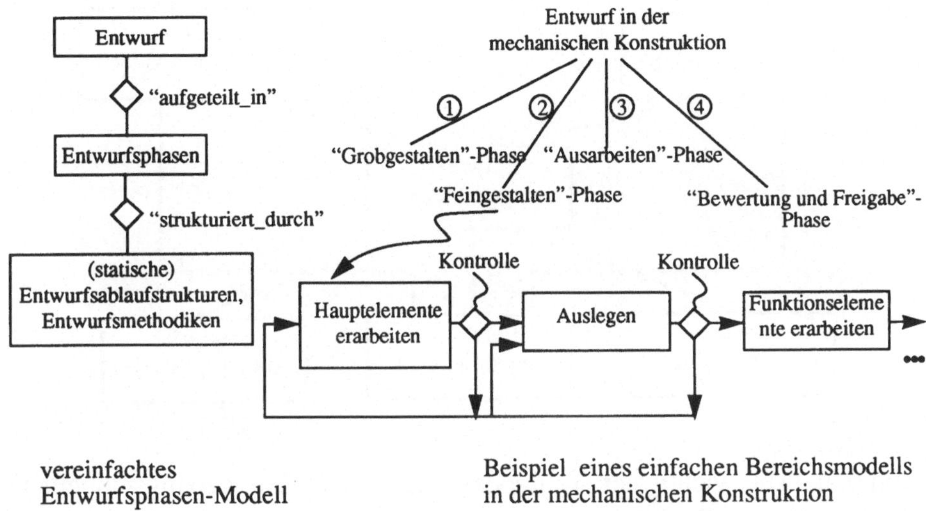

Bild 6.1: Das Entwurfsphasen-Modell und ein Beispiel, das einen Ausschnitt
der Entwurfsphasen in der mechanischen Konstruktion zeigt

Aufrufaktivierung usw.) und die Datenversorgung (Ein- und Ausgabedaten sowie deren Datenrepräsentation) anzugeben.

- **Entwurfssubjekt-Modell**

Dieses Modell umfaßt die Personen (Ingenieure, Konstrukteure, Arbeitsplaner
etc.), die für die Entwurfsumgebung von Interesse sind. Im allgemeinen werden
an einem komplexen Entwurfsvorgang mehrere Personen beteiligt sein, deren
Entwurfsarbeiten zu koordinieren sind. Des weiteren werden alle betrieblichen
Organisationsstrukturen, die Einfluß auf die Entwurfsumgebung haben können,
berücksichtigt. Das heißt, in diesem Modell werden daher auch die betrieblichen Organisationsformen (Abteilungen, Betriebsbereiche usw.), deren strukturellen Beziehungen untereinander sowie die Zuordnung der Personen zu den
aufgeführten Organisationseinheiten ebenfalls repräsentiert (vgl. /Sche90b/).

Mit den bisher eingeführten vier Teilmodellen werden die verschiedenen Elemente modelliert, die eine umfassende Beschreibung einer Entwurfsumgebung
ermöglichen. Mit diesen Teilmodellen ist es jedoch bislang nicht möglich, den
konkreten Prozeß eines Entwurfsvorgangs systemseitig abzubilden (Das Entwurfsphasen-Modell beinhaltet Entwurfsmethodiken, die eine Vorgabe für den
Ablauf des Entwurfsprozesses darstellen!). Zur Darstellung des dynamisch ab-

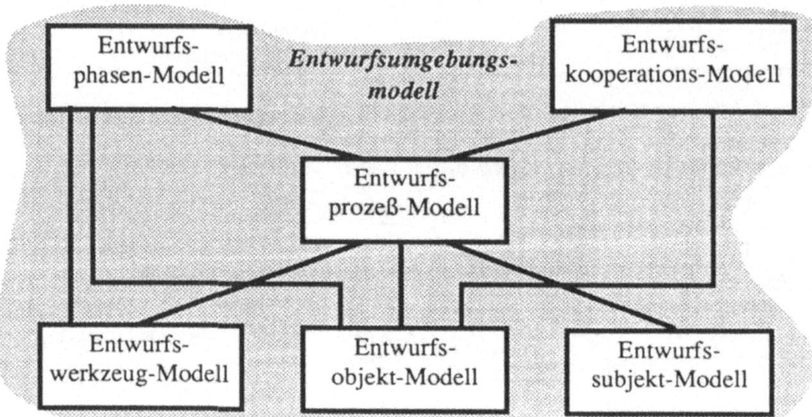

Bild 6.2:   Die wichtigsten Teilmodelle des Entwurfsumgebungsmodells und
            deren Beziehungen

laufenden Entwurfsprozesses werden zwei weitere Teilmodelle eingeführt, das
Entwurfsprozeß- und das Entwurfskooperations-Modell.

- **Entwurfsprozeß-Modell**

  In einem rechnergestützten Modell einer Entwurfsumgebung ist eine möglichst
  vollständige Erfassung des Entwurfsprozesses, also des dynamischen Entwurfsvorgangs, zu berücksichtigen /Di88, Ph89/. Das Entwurfsprozeß-Modell
  stellt dazu Ablaufeinheiten bereit, die eine Abbildung des dynamischen Entwurfsprozesses sicherstellen. Damit lassen sich die in betrieblichen Abläufen
  vorzufindenden Auftragsstrukturen und deren Bearbeitung durch die beteiligten Ingenieure modellieren. Durch die Beziehungen zu den übrigen Teilmodellen (vgl. Bild 6.2) werden den Ablaufeinheiten die assoziierten Entwurfsobjekte, Entwurfswerkzeuge, Entwurfsmethodiken und Entwerfer zugeordnet.

- **Entwurfskooperations-Modell**

  Die Erledigung einer komplexen Entwurfsaufgabe wird i.allg. von mehreren
  Entwerfern (in einer oder verschiedenen betrieblichen Organisationseinheiten)
  durchgeführt. Jeder Entwerfer hat eine oder mehrere Teilaufgaben auszuführen.
  Alle Teilaufgaben sind durch ein übergeordnetes gemeinsames Ziel verbunden,
  nämlich das Erfüllen der gesamten komplexen Entwurfsaufgabe. Um dieses
  Ziel zu erreichen, müssen die Entwerfer zusammenarbeiten /EGPR89, Ge90/.
  Es ist Aufgabe des Entwurfskooperations-Modells, eine geeignete Grundlage
  zur Verfügung zu stellen, die eine *"kooperative Arbeitsweise"* zwischen den

Entwerfern ermöglicht. Damit erfaßt und kontrolliert das Entwurfskooperations-Modell die Wechselwirkungen im dynamischen Entwurfsprozeß

6.2 Prinzipien beim Aufbau eines rechnergestützten Entwurfsumgebungsmodells

In diesem Abschnitt werden nun Überlegungen zum Aufbau eines rechnergestützten Entwurfsumgebungsmodells vorgestellt. Die Ausführungen beschränken sich zunächst auf die wichtigsten Teilmodelle, das Entwurfsobjekt-Modell und das Entwurfsprozeß-Modell zusammen mit dem Entwurfskooperations-Modell, die im wesentlichen für die geforderte Realisierung einer datenorientierten, durchgängigen Entwurfsunterstützung verantwortlich sind. Im folgenden werden die Informationsstrukturen zur Repräsentation einer Entwurfsumgebung sukzessive eingeführt. Damit werden auf dem gewählten Abstraktionsniveau die relevanten Modellelemente und deren wechselseitigen Beziehungen modelliert. Zur Darstellung des Entwurfsumgebungsmodells wird eine Entity/Relationship-Diagramm-ähnliche Notation verwendet. Für eine geeignete Repräsentation des Entwurfsumgebungsmodells ist eine Erweiterung des Entity/Relationship-Modells zur Darstellung von Versionen notwendig. Dazu werden versionierte Entity-Typen eingeführt. Von einer Entity-Ausprägung eines versionierten Entity-Typs können beliebig viele Versionen existieren.

Zur Darstellung von versionierten Entity-Typen wird eine eigene Symbolik eingeführt; sie werden durch eine zusätzliche Ellipse in dem Rechteck, das einen versionierten Entity-Typ repräsentiert, dargestellt. Die Einführung von versionierten Entity-Typen hat natürlich auch Auswirkungen auf die Relationships zwischen den Entity-Typen. Sie können bei versionierten Entity-Typen auf dem gesamten Entity-Typ oder den Versionen des Entity-Typs definiert sein. In Bild 6.3 sind drei Relationships zwischen versionierten Entity-Typen dargestellt. Zunächst ist eine Relationship zwischen den Versionen zweier versionierter Entity-Typen dargestellt. Damit wird auf Ausprägungsebene eine Relationship zwischen den Versionen der beiden Entities definiert. Im zweiten Fall ist die Relationship zwischen einem versionierten Entity-Typen und den Versionen eines zweiten Entity-Typs spezifiziert, was für die Beziehungen zwischen den Entity-Ausprägungen bedeutet, daß Versionen der Ausprägungen des zweiten Entity-Typs mit den Entity-Ausprägungen des ersten Entity-Typs (und nicht mit bestimmten Versionen davon) verbunden werden. Die Relationship im dritten Fall ist zwischen zwei versionierten

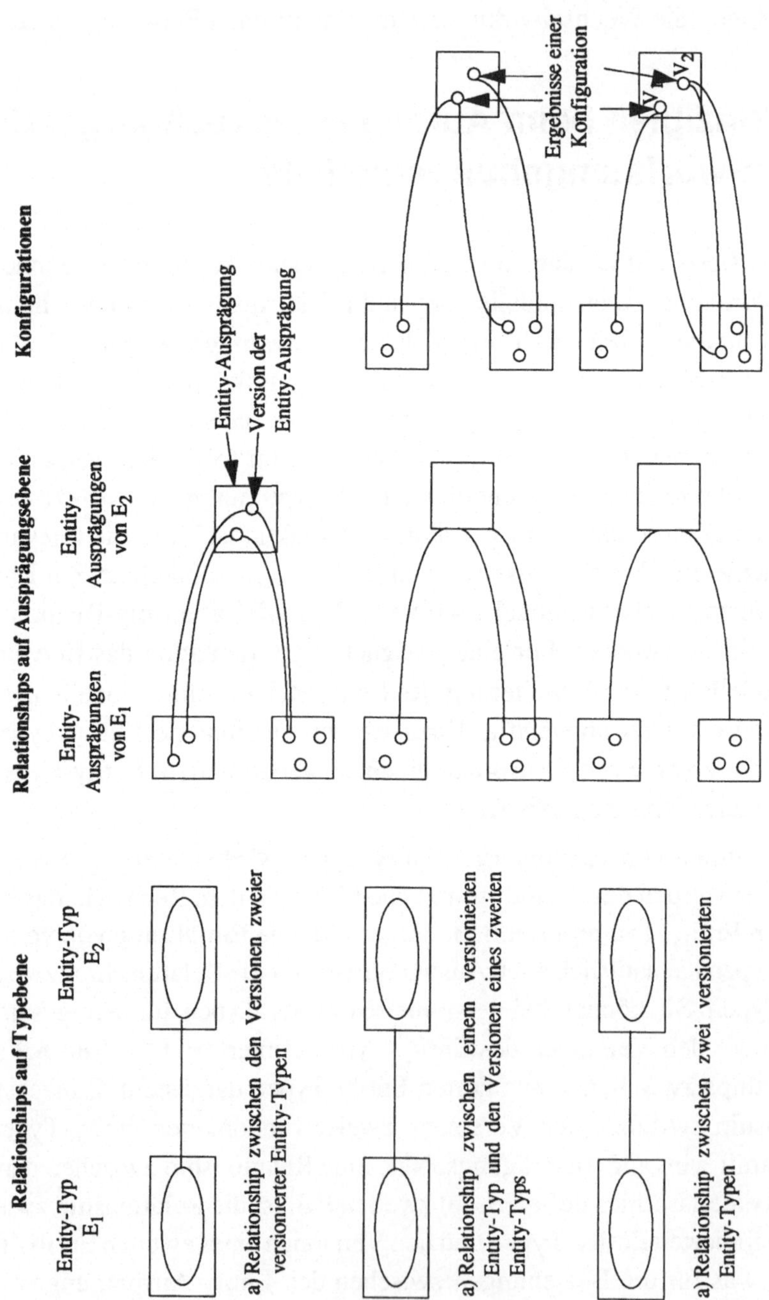

Bild 6.3:   Modellierung von versionierten Entity-Typen und Relationships

Entity-Typen definiert, also sind auch die Ausprägungen der Relationship zwischen Entity-Ausprägungen aufgebaut.

Die Festlegung einer Relationship auf versionierten Entity-Typen und nicht auf deren Versionen kann verschiedene Gründe haben:

- Möglicherweise ist eine Festlegung der Beziehung auf den Versionen nicht sinnvoll, weil die Beziehung eine (versionsunabhängige) Eigenschaft des Entity-Typs beschreibt.

- Die Beziehung wird (zu einem späteren Zeitpunkt) auf Beziehungen zwischen den Versionen der Entity-Ausprägungen "übertragen". Dabei werden "passende" Versionen in Beziehung gesetzt. Damit wird eine Konfiguration auf den Entity-Ausprägungen zusammengestellt (vgl. Bild 6.3).

6.2.1 Das Entwurfsobjekt-Modell

Zunächst soll im Rahmen des Entwurfsumgebungsmodells eine anwendungsunabhängige Modellierung der Entwurfsobjekte (im folgenden auch **Design Object** oder **DO** genannt) vorgestellt werden. In dem aufgebauten anwendungsneutralen Entwurfsobjekt-Modell werden alle wesentlichen (strukturellen) Eigenschaften eines Entwurfsobjektes berücksichtigt, die aus den verschiedenen Entwurfsprinzipien (vgl. Abschnitt 2.1.3) resultieren und die für das Zusammenwirken mit den übrigen Teilmodellen von Interesse sind.

Strukturierung der Entwurfsobjekte

Für ein Entwurfsobjekt ist eine interne und eine externe Struktur zu unterscheiden. Die **interne Struktur** eines Entwurfsobjektes ergibt sich aus einer Unterteilung der Eigenschaften eines Entwurfsobjektes in die verschiedenen Partialmodelle (z.B. das geometrische, technische oder technologische Partialmodell in der mechanischen Konstruktion). Innerhalb eines Partialmodells sind weitere strukturelle Unterteilungen möglich. Beispielsweise können im geometrischen Partialmodell eines mechanischen Entwurfsobjektes verschiedene geometrische Repräsentationsformen (CSG, BREP usw.) unterschieden werden. Diese i.allg. immer noch sehr komplexen Entwurfsdaten werden im folgenden als **Partialdaten** bezeichnet. Die **externe Struktur** ist durch die hierarchische Zerlegung komplexer Entwurfsobjekte innerhalb des Entwurfsvorgangs in Teil-Entwurfsobjekte (**Sub-DO**) und deren Beziehungen untereinander festgelegt. Dies wird in Bild 6.4 verdeutlicht, in dem die Struktur eines Entwurfsobjektes und die Konkretisierung der Entwurfsobjektstruktur an einem Beispiel aus dem Bereich der mechanischen Konstruktion dargestellt sind.

In dem Entwurfsumgebungsmodell (Bild 6.4b) werden für die Entwurfsobjekte zwei Entity-Typen eingeführt. Der Entity-Typ *DO* repräsentiert ein "vollständiges" Entwurfsobjekt. Die externe hierarchische Entwurfsobjektstruktur ist über die *ist_aufgebaut_aus*- bzw. *ist_Teil_von*-Beziehung spezifiziert. Der Entity-Typ *Partial_DO* dient zur Beschreibung der Partialdaten in den Partialmodellen bzw. in den weiteren Substrukturen (über die 1:n-Beziehung auf dem Entity-Typen *Partial_DO* dargestellt). Ein *Partial_DO*-Entity repräsentiert i.allg. eine sehr komp-

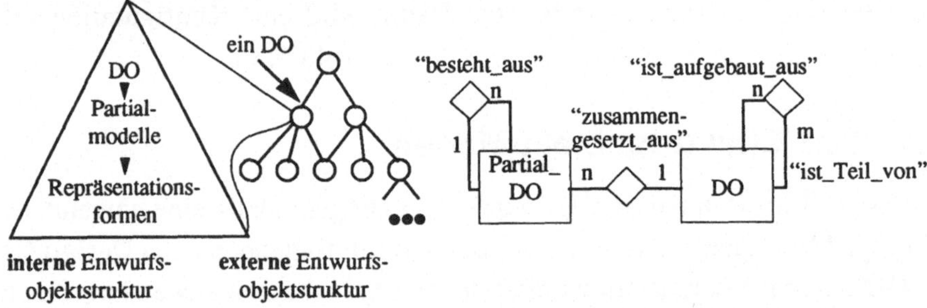

a) externe und interne Entwurfsobjektstruktur

b) abstrahierte Informationsstruktur zur Darstellung der externen und internen Entwurfsobjektstruktur

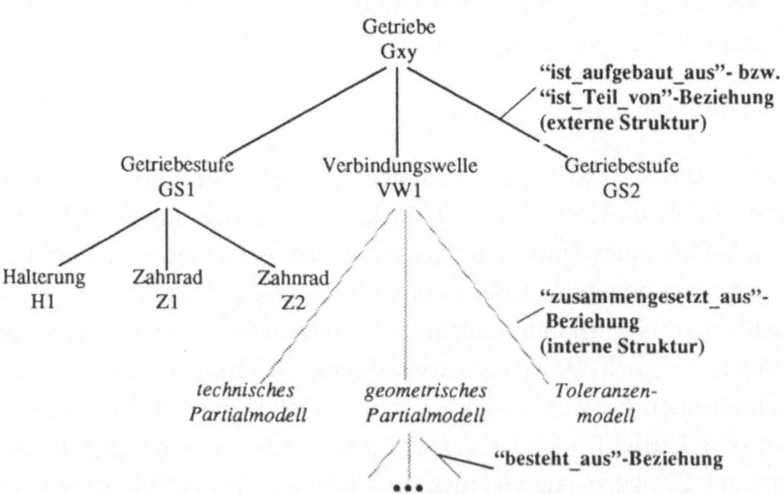

c) Beispiel für eine konkrete Entwurfsobjektstruktur in einem mechanischen Entwurfsbereich

Bild 6.4:   Das Entwurfsobjekt-Modell und ein Beispiel aus dem mechanischen Entwurfsbereich

lexe Datenstruktur, die jedoch im Rahmen dieser Modellüberlegungen nicht weiter berücksichtigt werden. Jedem *DO*-Entity sind mehrere *Partial_DO*-Entities über die *zusammengesetzt_aus*-Beziehung zugeordnet. Damit wird die interne Struktur der Entwurfsobjekte dargestellt.

In dem hier vorgestellten Modellansatz werden die primären Entwurfsdaten und die Entwurfsmetadaten der Entwurfsobjekte in einem Teilmodell dargestellt. Eine weitere Strukturierung der primären Entwurfsdaten geschieht über die eingeführten Partialmodelle. Eine vollständige Beschreibung eines Entwurfsobjektes setzt sich aus verschiedenen Teilinformationen zusammen:

- In den *Partial_DO*-Entities sind die primären Entwurfsdaten der Entwurfsobjekte repräsentiert.

- Durch die *ist_aufgebaut_aus*-Beziehung ist die Zusammensetzung eines Entwurfsobjektes aus den anderen Entwurfsobjekten abgebildet.

- Die Informationen in den Sub-DOs (über die *ist_aufgebaut_aus*-Beziehung spezifiziert) ist Teil der Beschreibung eines Entwurfsobjektes DO. Somit besitzen nur die Entwurfsobjekte in den Blättern der externen Entwurfsobjektstruktur eine zusammenhängende Beschreibung des jeweils assoziierten Entwurfsobjektes, während die Beschreibung der weiteren Entwurfsobjekte über die jeweilige Teil-Entwurfsobjektstruktur zusammenzusetzen ist.

Beschreibung der Korrektheit eines Entwurfsobjektes über Features

Für ein Entwurfsobjekt sind nicht allein die primären Entwurfsdaten im Entwurfsprozeß von Interesse. Ein ebenso hoher Stellenwert ist der Konsistenz und der Korrektheit der Entwurfsdaten während und am Ende des Entwurfsprozesses beizumessen. Hier lassen sich drei Anforderungsgruppen festlegen, die Einfluß auf eine Bewertung der Konsistenz und Korrektheit eines Entwurfsobjektes nehmen:

- **Spezifikation** einer Aufgabenstellung

  Die Zerlegung von Entwurfsobjekten in Sub-Entwurfsobjekte bei der Top-Down-Entwurfsvorgehensweise ist immer mit der Spezifikation einer Aufgabenstellung für die Sub-Entwurfsobjekte verbunden. Diese Aufgabenstellung setzt sich aus Forderungen an die Eigenschaften des Entwurfsobjektes und aus Umgebungsrestriktionen, die das "Umfeld" eines Entwurfsobjektes betreffen, zusammen (im technischen Modellierungsvorgang wurde die Aufgabenstellung in Form von technisch-funktionalen Abhängigkeiten angegeben, vgl. Kapitel 5).

- **Allgemeine Konsistenzbedingungen** auf einem Entwurfsobjekt

  Für ein Entwurfsobjekt sind allgemeine Konsistenzbedingungen zu beachten, die dieses unabhängig von einer konkreten Aufgabenstellung zu erfüllen hat (vgl. hierzu die Verträglichkeitsabhängigkeiten in Abschnitt 5.2). Des weiteren werden im Entwurfsprozeß für ein Entwurfsobjekt i.allg. explizite "Qualitätsstufen" eingeführt, etwa in Form von Freigabemitteilungen. So wird beispielsweise in der mechanischen Konstruktion eine technische Zeichnung mit der Unterschrift des verantwortlichen Konstrukteurs versehen, womit verbunden ist, daß die technische Zeichnung als "sichere" Grundlage für die nächsten Entwicklungsschritte freigegeben ist.

- **Zustandsinformationen** über den *Stand und Ablauf des Entwurfsprozesses* auf einem Entwurfsobjekt

  Hier werden alle Kriterien zusammengefaßt, die den Zustand eines Entwurfsobjektes bzw. den zugehörigen Entwurfsprozeß charakterisieren. Beispielsweise kann die Bedingung spezifiziert sein, daß für ein Entwurfsobjekt ein vorgegebener Validierungstest erfolgreich (bzw. in definierten Toleranzgrenzen) durchgeführt werden muß. Ebenso sind Bedingungen dazuzuzählen, die sich auf den aktuellen Stand des Entwurfsprozesses beziehen (z.B. daß der Entwurfszustand "Baugruppenstruktur erstellt" erreicht wurde).

Die hier aufgezählten Anforderungen werden im folgenden als **Features** bezeichnet. Features sind also eine allgemeine Beschreibung von Anforderungen an ein Entwurfsobjekt. Die Menge sämtlicher Features, die von einem Entwurfsobjekt DO zu erfüllen sind, wird als **Soll-Feature-Menge** bezeichnet. Die Menge der Features, die von einem bislang erstellten Entwurfsobjekt bereits erfüllt werden, wird im folgenden als **Ist-Feature-Menge** bezeichnet. Der Begriff Feature wird hier also im Sinne einer allgemeinen Spezifikation an ein Entwurfsobjekt verwendet. Die in Abschnitt 2.2.2.1 erwähnte Feature-Modellierung dagegen benutzt den Feature-Begriff (Form-Feature, Material-Feature etc.) zur Beschreibung bestimmter Eigenschaften eines definierten Bereichs eines Entwurfsobjektes, so daß die Semantik der beiden Begriffe nicht miteinander zu vergleichen ist. Features sind ein allgemeineres Beschreibungsmittel als die im letzten Kapitel eingeführten technisch-funktionalen Abhängigkeiten, die dort speziell für den technischen Modellierungsvorgang herausgearbeitet wurden. Sie sind somit für eine entwurfsbereichunabhängige Formulierung der Entwurfsobjekt-Anforderungen geeignet. Auf eine weitere Unterteilung der Features (etwa in unbedingt zu erfüllende Features, optionale Features etc.) oder eine Klassifikation der Features, wie dies in Abschnitt

5.2 für die technisch-funktionalen Abhängigkeiten vorgenommen wurde, wird im Rahmen des hier unterbreiteten Entwurfsmodells verzichtet.

Die Spezifikation eines Features besteht aus vier Teilen: einem Prädikatenausdruck, den Entwurfsdaten, der Wertespezifikation und einer Berechnungsfunktion zur Bestimmung der Entwurfsdaten. Die durch ein Feature spezifizierte Anforderung an ein Entwurfsobjekt wird in dem hier beschriebenen Modell durch ein *Prädikat* definiert. Wird das Prädikat zu wahr ausgewertet, so ist das Feature erfüllt und das Feature wird in die Ist-Feature-Menge des Entwurfsobjektes aufgenommen. Das Prädikat ist durch einen *Prädikatenausdruck* definiert, in den zum einen Eigenschaften des Entwurfsobjektes DO in Form von *Daten* D und zum anderen eine *Wertespezifikation* W auf den Daten D eingehen (vgl. Bild 6.5). Ein Feature muß des weiteren eine *Berechnungsfunktion* BF bereitstellen, die die Bestimmung der Daten D aus dem Entwurfsobjekt DO durchführt. Die Berechnungsfunktion kann eine einfache Selektionsfunktion sein, die den Wert einer bestimmten Objekteigenschaft (also einen Attributwert) aus DO selektiert. Sie kann aber auch ein sehr komplexes Verfahren beinhalten. In Bild 6.5 ist die Eigenschaft "zulässiger Temperaturbereich" für ein Entwurfsobjekt DO aufgeführt, für die es in DO kein Attribut gibt, d.h., die Eigenschaft "zulässiger Temperaturbereich" muß über eine Berechnungsfunktion BF aus den Entwurfsdaten von DO bestimmt werden.

Die Spezifikation eines Features umfaßt damit folgende Punkte:

1. Definition eines **Prädikates P (D, W)**, in dem
2. **W** die **Wertespezifikation** angibt, die über das Prädikat die erlaubten Werte auf den
3. **Daten D** angeben. Die Daten D werden über eine
4. **Berechnungsfunktion BF** aus dem Entwurfsobjekt DO bestimmt:
    BF(DO) = D.

In Bild 6.5 sind beispielhaft drei Features aufgeführt. Im ersten Beispiel wird eine Forderung an DO spezifiziert, wonach die Taktrate höher als 10 Mhz sein muß. Die Berechnungsfunktion ist hier eine einfache Selektionsoperation, die in einer SQL-ähnlichen Sprache beschrieben ist. Im zweiten Beispiel wird über eine Umgebungsrestriktion der zulässige Temperaturbereich festgelegt, in dem das Entwurfsobjekt einsatzbereit sein muß. Da diese Eigenschaft nicht direkt in DO abgespeichert ist, werden in der zugehörigen Berechnungsfunktion zunächst die Eingabewerte für die Methode "Temperaturprogramm" von dem Entwurfsobjekt DO selektiert und anschließend wird die Methode ausgeführt, die als Ergebnis den zu-

Prädikatenausdruck	Daten D	Werte-spezifikation W	Berechnungsfunktion BF
P(Taktrate,10MHz)= Taktrate>10MHz	Taktrate	10 MHz	(*Taktrate ist als Attribut von DO abgespeichert*) SELECT DO.Taktrate FROM DO WHERE DO.Id=$current_DO
P(zulässiger Temperaturbereich, 280°K, 320°K)= 280°K< zulässiger Temperaturbereich <320°K	zulässiger Temperaturbereich	280°K,320°K	(*Temperatur nicht als Attribut in DO abgelegt*) SELECT {some_attributes} FROM DO WHERE DO.Id=$current_DO Methode: Temperaturprogramm Eingabe: {some_attributes} Ausgabe: **zulässiger Temperaturbereich**
P(Freigabe)= Freigabe="ja"	Freigabe durch Ingenieur Datum		(*wird von dem verantwortlichen Konstrukteur durchgeführt*) **Freigabe:="ja"** **Ingenieur:="Maier"** **Datum:="30/01/92"**

Bild 6.5:   Drei Beispiele für die Spezifikation eines Features

lässigen Temperaturbereich, der für DO gilt, berechnet. Mit dem dritten Feature
wird eine Zustandsinformation, nämlich ob das Entwurfsobjekt freigegeben wurde, spezifiziert. Hier wird die Berechnungsfunktion dazu benutzt, die Daten "Freigabe", "Ingenieur" und "Datum" zu setzen. Eine anschließende Auswertung des
Prädikates liefert dann den Wert wahr.

Die Auswertung eines Features erfolgt also in zwei Schritten: Zunächst ist die *Berechnungsfunktion auszuführen* und anschließend ist das *Prädikat auszuwerten.*
Wie das letzte Beispiel in Bild 6.5 gezeigt hat, müssen bzw. können die beiden Aus-
wertungsschritte nicht immer hintereinander ausgeführt werden. Für den Zeitpunkt
zur Ausführung einer Berechnungsfunktion können beispielsweise der Auswerte-
zeitpunkt des zugehörenden Prädikates, ein explizit vom Anwender festgelegter
Zeitpunkt (z.B. Durchführung der Freigabe) oder ein durch den Entwurfsprozeß
vorgegebener Zeitpunkt (z.B. "Baugruppenstruktur erstellt" wird nach der Durchführung des damit assoziierten Entwurfsschrittes auf "wahr" gesetzt) unterschieden werden. Das Prädikat eines Features ist dann auszuwerten, wenn für ein konkretes Entwurfsobjekt die Ist-Feature-Menge neu bestimmt wird.

Versionierung von Entwurfsobjekten

Innerhalb des Entwurfsprozesses wird für ein Entwurfsobjekt i.allg. nicht sofort eine fertige Lösung bereitgestellt, vielmehr werden während des Entwurfsprozesses eine Reihe von **Versionen** *für ein Entwurfsobjekt DO* erstellt werden (Design Object Version, DOV). Gleiches gilt für die Daten in den Partialmodellen (bzw. in den weiteren Substrukturen). Es können beliebig viele Versionen dieser Partialdaten erstellt werden. Der Zusammenhang zwischen den Versionen von einem Objekt wird über einen **Versionsgraphen** repräsentiert, der die "Entstehungsgeschichte" der Versionen eines Objektes aufzeigt. Die Probleme der Modellierung und Handhabung versionierter Objekte werden in /Kä92/ detailliert untersucht und behandelt. An dieser Stelle wird die Modellierung von Versionen nur soweit eingeführt, wie dies für das Verständnis der Entwurfsmodellprinzipien notwendig ist.

Die Versionierung von ganzen Entwurfsobjekten und von den internen Partialdaten haben unterschiedliche Bedeutung. Das Anlegen einer neuen Version auf den Partialdaten bedeutet, daß eine neue Version erzeugt und in den zugehörigen Versionsgraphen eingehängt wird.

Die Versionierung eines gesamten Entwurfsobjektes ist stets mit einer **Konfiguration** verbunden. Eine Konfiguration eines DO auf der untersten Entwurfsobjektstufe (d.h., es gibt keine Sub-DOs) bedeutet, daß aus den verschiedenen Partialdaten "passende" Versionen zusammengebaut werden und so eine Version (Konfiguration) des Entwurfsobjektes (DOV) generiert wird. Auf einer höheren Stufe der Entwurfsobjektstruktur ist neben der Konfiguration der internen Struktur auch die externe Entwurfsobjektstruktur zu berücksichtigen, d.h., in die Konfiguration gehen auch Versionen der Sub-DOs ein, die selbst das Ergebnis einer Konfiguration sind. In Bild 6.6 wird der Konfigurationsvorgang an einem Beispiel erläutert, das bereits in Bild 2.7 eingeführt wurde. Für DO_A werden über zwei Konfigurationen je eine DOV erzeugt. Die Konfigurationen setzen Partialdaten (Versionen der Partialdaten Partial-DO_A) und Versionen der Sub-DOs zusammen und erstellen die Versionen V_1 und V_2 für das Entwurfsobjekt DO_A.

Im Rahmen des gesamten Entwurfsprozesses müssen Aussagen über die **Qualität einer DOV** eines Entwurfsobjekts möglich sein (dies wird in den nächsten Abschnitten deutlich). Die Qualität einer DOV läßt sich bzgl. der Aufgabenstellung oder allgemeiner bzgl. der für die DO spezifizierten Soll-Features bewerten. Das bedeutet, daß die Qualität einer DOV durch die **Ist-Feature-Menge**, die für diese

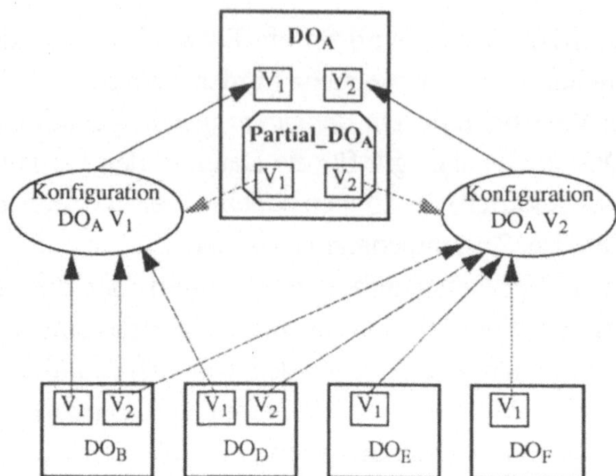

Bild 6.6:   Beispiel einer Entwurfsobjekt-Konfiguration

DOV bestimmt wird, **festgelegt** ist. Demnach lassen sich drei ausgezeichnete Versionsarten unterscheiden:

- **nicht qualifizierte** Versionen

  Für nicht qualifizierte Versionen ist die Ist-Feature-Menge noch nicht ausgewertet worden, es sind daher keine Aussagen über die Qualität der DOV möglich.

- **vorläufige** Versionen

  Für vorläufige Versionen wurden die auf dem Entwurfsobjekt spezifizierten Features ausgewertet. Die Ist-Feature-Menge der DOV ist eine echte Teilmenge der Soll-Feature-Menge. Das bedeutet, daß im weiteren Entwurfsprozeß noch mindestens eine weitere, verbesserte DOV zu erstellen ist.

- **vollständige** Versionen

  Eine vollständige Version erfüllt die gesamte Feature-Menge, d.h., die Ist-Feature-Menge enthält alle für das Entwurfsobjekt spezifizierten Features.

Zwei Versionen eines Entwurfsobjektes DO werden als **Alternativen** bezeichnet, wenn beiden die gleiche Ist-Feature-Menge zugeordnet ist, durch den Konfigurationsvorgang aber eine unterschiedliche Zusammensetzung festgelegt wurde.

In Bild 6.7 ist das Entwurfsumgebungsmodell dargestellt, das in Erweiterung zu Bild 6.4b die Features und die Versionierung von Objekten berücksichtigt. Zur Modellierung der Features werden die beiden Entity-Typen *Feature_Type* und

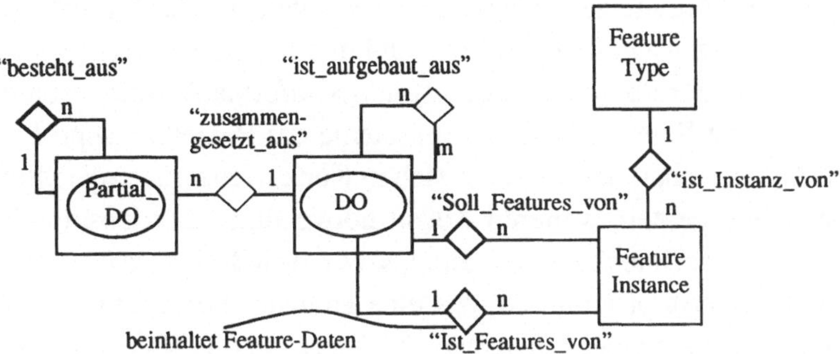

Bild 6.7:   Ein um versionierte Objekte und Features erweitertes Entwurfsumge-
             bungsmodell

Feature_Instance eingeführt. Durch diese Unterteilung ist es möglich, einen Teil
der Feature-Definition zur Spezifikation mehrerer DOs zu verwenden. Die Berechnungsfunktion und der Prädikatenausdruck werden im Entity *Feature_Type* modelliert. Die konkreten Feature-Daten W, die für jede Feature-Spezifikation unterschiedlich sein können, werden in dem Entity-Typ *Feature_Instance* abgebildet.

Die Entity-Typen *DO* und *Partial_DO* sind beide versioniert. Über die Relationship *Soll_Features_von* zwischen den Entity-Typen *DO* und *Feature_Instance*
wird die Soll-Feature-Spezifikation beschrieben, die ein DO zu erfüllen hat. Die
von einer Version erfüllten Ist-Features werden über die *Ist_Features_von*-Rela-
tionship zwischen den Versionen des Entity-Typs *DO* und dem Entity-Typ *Fea-
ture_Instance* modelliert. Da für jede DOV die von der Berechnungsfunktion ermittelten Daten D eines konkreten Features i.allg. verschieden sind, werden sie als
Attribute an die Relationship geknüpft.

Das hier aufgebaute Entwurfsobjekt-Modell berücksichtigt die wesentlichen
Strukturen bzw. Auswirkungen der in Abschnitt 2.1 zusammengetragenen Entwurfsprinzipien. Im nächsten Abschnitt werden ein Modell zur Erfassung des dynamischen Entwurfsprozesses vorgestellt und die Wechselwirkungen zu dem Entwurfsobjekt-Modell aufgezeigt.

6.2.2 Das Entwurfsprozeß-Modell

Zur Erfassung des Entwurfsprozesses ist das Entwurfsprozeß-Modell eingeführt
worden, das geeignete Konzepte zur Repräsentation des dynamischen Entwurfsprozesses zur Verfügung zu stellen hat. Die Beschreibung eines Ablaufs geschieht

i.allg. über die Einführung geeigneter Ablaufeinheiten, den **Aktivitätsträgern**, die mit bestimmten Eigenschaften versehen sind und rechnergestützt verwaltet werden. Das Konzept der Aktivitätsträger ist in der Informatik weit verbreitet. Zum Beispiel gibt es im Bereich der Betriebssysteme das Prozeßkonzept. Ein Prozeß ist als eine Ablaufeinheit definiert, der sich in Konkurrenz mit anderen Prozessen um die Belegung der zum weiteren Ablauf notwendigen Betriebsmittel bemüht. Aus dem Bereich der Datenbankverwaltungssysteme läßt sich als weiteres Beispiel das Transaktionskonzept anführen, das eine atomare, konsistente, isolierte und dauerhafte Ausführung einer DB-Anwendung bewirkt (ACID-Prinzip, /HR83/).

Aktivitätsträger sind durch eine *Reihe von Merkmalen und Eigenschaften charakterisiert*, die sich aus dem konkreten Umfeld, in dem die Aktivitätsträger wirken, ergeben. So ist hier zunächst die Frage zu klären, welche Eigenschaften für Aktivitätsträger in Entwurfsumgebungen erforderlich sind bzw., ob verschiedene Typen von Aktivitätsträgern notwendig oder hilfreich sind. Dies ist derzeit Inhalt zahlreicher Forschungsaktivitäten. Im Rahmen dieser Arbeit soll bzw. kann daher kein abgeschlossenes Modell vorgelegt werden. Es wird der ein möglicher Modellgedanke vorgestellt und die Beziehungen des Entwurfsprozeß-Modells zu den übrigen Teilmodellen (insbesondere dem Entwurfsobjekt- und dem Entwurfskooperations-Modell) aufgezeigt.

Eigenschaften zur Charakterisierung von Aktivitätsträgern in Entwurfsumgebungen

Das Entwurfsprozeß-Modell soll eine möglichst vollständige Erfassung des dynamischen Entwurfsvorgangs sicherstellen. Daher sind die Eigenschaften der Aktivitätsträger als zentrale Elemente des Entwurfsprozeß-Modells von dem allgemeinen Verständnis über den Entwurfsvorgang geprägt:

- Unterstützung eines zielgerichteten Vorgehens im Entwurfsraum

  In den hier betrachteten Entwurfsumgebungen ist ein **zweidimensionaler Entwurfsraum** (vgl. Abschnitt 2.1.3) durch die hierarchische Entwurfsobjektstruktur und die Entwurfsphasen aufgespannt. Die Aktivitätsträger müssen ein *zielgerichtetes Vorgehen des Entwurfsprozesses in diesem Entwurfsraum* unterstützen.

- Langlebigkeit

  Da einzelne Entwurfsaktionen zum Teil sehr lange andauern können (Tage, Wochen oder Monate), müssen auch die Aktivitätsträger **langlebig** sein. Das bedeutet, daß sie stabil (d.h., ein Aktivitätsträger bleibt nach einer Systemunterbrechung erhalten) und ihre Wirkungen dauerhaft (d.h., nach einer Systemunterbrechung muß auf Zwischenzustände zurückgegriffen werden, die während des Entwurfsprozesses anzulegen sind) sein müssen.

- Wechselwirkungen zwischen Aktivitätsträgern

  In Entwurfsumgebungen sind unterschiedliche **Wechselwirkungen** zwischen Aktivitätsträgern gefordert. In gewissen Situationen sind *kontrollierte Wechselwirkungen* mit anderen Aktivitätsträgern gewünscht bzw. gefordert, um so ein gemeinsames, zielgerichtetes Vorgehen zu ermöglichen. Diese Wechselwirkungen werden durch das Kooperationsmodell festgelegt. In anderen Situationen ist eine *strikte Isolation* zwischen (aktiven) Aktivitätsträgern gefordert. Dies ist beispielsweise erforderlich, wenn in einem Aktivitätsträger Datenzugriffe erfolgen, die isoliert ablaufen sollen.

- Interne Strukturierung der Aktivitätsträger

  Die interne Strukturierung der Aktivitätsträger kann durch einen vordefinierten **Ablaufplan** fest vorgegeben sein, oder aber erst während des Ablaufs *dynamisch aufgebaut* werden. Der Ablaufplan ist in dem Entwurfsphasen-Modell abgelegt.

- Konsistenzzusicherungen

  Die **Konsistenzzusicherungen**, die während des Ablaufs bzw. bei der Beendigung eines Aktivitätsträgers zu berücksichtigen sind, beziehen sich zum einen auf die *innerhalb des Aktivitätsträgers bearbeiteten Entwurfsobjekte* und zum anderen auf den *Entwurfsablauf*. Auf den Entwurfsobjekten wird die Wahrung bestimmter Integritätsbedingungen gefordert. Dies kann die Zusicherung von **Datenstruktur-Konsistenz** sein, oder die *Erfüllung der Feature-Spezifikation* eines Entwurfsobjektes bedeuten. Bezogen auf den Entwurfsablauf kann der Konsistenzbegriff ebenfalls über die Erfüllung von Feature-Angaben (z.B. die Forderung, ein bestimmtes Testverfahren zu verwenden) definiert sein.

- Geeignete Reaktionen im Fehler- und Konfliktfall

  Aktivitätsträger müssen Mechanismen bereitstellen, die im *Fehler- bzw. Konfliktfall eine geeignete anwendungsorientierte Reaktion* erlauben. Hier ist das komplette Zurücksetzen einer Anwendung nur in Ausnahmefällen eine sinnvolle Systemreaktion.

Die Frage, welche Typen von Aktivitätsträger in dem Entwurfsprozeß-Modell einzuführen sind, wird wesentlich davon beeinflußt, welche unterschiedlichen Anforderungen an die Aktivitätsträger gestellt werden und wie stark diese sich hinsichtlich ihre Eigenschaften unterscheiden. In dem hier dargestellten Modell werden zwei verschiedene Aktivitätsträger eingeführt: **DESIGN ACTIVITY-** und **DESIGN OPERATION**-Aktivitätsträger.

Einführung der DESIGN ACTIVITY-Aktivitätsträger

Zur Bearbeitung einer (Teil-)Aufgabe in einem komplexen Entwurfsvorgang werden meist sog. *Aufträge mit einer vorgegebenen Zielstellung* erteilt, die dann von einem der beteiligten Ingenieure zu bearbeiten sind. Dies wird im Entwurfsprozeß-Modell über die Einführung eines speziellen Aktivitätsträgers, der **Design Activity (DA)**, reflektiert. Die erteilten Aufträge können meist nicht isoliert abgearbeitet werden (gleiches gilt für die damit assoziierten DAs, daher wird im folgenden nur noch von den DAs geredet), vielmehr ist deren Zusammenwirken auf das Erreichen eines gemeinsamen Zieles hin abgerichtet.

Der gesamte Entwurfsvorgang läuft in dem zweidimensionalen Entwurfsraum ab, wobei der Ablauf von einer Entwurfsmethodik bestimmt wird. Das bedeutet, daß der von einer DA zu bearbeitende Auftrag in dem beschriebenen Entwurfsraum angeordnet ist. Entsprechend kann die Aufgabe einer DA einen Teil, eine oder mehrere Entwurfsphasen umfassen. Ebenso ist zu unterscheiden, ob in einer DA der Entwurf eines Entwurfsobjektes oder eines Teils der Entwurfsobjekt-Struktur betrieben wird. In Bild 6.8 wird diese Spannbreite anhand von Beispielen für unterschiedliche DAs verdeutlicht. Daraus wird erkennbar, daß eine *flexible Zuordnung einer DA zu einem Ausschnitt des Entwurfsraums* sinnvoll ist, um die verschiedenartigen Aufträge in technischen Anwendungen darstellen zu können.

Zuordnung einer DA zu	einer speziellen Aufgabe in einer Entwurfsphase	einer Entwurfsphase	mehreren aufeinanderfolgenden Entwurfsphasen
einem Entwurfsobjekt	Auftrag zur Finite-Element-Methoden-Berechnung für eine Welle	Gestaltung (Feinentwurf) einer Welle	Prinziperarbeitung, Funktionsfindung und Gestaltung eines Bauteils durch einen Ingenieur
einer Teil-Entwurfsobjekt-struktur	Bewegungssimulation eines Getriebes	Funktionsfindung für eine Getriebestufe	kompletter Entwurf einer Baugruppen-struktur

Bild 6.8:   Beispiele für die Zuordnung von DAs im Entwurfsraum

Für jede DA sind Beziehungen zu anderen Elementen des Entwurfsumgebungsmodells festzulegen:

- *Zwischen den DAs* selbst existieren *Wechselwirkungen* mit z.T. unterschiedlicher Bedeutung. Wie oben beschrieben kann die Abarbeitung eines Auftrages durch eine DA nicht isoliert betrachtet werden, vielmehr werden in einem Auftrag häufig Subaufträge erteilt (deren Ergebnisse zur Erledigung des eigentlichen Auftrags verwendet werden) bzw. Folgeaufträge gestartet. Dies führt zu dem Aufbau einer **Auftragshierarchie** zwischen den DAs. Das bedeutet, daß jede DA (mit Ausnahme einer ausgezeichneten Top-DA, die für den kompletten Entwurf zuständig ist) innerhalb einer anderen DA erzeugt wird und als deren Sub-DA abläuft.

- Für jede DA ist ein Entwurfsziel in Form einer **Auftragsspezifikation** festzulegen, die bei Beendigung der DA erfüllt sein muß. Da dieses Ziel eng mit der Aufgabenspezifikation des oder der Entwurfsobjekte verknüpft ist, die innerhalb der DA zu bearbeiten sind, wird in dem Modell die Auftragsspezifikation einer DA über die Soll-Features des oder der zugeordneten DOs festgelegt.

  Ist in einer DA ein Entwurfsobjekt zu bearbeiten, so wird die Auftragsspezifikation als Teilmenge der Soll-Features des zugeordneten DOs definiert. Die Auftragsspezifikation ist i.allg. nur ein Teil der Soll-Features, weil die Soll-Features eines DO die Spezifikation des Entwurfsobjektes in mehreren Entwurfsphasen umfaßt. Dagegen sind von einer DA nur die in den durchgeführten Entwurfsphasen zu berücksichtigenden Features zu erfüllen. Features, die den Entwurfsablauf betreffen, werden (aus pragmatischen Gründen) ebenfalls als Soll-Features eines DO spezifiziert, so daß die Auftragsspezifikation keine zusätzlichen Features beinhaltet. Sind in einer DA mehrere DOs der Entwurfsobjektstruktur zu bearbeiten (aus Gründen der Vereinfachung wird vorausgesetzt, daß diese DOs eine zusammenhängende Entwurfsobjektstruktur bilden.), so wird die Auftragsspezifikation durch eine Zusammenstellung der zu erfüllenden Soll-Features von allen involvierten DOs bestimmt.

  Eine DA hat ihren Auftrag erfüllt, wenn sie mindestens eine Version des DO (also eine DOV) erzeugt hat, die die in der Auftragsspezifikation angegebenen Features als Ist-Features beinhaltet.

- Jede DA hat Beziehungen zu den DOs, für deren Bearbeitung sie zuständig ist. Während der Ausführung der DA werden (i.allg. mehrere) DOVs für ein DO konfiguriert, deren Qualität durch eine Auswertung der Soll-Features bestimmt wird. Aufgrund der angesprochenen **kooperativen Wechselwirkungen** kann eine DA auf vorläufige DOVs anderer DAs zugreifen und diese in den weiteren Entwurfsprozeß einbeziehen. Diese Wechselwirkungen zwischen den DAs werden in dem im nächsten Abschnitt vorgestellten Kooperationsmodell beschrieben.

- Zur **Bearbeitung** eines Auftrages wird der DA ein **Ingenieur** zugeordnet (dieser ist in dem Entwurfssubjekt-Modell erfaßt), der für die Durchführung des Auftrags verantwortlich ist.

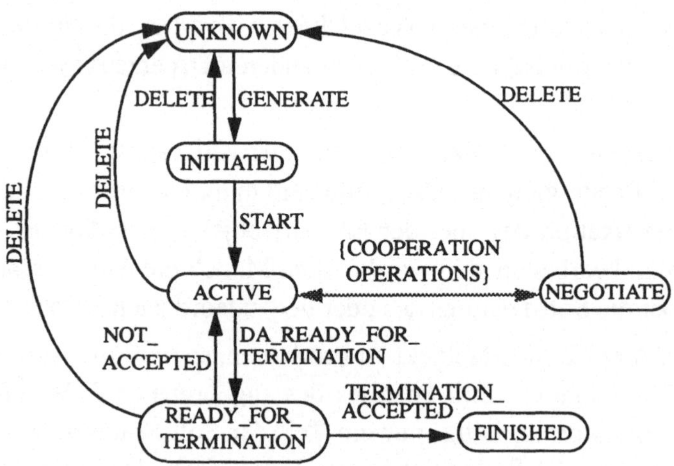

Bild 6.9:   Zustände und Zustandsübergänge einer Design Activity

Für eine DA sind mehrere Zustände zu unterscheiden, wie dies in Bild 6.9 dargestellt ist. Zustandsübergänge werden durch Operationen auf der DA oder durch Operationen des Kooperationsmodells ausgelöst. Die GENERATE-Operation bewirkt den Zustandswechsel von UNKNOWN nach INITIATED. Mit dieser Operation wird eine Auftragsspezifikation und ein verantwortlicher Ingenieur festgelegt. Eine START-Operation bewirkt den Übergang in den Zustand ACTIVE, in dem der eigentliche Entwurfsprozeß abläuft. Eine DA wechselt in den Zustand NEGOTIATE, wenn entsprechend dem Kooperationsmodell Wechselwirkungen mit anderen DAs zu behandeln sind (vgl. Abschnitt 6.2.3). Ist mindestens eine DOV erstellt worden, die der Spezifikation genügt, so kann die DA in den Zustand READY_FOR_TERMINATION wechseln. Erst durch eine explizite Bestätigung der Auftraggebers, also der diesen Auftrag generierenden DA, geht die DA in den Zustand FINISHED über. Eine DELETE-Operation bewirkt einen Zustandswechsel nach UNKNOWN.

Einführung der DESIGN OPERATION-Aktivitätsträger

Zur weiteren internen Strukturierung einer DA wird ein zweiter Aktivitätsträger eingeführt, die **Design Operation (DOP)**. Im folgenden werden die wichtigsten Eigenschaften einer DOP aufgezählt:

- Eine *DOP liest und schreibt Versionen von komplex-strukturierten Daten* (die Partialdaten), die in Bild 6.7 durch den Entity-Typen Partial_DO repräsentiert sind.

- Die in einer DOP verfügbaren Entwurfsdaten werden zur weiteren Bearbeitung den Entwurfswerkzeugen zur Verfügung gestellt. Die Anbindung der Werkzeuge ist in dem Entwurfswerkzeug-Modell festgelegt.

- Eine *DOP kann intern strukturiert sein*, wodurch u.a. eine Abfolge der Datenbereitstellung bzw. der Werkzeugaufrufe innerhalb der DOP festgelegt ist.

- Mit der Beendigung einer DOP wird die *Datenstrukturkonsistenz der geschriebenen Versionen* der Partialdaten (und natürlich deren Persistenz) zugesichert.

Das hier beschriebene Entwurfsumgebungsmodell unterstellt ein Datenverwaltungssystem, dessen Verarbeitungsmodell-Schnittstelle eine ähnliche Funktionalität aufweist, wie sie für ein WSDBS in Kapitel 4 vorgestellt wurde: Es werden Operationen zum Lesen (Checkout) und Schreiben (Checkin) von komplexen, versionierten Entwurfsdatenstrukturen aus bzw. in eine Datenbank benötigt, die über weitere Operationen der Verarbeitungsmodell-Schnittstelle bearbeitet werden können. Des weiteren wird an der Verarbeitungsmodell-Schnittstelle ein (geschachteltes) Transaktionskonzept zur Isolation der Schreib-/Leseoperationen unterstellt; dies beinhaltet auch ein Sicherungskonzept, das das Anlegen von Sicherungspunkten auf dem Verarbeitungskontext (der in einer DOP aufgebaut wird) und das explizite Rücksetzen auf einen Sicherungspunkt vorsieht (vgl. Bild 4.10). Die von den Transaktionen angeforderten bzw. gehaltenen Sperren auf den Objekten des Datenverwaltungssystems werden spätestens bei Beendigung einer DOP freigegeben. Damit sind *aktive DOPs gegenseitig isoliert*. Zur Kontrolle der weitergehenden Wechselwirkungen zwischen den DOPs in einer DA bzw. zwischen den DOPs in parallel laufenden DAs wird dann das Kooperationsmodell benötigt.

Für eine DOP sind drei Zustände zu unterscheiden (vgl. Bild 6.10). Eine START_-DOP-Operation führt von dem Zustand UNKNOWN in den Zustand ACTIVE, in dem die weiteren DOP-Operationen ausgeführt werden können. Eine ABORT_-DOP-Operation hat einen Zustandswechsel nach UNKNOWN, eine COMMIT_-DOP-Operation den Wechsel nach TERMINATED zur Folge.

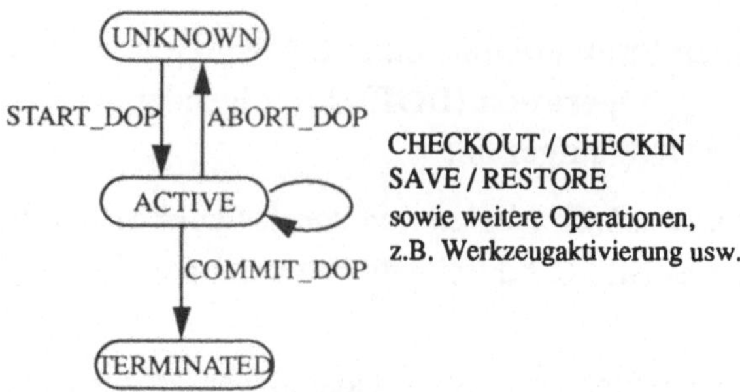

Bild 6.10: Zustände und Zustandsübergänge einer DOP

Wechselwirkungen zwischen den Aktivitätsträgern und interne Strukturierung der Aktivitätsträger

Bild 6.11 gibt einen Überblick über die mögliche Unterteilung des gesamten Entwurfsprozesses durch die eingeführten Aktivitätsträger. Der gesamte Entwurfsprozeß (Top-DA) wird zunächst durch die DA-Aktivitätsträger hierarchisch strukturiert, für die jeweils eine eigene Auftragsspezifikation festgelegt ist. Die *Wechselwirkungen zwischen DAs* sind durch das Kooperationsmodell festgelegt.

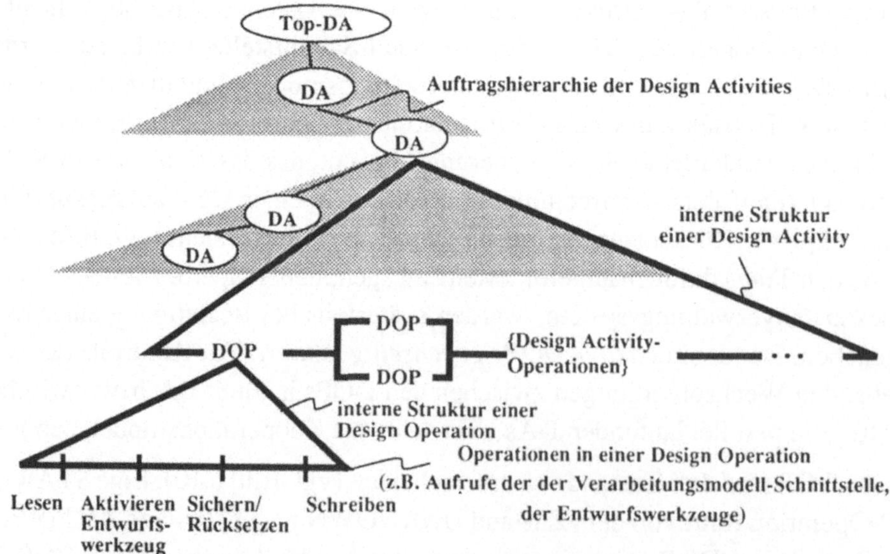

Bild 6.11: Unterteilung des gesamten Entwurfsprozesses durch die verschiedenen Aktivitätsträger

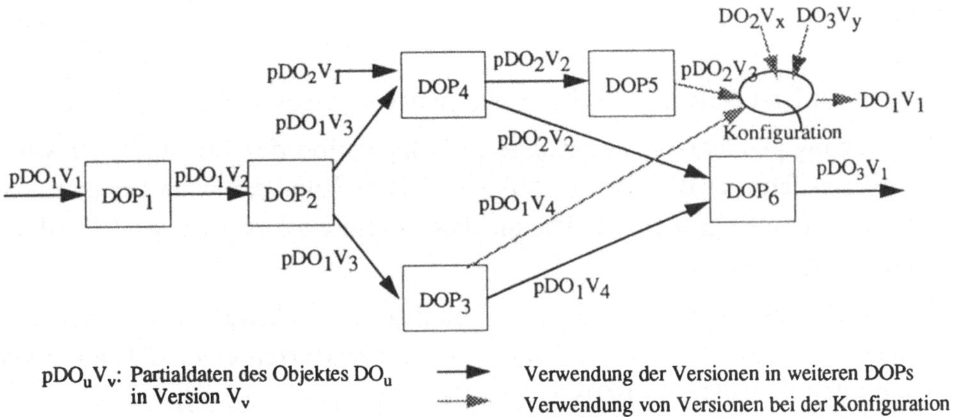

Bild 6.12: Beispiel für einen Abhängigkeitsgraphen zur Beschreibung der Zusammenhänge der DOPs in einer DA

Die *interne Struktur einer DA* wird zum einen durch Operationen zur Verwaltung der hierarchischen DA-Struktur, zur Handhabung der Wechselwirkungen zwischen den DAs und zur Konfiguration bzw. Handhabung von versionierten Entwurfsdaten bestimmt. Zum anderen ist die interne Struktur durch die Einführung des zweiten Aktivitätsträgers, der DOP, geprägt. Das Ergebnis einer DOP sind immer eine oder mehrere Versionen der Partial_DO-Objekte, d.h., außerhalb der DOPs sind nur diese konsistenten Partial_DO-Versionen sichtbar. Zur Beschreibung der Zusammenhänge zwischen den DOPs in einer Design Activity und zur Protokollierung der Konfigurationen, die in einer DA durchgeführt werden, wird für jede DA ein **Abhängigkeitsgraph** aufgebaut (vgl. Bild 6.12). In dem Abhängigkeitsgraphen sind zwei Knotentypen zu unterscheiden: DOP-Knoten und Konfigurationsknoten. Die (gerichteten) Kanten in dem Graphen repräsentieren Versionen der Partial_DOs (bei Konfigurationsknoten auch Versionen der Sub-Entwurfsobjekte, in die das DO aufgeteilt ist), die die Eingabe bzw. das Ergebnis einer DOP oder einer Konfiguration bilden. Damit werden die datenseitigen Abhängigkeiten in einer DA festgehalten. Auf dem Abhängigkeitsgraphen sind verschiedene Erweiterungen denkbar. So kann beispielsweise über einen weiteren Kantentyp die zeitliche Abfolge der DOPs dokumentiert werden. Der so erstellte Abhängigkeitsgraph kann für verschiedene Zwecke genutzt werden:

- In dem Abhängigkeitsgraphen sind die Zusammenhänge zwischen DOPs und (versionierten) Partialdaten dokumentiert. Er kann damit als Grundlage zum

Wiederauffinden eines bestimmten Entwurfszustandes genutzt werden, von dem ausgehend ein alternativer (oder iterativer) Entwurfsfortgang gestartet wird.

- Er kann zur Unterstützung des Konfigurationsvorganges herangezogen werden.

- Der Abhängigkeitsgraph liefert eine Dokumentation des Entwurfsprozesses. Diese kann dann zur Bildung von "Musterabläufen" und damit zur Generierung von Ablaufplänen genutzt werden, die dann im Entwurfsphasen-Modell aufgenommen werden können.

- Der Abhängigkeitsgraph bildet eine Grundlage zur Behandlung von Fehlersituationen, so etwa zum anwendergesteuerten Rücksetzen einer DA auf einen bestimmten (konsistenten) Zustand.

Diese Formen der Nutzung des Abhängigkeitsgraphen setzen dessen persistente Speicherung voraus. Er bleibt mindestens bis zur Beendigung der DA erhalten. Eine weitergehende Archivierung (etwa zu Protokollierungszwecken) ist denkbar, soll aber hier nicht weiter berücksichtigt werden.

In einer DOP ist der Zugriff auf die Entwurfsdaten, die im Datenverwaltungssystem abgelegt sind, über die Operationen der Verarbeitungsmodell-Schnittstelle realisiert. Jede DOP kann zur Durchführung der Aufgabe selbst wieder intern strukturiert sein.

Bislang wurden noch keine Aussagen darüber gemacht, wie die *interne Struktur der verschiedenen Aktivitätsträger* festgelegt wird. Hier sind zunächst zwei Formen zu unterscheiden:

- Die interne Struktur wird *dynamisch während des Entwurfsprozesses* aufgebaut, d.h., der Entwerfer bestimmt interaktiv die nächste auszuführende Aktion in einem Aktivitätsträger (z.B. Erzeugen einer Sub_DA, Starten einer DOP, Starten eines Werkzeuges usw.).

- Der Ablauf (bzw. die Auftragserteilung) ist durch *Ablaufpläne a priori festgelegt*. Der Ablaufplan muß auch weiterhin die Möglichkeit bieten, aufgrund vom Entwerfer getroffenen Entscheidungen bestimmte (alternative) Entwurfswege weiter zu verfolgen. Zur Beschreibung der Ablaufpläne sind in der Informatik verschiedene Konzepte bekannt, z.B. eine Beschreibung über Petrinetze /Re82/ oder mittels einem weiteren Konzept, den ConTracts /WR90/. Die Modellierung der Ablaufpläne erfolgt im Entwurfsphasen-Modell.

Ablaufpläne können auf jeder Ebene der Aktivitätsträger angesiedelt sein. Dies bedeutet, daß Ablaufpläne ein zur Aktivitätsträger-Hierarchie orthogonales Konzept bilden, durch das der Freiheitsgrad hinsichtlich der internen Struktur eines Aktivitätsträgers eingeschränkt wird.

Erweiterung des Entwurfsumgebungsmodells

Eine Erweiterung des bisher aufgestellten Entwurfsumgebungsmodells um die Aktivitätsträger DA und DOP ist in Bild 6.13 dargestellt. Zur Modellierung der Aktivitätsträger werden die beiden Entity-Typen *DA* und *DOP* eingeführt, zwischen denen eine 1:n-Beziehung existiert. Der Entity-Typ *Engineer* repräsentiert die am Entwurfsprozeß beteiligten Personen; jedem *DA*-Entity wird über die *zugeordnet*-Beziehung ein *Engineer*-Entity zugewiesen. Der Entity-Typ *Design_Tool* beschreibt die Werkzeuge in der Entwurfsumgebung. Die *verwendet*-Beziehung gibt an, welche Werkzeuge in einer DA eingesetzt werden. Jedes *DOP*-Entity ist über die *liest_pDO*- bzw. *schreibt_pDO*-Beziehung mit den Partialdaten in Beziehung gesetzt, von den Versionen gelesen bzw. geschrieben werden. Auf dem *DA*-Entity ist eine *generiert_Auftrag*-Beziehung definiert, die die hierarchische Auftragsstruktur wiedergibt. Jedem DA-Entity ist die Feature-Menge zugeordnet (*Auf-*

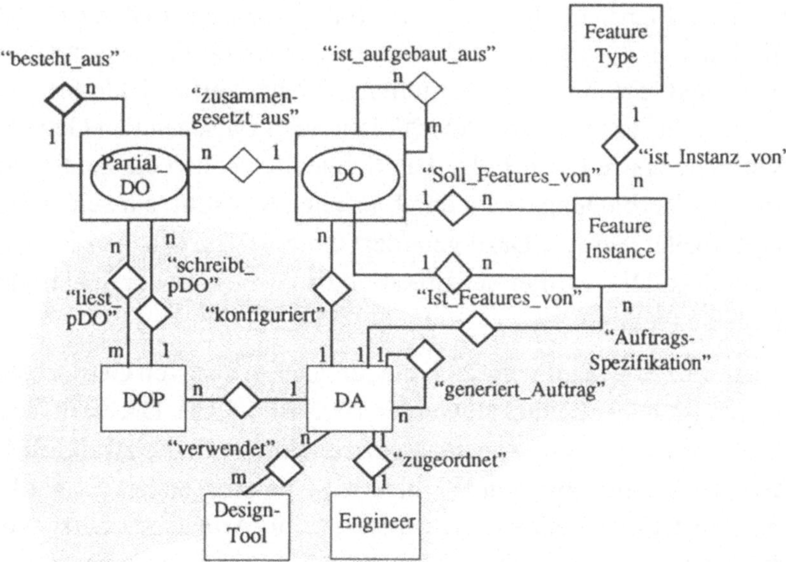

Bild 6.13: Erweiterung des Entwurfsumgebungsmodells zur Darstellung der Aktivitätsträger

tragsspezifikation-Beziehung), die von einer vollständigen Version des oder der zugeordneten *DO*-Entities zu erfüllen sind. Zu dem *DO*-Entity-Typ existiert eine *konfiguriert*-Beziehung, die festlegt, welche DOs in der DA zu bearbeiten sind.

Ein Anwendungsbeispiel aus dem mechanischen Konstruktionsbereich

Zum besseren Verständnis der bisher eingeführten Modellelemente einer Entwurfsumgebung wird an dieser Stelle ein Anwendungsbeispiel aus dem mechanischen Konstruktionsbereich eingeführt. Das hier vorgestellte Anwendungsszenario wird im nächsten Abschnitt auch zur Verdeutlichung des vorgeschlagenen Kooperationsmodells genutzt.

Das Anwendungsbeispiel behandelt den Entwurf eines Getriebes. Ausgangspunkt des Szenarios ist der Entwurf des Getriebes G_{xy} (vgl. Bild 6.4), für das eine Aufgabenstellung vorgegeben ist. Im Rahmen dieses Beispiels werden jeweils nur einige Features der Entwurfsobjekte eingeführt, was jedoch zur Demonstration der Vorgehensweise ausreicht. Des weiteren ist eine DA definiert, in der der Chefkonstrukteur das Getriebe zu entwerfen hat. Das bedeutet, daß am Ende der DA ein durch den Chefkonstrukteur freigegebener Getriebeentwurf aufgestellt sein muß. Der Chefkonstrukteur erstellt zunächst einen Getriebeplan. Dabei legt er fest, daß das Getriebe aus zwei Getriebestufen aufzubauen ist, einer Stirnradgetriebestufe (GS1) und einer Planetenradgetriebestufe (GS2), zwischen denen eine Verbindungswelle eingesetzt wird. Er verfeinert entsprechend die Baugruppenstruktur des Getriebes und legt die Aufgabenstellung der Entwurfsobjekte fest (vgl. Bild 6.14b), was u.a. die Vorgabe von Anschlußpunkten zwischen den Getriebestufen und der Verbindungswelle zur Folge hat. Schließlich sollen die beiden Getriebestufen sowie die Verbindungswelle durch je einen Konstrukteur seiner Abteilung weiter ausgearbeitet werden. Dazu generiert er drei DAs, denen er je einen Konstrukteur zuordnet. Die Auftragsspezifikation ist jeweils mit der Spezifikation der Entwurfsobjekte identisch.

Im folgenden soll der Ablauf von DA4, die für den Entwurf von Getriebestufe GS2 verantwortlich ist, näher betrachtet werden (vgl. Bild 6.15). DA4 wird vom Ingenieur "Maier" bearbeitet. Die Auftragsspezifikation ist durch zwei Soll-Features vorgegeben, die das zu entwerfende Objekt GS2 zu erfüllen hat. Es wird hier angenommen, daß der Ingenieur an einem Workstation-Arbeitsplatz sitzt. An der Systemoberfläche wird jedem aktiven Aktivitätsträger ein eigenes Fenster zugeordnet, über das der Ingenieur mit dem Aktivitätsträger kommunizieren kann. In dem hier vorgestellten Szenario ist zunächst ein Fenster für DA4 vorgesehen. Zur

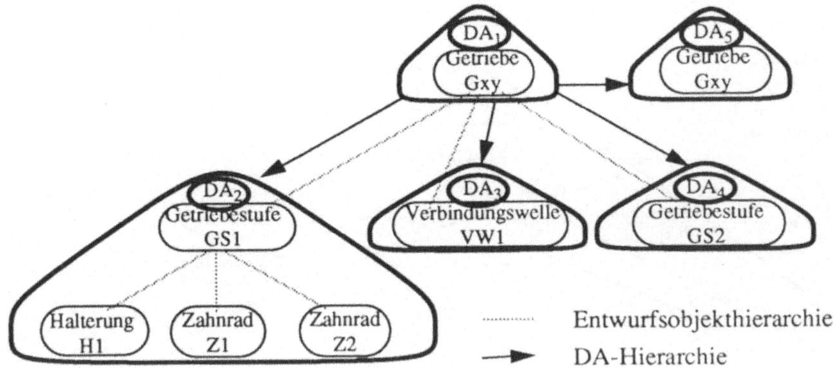

a) Aufbau der Auftragshierarchie und Zuordnung von Entwurfsobjekten DO zu den DAs

Entwurfsobjekt	Soll-Features	Auftragsspezifikation für DA
Getriebe Gxy	Antriebs-, Abtriebsdrehzahl 5000,60 Abmessungen L,B,H 90,45,45 "Simulation durchführen" "Freigabe"	DA_1 DA_1 DA_5 DA_1
Getriebestufe GS1	Antriebs-, Abtriebsdrehzahl 5000,2500 Abmessungen L,B,H 35,40,40 Anschlußpunkt PGS1 (35,20,20)	DA_2 DA_2 DA_2
Zahnräder Z_1, Z_2	"Auswahl aus Normteilkatalog N4711"	DA_2
Getriebestufe GS2	Antriebs-, Abtriebsdrehzahl 2500,60 Abmessungen L,B,H 40,40,40 Anschlußpunkt PGS2 (50,20,20)*	DA_4 DA_4 DA_4
Verbindungswelle VW_1	Krafteinteilungsstellen 20,30 Anschlußpunkte P_1VW_1 (35,20,20) P_2VW_1 (50,20,20)*	DA_3 DA_3 DA_3

* Diese Features werden erst in nachträglichen Verhandlungen festgelegt, vgl. Abschnitt 4.2.3

b) Soll-Feature-Spezifikation der Entwurfsobjekte (vereinfacht)

Bild 6.14: Aufbau einer Auftragshierarchie und Soll-Feature-Spezifikation

Durchführung der Entwurfsaufgabe muß der Anwender eine Verfeinerung von GS2 vornehmen, d.h. deren Baugruppenstruktur erstellen (dies schließt die Spezi-

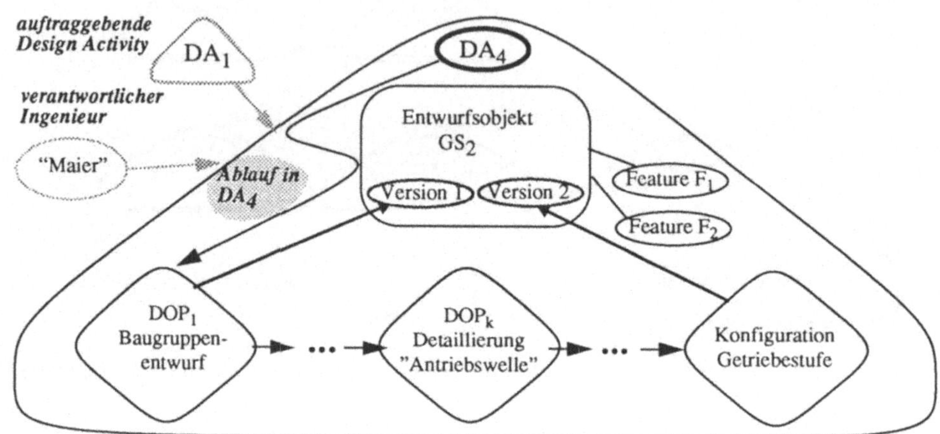

Bild 6.15: Detaillierung der DESIGN ACTIVITY DA4

fikation einer Aufgabenstellung für jedes untergeordnete Bauteil ein). Hierfür will
er ein entsprechendes Werkzeug benutzen (z.B. die Baugruppen-Entwurfskompo-
nente des TechMo-Systems, vgl. Abschnitt 5.3.1). Dazu wird in DA4 eine DOP
gestartet. Auch für diese DOP wird ein eigenes Fenster erzeugt, in dem dann das
Werkzeug abläuft. Bei einem (erfolgreichen) Ende dieser DOP ist die Entwurfsobjektstruktur von GS2 verfeinert worden. Die definierte Baugruppenstruktur für
GS2 kann als eine erste, nicht qualifizierte Version des Entwurfsobjektes GS2 betrachtet werden. In den weiteren Arbeitsschritten in DA4 sind die Entwurfsobjekte
der eben aufgebauten Baugruppenstruktur zu konkretisieren. So wird beispielsweise zur Detaillierung des Einzelteils "Antriebswelle" eine weitere DOP gestartet,
in der der Einzelteilentwurf durchgeführt wird. In dieser DOP können zur Durchführung der Aufgabe mehrere Werkzeuge eingesetzt werden. Zunächst wird ein
internes Produktmodell über ein CAD-Modellierungssystem aufgebaut, bevor ein
Finite-Elemente-Programm die Belastbarkeit der entworfenen Welle überprüft.

Nachdem die verschiedenen Entwurfsobjekte (möglicherweise in mehreren Versionen) konstruiert worden sind, wird das Entwurfsobjekt GS2 zusammengesetzt,
d.h. aus den Sub-DOs konfiguriert. Damit ist eine Version (Konfiguration) von
GS2 erstellt, für die die Ist-Feature-Menge zu bestimmen ist. Sind sämtliche Features erfüllt (die Behandlung vorläufiger Versionen wird im nächsten Abschnitt
behandelt), so erhält die übergeordnete Design Activity DA1 die erstellte Version
von GS2 und DA4 geht in den Zustand READY_FOR_TERMINATION über.
Nachdem DA1 die Ergebnisse von DA2, DA3 und DA4 zur Verfügung gestellt

wurden, wird in DA1 das gesamte Getriebe zusammengesetzt, d.h., in DA1 wird für das Getriebe Gxy eine Konfiguration durchgeführt. Zur Überprüfung der Funktionsfähigkeit soll ein komplexes Simulationsprogramm eingesetzt werden. Dazu wird eine weitere DA generiert (DA5), deren Auftragsspezifikation aus der Durchführung des Simulationsprogrammes besteht. Werden von diesem Programm keine Fehler aufgedeckt, so sendet DA1 den Sub-DAs die Bestätigung zu, daß ihr Auftrag erfüllt ist und sie beendet werden können. Der Chefkonstrukteur führt ein Freigabeverfahren für das Getriebe Gxy durch und kann schließlich das Ergebnis an eine übergeordnete DA weiterreichen.

6.2.3 Das Entwurfskooperations-Modell

Bislang wurden die Wechselwirkungen zwischen den DAs noch nicht genauer spezifiziert. Es wurde lediglich eine Auftragshierarchie eingeführt, ohne jedoch auf die Semantik der damit geknüpften Beziehung einzugehen. Wie bereits oben verdeutlicht, sind alle DAs einer Auftragshierarchie auf das Erreichen einer gemeinsamen Zielstellung hin ausgerichtet, nämlich dem Erstellen eines Entwurfsobjektes entsprechend einer vorgegebenen Gesamtspezifikation.

In allen Entwurfsanwendungen ist dabei entscheidend, "wie gut" dieses gemeinsame Ziel erreicht wird und "wie schnell" ein Entwurfsergebnis vorliegt. Der Ablauf einer DA kann also nicht isoliert betrachtet werden, vielmehr ist das Zusammenwirken der DAs über das Erreichen des gemeinsamen Ziels bestimmt (vgl. auch /Sy89/). Dies gilt beispielsweise für den Entwurf einer Reihe von Einzelteilen, die zu einer Baugruppe zusammengesetzt werden.

Das Zusammenwirken der DAs wird im folgenden als **Kooperation** bzw. **kooperative Entwurfsvorgehensweise** bezeichnet (vgl. auch /HKS92, HKPS90, IC91, Kä91/). Ein **Kooperationsmodell** hat Mechanismen bereitzustellen, die diese kooperative Entwurfsvorgehensweise geeignet unterstützen. Aus den Untersuchungen der beiden angesprochenen Entwurfsbereiche und dem bisher aufgebauten Entwurfsumgebungsmodell lassen sich drei unterschiedliche Kooperationsbeziehungen anführen:

- Auftragsbeziehung

  Mit **Auftragsbeziehung** wird die bereits eingeführte Beziehung zwischen einer DA und der von ihr erzeugten Sub-DAs bezeichnet. *Gegenstand der Kooperation ist hier die Auftragsspezifikation der Sub-DAs und deren Realisierbarkeit.*

- Verhandlungsbeziehung

Die **Verhandlungsbeziehung** ist zwischen zwei DAs geknüpft, die über eine Verfeinerung bzw. Ergänzung ihrer Auftragsspezifikation verhandeln. *Gegenstand der Kooperation ist auch hier die Auftragsspezifikation einer DA.* Die Modifikationen der Auftragsspezifikation dürfen jedoch nicht im Widerspruch zu der vom Auftraggeber vorgegebenen Spezifikation stehen. Dies wird im folgenden noch verdeutlicht.

- Austauschbeziehung

  Über die **Austauschbeziehung** wird die Weitergabe von vorläufigen Versionen eines Entwurfsobjektes einer DA an andere DAs repräsentiert. Eine DA, die vorläufige Versionen anderer Entwurfsobjekte nutzt, kann damit die eigene Entwurfsaufgabe fortführen, wohlwissend, daß die genutzten vorläufigen Versionen noch Änderungen unterworfen sein können. *Gegenstand der Kooperation sind vorläufige Entwurfsobjektversionen, deren Austausch über die Qualität (Ist-Features) der Versionen koordiniert wird.*

In den nachfolgenden Ausführungen werden die drei Kooperationsbeziehungen genauer vorgestellt. Dazu wird deren Semantik verfeinert und die Kooperationsoperationen (sowie deren Zusammenwirken) beschrieben, über die die kooperativen Wechselwirkungen zwischen den DAs ablaufen. Schließlich werden die Kooperationsbeziehungen anhand eines Beispiels verdeutlicht, das auf dem im letzten Abschnitt vorgestellten Anwendungsszenario aufbaut.

Die Auftragsbeziehung

Über diese Beziehung wird eine DA mit den von ihr erzeugten Sub-DAs in Beziehung gesetzt. Eine DA kann beliebig viele Sub-DAs erzeugen (DA und Sub-DA bezeichnen beide eine Design Activity mit identischer Funktionalität; die unterschiedlichen Namen sollen lediglich einer Unterscheidung der DAs ermöglichen). In einer Sub-DA wird ein Teil der Entwurfsaufgabe einer DA bearbeitet, d.h., die Sub-DA trägt zum Erreichen der Aufgabe (also des Entwurfsziels) der DA bei. Dazu wird für jede Sub-DA eine eigene Auftragsspezifikation festgelegt. Im weiteren Entwurfsprozeß wird dann in der DA auf die Ergebnisse der Sub-DAs Bezug genommen und diese in den Entwurfsvorgang einbezogen.

Durch die Auftragsbeziehung wird eine *wechselseitige Abhängigkeit zwischen der DA und der Sub-DA* festgelegt. Im allgemeinen kann nicht zugesichert werden, daß die beim Erzeugen einer Sub-DA mitgegebene Auftragsspezifikation keinerlei Änderungen unterworfen ist. Es sind Entwurfssituationen möglich, in denen der Ingenieur einer auftraggebenden DA die Auftragsspezifikation einer Sub-DA abändern muß. Grund dafür kann etwa eine Änderung seiner eigenen Auftragsspezifikation sein oder er stellt während des Entwurfsvorganges fest, daß die zuvor *erstellte Spezifikation einer Sub-DA nicht zu der gewünschten Zielstellung seines eigenen Auftrags führt*. Über die Operation MODIFY_SPECIFICATION kann er die Auftragsspezifikation einer Sub-DA abändern, indem er Soll-Features verändert oder hinzufügt. Stellt umgekehrt ein Ingenieur, der einer Sub-DA zugeordnet ist, im Verlauf der Entwurfsarbeit fest, daß die ihm *übertragene Auftragsspezifikation so nicht erfüllbar* ist, so muß er dies unter Benennung der entsprechenden Features über die Operation IMPOSSIBLE_SPECIFICATION der auftraggebenden DA mitteilen. Dabei sollte er Vorschläge für eine angepaßte Soll-Feature-Spezifikation mitgeben. In der Folge kann der Ingenieur der auftraggebenden DA die Sub-DA beenden (DELETE-Operation) oder ihr eine modifizierte Spezifikation (MODIFY_SPECIFICATION-Operation) übergeben.

Eine Sub-DA kann die Auftragsspezifikation (und damit die Aufgabenspezifikation für das Entwurfsobjekt) verfeinern, d.h., weitere Features hinzufügen bzw. die Wertespezifikation vorgegebener Features abändern. Diese Ergänzungen dürfen aber zu der ursprünglichen Auftragsspezifikation nicht im Widerspruch stehen. Ein Auftrag ist aus Sicht der Sub-DA erfüllt, wenn sie eine hinsichtlich der Auftragsspezifikation vollständige Version des zugehörigen DOs entwickelt hat.

Um eine während des Entwurfsprozesses geänderte Spezifikation zu erfüllen, muß eine Sub-DA i.allg. ihre Tätigkeit nicht von vorne beginnen, vielmehr können bereits entwickelte Zwischen- bzw. Teillösungen genutzt werden. Hier kann der für jede DA aufgebaute Abhängigkeitsgraph (vgl. Bild 6.12) eingesetzt werden, um solche Teil- oder Zwischenlösungen zu finden. Zur Darstellung eines Beispiels wird auf den Abhängigkeitsgraphen aus Bild 6.12 zurückgegriffen. Es wird die Auftragsspezifikation der dargestellten DA so abgeändert, daß der Entwurf des Objektes pDO_3 wiederholt werden muß. Der Abhängigkeitsgraph kann nun dazu genutzt werden, die Eingabedaten der DOP festzustellen, die pDO_3 erzeugt hat. Mit diesen Eingabedaten kann eine neue DOP gestartet werden, die als Ergebnis eine neue Version von pDO_3 bereitstellt, die die geänderte Spezifikation erfüllt.

Sowohl die MODIFY_SPECIFICATION- als auch die DELETE-Operation auf einer Sub-DA bereiten zusätzliche Schwierigkeiten, wenn die Sub-DA über die Austauschbeziehung bereits vorläufige Versionen des Entwurfsobjektes an andere DAs weitergegeben hat. Bei einer MODIFY_SPECIFICATION-Operation ist zunächst zu überprüfen, ob die Entwurfsobjektanforderung der über die Austauschbeziehung verknüpften DAs auch mit der geänderten Auftragsspezifikation (und somit mit der geänderten Aufgabenstellung des DO) erfüllt werden kann. Ist dies nicht der Fall bzw. soll die Sub-DA gelöscht werden, so sind weitergehende Konzepte erforderlich. Zum Beispiel kann eine neue DA generiert werden, deren Auftragsspezifikation von den Forderungen der über die Austauschbeziehung verknüpften DAs abhängt. Hier ist allerdings zu berücksichtigen, daß eine Auftragsspezifikation immer von der Aufgabenspezifikation eines Entwurfsobjektes abgeleitet wird. Das bedeutet, daß im Vorfeld einer GENERATE-Operation für die neue DA in der Entwurfsobjektstruktur i.allg. strukturelle Änderungen durchgeführt werden müssen.

Zur Darstellung dieser Kooperationsbeziehung im Entwurfsumgebungsmodell ist die Einführung weiterer Entity- und Beziehungs-Typen notwendig. Zur Abbildung der MODIFY_SPECIFICATION- bzw. IMPOSSIBLE_SPECIFICATION-Operation wird der Entity-Typ NEGOTIATION eingeführt (vgl. Bild 6.16). Über die Beziehung zu dem FEATURE_INSTANCE-Entity-Typ wird festgelegt, welche Features Gegenstand der Operation sind und die *ruft_auf-* bzw. *empfängt*-Beziehung gibt an, wer die Kooperationsoperation angestoßen hat bzw. welche DA darauf zu reagieren hat (dies ist die Sub-DA bei einer MODIFY_SPECIFICATION-Operation bzw. die auftraggebende DA bei einer IMPOSSIBLE_SPECIFICATION-Operation). Die Auftragsbeziehung selbst ist über die *generiert_Auftrag*-Beziehung abgebildet.

Die Verhandlungsbeziehung

Ein Kooperationsmodell muß die Möglichkeit bieten, die zu Beginn einer DA festgelegte *Auftragsspezifikation* während des weiteren Entwurfsprozesses *aufgrund von Anforderungen anderer DAs zu verfeinern oder zu ergänzen*, ohne daß damit ein Widerspruch zur anfänglichen Auftragsspezifikation entsteht. Zur Beschreibung dieser Kooperationsform wird eine zweite Kooperationsbeziehung, die Verhandlungsbeziehung, eingeführt. Zunächst ist zu klären, *welche DAs* der Auftragshierarchie sinnvollerweise *miteinander in Verhandlung* treten können:

- Werden in einer DA zur Bearbeitung eines Auftrages mehrere Sub-DAs erzeugt, so müssen deren Ergebnisse (d.h. die entwickelten Entwurfsobjekte) aufeinander abgestimmt sein (vgl. Beispiel in Bild 6.14). Da nicht alle Abhängigkeiten zwischen den Entwurfsobjekten zu Beginn feststehen und daher nicht vollständig in der Auftragsspezifikation enthalten sind, muß während des Entwurfsprozesses zwischen den Sub-DAs einer DA über die Verfeinerung der Auftragsspezifikation verhandelt werden.

- Auch zwischen einer DA und den von ihr erzeugten Sub-DAs sind Verhandlungsbeziehungen sinnvoll. Über die Auftragsbeziehung können bislang nur imperative Modifikationen der Auftragsspezifikation vorgenommen werden.

- Das in einer DA entwickelte Entwurfsobjekt kann im Entwurf verschiedener weiterer DOs eingesetzt werden (ein Einzelteil kann beispielsweise in verschiedenen Baugruppen einbezogen werden), für deren Entwurfsprozeß ebenfalls DAs zuständig sind. Daher ist es sinnvoll, zwischen zwei beliebigen DAs eine Verhandlungsbeziehung aufbauen zu können, um so den Entwurf eines DOs möglichst entsprechend den Forderungen aller Benutzer gestalten zu können, die das Entwurfsobjekt nutzen wollen.

Soll zwischen zwei DAs eine Verhandlung über die Auftragsspezifikation der einen DA (oder von beiden DAs) durchgeführt werden, so kann von der einen DA über die PROPOSE-Operation der zweiten DA ein Vorschlag über eine Verfeinerung bzw. Ergänzung der Soll-Feature-Menge mitgeteilt werden. Hiermit wird ein Verhandlungsprotokoll gestartet. Die beiden DAs wechseln in den Zustand NEGOTIATION. In der zweiten DA kann der Spezifikationsvorschlag angenommen (AGREE-Operation) oder verworfen (DISAGREE-Operation) werden. Das Verhandlungsprotokoll erlaubt eine iterative Vorgehensweise, d.h., es können mehrere bzw. alternative Vorschläge über die PROPOSE-/AGREE-/DISAGREE-Operationen verhandelt werden.

Die Verhandlungsbeziehung ist im Entwurfsumgebungsmodell ebenfalls über den Entity-Typen NEGOTIATION dargestellt. Zur Unterscheidung der ursprünglichen Auftragsspezifikation und der erweiterten Spezifikation wird eine weitere Beziehung zwischen den Entity-Typen DA und FEATURE_INSTANCE eingeführt (*verfeinerte_Spezifikation*-Beziehung). Die *verhandeln*-Beziehung auf dem Entity-Typ DO legt fest, welche DAs miteinander verhandeln können.

Die Austauschbeziehung

Während der Ausführung einer DA braucht der zugeordnete Ingenieur Informationen über den Entwurfsvorgang kooperierender Ingenieure, d.h., er möchte auf die von ihnen erzeugten *vorläufigen Versionen der Entwurfsobjekte zugreifen* können. Dies ist z.B. dann notwendig, wenn in einer DA eine Konfiguration für ein DO durchzuführen ist und die assoziierten Sub-DOs in anderen DAs entwickelt werden. Über die REQUIRE-Operation kann eine DA eine Version eines Entwurfsobjektes einer anderen DA anfordern. Dazu muß die *geforderte Qualität der DOV durch die Angabe einer Feature-Menge*, die in der DOV erfüllt sein müssen, bei der REQUIRE-Operation spezifiziert werden. Existiert eine DOV mit den geforderten Features, so kann die Anforderung erfüllt werden und die DOV wird der anfordernden DA bereitgestellt. Ansonsten kann zu diesem Zeitpunkt keine DOV bereitgestellt werden. Jedoch wird die Austauschbeziehung aufgebaut und wenn zu einem späteren Zeitpunkt von der DA eine DOV mit den geforderten Features bereitgestellt wird (PROPAGATE-Operation, siehe unten), so wird dies der anfordernden DA über einen Notifikationsmechanismus mitgeteilt. In der anfordernden DA ist sehr wohl bekannt, daß die bereitgestellte DOV noch weiteren Änderungen unterworfen sein kann.

Umgekehrt muß eine DA vorläufige oder vollständige Versionen, die von anderen DAs genutzt werden können, explizit durch eine PROPAGATE-Operation "nach außen" verfügbar machen. In einer DA können mehrere PROPAGATE-Operationen durchgeführt werden, d.h., es werden mehrere Versionen des Entwurfsobjektes für andere DAs verfügbar gemacht. Durch eine nachfolgende PROPAGATE-Operation können jedoch nur Versionen bereitgestellt werden, deren Ist-Feature-Menge keine Teilmenge einer bereits propagierten Version ist. Natürlich können intern in einer DA DOVs mit einer geringeren Qualität erstellt werden, auf diese kann aber keine PROPAGATE-Operation ausgeführt werden.

Wird eine neue Version über die PROPAGATE-Operation verfügbar gemacht, so ist dafür zu sorgen, daß alle DAs, die eine ältere Version nutzen, deren Ist-Features in der neuen Version ebenfalls erfüllt werden, nach einer gewissen Übergangszeit die neue Version in ihren Entwurf einbeziehen. Dies ist notwendig, weil am Ende der DA nur noch eine (oder - bei Alternativen -mehrere) vollständige Version verfügbar ist. Dies ist auch von Seiten der nutzenden DAs eine sinnvolle Vorgehensweise, da diese sehr wohl die gesamte Auftragsspezifikation des einbezogenen Entwurfsobjektes kennen und somit von Beginn an die Einbeziehung der vollständigen Version geplant ist.

Es ist Aufgabe des Kooperationsmodells, eine Unterstützung bei der Aktualisierung benutzter Versionen anzubieten. Dazu werden **Aktionen** eingeführt. Aktionen bilden eine Art Trigger-Konzept /LS87/, die beim Propagieren einer neuen DOV aktiviert werden. Zentrale Idee des Aktion-Konzeptes ist es, in Folge einer propagierten neuen DOV in den benutzenden DAs Folgeaktionen anzustoßen, die abhängig von den geänderten Features der neuen DOV unterschiedlich sein können.

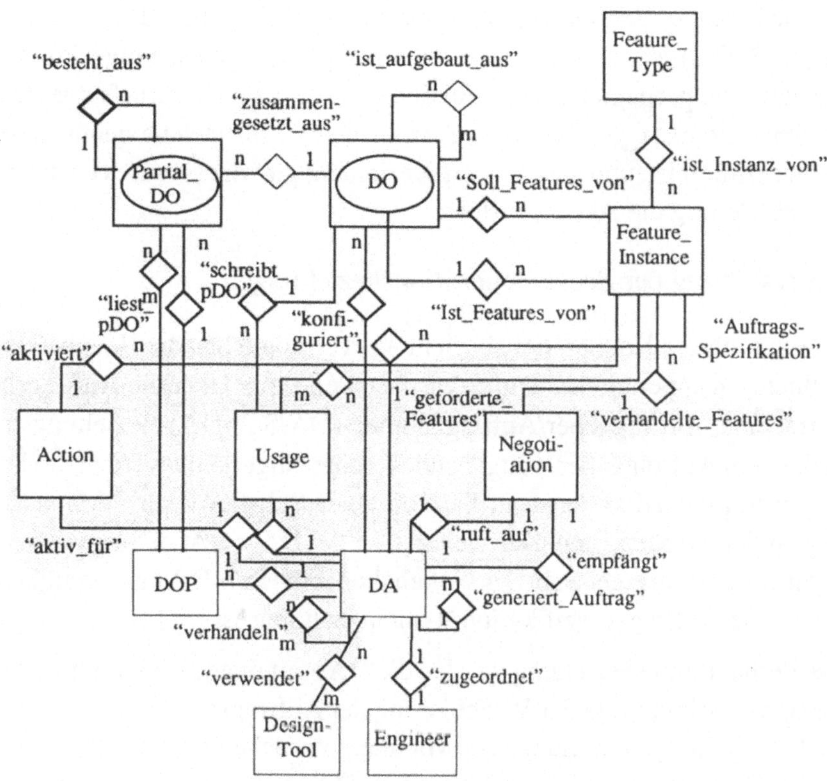

Bild 6.16: Erweiterung des Entwurfsumgebungsmodells zur Darstellung der
Kooperationstypen

Die in einer Aktion definierten Folgeaktionen können einfache Mitteilungen an die
benutzende DA sein, in der die Bereitstellung der neuen DOV mitgeteilt wird. Über
eine solche Mitteilung kann eine DA in Kenntnis gesetzt werden, daß eine mit einer
bestimmten Qualität angeforderte Version, die bislang nicht zur Verfügung gestellt
werden konnte, nun bereitsteht. Es sind aber auch komplexere Aktionen denkbar,
die z.B. in der benutzenden DA den Teil des gesamten bisherigen Entwurfsvorgangs, der von der benutzten DO abhängig ist, unter Einbeziehung der neuen DOV
automatisch wiederholen. Grundlage für solche Folgeaktionen kann der eingeführte Abhängigkeitsgraph sein, in dem die notwendige Information (welche DOP in
einer DA welche DOVs benutzt) enthalten ist.

Zur Darstellung der Austauschbeziehung im Entwurfsumgebungsmodell wird der
Entity-Typ USAGE eingeführt, der die Benutzung einer (Version eines) DO durch

die DAs festhält. Über die *geforderte_Features*-Beziehung wird festgelegt, welche
Features die benutzte Version des DO mindestens erfüllen muß. Ein weiterer Entity-Typ (ACTION) ist zur Modellierung der angesprochenen Folgeaktionen als
Reaktion auf eine propagierte neue Version des benutzten Entwurfsobjektes notwendig. Über die *aktiv_für*-Beziehung ist festgelegt, für welche benutzende DA
die Aktion definiert ist, und die *aktiviert*-Beziehung gibt die Features an, bei denen
eine Werteänderung die Aktion auslöst.

Gegenüberstellung der drei Kooperationsbeziehungen

Die drei eingeführten Kooperationsbeziehungen ermöglichen die Handhabung unterschiedlicher Kooperationsabläufe zwischen den DAs. Über die Auftragsbeziehung wird eine Auftraggeber/Auftragnehmer (DA/Sub-DA)-Beziehung aufgebaut, in der dem Auftraggeber weitgehende Rechte eingeräumt werden. So legt die
DA die Auftragsspezifikation fest, die von einer Sub-DA zwar verfeinert, aber
nicht abgeändert werden kann. Des weiteren ist der DA ein Änderungsrecht an der
Auftragsspezifikation einer Sub-DA vorbehalten; eine Sub-DA kann lediglich mitteilen, daß eine Auftragsspezifikation so nicht erfüllbar ist.

Über die Verhandlungsbeziehung werden die DAs miteinander verknüpft, die eine
gegenseitige Abstimmung oder Verfeinerung der Auftragsspezifikation durchführen. Die Verhandlungsbeziehung wird vor allem zwischen den Sub-DAs einer gemeinsamen DA bzw. einer DA und ihrer Sub-DAs auftreten, da zwischen diesen
DAs der meiste Bedarf einer gegenseitigen Abstimmung besteht, sollen doch die
Ergebnisse der Sub-DAs direkt im weiteren Entwurfsvorgang einer DA genutzt
werden.

Die Austauschbeziehung behandelt schließlich den Austausch von vorzeitig freigegebenen Versionen der Entwurfsobjekte. Einem Austausch von Entwurfsobjekten wird i.allg. eine Verhandlung über die Features des Entwurfsobjektes vorausgehen, dies ist aber nicht zwingend notwendig.

Dies zeigt, daß die *Verhandlungs- und die Austauschbeziehung voneinander unabhängig* sind. Beide dürfen jedoch *nicht unabhängig von der Auftragsbeziehung*
betrachtet werden. Wird über die Auftragsbeziehung eine DA vorzeitig abgebrochen (d.h. ohne Erstellung einer vollständigen Version in der DA) oder wird die
Auftragsspezifikation über die MODIFY_SPECIFICATION-Operation abgeändert, so kann dies Auswirkungen auf bereits geknüpfte Verhandlungs- bzw. Austauschbeziehungen haben. Zur Konfliktlösung können zwei Strategien verfolgt

werden. Zunächst sollten die Verhandlungs- bzw. Austauschbeziehungen unter Berücksichtigung der neuen Auftragsspezifikation überarbeitet und nach Möglichkeit beibehalten werden. Verhandlungsbeziehungen, die eine gegenseitige Abstimmung zum Ziel haben, müssen in neuen Verhandlungen einen Kompromiß finden. Bei Verhandlungsbeziehungen, die mit dem Ziel einer späteren Nutzung des Entwurfsobjektes (also dem Aufbau einer Austauschbeziehung) geführt werden, bzw. bei einer Austauschbeziehung selbst ist es möglich, daß kein Kompromiß gefunden wird. In diesem Fall muß eine DA mit einer neuen Auftragsspezifikation generiert werden. In Bild 6.17 sind die wichtigsten Operationen zur Handhabung der Kooperationsbeziehungen sowie deren Auswirkungen auf den Zustandsgraphen einer DA nochmals dargestellt.

Die verschiedenen *Kooperationsbeziehungen haben Einfluß* darauf, wann eine *DA in den Zustand READY_FOR_TERMINATION bzw. FINISHED übergehen* kann. Da Verhandlungen im DA-Zustand NEGOTIATION geführt werden, müssen sie vor einem Übergang in den Zustand READY_FOR_TERMINATION abgeschlossen sein. Alle Auftragsbeziehungen mit Sub-DAs müssen vor dem Übergang einer DA nach READY_FOR_TERMINATION ebenfalls in diesem Zustand sein oder bereits abgeschlossen sein (FINISHED). Wird das Entwurfsergebnis über die Austauschbeziehung von anderen DAs genutzt, so muß vor dem Übergang nach READY_FOR_TERMINATION eine vollständige Version propagiert worden sein und vor dem Übergang nach FINISHED dürfen von den benutzenden DAs nur noch vollständige Versionen einbezogen werden. Umgekehrt darf eine DA vor dem Übergang nach READY_FOR_TERMINATION nur vollständige DOVs von DAs benutzen, die mindestens ebenfalls den Zustand READY_FOR_TERMINATION erreicht haben. Hier sind auch restriktivere Vorgehensweisen denkbar, etwa daß die bereitstellenden DAs den Zustand FINISHED erreicht haben müssen. Wenn eine Sub-DA in den Zustand READY_FOR_TERMINATION wechselt, teilt sie dies der auftraggebenden DA über die Operation DA_READY_FOR_TERMINATION mit. Die auftraggebende DA hat dann zu entscheiden, ob die Sub_DA beendet werden kann und teilt dies ggf. der Sub-DA über die Operation TERMINATION_ACCEPTED mit.

Ein Vergleich der Design Activity-Aktivitätsträger mit dem aus Datenbanksystemen bekannten Transaktionskonzept zeigt folgende wesentlichen Unterschiede der beiden Konzepte auf:

• Zunächst wird neben einer globalen Konsistenzsicht, die sich wie in konventionellen Transaktionskonzepten auf die gesamte Datenbank erstreckt, eine *lokale,*

Auftragsbeziehung	Verhandlungsbeziehung	Austauschbeziehung
MODIFY_SPECIFICATION IMPOSSIBLE_SPECIFICATION DA_READY_FOR_TERMINATION TERMINATION_ACCEPTED	PROPOSE AGREE DISAGREE	REQUIRE PROPAGATE DEFINE_ACTION
(sowie weitere Operation zum Auf- bzw. Abbau der jeweiligen Beziehungen)		

a) Die wichtigsten Operationen zur Handhabung der Kooperationstypen

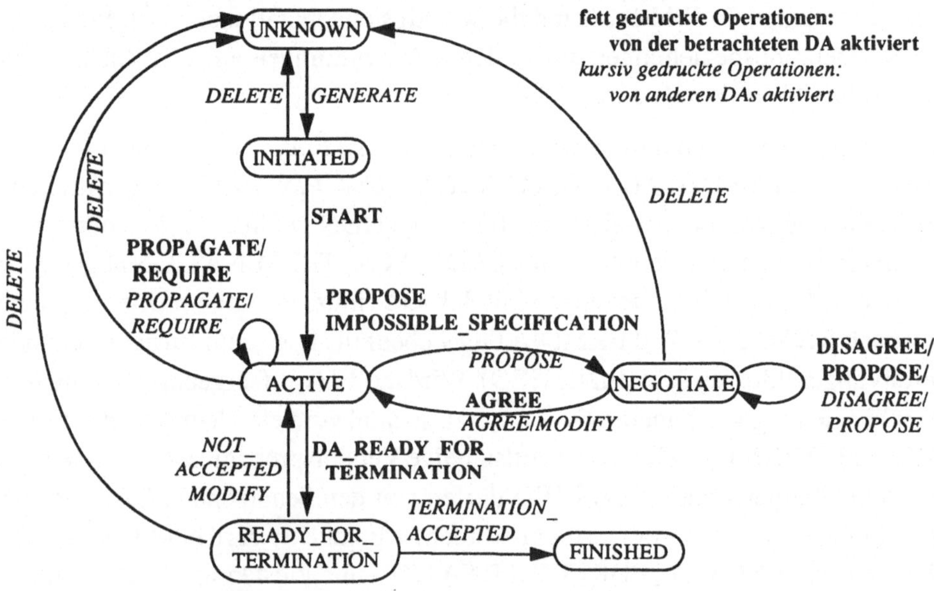

b) Erweiterter DA-Zustandsgraph

Bild 6.17: Zusammenfassung der wichtigsten Operationen zur Handhabung der
            Kooperationsbeziehungen und deren Auswirkungen auf den DA-Zu-
            standsgraphen

*auf die DA-Aktivitätsträger bezogene Konsistenz durch die Definition einer
Auftragsspezifikation* eingeführt, die zudem nicht statisch vorgegeben ist, sondern in Verhandlungen verfeinert und modifiziert werden kann.

- Der *Grad der Isolation zwischen den DA-Aktivitätsträgern* auf den Entwurfsobjekten ist im Gegensatz zu den aus Datenbanksystemen bekannten Sperrme-
  chanismen, die zu einer strikten Isolation zwischen den Aktivitätsträgern führen, durch die *Qualität der DOVs* einerseits und durch die unterschiedlichen
  Qualitätsanforderungen der diese DOVs nutzenden DAs andererseits geregelt.

Beim Propagieren einer DOV ist deren Qualität über die Ist-Feature-Menge definiert, und umgekehrt werden von den nutzenden DAs die Forderungen ebenfalls über eine Feature-Menge angegeben.

- Im Gegensatz zum klassischen Transaktionskonzept, das im Konfliktfall nur das komplette Rücksetzen einer Transaktion kennt, sind im Kooperationsmodell über das Verhandlungskonzept Möglichkeiten vorgesehen, *konstruktiv auf eine Konfliktsituation zu reagieren* und den Entwurfsvorgang fortsetzen zu können.

Anwendungsbeispiele zur Benutzung der Kooperationsbeziehungen

Zum Schluß dieses Abschnitts wird die Nutzung der Kooperationsbeziehungen an dem in Bild 6.14 aufgebauten Anwendungsszenario demonstriert.

Während des Entwurfsprozesses in DA4 stellt sich heraus, daß die vorgegebenen Abmessungen zu klein sind, d.h., die Getriebestufe in diesen Abmaßen nicht realisiert werden kann. Über die IMPOSSIBLE_SPECIFICATION-Operation wird DA1 benachrichtigt und gleichzeitig ein Vorschlag unterbreitet, nämlich eine Zugabe in der Länge L um 10 Einheiten. Nun müssen in DA1 geeignete Maßnahmen getroffen werden. Es wird entschieden, DA4 den zusätzlichen Platz zur Verfügung zu stellen (mittels der MODIFY_SPECIFICATION-Operation). Gleichzeitig müssen aber in der Getriebestufe GS1 5 Einheiten eingespart werden und der Anschlußpunkt PGS1 auf (35, 20, 20) gesetzt werden (MODIFY_SPECIFICATION-Operation an DA2). Auch in DA3 wird die Spezifikation geändert und der Anschlußpunkt P1VW1 auf (35, 20, 20) gesetzt.

Während des weiteren Entwurfsprozesses wird in DA4 festgestellt, daß bislang noch kein Anschlußpunkt zur Verbindungswelle VW1 festgelegt wurde. Daraufhin wird zwischen DA4 und DA3 eine Verhandlungsbeziehung aufgebaut. Mittels der PROPAGATE-Operation macht DA4 den Vorschlag, den Anschlußpunkt (damit ist hier die Krafteinleitungsstelle gemeint) in dem Punkt (45, 25, 25) festzulegen. Da in DA3 auch der Anschlußpunkt zu GS1 zu berücksichtigen ist, kann DA3 dem Vorschlag nicht zustimmen und gibt mit der DISAGREE-Operation einen Gegenvorschlag mit (die Koordinaten (45, 20, 20)), worauf DA4 wieder mit einer erneuten PROPAGATE-Operation antwortet (die Koordinaten (50, 20, 20)). Da DA3 mit diesem Vorschlag einverstanden ist, wird dieser Punkt mit der AGREE-Operation bestätigt und die Verhandlung zwischen den beiden Aktivitätsträgern beendet.

In DA1 ist das Getriebe zusammenzusetzen. Für eine erste Version (Konfiguration) reicht es dem Chefkonstrukteur, wenn er über die Austauschbeziehung eine vorläufige Version der Entwurfsobjekte GS1, GS2 und VW1 erhält, in denen die Features erfüllt sind, die die Abmessungen und die Anschlußpunkte betreffen. Er definiert entsprechende REQUIRE-Operationen an DA2, DA3 und DA4. DA2 und DA3 haben bereits eine Version propagiert, die die geforderten Features erfüllt, während DA4 noch keine entsprechende Version bereitgestellt hat. Erst zu einem späteren Zeitpunkt propagiert auch DA4 eine vorläufige Version, die den Anforderungen, die über die Austauschbeziehung gefordert wurden, genügt. Über eine definierte Aktion wird DA1 von der neuen DOV des Entwurfsobjektes GS2 informiert. Daraufhin kann in DA1 mit dem Zusammenbau begonnen und als Ergebnis eine erste Version von G_{xy} konfiguriert werden. Danach wird in DA1 die Ist-Feature-Menge bestimmt. Hat die Version bereits eine Qualitätsstufe erreicht, die von anderen DAs sinnvoll genutzt werden kann, so wird die Version über die PROPA-GATE-Version den anderen DAs verfügbar gemacht.

6.3 Ein Architekturvorschlag für ein DB-integriertes Ingenieursystem

Im letzten Abschnitt wurden ein Entwurfsumgebungsmodell vorgestellt und die Informationsstrukturen herausgearbeitet, die die Grundlage für eine durchgängige Entwurfsunterstützung bieten. In diesem Abschnitt wird zur systemseitigen Abbildung des Modells ein Architekturvorschlag für ein DB-integriertes Ingenieursystem vorgestellt. Nachdem zunächst allgemeine Abbildungskriterien aufgezeigt werden, die den Aufbau eines DB-integrierten Ingenieursystems bestimmen, wird im folgenden auf eine Systemarchitektur und deren prototypische Ausgestaltung eingegangen. Dieser Prototyp eines integrierten Ingenieursystems bietet konkret eine Unterstützung bei der Bewältigung einer Teilaufgabe im VLSI-Entwurfsbereich an.

Abbildungskriterien für ein DB-integriertes Ingenieursystem

Aus den bisherigen Modellüberlegungen wird deutlich, daß eine integrierte Verwaltung der Produktdaten eines Entwurfsobjektes und der weiteren Entwurfsumgebungsinformationen die Grundlage für eine durchgängige Entwurfsunterstützung bildet. Dieser Gedanke bestimmt die hier vorgestellte Systemarchitektur eines integrierten Ingenieursystems. Der im folgenden aufgezeigte Architekturvorschlag ist durch folgende Abbildungskriterien und Randbedingungen gekennzeichnet:

- Der Arbeitsplatz eines Ingenieurs ist durch eine leistungsfähige, weitgehend *autonome Workstation* geprägt, die über ein lokales Netzwerk mit anderen Workstations und mit einem oder mehreren *Server-Rechnern* (die zentrale Dienstleistungen bereitstellen) verbunden ist.

- *Zentrale Systemkomponente* in einem integrierten Ingenieursystem ist die *Datenverwaltungskomponente*. Sie hat die Aufgabe, die primären Entwurfsdaten der Entwurfsobjekte, die Metainformation über die Entwurfsobjekte und darüber hinaus die Informationsstrukturen, die sich aus einer Abbildung des Entwurfsumgebungsmodells ergeben, durchgängig und einheitlich zu verwalten.

- Zur Abbildung der aufgeführten *Teilmodelle* zur Beschreibung einer Entwurfsumgebung werden in dem hier unterbreiteten Vorschlag eines integrierten Ingenieursystems eine Reihe von *Basisdienste* bereitgestellt, die an ihrer Schnittstelle die geforderte Funktionalität anbieten. In ihrer Gesamtheit bilden die Basisdienste eine Zusatzebene aufbauend auf der Datenverwaltungskomponente. Sie bieten eine anwendungsorientierte Systemschnittstelle an, die an den Anforderungen von technischen Entwurfsanwendungen ausgerichtet ist.

- Komplexe Entwurfsaufgaben werden von mehreren Entwerfern (kooperativ) durchgeführt. Daraus folgt, daß eine Anwendung in einem integrierten Ingenieursystem nicht isoliert abläuft, sondern vielmehr ein *Mehrbenutzerbetrieb* in einer verteilten Workstation/Server-Systemumgebung ermöglicht werden muß. Die Organisation und Verwaltung eines Mehrbenutzerbetriebes hat natürlich Konsequenzen auf die Art und Weise der *Verteilung der angesprochenen Basisdienste*, insbesondere was deren Aufteilung zwischen Server- und Workstation-Seite anbelangt.

Systemarchitektur eines integrierten Ingenieursystems basierend auf einem Workstation/Server-Datenbanksystem

Die Systemarchitektur ist in Bild 6.19 abgebildet. Zur Datenverwaltung wird das in Kapitel 4 vorgestellte WSDBS eingesetzt. Das PRIMA-Kernsystem bietet ein auf die Anforderungen der technischen Anwendungen zugeschnittenes Verarbeitungsmodell in verteilten Workstation/Server-Umgebungen an. Es ermöglicht eine Unterteilung der Entwurfsdaten auf eine globale Datenbank auf der zentralen Server-Seite und auf eine für jede Anwendung lokale Datenbank, deren Inhalt dynamisch während der Bearbeitung erstellt wird. Bereits im letzten Kapitel wurde an dem technischen Modellierungssystem TechMo die Eignung des Verarbeitungsmodells zur Bereitstellung und Verarbeitung der primären Entwurfsdaten demonstriert.

Neben einer Verwaltung der primären Entwurfsdaten erfordert eine Abbildung des oben beschriebenen Entwurfsumgebungsmodells Konzepte zur Versionierung komplexer Entwurfsdaten. Aufbauend auf dem PRIMA-Kernsystem wird hierfür eine eigene Komponente bereitgestellt, die **Objektversions-Verwaltungskomponente (OVV)**, die die Definition, Verwaltung und Handhabung versionierter Entwurfsdaten erlaubt.

Zentrale Idee der OVV-Komponente ist die Definition von Objekttypen auf einem gegebenen MAD-Schema. Ein Objekttyp ist zunächst über eine Reihe von Atom- und Link-Typen des zugrundeliegenden MAD-Schemas definiert, d.h., es wird darauf eine Sichtenbildung vorgenommen. Des weiteren wird festgelegt, ob ein Objekttyp versionierbar ist, also ob Versionen existieren können. Ist ein Objekttyp versionierbar, so müssen verschiedene Versionsparameter spezifiziert werden, die hier nicht weiter betrachtet werden sollen. Analog zur Definition von Links zwischen Atomtypen sieht die OVV-Komponente die Definition von Link-Typen zwischen den Objekttypen vor. Auch hier sind, ähnlich wie dies in Bild 6.3 für versionierte Entity-Typen dargestellt wurde, drei Beziehungsarten zwischen den Objekttypen zu unterscheiden, nämlich Beziehungen zwischen den Objektversionen der involvierten Objekttypen, zwischen den Objektversionen des einen und den Objekten des anderen Objekttyps sowie lediglich zwischen den Objekten der beteiligten Objekttypen.

Operationen	Semantik
DEFINE OBJECT_TYPE DEFINE LINK_TYPE	Definition eines komplexen, versionierbaren Objekttyps Definition von Links zwischen Objekttypen
CREATE, SELECT, DELETE bzw. UPDATE OBJECT	Operationen zum Erzeugen, Selektieren, Löschen bzw. Ändern eines (versionierten) Objektes
CREATE, SELECT bzw. UPDATE VERSION	Operationen zum Erzeugen, Selektieren bzw. Ändern einer Version eines Objektes

Bild 6.18: Die wichtigsten Operationen zur Handhabung von Objekten und
            Objektversionen

Die OVV-Komponente sieht neben Operationen zum Definieren und Anlegen von Objekttypen und Objektversionen auch Selektions- und Modifikationsoperationen vor (vgl. Bild 6.18). An der Verarbeitungsmodell-Schnittstelle werden diese Operationen ebenfalls angeboten, so daß von einem Anwendungsprogramm aus die Funktionalität der OVV-Komponente genutzt und die angesprochenen Objekte bzw. Objektversionen zur weiteren Verarbeitung in den Objektpuffer eingelagert werden können. Die OVV-Komponente ist als Zusatzebene auf der eigentlichen Datenmodell-Schnittstelle des PRIMA-Kernsystems realisiert, d.h., Objekte und Operationen an der OVV-Schnittstelle werden auf das MAD-Datenmodell abgebildet, so daß das PRIMA-Kernsystem für die eigentliche Verwaltung der versionierten Objekte zuständig ist.

Das von der OVV-Komponente angebotene Versionenmodell ist damit gut zur Abbildung des Entwurfsobjekt-Modells geeignet. Die Partial_DO-Entities werden auf verschiedene Objekttypen abgebildet, zwischen denen dann Link-Typen zu definieren sind, um so den Aufbau eines DO-Entities zu repräsentieren. Die Zusammensetzung eines DO-Entities ist mit einem Konfigurationsvorgang verknüpft. Dies hat zur Folge, daß eine **Konfigurationskomponente** ebenfalls in der Systemarchitektur vorgesehen ist.

Die Abbildung der übrigen Teilmodelle erfordert die Spezifikation weiterer Basiskomponenten und deren Einordnung in den Architekturrahmen. In den bisherigen Ausführungen wurde insbesondere auf das Entwurfsprozeß- und das Entwurfskooperations-Modell eingegangen, so daß hier deren Abbildung näher betrachtet werden soll. In Bild 6.16 sind die Informationsstrukturen zur Beschreibung der Entwurfsumgebungsdaten der beiden Teilmodelle sowie zur Anbindung an die primären Entwurfsdaten aufgezeigt. Diese Entwurfsumgebungsdaten werden ebenfalls über ein MAD-Schema beschrieben und in der globalen Datenbank abgelegt. Die beiden **Komponenten Design-Manager und Kooperationsmanager** übernehmen die Aufgabe einer Abbildung der beiden genannten Teilmodelle. Die Komponente des Design-Managers stellt Operationen zur Verwaltung der DA- und DOP-Aktivitätsträger (vgl. Bild 6.9 und Bild 6.10) sowie zur Handhabung der Features (Erzeugen, Löschen, Modifizieren, Auswerten, Beziehungen zu DOs, DOVs bzw. DAs knüpfen oder lösen usw.) bereit. Die Kooperationsmanager-Komponente bietet die in Bild 6.17a aufgeführten Operationen der drei Kooperationsbeziehungen an. Darüber hinaus muß die Komponente die Wahrung der Kooperationsprotokolle, die auf den Kooperationsbeziehungen definiert sind und Einfluß auf die Abfolge der Kooperationsoperationen haben, gewährleisten. Um eine atomare Abarbeitung der Operationen der beiden Komponenten zuzusichern, wird jede Operation als eine eigene Datenbank-Transaktion realisiert. Dies hat zur Folge, daß der DB-Zustand der Entwurfsumgebungsdaten immer den aktuellen Entwurfszustand widerspiegelt.

Eine eigene **Recovery- und Kompensationskomponente**, wie sie bereits an früherer Stelle angesprochen wurde, muß im Fehler- bzw. Konfliktfall die Entwurfsumgebungsdaten in der Datenbank explizit manipulieren und dem aktuellen neuen Entwurfszustand anpassen.

Für jede Basiskomponente ist zu klären, ob sie auf der Server- oder der Workstation-Seite der Systemarchitektur anzuordnen ist. Für das zugrundeliegende WS-DBS wurde bereits an früherer Stelle eine Aufteilung in *Server-DBS* und *Client-DBS* und deren Zuordnung zur Server- bzw. Workstation-Seite vorgestellt. Die OVV-Komponente ist als eine Zusatzkomponente auf dem Server-DBS realisiert und wird direkt auf der Server-Seite angeordnet.

Für die Design-Manager- und die Kooperationsmanager-Komponente ist zu beachten, daß die angebotenen Operationen nicht isoliert für eine Entwurfsanwendung abgearbeitet werden können. Vielmehr benötigen die meisten Operationen der beiden Komponenten Informationen über den aktuellen Entwurfszustand der übrigen beteiligten Entwurfsanwendungen. Werden die Komponenten jeweils auf Workstation-Seite angeordnet, so ist eine ständige Abstimmung zwischen den verteilten Systemkomponenten notwendig. Die Systemarchitektur in Bild 6.19 sieht vor, die Kooperationsmanager-Komponente ganz und die Design-Manager-Komponente teilweise auf der Server-Seite anzuordnen. Durch die Forderung, jede Operation der beiden Komponenten als eigene Datenbank-Transaktionen zu realisieren, wird gewährleistet, daß die Operationen stets unter Berücksichtigung des aktuellen Entwurfszustandes sämtlicher am Entwurfsvorgang beteiligter Anwendungen durchgeführt werden. Die Design-Manager-Komponente auf Workstation-Seite hat die Aufgabe, eine Ablaufumgebung für die vom Anwender gestarteten Aktivitätsträger bereitzustellen. Auch die Logging- und Recovery-Komponente muß zur Durchführung ihrer Aufgaben auf der Workstation- und der Server-Seite angeordnet sein. Der Architekturvorschlag in Bild 6.19 sieht vor, die Konfigurations-, Browsing- und Tooleinbettungskomponente ebenfalls auf Workstation-Seite zu integrieren. Die damit realisierten Basisdienste sind für das Konfigurationsmanagement, für das Navigieren und den Zugriff auf den Entwurfsobjektdaten sowie für die Einbindung der Entwurfswerkzeuge zuständig.

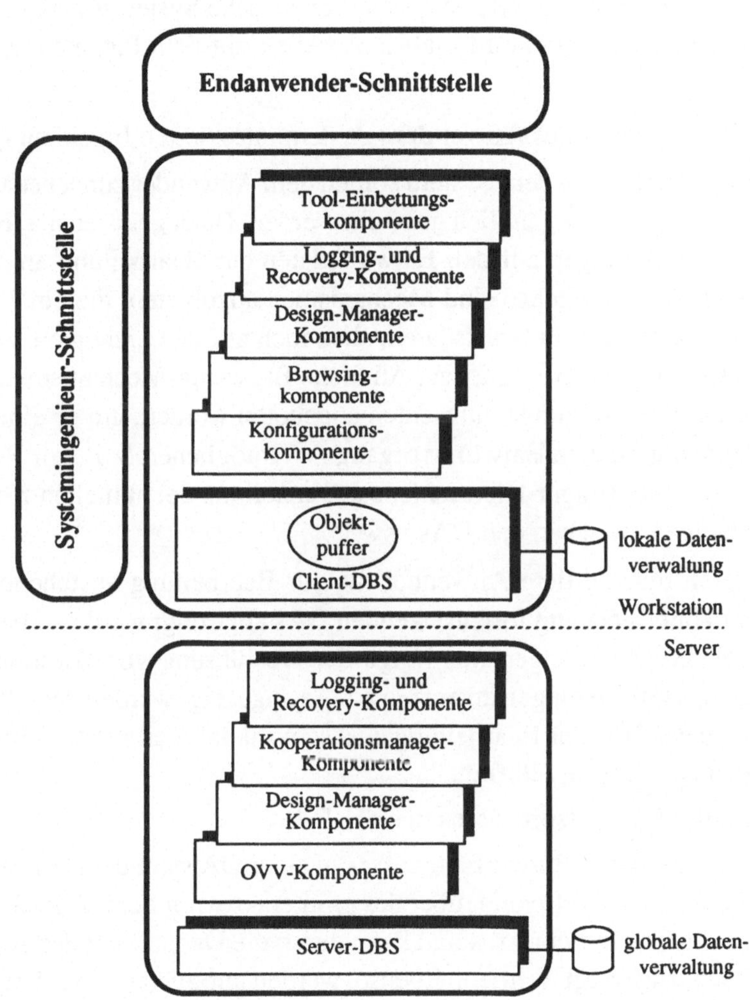

Bild 6.19: Verfeinerte Systemarchitektur eines integrierten Ingenieursystems

Benutzerschnittstelle eines integrierten Ingenieursystems

Für den Zugang zu einem integrierten Ingenieursystem sind zwei verschiedenartige Benutzerschnittstellen zu unterscheiden: die Systemingenieur-Schnittstelle und die Endanwender-Schnittstelle. Die **Systemingenieur-Schnittstelle** bietet Operationen zum Aufbau und zur Verwaltung der Entwurfsumgebungsdaten an, also beispielsweise zur Benutzerverwaltung, zur Integration von neuen Werkzeugen, zum Einbringen von Entwurfsabläufen etc.

Die **Endanwender-Schnittstelle** ist als eine graphische Systemoberfläche aufgebaut, die dem Ingenieur ein komfortables Arbeiten mit dem Ingenieursystem erlaubt:

- **Allgemeiner Zugang des Anwenders** zu dem integrierten Ingenieursystem

  Nach dem Anmelden an dem System sollten dem Anwender zunächst allgemeine Systemfunktionen zugänglich gemacht werden. Dazu gehören u.a. Möglichkeiten, ad hoc-Anfragen auf den Entwurfsdaten zur Bearbeitung an das DBS absetzen zu können. Ebenso sind Mechanismen anzubieten, die ein komfortables Browsing auf den Entwurfsdaten, aber auch auf den erzeugten Versionen bzw. Konfigurationen ermöglichen. Ähnliche Browsing-Mechanismen müssen auch auf den Entwurfsumgebungsdaten angeboten werden, um so einen Überblick über den gesamten Entwurfsvorgang zu ermöglichen (z.B. zur Repräsentation der Aktivitätsträger-Hierarchie, zur Darstellung der aktuellen Kooperationsbeziehungen zwischen den DAs usw.).

  Des weiteren müssen dem Anwender die zur Bearbeitung anstehenden bzw. nach einer Unterbrechung fortzusetzenden DAs angezeigt werden. Hier sollten auch mögliche Mitteilungen (als Folge der Ausführung von Aktionen) bzw. Verhandlungsanforderungen an einzelne DAs angezeigt werden. Wählt der Anwender eine der DAs zur Bearbeitung aus, so wird dafür an der Systemoberfläche ein eigenes Fenster geöffnet.

- Fortsetzen des Entwurfsprozesses in einer DA

  Zur Durchführung des Entwurfsprozesses in einer DA steht dem Anwender ein eigenes Fenster zur Verfügung, über das er interaktiv mit der DA in Beziehung steht. Der aktuelle Entwurfszustand kann durch die Darstellung des Abhängigkeitsgraphen angezeigt werden. Ebenso werden mögliche Mitteilungen von Aktionen bzw. Verhandlungsanforderungen in geeigneter Weise dargestellt. Dem Anwender werden über spezielle Menüleisten die Operationen der Basiskomponenten angeboten, die er zur Fortführung des Entwurfsprozesses in der DA aktivieren und durchführen kann. Auch in einer DA ist ein dedizierter Browsing-Mechanismus bereitzustellen. Dies ist insbesondere für den Konfigurationsvorgang von Interesse. Hierzu wurde eine spezielle graphische Oberfläche konzipiert, die eine Unterstützung des Konfigurationsvorganges in einer konkreten Systemumgebung durch einen geeigneten Browsing-Mechanismus beschreibt. Wird in einer DA eine DOP aktiviert, so wird dafür ein weiteres Subfenster geöffnet.

- Abarbeiten einer DOP

In einer DOP geschieht die eigentliche Verarbeitung der primären Entwurfsdaten durch eine Aktivierung der entsprechenden Entwurfswerkzeuge. Dies bedeutet, daß in einer DOP über spezielle Menüleisten Operationen zum Aktivieren der Entwurfswerkzeuge bzw. Operationen zur Datenversorgung angeboten werden müssen. Bei Beendigung einer DOP wird das zugehörige Darstellungsfenster geschlossen.

Realisierung eines integrierten Ingenieursystems in einem Client/Server-Systemansatz

Zur Realisierung eines integrierten Ingenieursystems wird hier ein Client/Server-Architekturansatz verfolgt. Dabei wird ein komplexes Anwendungssystem (also in diesem Fall das Ingenieursystem) in eine Reihe von Systemkomponenten zerlegt, deren Zusammenspiel nach dem Client/Server-Prinzip erfolgt /SE86/. Dazu wurde ein spezielles Client/Server-Modell entwickelt, dem folgende allgemeine Anforderungen zugrundegelegt wurden:

- Jede Systemkomponente kann die *Rolle eines Servers* für andere Komponente übernehmen (Auftragnehmer) und *gleichzeitig als Client* (Auftraggeber) für weitere Komponenten auftreten. Ein Server erbringt also eine bestimmte Dienstleistung, indem er eine Reihe von Funktionen anbietet, die von den auftraggebenden Komponenten in Anspruch genommen werden können und er kann umgekehrt selbst wieder Dienste von anderen Komponenten anfordern.

- Ein *Aufruf an einen Server* (also ein Auftrag) erfolgt *asynchron*, d.h., er besteht aus der Auftragserteilung und einer davon getrennten Ergebnisentgegennahme. Dies ermöglicht die Erteilung paralleler Aufträge an andere Anwendungskomponenten sowie eine mögliche Weiterverarbeitung in der erteilenden Komponente bis zur nächsten Interaktion mit einem der aufgerufenen Server.

- Um mehrere unabhängige Aufträge absetzen zu können, muß umgekehrt ein Server in der Lage sein, eine *beliebige Anzahl von Aufträgen entgegenzunehmen* und diese unabhängig voneinander entsprechend einer vorgegebenen Prioritätenregelung zu bearbeiten.

Die Bereitstellung und Realisierung eines Basisdienstes, an dessen Schnittstelle die Funktionalität des Client/Server-Modells angeboten wird, geschieht durch das **Remote-Cooperation-System (RC-System)** /GHKSS91, HKS91/, das an seiner Schnittstelle von Betriebssystemeigenschaften der zugrundeliegenden Rechner sowie der aktuellen Hardware-Umgebung abstrahiert.

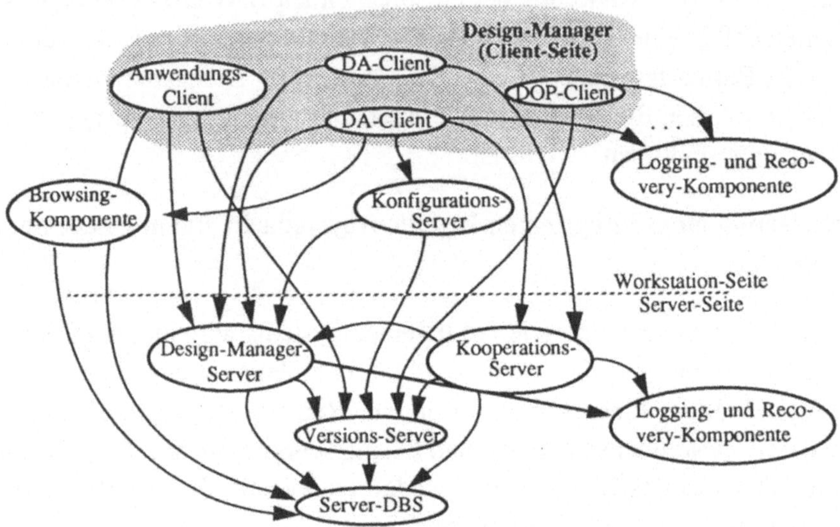

Bild 6.20: Client/Server-Struktur des vorgeschlagenen integrierten Ingenieursystems

In Bild 6.20 ist eine Abbildung der Basiskomponenten auf die angesprochene Cli-
ent/Server-Architektur dargestellt. Auf Workstation-Seite sind mehrere Client-
Komponenten angeordnet. Ein Service auf Workstation-Seite muß für jede Anwendung in der Entwurfsumgebung eigens aktiviert werden.

Der Anwendungs-Client wird beim Systemstart auf der Workstation aktiviert und
stellt den erwähnten allgemeinen Zugang bereit. Die übrigen Client-Komponenten
übernehmen die Abbildung der Aktivitätsträger einer Anwendung. Für jede DA,
die ein Anwender während seiner Sitzung aktiviert, wird ein DA-Client generiert.
Dies gilt sowohl für DAs, die erstmalig gestartet werden (Übergang vom Zustand
INITIATED nach ACTIVE, vgl. Bild 6.9), als auch für solche, die zuvor unterbro-
chen und jetzt fortgesetzt werden sollen. Im letzteren Fall muß nach dem Start des
DA-Client zunächst der Zustand, der vor der Unterbrechung gültig war, wiederhergestellt werden (z.B. Aufbau des Abhängigkeitsgraphen, Bereitstellen der Entwurfsobjektversionen etc.). Dies ist die Aufgabe eines speziellen Recovery-Ser-
vices. Wird in einer DA eine DOP gestartet, so wird dafür ein eigener DOP-Client
generiert, der für den Ablauf der DOP verantwortlich ist. In Bild 6.20 ist kein eigener Service für den Client-DBS zu finden. Dies liegt darin begründet, daß in der
derzeitigen Realisierung der Client-DBS als Unterprogramm in die jeweilige An-

wendung eingebunden ist, d.h., er ist beispielsweise in einem DOP-Client oder dem Konfigurations-Server implizit enthalten. Die aufgezählten Client-Komponenten werden zur Abbildung der Design-Manager-Komponente auf Workstation-Seite benötigt. Die weiteren Server-Komponenten stellen die Funktionalität der verschiedenen Basiskomponenten bereit.

Die hier vorgestellten Konzepte zum Aufbau eines integrierten Ingenieursystems wurden in einem Prototypen, der *EUMEL-Entwurfsumgebung*, weitgehend realisiert. Die EUMEL-Entwurfsumgebung bietet eine Unterstützung für einen konkreten Ausschnitt eines Entwurfsbereichs. Die Architektur der Entwurfsumgebung entspricht der in Bild 6.20 dargestellten Client/Server-Struktur.

6.4 Resümee

In diesem Kapitel standen der strukturelle Aufbau eines formalen Modells zur allgemeinen Beschreibung von Entwurfsumgebungen sowie dessen Abbildung in einem DB-integrierten Ingenieursystem im Vordergrund. Natürlich können in einem formalen Entwurfsumgebungsmodell nur ein Teil der Aspekte und Ereignisse, die den Entwurfsvorgang beeinflussen, direkt unterstützt und abgebildet werden. So ist der tatsächliche Entwurfsvorgang häufig durch informelle Methoden bestimmt, die sich nicht rechnerseitig erfassen lassen, so daß deren Resultat nachträglich in geeigneter Weise im rechnerinternen Modell reflektiert werden muß. Ein Beispiel hierfür sind Absprachen zwischen Entwerfern, die in einem zwanglosen Gespräch in einer Arbeitspause getroffen werden.

Das vorgestellte anwendungsneutrale **Entwurfsumgebungsmodell** ist in mehrere Teilmodelle mit einer dedizierten Funktionalität untergliedert. In diesem Kapitel wurden die **Informationsstrukturen** zur Darstellung der Entwurfsumgebung sukzessive herausgearbeitet. Dabei wurde insbesondere auf die Repräsentation der Entwurfsobjekte (und den Entwurfsobjekt-Metadaten wie Versionen, Konfigurationen, Entwurfsobjekthierarchien usw.) sowie die Darstellung des dynamischen Entwurfsprozesses eingegangen, der über die eingeführten Aktivitätsträger modelliert wird. Aus Komplexitätsgründen abstrahiert das vorgestellte Entwurfsumgebungsmodell häufig von Detailinformationen.

Im Anschluß wurde ein Modell zur Unterstützung einer kooperativen Entwurfsvorgehensweise, ein Kooperationsmodell, vorgestellt. Ziel des Kooperationsmodells ist es, das Zusammenwirken zwischen den Aktivitätsträgern (bzw. den Ingenieuren, die diesen Aktivitätsträgern zugeordnet sind) geeignet zu unterstützen. Das Kooperationsmodell bietet dazu Mechanismen an, die zum einen ein wechselseitiges Verhandeln über die Auftragsspezifikation der Aktivitätsträger dynamisch während des Entwurfsprozesses ermöglichen und zum anderen einen qualifizierten Austausch von vorläufigen Versionen der erstellten Entwurfsobjekte (deren Qualität ist durch die Ist-Feature-Menge bestimmt) zwischen den Aktivitätsträgern erlauben.

Im letzten Abschnitt wurde auf eine mögliche Systemarchitektur zur Abbildung des Entwurfsumgebungsmodells näher eingegangen. Hierbei stand die Idee der Nutzung eines strukturell-objektorientierten Datenbanksystems zur integrierten Verwaltung der Produktdaten und der Entwurfsumgebungsdaten im Vordergrund. Die hier unterlegte strukturell-objektorientierte Datenmodell-Schnittstelle und die eher navigierende Verarbeitungsmodell-Schnittstelle sind nach dem bisherigen Kenntnisstand gut geeignet, den Anforderungen von technischen Anwendungen gerecht zu werden. Grundlage einer durchgängige Entwurfsunterstützung in dem beschriebenen Systemansatz ist eine Modellierung und Abbildung der Entwurfsumgebungsdaten. An einer anwendungsorientierten Systemschnittstelle wird die hierzu erforderliche Funktionalität bereitgestellt, die über eine Reihe von Basiskomponenten realisiert wird. In dem vorgestellten Systemansatz wird versucht, die in Abschnitt 2.2.4 angeführten drei Informationsstrukturen (also die primären Entwurfsdaten und die Metadaten der Entwurfsobjekte sowie die Entwurfsumgebungsdaten) integriert zu verwalten, so daß die Beziehungen explizit erfaßt und darauf rechnerseitig Bezug genommen werden kann.

7 Zusammenfassung und Schlußbemerkungen

Bislang hat die Rechnerunterstützung in den verschiedenen Entwurfsbereichen zu einem unterschiedlichen Integrationsgrad der eingesetzten Werkzeuge und des gesamten Entwurfsvorgangs geführt. Vor allem in der mechanischen Konstruktion sind heute immer noch sehr viele isolierte CAD-Systemlösungen vorzufinden. Ein Datenaustausch zwischen den Systemen geschieht meist über Austauschformate, was jedoch i.alg. mit einem Informationsverlust sowie der Einführung von Datenredundanzen verbunden ist. Ansätze einer durchgängigen Unterstützung des Entwurfsvorgangs sind bislang nur in speziellen Anwendungspaketen realisiert. In anderen Entwurfsbereichen, insbesondere beim VLSI-Entwurf, ist bereits heute ein höherer Integrationsgrad zu verzeichnen. Die (z.T. kommerziell) verfügbaren CAD-Frameworks stellen hier einen Software-Rahmen zur Verfügung, der neben allgemeinen Service-Leistungen für eine konkrete Entwurfsumgebung auch die Einbindung von (kundenspezifischen) Werkzeugen zur Durchführung des Entwurfsvorgangs vorsieht.

Als Schwerpunkt der Ausführungen in diesem Buch wurde ein *Weg zur DB-Integration in technischen Entwurfsanwendungen* aufgezeigt. Die Ausführungen beziehen sich hauptsächlich auf die Entwurfsphase eines Objektes; die vorgestellten Konzepte und Lösungswege können allerdings durch entsprechende Erweiterungen zur Einbeziehung der nachgeschalteten Entwicklungsphasen (z.B. der Fertigungsvorbereitung bzw. der Fertigung) genutzt werden, was dann zu einer Gesamtintegration führt, wie sie heute allgemein unter dem Begriff CIM (Computer Integrated Manufacturing, CIM) verstanden wird.

Der durch unterschiedlich detaillierte Systemanalysen motivierte Integrationsansatz ist durch drei Hauptmerkmale charakterisiert:

- Einsatz **angepaßter Datenbanktechnologie** - geeignete DBS-Architekturen und leistungsfähige Datenverarbeitungsmodelle

- Entwicklung und Nutzung **verbesserter Modellierungswerkzeuge**

- Umfassende und durchgängige Unterstützung des gesamten Entwurfsvorgangs durch eine **integrierte Entwurfsumgebungsmodellierung**

Workstation/Server-DBS als Vehikel zur DB-Integration

Die Integration der Daten bildet die zentrale Grundlage des vorgestellten Integrationsansatzes. Dabei sind sowohl

- die **Daten der Entwurfsobjekte**, die die primären Entwurfsdaten und deren Unterteilung entsprechend den Partialmodellen sowie die strukturellen Informationen der Entwurfsobjekte beinhalten als auch

- die sonstigen **Entwurfsumgebungsdaten**, die eine Beschreibung der weiteren für eine Entwurfsumgebung relevanten Elemente liefern,

in einem durchgängigen Modell reflektiert. Durch die integrierte Betrachtungsweise der hierdurch explizit gemachten Informationen ist es möglich, die wechselseitigen Beziehungen zu erfassen und zu verwalten.

Die Umsetzung der datenorientierten Integration setzt DB-Konzepte voraus, die geeignete Lösungen bzgl. der hier analysierten Problembereiche anbieten:

- **Modellierung** (es existieren komplex-strukturierte Objekte),

- **Verarbeitung** (es sind angepaßte und äußerst effiziente Zugriffsmöglichkeiten erforderlich),

- **Verteilung** (die Ablaufumgebung heutiger Ingenieursysteme ist durch Workstation/Server-Netzwerke bestimmt),

- **Ablaufsteuerung** (lang andauernd, intern-strukturierte Abläufe sind zu kontrollieren).

Aus Sicht des praktischen DB-Einsatzes liegt der Schwerpunkt des Interesses bei der Verarbeitungs- bzw. bei der Verteilungsproblematik, da hierdurch die unmittelbare Leistungsfähigkeit und damit die Effizienz und die Akzeptanz eines DB-integrierten Ingenieursystems betroffen sind. Im Mittelpunkt der Diskussion steht daher der Begriff des **Verarbeitungsmodells**, genauer des Verarbeitungsmodells an der Anwendungsschnittstelle eines auf die Bedürfnisse technischer Anwendungen hin ausgerichteten sog. Nicht-Standard-DBS (NDBS). Das Verarbeitungsmodell legt dabei fest, *was* (d.h. welche Strukturen und Datengranulate), *wie* (also mit welchen Operationen), *wann* (zu welchem Zeitpunkt) und *wo* (d.h. in welcher Umgebung, dem Anwendungsprogramm oder dem DBS) generiert, geändert, gelesen bzw. gelöscht werden kann.

Auf die Ergebnisse der analytischen Betrachtungen aufbauend konnten Konzepte erarbeitet werden, die sowohl eine geeignete Handhabung und Organisation komplex-strukturierter Verarbeitungsgegenstände in einer verteilten Systemumgebung vorsehen als auch deren Anbindung und programmiersprachliche Einbettung ermöglichen. Im Mittelpunkt stand dabei der Begriff des **Workstation/Server-Datenbanksystems**. Die Anforderungen an Server- und Client-Seite eines solchen WSDBS konnten anhand der zentralen DBS-Eigenschaften Datenunabhängigkeit, Datenschutz/-sicherheit, Ablaufkontrolle, Erweiterbarkeit, Effizienz, Ortstransparenz und schließlich Autonomie herausgearbeitet und bewertet werden.

Gestützt auf diese Einordnung der wesentlichen Systemeigenschaften wurde ein Vorschlag für eine WSDBS-Architektur vorgestellt. Die Funktion und der Aufbau des Server-DBS ist dabei überwiegend beeinflußt durch die Aspekte Datenunabhängigkeit, Ablaufkontrolle sowie Fehlerautonomie, wohingegen die konkrete Struktur des Client-DBS stärker durch die Aspekte Effizienz, Ablaufkontrolle und Ablaufautonomie bestimmt ist. Ein Hauptziel und damit eine wesentliche Aufgabe der Client-Seite ist die Nutzung vorhandener Zugriffslokalität sowie die möglichst enge und effiziente Anbindung der lokalen Daten an die Programme der Anwendung. Als zentraler Bestandteil eines Client-DBS dient daher der **Objektpuffer**, als rein hauptspeicherbasierte Datenstruktur, zur *anwendungsnahen Pufferung* client-seitig benötigter Verarbeitungsgegenstände.

Neben der Aufgabenverteilung zwischen Client- und Server-DBS und den damit zusammenhängenden Schnittstellenfragen wurden die dynamischen Aspekt, also das Zusammenspiel zwischen Client- und Server-DBS anhand der entsprechenden Maßnahmen zur Ablaufkontrolle und Ablaufstrukturierung erläutert. Dabei wurden ausschließlich elementare technische Ablaufeinheiten betrachtet. Diese sind i.allg. von langer Dauer, erhalten in einer eingeschränkten Art und Weise die Konsistenz der Daten, werden voneinander isoliert abgewickelt und sind bzgl. ihrer Auswirkungen dauerhaft. Aufgrund ihrer langen Dauer ist eine interne Strukturierung notwendig, was beispielsweise - wie hier vorgeschlagen - in Form von Sicherungspunkten erfolgen kann. Die Diskussion der möglichen Fehlersituationen und der entsprechenden Maßnahmen bzw. Protokolle zu deren Behandlung konnte anhand von Ablauf- und Zustandsdiagrammen das hohe Maß an Ablaufautonomie verdeutlichen, das durch die vorgeschlagene Aufgabenverteilung zwischen Client und Server-DBS ermöglicht wird.

Bei der Diskussion der Verarbeitungsproblematik stellt neben der Daten- und Aufgabenverteilung in einer workstation-orientierten Ablaufumgebung die Anbindung und die programmiersprachliche Einbettung der komplex-strukturierten Verarbeitungsgegenstände einen zweiten, wichtigen Fragenkomplex dar. Hierzu wird ein

hierarchisches Cursor-Konzept als von der jeweiligen Wirtssprache unabhängiger Mechanismus vorgeschlagen und dessen wichtigsten Operationen erläutert.

Bereitstellen von angepaßten Modellierungswerkzeugen

Die eingesetzten Modellierungswerkzeuge müssen in der Lage sein, ein **rechnerinternes Produktmodell** (RIPM) zur Repräsentation der Entwurfsobjekte aufzubauen, das die Grundlage für eine *durchgängige Entwurfsunterstützung* bildet. Das bedeutet, daß einerseits alle relevanten Eigenschaften des Entwurfsobjektes im RIPM (d.h. in den Partialmodellen, in die das RIPM aufgeteilt ist) abzubilden sind, und daß andererseits die hierarchische Struktur aller im Entwurfsvorgang eingehenden Entwurfsobjekte ebenfalls explizit in dem RIPM beschrieben ist.

Dies erfordert besonders im mechanischen Konstruktionsbereich die *Entwicklung von neuen Modellierungswerkzeugen*. In Kapitel 2 wurden eine Reihe von verbesserten Modellierungsansätzen aufgeführt. In diesem Buch wurde ein technischer Modellierungsansatz als Zugang zur integrierten Entwurfsunterstützung in der mechanischen Konstruktion vorgestellt. Der Modellierungsansatz zeichnet sich durch das Bereitstellen und die Verwaltung von Objekten und Operationen aus, die sich mehr an der Entwurfsvorgehensweise eines Konstrukteurs orientieren, als dies bislang in den meisten konventionellen (geometrischen) Modellierungssystemen der Fall ist.

Dahinter steht die Idee, die vom Konstrukteur im Entwurfsprozeß eingebrachte "Kreativität", soweit möglich, rechnerseitig formal zu erfassen und im Produktmodell abzulegen, um so die Grundlage für eine zusammenhängende Betrachtungsweise auf den Entwurfsobjekten zu schaffen. Dies betrifft sowohl die hierarchische Strukturierung der Entwurfsobjekte als auch deren Konstruktionsablauf bzw. die anschließenden Phasen der Fertigungsvorbereitung und der Fertigung. Der hier vorgestellte **technische Modellierungsansatz** zeichnet sich durch nachfolgend aufgeführte Eigenschaften aus, in denen er sich zum Teil wesentlich von den bisher bekannten Modellierungsansätzen unterscheidet:

- Im technischen Modellierungsansatz wird eine *Top-Down-Entwurfsvorgehensweise* berücksichtigt. Diese sieht vor, daß der Entwurf immer von einer kompletten Anlage oder Maschine über die Baugruppenzusammensetzung hin zu den Einzelteilen als den Basiselementen der Baugruppenstruktur abläuft. Für jede Baugruppe bzw. für jedes Einzelteil wird eine eigene Aufgabenstellung spezifiziert. Diese *Aufgabenstellung* steht sowohl zu den Aufgabenstellungen der anderen technischen Objekte in der Hierarchie als auch zu den korrespondierenden technischen Entwurfsobjekten in Beziehung.

- Die **technische Objektstruktur**, die im technischen Partialmodell eingebunden ist, ist die zentrale Entwurfsobjektstruktur. Darin werden sämtliche technische Objekte, die während des Baugruppen- und des Einzelteilentwurfs vom Konstrukteur in den Entwurfsvorgang einbezogen werden, erfaßt und ihre Beziehungen zu den übrigen technischen Objekten gewartet. Ausgehend von einem bestimmten technischen Objekt werden dann dessen funktionalen, technologischen und gestalterischen Eigenschaften in den übrigen Partialmodellen abgelegt.

- Auf der Basis des technischen Objektbegriffs ist es die Aufgabe der **technisch-funktionalen Abhängigkeiten**, eine explizite Beschreibung der Semantik eines technischen Objektes in seiner Struktur, Technologie und Funktion sowie der Beziehungen zu anderen technischen Objekten bzw. zu den technischen Operationen zu realisieren. Die Aufgabenstellungen werden in dem vorgestellten Ansatz ebenfalls über die technisch-funktionalen Abhängigkeiten dargestellt und spezifiziert. Zur formalen Beschreibung der technisch-funktionalen Abhängigkeiten wurde eine eigene Sprache eingeführt.

- Die beim technischen Modellieren angebotenen **technischen Operationen** orientieren sich an den technischen Objekten. Die Ausführung einer Operation muß die technisch-funktionalen Abhängigkeiten berücksichtigen bzw. in den Operationsablauf einbinden.

Mit der Beschreibung des *TechMo-Systems* wurde schließlich auf die Konzeption und Realisierung eines *DB-gestützten technischen Modellierungssystems* eingegangen, womit die prinzipielle Tauglichkeit des Modellierungsansatzes und der DB-seitigen Datenverwaltung belegt wurde. Als Erweiterung zu der Basisversion wurde ein Weg aufgezeigt, wie die technisch-funktionalen Abhängigkeiten in einer Zusatzebene auf dem eingesetzten strukturell-objektorientierten DBS verwaltet und in den Ablauf einer technischen Operation einbezogen werden können.

Ein Entwurfsumgebungsmodell als Grundlage einer durchgängigen Entwurfsunterstützung

Rechnergestützte Integration in den technischen Entwurfsanwendungen bedeutet eine für den Entwerfer *durchgängige Unterstützung während des gesamten Entwurfsablaufs*. Um die geforderte Durchgängigkeit in einem integrierten Ingenieursystem zu bewerkstelligen, ist der Aufbau und die Verwaltung sowohl eines ganzheitlichen *rechnerinternen Produktmodells* als auch eines umfassenden *Entwurfs-umgebungsmodells* erforderlich, in dem alle relevanten Elemente der Umgebung berücksichtigt und deren wechselseitigen Beziehungen reflektiert werden.

Der hier vorgestellte Modellansatz zur Repräsentation einer Entwurfsumgebung unterscheidet zwischen einem anwendungsneutralen Entwurfsumgebungsmodell, dem Strukturmodell, in dem alle wesentlichen Modellelemente einer Entwurfsum-gebung eingeführt und deren Beziehungen aufgezeigt werden, ohne daß damit ein konkreter Entwurfsbereich modelliert wird. Dies erfolgt in einem weiteren Model-lierungsschritt in den anwendungsspezifischen Bereichsmodellen.

In dem entwickelten Modell zur Beschreibung einer Entwurfsumgebung konnten sechs Teilmodelle identifiziert werden. Mit dem Entwurfsobjekt-, Entwurfspha-sen-, Entwurfswerkzeug- und dem Entwurfssubjekt-Modell werden die statischen Elemente einer Entwurfsumgebung modelliert. Zur Abbildung des dynamischen Entwurfsprozesses werden zwei weitere Teilmodelle eingeführt, das Entwurfspro-zeß- und das Entwurfskooperations-Modell, die zum einen den dynamischen Ent-wurfsablauf und zum anderen die Wechselwirkungen zwischen den Ingenieuren, die am Entwurfsprozeß beteiligt sind, modellseitig erfassen. In /BHJRSW91/ wird ein Entwurfsmodell für technische Informationssysteme vorgeschlagen, das ins-gesamt fünf Teilmodelle enthält, die mit den vier erstgenannten Modellen zu ver-gleichen sind. Das dort eingeführte Entwurfsablaufmodell umfaßt sowohl Aspekte des Entwurfsphasen- als auch des Entwurfsprozeß-Modells, d.h., es wird keine kla-re Unterscheidung der beiden Modelle vorgenommen. Für das Entwurfskoopera-tions-Modell gibt es in dem Vorschlag kein entsprechendes Teilmodell.

In diesen Ausführungen wurde eine Detaillierung insbesondere des Entwurfsob-jekt-, Entwurfsprozeß- und des Entwurfskooperations-Modells durchgeführt und es wurden die wichtigsten Informationsstrukturen herausgearbeitet, so daß die Zu-sammenhänge zwischen den Modellelementen aufzeigt werden konnten.

Das **Entwurfsobjekt-Modell** repräsentiert die Entwurfsobjekte in der Entwurfs-umgebung. Es ist mit dem eingeführten rechnerinternen Produktmodell zu verglei-chen, wenngleich im Entwurfsobjekt-Modell keine detaillierte Beschreibung der primären Entwurfsdaten erfolgt. Es stellt eine ganzheitliche Sichtweise auf den in einer hierarchischen Objektstruktur angeordneten Entwurfsobjekten in den Vor-dergrund. Zur expliziten Beschreibung der geforderten Eigenschaften eines Ent-wurfsobjektes werden Features eingeführt. Für ein Entwurfsobjekt werden wäh-rend des Entwurfs *Versionen* angelegt, deren Qualität über die in einer Version er-füllten *Features* definiert ist, die für das Entwurfsobjekt spezifiziert wurden.

Das **Entwurfsprozeß-Modell** stellt spezielle *Aktivitätsträger* bereit, die eine Abbildung des dynamischen Entwurfsvorgangs sicherstellen. Damit werden die in Betrieben vorzufindenden Aufträge bzw. Auftragshierarchien sowie deren Bearbeitung abgebildet.

In technischen Entwurfsumgebungen ist eine kooperative Entwurfsvorgehensweise zwischen den an einem gemeinsamen Entwurf beteiligten Ingenieuren gefordert. Deren Zusammenwirken ist über das Erreichen eines übergeordneten, gemeinsamen Ziels bestimmt. Die Wechselwirkungen zwischen den Ingenieuren ergeben sich zum einen aus den Abhängigkeiten zwischen den Aufträgen, die von den Ingenieuren zu bearbeiten sind, und zum anderen aus der gegenseitigen Nutzung der zu entwerfenden Objekte. Das **Entwurfskooperations-Modell** bietet Mechanismen an, die ein Verhandeln und Verfeinern über die jeweils vorgegebene Auftragsspezifikation zwischen den beteiligten Ingenieuren vorsieht, bzw. die den qualifizierten Austausch von vorläufigen Entwurfsdaten, d.h. noch nicht vollständig entworfenen Entwurfsobjekten, ermöglicht.

Das in diesem Buch vorgestellte Entwurfsumgebungsmodell zeigt in seiner Struktur Ähnlichkeit zu einem CAD-Framework. So sind etwa das Entwurfsobjekt-Modell mit der Objektbibliothek in Frameworks, das Entwurfsphasen-Modell mit dem Design-Manager oder das Entwurfswerkzeug-Modell mit den Tools und der Tool-Integrationsschnittstelle vergleichbar. Die wesentlichen Unterschiede sind in der Allgemeingültigkeit des vorgestellten Modellierungsansatzes und der hier erfolgten einheitlichen und durchgängigen Modellierung der Entwurfsobjekt-Daten und der übrigen Entwurfsumgebungsdaten zu sehen. Darüber hinaus wird durch das Entwurfskooperations-Modell ein Mechanismus angeboten, der die Wechselwirkungen zwischen parallel arbeitenden Ingenieuren unterstützt; ein Aspekt, der bisher in der CAD-Framework-Diskussion vernachlässigt wurde. Zudem wird in den meisten CAD-Framework-Modellen (vgl. Kapitel 2.3.4) der Einsatz von DBS zwar diskutiert, aber i.allg. aus Performance-Gründen auf eine ganzheitliche Datenverwaltung durch ein DBS verzichtet. Hier in diesem Buch wurden dagegen die Ergebnisse aktueller Forschungs- und Entwicklungsarbeiten aus dem Bereich strukturell-objektorientierter DBS verwendet und auf die speziellen Anforderungen technischer Anwendungen in einer workstation-orientierten Ablaufumgebung ausgerichtet, so daß eine konkrete *Architektur eines DB-integrierten Ingenieursystems* vorgeschlagen und begründet werden konnte. Insgesamt wurde hiermit ein wichtiger Schritt in Richtung Nutzbarmachung neuerer Datenbanktechnologie im ingenieurwissenschaftlichen Anwendungsbereich geleistet.

8 Literatur

verwendete Abkürzungen:

BTW   Proceedings der GI-Fachtagung Datenbanksysteme in Büro, Technik und Wissenschaft, IFB, Springer-Verlag.

DAC   Proceedings of the ACM/IEEE Design Automation Conference.

HICSS   Proceedings of the Annual Hawaii International Conference of System Sciences.

SIGMOD   Proceedings of the ACM SIGMOD International Conference on the Management of Data.

VLDB   Proceedings of the International Conference on Very Large Databases.

Ab87   Abramovicz, K., et al: Datenbankunterstützung für Software-Produktionsuumgebungen, in: Tagungsband der GI-Fachtagung "Datenbank-Systeme für Büro, Technik und Wissenschaft", Darmstadt, 1987, Springer-Verlag, Informatik Fachberichte, Bd. 136, S. 116 - 131.

AB87   Atkinson, M., P., Bunemann, P.: Types and Persistence in Database Programming Languages, ACM Computing Surveys, Vol. 19, No. 2, 1987.

Ab89   Abeln, O.: Referenzmodell für CAD-Systeme, in: Informatik-Spektrum, Bd. 12, S. 43-46, 1889.

ABDDMZ89 Atkinson, M., Bancilhon, F., DeWitt, D., Dittrich, K., Maier, D., Zdonik, S.: The Object-Oriented Database System Manifesto, in: Proc. of the International Conference on Deductive and Object-Oriented Database Systems, Kyoto, 1989.

AFGH88   Abeln, O., Finkenwirth, K., Gnatz, R., Howein, W.: Refernzmodell für CAD-Systeme, in: Proc. der 18. Jahrestagung der Gesellschaft für Informatik, S. 705-721, Informatik Fachberichte Nr. 187, Springer, Hamburg, 1988.

AM88   Atkinson, M., P., Morrison, R.: Types, Bindings and Parameters in a Persistent Environment, in: Atkinson, M., P., Bunemann, P., Morrison, R.(eds.): Data Types and Persistence, Topics in Information Systems, Springer-Verlag, 1988.

An89   Anderl, R.: Integriertes Produktmodell, in: Zeitschrift für wirtschaftliche Fertigung und Automatisierung, Carl Hanser Verlag No. 12, 1989.

ANSI75   ANSI/X3/SPARC Study Group on Database Management Systems, in: Bulletin of the ACM SIGMOD, Vol. 7, No. 2, 1975, S. 1-140.

Ba88   Bancilhon, F., et al: The Design and Implementation of O^2, an Object-Oriented Database System, in Proc. of 2nd Workshop on Object-Oriented Database-Systems, Lecture Notes in Computer Science 334, Springer-Verlag, 1988.

BB86   Bechlartz, J., Buhtz, R.: GKS in der Praxis, Springer Verlag, 1986.

BD87   Born, G., Dittrich, G.: Einsatz von Arbeitsplatzrechnern in Labor und Produktion, in: Informationstechnik it, Heft 5, 1987, S. 316-326.

BDD85   Brägger, R.P., Diener, A., Dudler, A.: The Presentation of Private and Shared Data in a Federative Database Server, in: Tagungsband der GI-Fachtagung "Datenbank-Systeme für Büro, Technik und Wissenschaft", Karlsruhe, 1985, Springer-Verlag, Informatik Fachberichte, Bd. 94, S. 460-473.

BEEK84   Bayer, R., Elhardt, E., Kießling, W., Killar, D.: Verteilte Datenbanksysteme - eine Übersicht über den heutigen Entwicklungsstand, in: Informatik Spektrum Band 7, Heft 1, Springer-Verlag, 1984, S. 1 -19.

BHJRSW91   Berkel, T., Hübel, Ch., Jansen, H., Ruland, D., Siepmannn, E., Wilkes, W.: Technische Informationssysteme zur Unterstützung von Entwurfsprozessen, in: BTW, Kaiserslautern, 1991.

BJLM87   Blaser, A., Jarke, M., Lehmann, H. Müller, G.: Datenbanksprachen und Datenbankbenutzung, in: Datenbank Handbuch, Lockemann, P.C., Schmidt, J.W, Springer-Verlag, 1987, S. 563 - 636.

BK91   Barghouti, N.S., Kaiser, G.E.: Concurrency Control in Advanced Database Applications, in: ACM Computing Surveys, Vol. 23, No. 3, September 1991.

BKK85   Bancilhon, D.S., Kim, W., Korth, H.F.: A model of CAD transactions, in Proc. 11th VLDB Conf., Stockholm, 1985.

BW90   Bingley, P., van der Wolf, P.: A Design Platform for the NELSIS CAD Framework, in: 27th DAC, Orlando, 1990.

CB74   Chamberlin, D.D., Boyce, R.F.: SEQUEL: A Structured English Query Language, in: Proc. ACM SIGFIDET Workshop, 1974, S. 249-264.

Ch76   Chen, P.P.: The Entity-Relationship Model: Toward a Unified View of Data, in: ACM Trans. Database Systems, Vol. 1, No. 1, 1976, S. 9-36.

CM84   Copeland, G., Maier, D.: Making Smalltalk a Database System, in Proc. ACM SIGMOD, ACM Press, Juni 1984

CN89   Cornelio, A., Navathe, S.B.: Database Support for Engineering CAD and Simulation, in: Proc. of the 2nd Conf. on Data and Knowledge Systems for Manufacturing and Engineering, Gaithersburg, Oct. 1989.

Co70   Codd, E.F.: A Relational Model of Data for Large Shared Data Banks, in: CACM, Vol. 13, No. 6, S. 377-387, 1970.

Co78   CODASYL Data Description Language Comittee Report, Information Systems, Vol. 3, No. 4, pp. 247-320, 1978.

Da82   Date, C. J.: An Introduction to Database Systems, third editon, Addison Wesley-Verlag, 1982.

Da83   Date, C. J.: An Introduction to Database Systems, Vol.2, Addison-Wesley, Systems Programming Series, 1983.

Da84   Date, C., J.: Some Principle of Good Language Design with Special References to the Design of Database Languages, ACM SIGMOD Record, Vol.14, No.3, 1984, S. 1 - 7.

Da86   P. Dadam, et al.: A DBMS Prototype to Support Extended NF2-Relations: An Integrated View on Flat Tables and Hierarchies; in Proc. ACM SIGMOD Conf. on Management of Data, pp. 376 - 387, Washington, 1986.

Da88   Dadam, P., et al.: Managing Complex Objects in R^2D^2, in: Proc. HECTOR-Kongress, Karlsruhe, April 1988, Lecture Notes in Computer Science, Springer-Verlag, 1988.

Da89   Date, C., J.: A Guide to SQL Standard, Addison-Wesley, 2nd edition, 1989.

De90   Deux, O., et al: The Story of O2, in IEEE Transactions on Data and Knowledge Engineering, Vol. 2, No.1, March 1990.

DD89   Daniell, J., Director, S.W.: An Object Oriented Approach to CAD Tool Control Within a Design Framework, in: 26th DAC, Las Vegas, June 1989.

De90   Deßloch, S.: Enforcing Integrity in the KBMS KRISYS, in: 2nd International Workshop on Foundations of Models and Languages for Data and Objects, Aigen, Austria, 1990.

DGKOW86   Deppisch, U., Günauer, J., Küspert, K., Obermeit, V., Walch, G.: Überlegungen zur Datenbank-Kooperation zwischen Server und Workstations, in: Proceedings der 16. GI-Jahrestagung, Berlin, Informatik Fachberichte, Bd.126, Trondheim, LNCS 244, Springer-Verlag, 1986, S. 353-371.

DGL87   Dittrich, K.R., Gotthard, W., Lockemann, P.C.: DAMOKLES - the Database System for the UNIBASE Software Engineering Environment, IEEE Trans. on Database Engineering, Vol. 10, No. 1, 1987, S. 37-47.

DHMS90   Deßloch, S., Hübel, C., Mattos, N., Sutter, B.: KBMS Support for Technical Modeling in Engineering Systems, in: Proc. of the third International Conf. on Industrial & Engineering Applications of Artifical Intelligence & Expert Systems, Vol. II, Charleston, SC, July 1990.

Di86   Dittrich, K.R.: Object-Oriented Database Systems: The Notion and the Issues; in: Proc. Int. Workshop on Object-Oriented Database Systems, pp. 2-6, Pacific Grove, Ca., 1986.

Di87   Dittrich, K.R.: Controlled Cooperation in Engineering Database Systems, Proc. IEEE Conf. on Data Engineering, Los Angeles, USA, Feb. 1987.

Di88   Rehm, S., Raupp, T., Ranft, M., Längle, R., Härtig, M., Gotthard, W., Dittrich, K. R., Abramowicz, K.: Support for Design Processes in a Structurally Object-Oriented Database System; in Proc. 2nd int. Workshop on Object-Oriented Database Systems, 1988.

DKML85   Dittrich, K.R., Kotz, A.M., Mülle, J.A., Lockemann, P.C.: "Datenbankunterstützung für den ingenieurwissenschaften Entwurf", in: Informatik-Spektrum, Bd. 8, Heft 3, Springer-Verlag, 1985, S. 113-125.

DO87   Deppich, U., Obermeit, V.: Tight Database Cooperation in a Server-Workstation Environment, in: Proc. of 7th Int. Conf. on Distributed Computer Systems, Berlin, 1987.

DSW90   Dröge, G., Schek, H.-J., Wolf, A.: Erweiterbarkeit in DASDBS, Informatik - Forschung und Entwicklung, Vol. 5, No.4, Springer-Verlag 1990.

Eb84   Eberlein, W.: Architektur technischer Datenbanken für integrierte Ingenieursysteme, Dissertation, Erlangen, 1984.

EDIF87   N. N.: EDIF Electronic Design Interchange Format Version 200, Electronics Industries Association, Washington, 1987.

EGPR89   Eck, R., Goul, M., Philippakis, A., Richards, S.: Group Operating Systems for Decision Factories of the Future: An Extended Relational GDSS Architecture, in: 22th HICSS, Vol. II, 1989.

Eh91   Ehrlenspiel, K.: Auf dem Weg zur integrierten Produktenwicklung, in: VDI-Z Zeitschrift für integrierte Produktionstechnik, Bd. 133, Nr. 3, S. 16-21, 1991.

En91   Englesos, P.: Konzepte zur Modellierung, Verwaltung und Überprüfung von technisch-funktionalen Abhängigkeiten im technischen Modellierungsvorgang, Diplomarbeit, Universität Kaiserslautern, 1991.

EPT87   Ehrlenspiel, K., Pickel, H., Tropschuh, P.: CAD/CAM-Arbeitsplatzrechner im Maschinenbau, in: Informationstechnik it, Heft 5, 1987, S. 307-316.

ES92   Englesos, P., Sutter, B.: Technisch-funktionale Abhängigkeiten im technischen Modellierungsvorgang und deren Verwaltung durch einen DB-orientierten Systemansatz, in: Proceedings der GI-Fachtagung CAD '92 - Neue Konzepte zur Realisierung anwendungsorientierter CAD-Systeme, Springer-Verlag, Berlin, Mai 1992.

ESW88   Erbe, R., Südkamp, N., Walch, G.: An Application Program Interface for a Complex Object Database, Proc. 3rd. int. Conf. on Data and Knowledge Bases, Jerusalem, 1988. S 211-226.

FAR90   N.N.: Framework Architecture Reference, Draft Proposal, Architecture Task Group of the CAD Framework Initiative, Version 0.4, Boulder, Oct. 1990.

Fe89   Feldhusen, J.: Systemkonzept für die durchgängige und flexible Rechnerunterstützung des Konstruktionsprozesses, Schriftenreihe Konstruktionstechnik (Hrsg. W. Beitz), 16, Berlin, 1989.

Fi83   Fischer, W.E.: Datenbanksystem für CAD-Arbeitsplätze, Dissertation, Informatik-Fachberichte Nr. 70, Springer, Berlin, 1983.

Fi89   Fischer, W.: Technische Datenbanken - eine Lücke in der Praxis, in: CIM Management 6/89, Oldenbourg-verlag, S. 16 - 22, 1989.

FKKP90   Kenneth, W.F., Kleinfeldt, S., Kosarchyn, M., Perez, E.B.: Design Methodology Management - A CAD Framework Initiative Perspective, 27th DAC, Orlando, 1990.

GAHPS89   Grabowski, H., Anderl, R., Holland-Letz, V., Pätzold, B., Suhm, A.: An Integrated CAD/CAM-System for Product and Process Modelling, in: International Symposium on Advanced Geometric Modeling for Engineering Applications (IFIP & GI), Berlin, FRG, 1989.

GAPR88   Grabowski, H., Anderl, R., Pätzold, B., Rude, S.: The Development of Advanced Modelling Techniques-Meeting the Challenge of CAD/CAM-Integration, in: Proc. 4th CIM Europe Conference, May 1988.

GAS89   Grabowski, H., Anderl, R., Schmitt, M.: Das Produktmodellkonzept von STEP, in: VDI-Zeitschrift 131, Nr. 12, Dezember 1989.

GASS89   Grabowski, H., Anderl, R., Schilli, B., Schmitt, M.: STEP - Entwicklung einer Schnittstelle zum Produktdatenaustausch, in: VDI-Zeitschrift 131, Nr. 9, September 1989.

GBR88   Grabowski, H., Benz, T., Rude, S.: Integrierte Produktmodelle als Basis intelligenter CAD-Systeme, Vortrag gehalten auf dem Symposium "Erneuerung von Prozessoren und Erzeugnissen durch Schlüsseltechnologien", Magdeburg, 1988.

GE79   Grabowski, H., Eigner, M.: Anforderungen an CAD-Datenbanksysteme, in: VDI-Z, Nr. 12, 1979.

Ge90   George, J.F.: Systems to Support Organizations, in: 23th HICSS, Vol. II, Hawaii, 1990.

GHKSS91   Gesmann, M., Hübel, Ch., Käfer, W., Sutter, B., Schöning, H.: Messen und Bewerten paralleler Client/Server-Architekturen - am Beispiel des kooperierenden Non-Standard-Datenbanksystems PRIMA, in: Proc. der 6.GI/ITG-Fachtagung "Messen, Modellieren und Bewerten von Rechensystemen" MMB91, München, 1991.

GKS82   N.N.: International Standard Organization (ISO): Graphical Kernel System (GKS) Version 7.2, Doc.No. ISO/DIS 7942, New York, 1982.

Gr78   Gray, J.N.: Notes on Database Operating Systems, in: Operating Systems - An Advanced Course, Lecture Notes in Computer Scince 60, Bayer R., Graham, R.M., Seegmueller, G. (eds.), Springer-Verlag, 1978, S. 393-481.

Gr86   Grabowski, H.: Die Zukunft von CAD/CAM-Systemen, VDI Berichte 611, SYSTEC'86, München, 1986.

GR89   Grabowski, H., Rude, S.: Intelligent CAD-Systems based on Technical Associative Modelling, in: Straßer, W., Seidel, H.P. (Eds.): Theory and Practice of Geometric Modelling, Springer-Verlag, 1989, S. 451-467.

GS91   Grabowski, H., Schilli, B.: Konzepte zur Implementierung genormter Schnittstellen für den Produktdatenaustausch, in: Informatik Forschung und Entwicklung, 6, S. 90 - 101, 1991.

Ha73   Harrington, J.: Computer Integrated Manufacturing, Krieger Publishing Company, Malabor, Florida, 1973.

Ha85   Harrington, S.: Computer Graphics - A Programming Approach, McGraw-Hill Book Co., 1985.

Hä87   Härder, T.: Realisierung von operationalen Schnittstellen, in: Datenbank Handbuch, Lockemann, P.C., Schmidt, J.W, Springer-Verlag,1987, S. 167-342.

Hä88   Härder, T. (ed.): The PRIMA-Project - Design and Implementation of a Non-Standard Database System, Forschungsbericht 26/88 des SFB 124, Universität Kaiserslautern, 1988.

Hä89   Härder, T.: Die Rolle von Datenbanksystemen in CIM; in: CIM-Management -

Produkte, Strategien, Entscheidungshilfen 6/89, Oldenbourg-Verlag, 1989.

HDKRS89   Herrmann, U., Dadam, P., Küspert, K., Schlageter, G.: Sperren disjunkter, nicht-rekursiver komplexer Objekte mittels objekt- und anfragespezifischer Sperrgraphen, in: Tagungsband der GI-Fachtagung "Datenbanksysteme für Büro, Technik und Wissenschaft", Zürich, 1989, Springer-Verlag, Informatik Fachberichte, Bd. 204, 1989, S. 98 - 113.

He84   Henderson, M. R.: Extraction of Feature Information from Three Dimensional CAD Data, thesis, Purdue University, May 1984.

HGP86   Hellwig, H.-E.,Goslar, Paulus,M.: Informationsverteilung in integrierten Produktionssystemen, in: VDI-Z Zeitschrift für integrierte Produktionstechnik, Bd.128, Nr.1/2, S.1-12, 1986.

HHLM87   Härder, T., Hübel, Ch., Langenfeld, S., Mitschang, B.: KUNICAD - ein datenbankgestütztes geometrisches Modellierungssystem für Werkstücke, in: Informatik Forschung und Entwicklung, 2, 1-18, 1987.

HHM88   Härder, T., Hübel, Ch., Mitschang, B.: Information Structures and Database Support for Solid Modeling, in: Proc. of Symposium on Theory and Practice of Geometric Modeling, October 1988, Blaubeuren.

HHMM88   Härder, T., Hübel, Ch., Meyer-Wegener, K., Mitschang, B.: Processing and Transaction Concepts for Cooperation of Engineering Workstations and a Database Server, in: Data and Knowledge Engineering, 3(1988), pp. 87-107, 1988.

HKPS90   Hübel, Ch., Käfer, W., Pahle, H., Siepmann, E.: Basismechanismen zur Kooperation beim parallelen VLSI-Entwurf, in: Entwurf und Betrieb verteilter Systeme, Härder, Th., Wedekind, H. (eds.), Springer-Verlag, 1990, S. 260-283.

HHPZ88   Härder, T., Hübel, Ch., Pahle, H., Zimmerman, J.: Ansätze zur DB-Unterstützung für den VLSI-Entwurf, Forschungsbericht SFB124 Nr. 31/88, Universität Kaiserslautern, 1988.

HKS91   Hübel, C., Käfer, W., Sutter, B.: Ein Client/Server-System als Basiskomponente für ein kooperierendes Datenbanksystem, in: Tagungsband GI/ITG-Fachtagung Kommunikation in verteilten Systemen, Mannheim, 1991.

HKS92   Hübel, C., Käfer, W., Sutter, B.: Controlling Cooperation Through Design-Object Specification - a Database-oriented Approach, erscheint in: Proc. of the European Design Automation Conference, Brüssel, Belgien, März 1992.

HL81   Haskin, R.L., Lorie, R.A.: On Extending the Functions of a Relational Database System, Research Report RJ3182, IBM Research laboratory, San Jose, California, USA, 1981.

HM88   Hübel, C., Mitschang, B.: DB-Schnittstellen für arbeitsplatzorientierte Ingenieuranwendungen, in: Proc. Magdeburger Hochschultage "Erneuerung von Prozessen und Erzeugnissen durch Schlüsseltechnologien", Magdeburg, Aug. 1988.

HNSB90   Harrison, D.S., Newton, R., Spickelmier, R.L., Barnes, J.T.: Electronic CAD Frameworks, in: Proceedings of the IEEE, Vol. 78, No. 2, February 1990.

HPS89   Hübel, Ch., Paul, R., Sutter, B.: Technische Modellierung und DB-gestützte Datenhaltung - ein Ansatz für ein durchgängiges integriertes Produktmodell, Bericht des Zentrums für Rechnergestützte Ingenieursysteme (ZRI), Nr. 6/89, Kaiserslautern, 1989.

HPS90   Hübel, Ch., Paul, R., Sutter, B.: Datenbank-gestützte technische Modellierung - ein Ansatz für die CAD/CAP-Integration, in: CIM-Management - Produkte, Strategien, Entscheidungshilfen 2/90, Oldenbourg-Verlag, 1990.

HR83   Härder, T., Reuter, A.: Principles of Transaction-Oriented Databse Recovery, in: ACM Computing Surveys, Vol. 15, No.4, 1983.

HR85   Härder, T., Reuter, A.: Architektur von Datenbanksystemen für Non-Standardanwendungen, in: BTW, S. 253-286, Karlsruhe, 1985.

HR89   van Horn, E.C., Roy, R.R.: Experience with the D-BUS Architecture for a Design Automation Framework, in: 26th DAC, 1989.

HRS91   Hübel, Ch., Reinert, J., Sutter, B.: Ein Modell zur Beschreibung der Informationsstrukturen in einer durchgängigen Entwurfsumgebung, in: BTW, Kaiserslautern, 1991.

HS89a   Hübel, Ch., Sutter, B.: Verarbeitung komplexer DB-Objekte in Ingenieuranwendungen, Bericht des Zentrums für Rechnergestützte Ingenieursysteme (ZRI), Nr. 5/89, Kaiserslautern, 1989.

HS89b   Hübel, Ch., Sutter, B.: Aspekte der Datenbankanbindung in workstation-orientierten Ingenieuranwendungen, in: Proc. der 19. Jahrestagung der Gesellschaft für Informatik, München, 1989.

HS90   Haabena, J., Steinmüller, B.: The NMP-CADLAB Framework - a Common Framework for Tool Integration and Development, in: Proceedings European Design Automation Conference, March 1990.

HS92   Hübel, Ch., Sutter, B.: Supporting Engineering Applications by New Data Base Processing Concepts - an Experience Report, in : Engineering with Computers, Springer-Verlag, Vol.8, 31-49, 1992.

Hü86   Hübel, Ch.: "Ein datenbankbasierter 3D-Bauteilmodellierer als Anwendung eines Nicht-Standard-Datenbanksystems - Ansätze zur quantitativen Systemanalyse", Technischer Bericht, Universität Kaiserslautern, 1986.

Hü92   Hübel, Ch.: Ein Verarbeitungsmodell für datenbankgestützte Ingenieuranwendungen in einer arbeitsplatzrechner-orientierten Ablaufumgebung, Dissertation, Kaiserslautern, 1992.

IBM81   N.N.: IMS/VS Version 1: Database Administration Guide. Form No. SH20-9025-8, 1981.

IC91   Iochpe, C., Castro-Livi, M.-A.: Cooperation Support in Computer-Aided Design Environments, Research Report, CPGCC-UFRGS, Porto Allegre, Brazil, 1991 .

IGES88   N. N.: Initial Graphics Exchange Specification (IGES), Version 4.0, US Department of Commerce, National Bureau of Standard, June 1988.

JM89   Joachim, K., Mehner, G.: CAD-Lösung für Getriebe und rotationssymmetrische

Bauteile, in: Zeitschrift für wirtschaftliche Fertigung, Vol. 84, No5, 1989.

JRR91   Jablonski, S., Reinwald, B., Ruf, T.: Eine Fallstudie zur Datenverwaltung in CIM-Systemen, in: Informatik Forschung und Entwicklung, Band 6, Heft 2, S. 71-78, 1991.

JRWZ87   Jablonski, S., Ruf ,T., Wedekind, H., Zörntlein, G.: A Data Distribution Mechanism for Manufacturing Applications, in: Proc. Internat. Conf. on Data and Knowledge Systems for Manufacturing and Engeneering, IEEE Computer Society Press, Hartford, 1987.

JWZ87   Jablonski, S., Wedekind, H., Zörntlein, G.: Data Distribution in Manufacturing Systems, in: Bericht Nr.87/1 des SFB 182 Multiprozessor- und Netzwerkkonfigurationen, Erlangen, 1987.

Ka85   Katz, R.H.: Information Management for Engineering Design, Springer-Verlag, Berlin/Heidelberg, 1985.

Ka90   Kathöfer, T., Fox, W., Nolte, D., Pielsticker, R., Quester, R., Rupprecht, F., Schrewe, M.: A Database Interface for Phased Tool Integration, in: Proceedings of the European Design Automation Conference, 1990.

Kä91   Käfer, W.: A Framework for Version-based Cooperation Control, in Proc. of 2nd Int. Symposium on Database Systems for Advanced Applications (DASFAA), Tokyo, Japan, April 1991.

Kä92   Käfer, W.: Geschichts- und Versionsmodellierung komplexer Objekte - Anforderungen und Realisierungsmöglichkeiten am Beispiel des NDBS PRIMA, Dissertation, Universität Kaiserslautern, 1992.

KBL91   Klauck, C., Bernardi, A., Legleitner, R.: FEAT-REP: Representing Features in CAD/CAM, in: Proc. of the 4th International Symposium on Artifical Intelligence: Applications in Informatics, Cancun, Mexico, 1991.

KBVY89   Krause, F.-L., Bienert, M., Vosgerau, F.H., Yaramanoglu, N.: Feature Oriented System Design for Geometric Modelling, in: Straßer, W., Seidel, H.P. (Eds.): Theory and Practice of Geometric Modelling, Springer-Verlag, 1989, S. 483-498.

KDG87   Küspert, K., Dadam, P., Günauer, J.: Cooperative Object Buffer Management in the Advanced Information Prototype, VLDB, pp. 483-492, Brighton, U.K., Sept. 1987.

KG89   Küspert, K., Günauer, J.: Workstation-Server-Datenbanksysteme für Ingenieuranwendungen: Anforderungen, Probleme, Lösungsmöglichkeiten, in: Tagungsband 9te GI-Jahrestagung, München, Springer-Verag, Informatik-Fachbereichte 222, 1989, S. 274-286.

KHED89   Küspert, K., Herrmann, U., Erbe, R., Dadam, P.: The Recovery Manager of the Advanced Information Management Prototype, in Proc. 7th National Reliability Engieering Conference, Brigthon 1989.

Ki90   Kim W., et al. Architecture of the ORION Next Generation Database System, IEEE Transactions on Data and Knowledge Engineering, Vol. 2, No.1, March 1990.

KJBM89   Krause, F.-L., Jansen, H., Bienert, M., Major, F.: System Architectures for Flexible Integration of Product Gestaltung, in: International Symposium on Advanced Geometric Modeling for Engineering Applications (IFIP & GI), Berlin, FRG, 1989.

KL89   Kim, W., Lochovsky, F., H.: Object-Oriented Concepts, Databases, and Applications, ACM Press, 1989.

KLMP84   Kim, W., Lorie, R..A., McNabb, D., Plouffe, W.: A Transaction Mechanism for Enginering Design Database, Proc. 10th VLDB Conf., Singapur, Aug. 1984, S. 355 - 362.

Kr90   Krause, F.-L.: Wohin geht die CAD-Entwicklung, in ZWFCIM Zeitschrift für wirtschaftliche Fertigung und Automatisierung, S. CA260-CA262, Heft 12, 1990.

KR90   Küspert, K., Rahm, E.: Trends in Distributed and Cooperative Database Management, in: Goos, G., Hartmanis, J.: Database Systems for the 90's, Lecture Notes in Computer Science 460, Springer-Verlag, 1991, S. 263-293.

KS90   Kempf, Schmidt, M.: Vorstellung des Partialmodells PSCM, Unerlagen zum STEP Workshop des AK 1.0 CAD-Schnittstellen, Dokument AK 1.0/89-2, Karlsruhe, 1990.

KS92   Käfer, W., Schöning, H.: Mapping a Version Model to a Complex-Object Data Model, in: Proc. of the International Conf. on Data Engineering, Phoenix, Arizona, 1992.

KSUW85   Klahold, P., Schlageter, G., Unland, R., Wilkes, W.: A Transaction Model Supporting Complex Applications in Integrated Information Systems, in: Proc. ACM SIGMOD Conf., Austin, Texas, 1985.

KVY88   Krause, F.-L., Vosgerau, F.H., Yaramanoglu, N.: Implementation of Technical Rules in a Feature Based Modeller, in: Third International Conference on Applications of Artificial Intelligence in Enginering, LA, August 1988.

KWDKL89   Kemper, A., Wallrath, M., Dürr, M., Küspert, K., Linnemann, V.: An Object Cache Interface for Complex Object Engineering Databases, Technical Report, TR 89.03.005, IBM Wiss. Zentrum Heidelberg, 1989.

LD87   Lockemann, P.C., Dittrich, K.,R.: Architektur von Datenbanksystemen, in: Datenbank Handbuch, Lockemann, P.C., Schmidt, J.W, Springer-Verlag,1987, S. 88-166.

LK84   Lorie, R., Kim, W., et al.: Supporting Complex Objects in a Relational System for Engineering Databases, IBM Research Laboratory, San Jose, CA, 1984.

LM87   Loacker, H., Meier, A.: POLY - Computergeometrie für Informatiker und Ingenieure, McGraw-Hill, Hamburg, 1987.

Lo85   Lockemann, P. C., et al.: Anforderungen technischer Anwendungen an Datenbanksysteme, in: BTW, Karlsruhe, 1985.

Lo87   Lohrmann, J.: Arbeitsplatzrechner im Überblick: Konzepte, Komponenten, Konfigurationen, in: Informationstechnik it, Heft 5, 1987, S. 275-289.

LP83   Lorie, R., Plouffe, W.: Complex Objects and Their Use in Design Databases, in: Proc. Database Week 1983, IEEE Computer Society Press.

LS87   Lockemann, P.C., Schmidt, J.W.: Datenbank-Handbuch, Springer-Verlag, 1987.

LWW90   Liu, L.-C., Wu, P.-C., Wu, C.-H.: Design Data Management in a CAD Framework Environment, 27th DAC, Orlando, 1990.

Ma82   Maier, H.: Verwaltung von Methoden und ihre Kopplung an ein Werkstückmodell in einem integrierten CAD-System, Dissertation, Fortschritt-Berichte der VDI-Zeitschriften, Reihe 10, Nummer 13, Düsseldorf, 1982.

Ma84   Mayer, A.: "Graphischer Editor für reguläre Polyedergebilde", Diplomarbeit, ETH-Zürich 1984.

Ma89   Mattos, N.M.: An Approach to Knowledge Base Management - Requirements, Knowledge Representation, and Design Issues (Dissertation), Kaiserslautern, 1989.

Mi88   Mitschang, B.: Eine Molekül-Atom-Datenmodell für Non-Standard-Anwendungen - Anwendungsanalyse, Datenmodellentwurf, Implementierung, Informatik-Fachberichte, Band 185, Springer-Verlag, Berlin, 1988.

ML89   Mattos, N.,M., Leick, F.-J.:A Framework for Efficient Processing of Knowledge bases on Secondary Storage, Proc. 4th Brazilian Symposium on Databases, Campinas (Brazilian), April 1989.

MMM91   Mattos, N., Meyer-Wegener, K., Mitschang, B.: Grand Tour of Concepts for Object-Orientation from a Database Point of View, SFB-Bericht Nr. 23/91, Kaiserslautern 1991.

MN90   Murakami, T., Nakajima, N.: Using Features for Machine Design Problems, in: Computer and Graphics, Vol. 14, No. 2, pp. 201-210, 1990.

Mo82   Moss, J. E. B. : Nested Transaction and Reliable Distributed Computing, in: Proc. 2nd Conf. on Reliability of Distributed Software and Database Systems, 1982, S. 33-39.

Mo85   Mortenson, M. E.: Geometric Modeling, John Wiley & Sons-Verlag, USA, 1985.

MR85   Maier-Rothe, Ch.: Computer Integrated Manufacturing: Bedeutung, Stand und Ausblick, in: Elektronische Rechenanlagen, 27. Jahrgang, Heft 3, S. 174-180, 1985.

MRSD91   Mehlhaus, U., Rembold, U., Schneider, S., Dillmann, R.: Die Schemabeschreibungssprache EXPRESS des STEP-Standards und technische Datenbanksysteme - eine Analyse, in: BTW, Kaiserslautern, 1991.

Mu88   Muschiol, M.: Rechnerunterstützte Informationsbereitstellung für den Konstruktionsprozeß am Beispiel montagerelevanter Gestaltungsrichtlinien, Reihe Produktionstechnik Berlin, Bd.68, Forschungsberichte für die Praxis, Hanser-Verlag, 1988.

NSZ90   Nodine, M.H., Skarra, A.Zdonik, S.B.: Synchronization and Recovery in Cooperative transactions, in Proc. 4th Int. Workshop on Persistent object Systems - Design, Implementation and Use, 1990.

NZ90   Nodine, M.H., Zdonik, S.B.: Cooperative Transaction Hierarchies; A Transaction Model to Support Design Applications, Int. Conf on VLDB, Brisbane, Australien, 1990, S. 83-94.

PA86   Pistor, P., Anderson, F.: Designing a Generalized NF2 Data Model with a SQL-Type Language Interface, 12th VLDB, Kyoto, 1986.

Pa89   Paul, R.: Ein Beitrag zur Produktmodellierung einer abgegrenzten Objektklasse, Dissertation, Technische Universität Magdeburg, DDR, 1989.

Pa90   Pagnanikolopoulos, N.P.: FORS: A Flexible Design Environment, in: 23th HICSS, Vol. II, Hawaii, 1990.

PB86   Pahl, G., Beitz, W.: Konstruktionslehre, Springer-Verlag, 1986.

PDDI84   Weiss, J. A.: Product Definition Data Interface: The Solution ICAM-Project Report, Oct. 1984.

Ph89   Phillips, R.W.: State Change Architecture: A Protocol for Executable Process Models, in: 22th HICSS, Vol. III, Hawaii, 1989.

Pr89   Pratt, M.J.: A Hybrid Feature Based Modelling System, in: International Symposium on Advanced Geometric Modeling for Engineering Applications (IFIP & GI), Berlin, FRG, 1989.

PS91   Paul, R., Sutter, B.: Technisches Modellieren - ein Zugang zur integrierten Produktdatenhaltung, in: BTW, Kaiserslautern, 1991.

PSSWD87   Paul, H.-B., Schek, H.-J., Scholl, M.H., Weikum, G., Deppisch, U.: Architecture and Implementation of the Darmstadt Database Kernel System, in: ACM SIGMOD, pp. 196-207, San Francisco, 1987.

Re82   Reisig, W.: Petrinetze, Springer-Verlag, Berlin, 1982.

Re87   Reuter, A., et al.: Anforderungen an ein arbeitsplatzorientiertes Datenhaltungssystem, in: Proc. GI-Fachtagung Datenbanksysteme für Büro, Technik und Wissenschaft, Informatik Fachberichte, Bd.136, Springer-Verlag, 1987, S. 391-404.

Re88   Reuter, A.: Verteilte Datenbanksysteme: Stand der Technik und aktuelle Entwicklungen, in: Valh (Hrsg.): Vernetzte und komplexe Informatik-Systeme, Springer-Verlag, 1988.

RFS72   Roth, K., Franke, H.-J., Simonek, R.: Die allgemeine Funktionsstruktur, ein wesentliches Hilfsmittel zum methodischen Konstruieren, in: Konstruktion 24, Heft 7, S. 277-282, 1972.

Ri89   von Rimscha, M.: Feature Modeling and Assembly Modeling - A Unified Approach, in: International Symposium on Advanced Geometric Modeling for Engineering Applications (IFIP & GI), Berlin, FRG, 1989.

RK86   Rossopoulus, N., Kung, H.: Preliminary Design of ADMS $\pm$ Workstation-Mainframe Integrated Architecture for Database Management Systems, in: Proc. 12th Int. Conf. on VLDB, Kyoto, Japan, Aug. 1986.

RM83   Roloff, H., Malek,W.: Maschinenelemente, Vieweg, Braunschweig, 1983.

Ro76   Rodenacker, W.Y.: Methodisches Konstruieren, Springer-Verlag, 1976.

Ro82   Roth, K.: Konstruieren mit Konstruktionskatalogen, Springer-Verlag, 1982.

Ro86   Rowe, L.A.: A Shared object Hierarchy, in Proc. Int. Workshop on Object-Oriented DBS, Pacific Grove, CA, USA, 1986.

Ro89   Ross, D.T.: The Early Days of CAD, in: Krause, F.-L., Jansen, H. (eds.): International Symposium on Advanced Geometric Modelling for Engineering Applications, pp. 32-40, Berlin, Nov. 1989.

Ru91   Ruf, T.: Feature basierte Integration von CAD/CAM-Systemen, Informatik-Fachberichte, 297, Springer-Verlag, Berlin, Heidelberg, 1991.

RV83   Requicha, A.A.J., Voelcker, H.B.: Solid Modeling: Current Status and Research Directions, in: IEEE Computer Graphics und Applications, October 1983.

RV84   Requicha, A.A.G., Voelcker, H.B.: Boolean Operations in Solid Modelling: Boundary Evaluation and Merging Algorithms, Technical Memorandum No. 26, Production Automation Project, University of Rochester, New York, 1984.

SAH87   Stonebraker, M., Anton, J., Hirohama, M.; Extendability in POSTGRES, IEEE Data Engineering, Special Issue on Extensible Database Systems, Vol. 10, No. 2, 1987.

SB88   Schmidt, J., W., Bittner, M., Klein, H., Eckhardt, H., Matthes, F.: DBPL System; The Prototype and its Architecture, DBPL Memo 111-88, Fachbereich Informatik, Johann-Wolfgang-Goethe Universität, Frankfurt 1988.

Sche80   Scheer, A.-W.: Datenverwaltung im Fertigungsbereich, in: Informatik-Spektrum, Bd. 3, Heft 3, S. 143-155, 1980.

Sche84   Scheer, A.-W.: Schnittstellen zwischen betriebswirtschaftlicher und technischer Datenverarbeitung in der Fabrik der Zukunft, in: Proc. 14. GI-Jahrestagung 1984, IFB 88, Springer Verlag, S. 57-70, 1984.

Sche90a   Schenck, D.: EXPRESS Language Reference Manual, ISO TC184/SC4/WG1, Document No. 466, March 1990.

Sche90b   Scheer, A.-W.: Modellierung betriebswirtschaftlicher Informationssysteme, in: Zeitschrift Wirtschaftsinformatik, 32. Jahrgang, Heft 5, Oktober 1990.

Schm77   Schmidt, J., W.: Some High Level Language Constructs for Data Type Relation, ACM Transaction on Database Systems, Vol. 2 ,No. 3, Sept. 1977.

Schm87   Schmidt, J., W.: Datenbankmodelle, in: Datenbank Handbuch, Lockemann, P.C., Schmidt, J.W, Springer-Verlag, 1987, S. 4 - 83.

Scho88   Scholz, B.: CIM-Schnittstellen; Konzepte, Standards und Probleme der Verknüpfung von Systemkomponenten in der rechnerintegrierten Produktion, Oldenburg Verlag, München, 1988.

Schü88   Schürmann, B.: Hierarchisches Top Down Chip Planning, in: Informatik Spektrum Band 11, Heft 2, Heidelberg, April 1988.

Se85   Seiler, W.: Technische Modellierungs- und Kommunikationsverfahren für das Konzipieren und Gestalten auf der Basis der Modellintegration, Dissertation, Fortschr.-Bericht VDI-Reihe 10, Nr. 49, VDI-Verlag, Düsseldorf, 1985.

Se86   Seifert, H.: Von CAD zu CIM, in: VDI-Z Zeitschrift für integrierte Produktion-
            stechnik, Bd. 128, Nr. 10, S. 327-331, 1986.

SE82   Schlechtendahl, E.G., Enderle, G.: Ansätze zu Methodenbanken im technisch-
            wissenschaftlichen Bereich, in: Angewandte Informatik, Nr. 8, 1982.

SE86   Seifert, M., Eberle, H.: Remote Service Call: A Network Operating System
            Kernel for Heterogeneous Distributed Systems, in: NTG-Fachbericht Nr. 92 der
            GI/NTG Fachtagung "Architektur und Betrieb von Rechensystemen", Stuttgart,
            1986, VDE Verlag.

SET84   N. N.: SET Standard d'Echange et de Transfert, Specification Rev. 1.1, Aerospa-
            tiale, 1984.

Si89   Sikeler, A.: Implementierungskonzepte für Non-Standard-Datenbanksysteme -
            verdeutlicht am Beispiel des DBS-Kernsystems PRIMA, Dissertation, Kaisers-
            lautern, 1989.

Si91   Siepmann, E.: Entwurfstheorie und Entwurfsdatenmodellierung für CAD-Frame-
            works, Dissertation, Universität Kaiserslautern, 1991.

SIAHL89   Spur, G., Imam, M., Armbrust, P., Haipter, J., Loske, B.: Baugruppenmodelle als
            Basis der Montage- und Layoutplanung, in: Zeitschrift für wirtschaftliche Ferti-
            gung, Vol. 84, No. 5, 1989.

SK84   Spur, G., Krause, F.-L.: CAD-Technik, Lehr- und Arbeitsbuch für die Rechner-
            unterstützung in Konstruktion und Arbeitsplanung, Hansen Verlag, 1984.

Sk90   Skarra, A.: Localized Correctness Specifications for Cooperating Transactions in
            an Object-Oriented Database, IEEE Office Knowledge Engineering, Vol.4, No.
            , 1990.

Sm89   Smith, W.D. et al.: FACE Core Environment: The Model and its Application in
            CAE/CAD Tool Development, in: 26th DAC, Las Vegas, June 1989.

SM90   Schmidt, J., W., Matthes, F.: Language Technology for Post-Relational Data Sy-
            stems, in: Goos, G., Hartmanis, J.: Database Systems for the 90's, Lecture Notes
            in Computer Science 460, Springer-Verlag, 1991, S. 81 - 113.

SR84   Stonebraker, M., Rowe, L.: Database Portals: A new Application Program Inter-
            face, in 12th VLDB Conf., Singapur, 1984, S. 3 - 13.

SR86   Stonebraker, M., Rowe, L.: The Design of Postgres, ACM SIGMOD Conf. on
            Management of Data, Washington D.C., USA, 1986.

SR88   Shah, J.J., Rogers, M.T.: Expert Form Feature Modelling Shell, in: computer-ai-
            ded design, volume 20, number 9, pp. 515-524, November 1988.

SR89   Sammer, W., Raffler, H.: CAD für Moduln und Systeme in der Elektronik, Sprin-
            ger, 1989.

SS86   Schek, H.-J., Scholl, M.H.: The Relational Model with Relation-Valued Attribu-
            tes, in: Information Systems, Vol. 2, No. 2, pp. 137-147, 1986.

STEP88   Wilson, P.R., Kennicott, P.R.: ISO STEP Baseline Requirements Document
            (IPIM), ISO TC184/SC4/WG1 N 284, ISO Draft Proposal No. 10103, 1988.

Su92   Sutter, B. : Ansätze zur Integration in technischen Entwurfsanwendungen - angepaßte Modellierungswerkzeuge, durchgängige Entwurfsunterstützung, datenorientierte Integration, Dissertation, Universität Kaiserslautern, 1992.

SW91   Schek, H.-J., Weikum, G.: Erweiterbarkeit, Kooperation, Förderation von Datenbanksystemen, in: Tagungsband der GI-Fachtagung "Datenbank-Systeme für Büro, Technik und Wissenschaft", Kaiserslautern, 1991, Springer-Verlag, Informatik Fachberichte, Bd. 270, S.38 - 71.

Sy89   Sycara, K. P.: Cooperative Negotiation in Concurrent Engeneering Design, in: Sriram, D., Logcher, R., Fukuda, S. (eds): Computer Aided Cooperative Product Development, MIT-JSME Workshop, Proceedings, Springer-Verlag, Cambridge, USA, Nov. 1989.

SZR86   Skarra, A.,H., Zdonik, S., B., Reiss, S., P.: An Object Server for an Object-oriented Database System, Proc. 2nd Int. Conf. on Data Engineering, 1986, S.196 - 204.

TS89   Talukdar, S. N., Steven, F. J.: Towards a Framework for Concurrent Design, in: Sriram, D., Logcher, R., Fukuda, S. (eds): Computer Aided Cooperative Product Development, MIT-JSME Workshop, Proceedings, Springer-Verlag, Cambridge, USA, Nov. 1989.

UDS84   N.N.: verschiedene Handbücher zum Datenbanksystem UDS der Firma Siemens AG, München, 1984.

Va90   Vanhoedenhaghe, M.: A Cooperative Transaction Model, Proc. Int Hawaii Conf. on System Science, 1990, Vol II.

VDAFS87   Mund, A., et.al.: VDA-Flächenschnittstelle Version 2.0, VDA-Arbeitskreis CAD/CAM, VDMA/VDA, 1987.

VDI2221   VDI-Richtlinie 2221: Methodik zum Entwickeln und Konstruieren technischer Systeme und Produkte, VDI-Verlag, Düsseldorf, 1986.

VDI2222a   VDI-Richtlinie2222: Konstruktionsmethodik - Konzipieren technischer Produkte, Blatt 1 VDI-Verlag, Düsseldorf, 1977.

VDI2222b   VDI-Richtlinie 2222: Konstruktionsmethodik - Erstellung und Anwendung von Konstruktionskatalogen, Blatt 2, VDI-Verlag, Düsseldorf, 1982.

WBD90   van der Wolf, P., Bingley, P., Dewilde, P.: On the Architecture of a CAD Framework: The NELSIS Approach, in: Proceedings of the European Design Automation Conference, 1990.

We86   Weikum, G.: A Theoretical Foundation of Multi-Level Concurrency Control, in: Proceedings of ACM PODS, 1986.

We88   Wedekind, H.: Die Problematik des Computer Integrated Manufacturing (CIM) - Zu den Grundlagen eines strapazierten Begriffs, in: Informatik Spektrum, Band 11, Heft 1, S. 29-39, 1988.

WFOP85   Wilson, P.R., Faux, J.D., Ostrowski, M.C., Pasquill, K.G.: Interfaces for Data Transfer Between Solid Modeling Systems, in: IEEE Computer Graphics and Applications, January 1985.

WL88   van der Wolf, R., van Leuken, T.G.R.: Object Type Oriented Data Modeling for VLSI Data Management, in: 25th DAC, Chicago, June 1988.

WP88   Wilson, P.R., Pratt, M.J.: A Taxonomy of Form Features for Solid Modeling, in: Geometric Modeling for CAD Applications, North-Holland Publ. Co., 1988.

WR90   Wächter, H., Reuter, A.: Grundkonzepte und Realisierungsstrategien des Con-Tract-Modells, in: Informatik Forschung und Entwicklung (1990) 5: 202-212, Springer, 1990.

WSBD90   van der Wolf, P., Sloof, G.W., Bingley, P., Dewilde, P.: Meta Data Management in the NELSIS CAD Framework, 27th DAC, Orlando, 1990.

WSSH88   Wilms, P.F., Schwarz, P.M., Schek, H.-J., Haas, L.M.: Incorporating Data Types in an Extensible Database Architecture, 3rd Int. Conf. on Data Knowledge Bases, Jerusalem, 1988.

X89   N.N.: Verschiedene Manual zu "The X Window System", Massachusetts, 1989.

Zi88   Zimmermann, G.: PLAYOUT - A Hierarchical Layout System, in: Proc. GI - 18. Jahrestagung, Informatik-Fachberichte 188, S. 31-51, Hamburg, 1988.

Sachwortverzeichnis

A

Abhängigkeitsgraph 273
Ablaufautonomie 104
Ablaufkontrolle 94, 96, 147
Ablaufsteuerung 108, 118
Aktivitätsträger 266
Anwendungsmodellschnittstelle 57, 64, 66
Aufgabenstellung 195, 259
Auftragsbeziehung 280
Austauschbeziehung 280, 284
Autonomie 94, 103

B

Basis-Kooperationsdienst 163
Baugruppenmodellierung 219
Boundary Representation 56

C

CAD-Framework 42
CAD-Referenzmodell 22
Checkin 107, 118, 128, 141, 143
Checkout 107, 118, 128, 143, 154
Client-DBS 93, 105, 117, 163
Constructive Solid Geometry 56
Cursor 64, 67, 120, 130
Cursor-Konzept 120, 130, 131

D

Datenanbindung 117, 124
Datenunabhängigkeit 94
DB-Verarbeitungsmodell 89
Design Activity 268
Design Operation 271
DICAD-System 29, 33

E

Effizienz 94, 101
Einzelteildetaillierung 223
elementare Ablaufeinheit 98, 108, 143
Embedded MQL 170
Entwurfsbereich 251
Entwurfsmethodik 10
Entwurfsobjekt-Modell 257

E (Fortsetzung)

Entwurfsphase 11
Entwurfsprinzipien 20
Entwurfsraum 19, 266
Entwurfsumgebungsmodell 252
EXPRESS 40

F

Features von Entwurfsobjekten 259
Feature-Graph 26
Feature-Modellierung 25, 32
Fehlerautonomie in WSDBS 103
flache Cursor 130
Form-Feature 25

G

geometrische Modellierung 27
geometrische Primitive 24
geometrischer Evaluator 229

I

IGES 36
Integrationsstufen 34
integriertes Ingenieursystem 250

K

Konfiguration von Entwurfsobjekten 18, 263
Konsistenzprobleme 155
Konstruktionsbaum 222
KUNICAD 55, 63

L

Lokalität 72, 74, 119

M

MAD-Modell 162, 166, 167
MEMOS-System 31, 34
Modellabbildung 57, 63, 163
Modellierungskern 228
Modify 108, 118, 143
Molecule Query Language 167

N

NDBS-Kern 163

Protocol Engineering

A Rule-Based Approach

by Jürgen M. Schneider

1992. xviii, 249 pp. (Vieweg Advanced Studies in Computer Science) Softcover
ISBN 3-528-05243-0

The development of communication services, conceived to facilitate the interworking of distributed application processes, is an increasingly challenging task for computer scientists. In order to ensure conformance, desired functionality and high performance, protocols have to be carefully designed, implemented, and tested.

In this book, an essential approach to the development of communication services and protocols is presented. A rule-based formal description technique is advocated because rules facilitate intuitive protocol specifications. Furthermore, rules can be easily transformed into an executable representation forming the kernel of an integrated tools environment.

This book is the first volume of the new series "Vieweg Advanced Studies in Computer Science".

Dr. *Jürgen M. Schneider* graduated in Computer Science at the University of Kaiserslautern and is now working at the IBM in Heidelberg, Germany.

Vieweg Publishing · P.O. Box 58 29 · D-65048 Wiesbaden

Computersicherheit

Eine Einführung

von Rolf Oppliger

1992. IV, 153 Seiten. Kartoniert
ISBN 3-528-05296-1

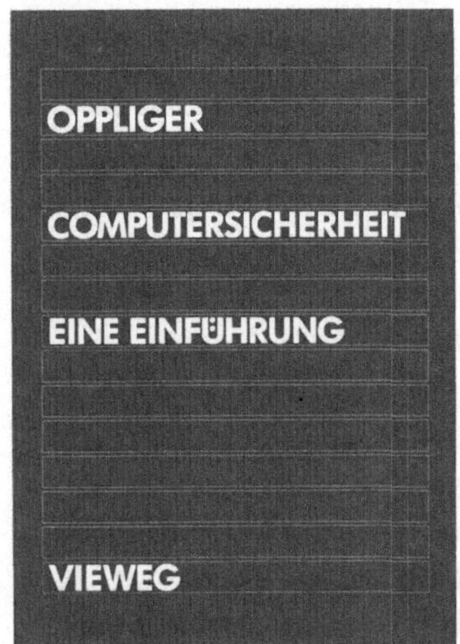

Computer- und Datensicherheit ist ein wesentliches Erfordernis für die Funktionstüchtigkeit einer modernen Gesellschaft. Als einführendes Lehrbuch soll dieser Titel dazu beitragen, daß Industrie und Verwaltung in Zukunft weniger verwundbar sein werden. Insofern richtet sich das Buch nicht nur an Studenten der Informatik, sondern auch an Praktiker, insbesondere Sicherheitsbeauftragte in Unternehmen.

Das erste Kapitel zeigt die Bedrohungen für die Computersicherheit auf und stellt Verfahren des Risikomanagements vor. Die nächsten beiden Kapitel führen in die Grundlagen der Kryptologie ein und erläutern die Anwendung von Kryptosystemen. Nach der Diskussion physikalischer Schutzmaßnahmen und Zugangskontrollen erörtert das Buch die Sicherheitsaspekte von Betriebssystemen – einer der wesentlichen Schwerpunkte des Buches.

Softwareanomalien und -manipulationen, die Sicherheit von PCs in Lokalen Netzen, Sicherheitsaspekte in nach OSI offenen Kommunikationssystemen und öffentlichen Netzen sind weitere Themen des Buches. Daten- und Persönlichkeitsschutz in Zusammenhang mit statistischen Datenbanken steht im Zentrum des neunten und letzten Kapitels, das wie alle anderen Kapitel präzise, leicht verständlich und mit Blick für das Wesentliche den Leser in die Fragen der Computersicherheit einführt.

Verlag Vieweg · Postfach 58 29 · D-65048 Wiesbaden